《广州大典》与广州历史文化研究资助专项
（2016GZY07）

心因成疾

广州反入城斗争折射出的晚清中西交往困境

金　峰　著

广东高等教育出版社
Guangdong Higher Education Press
· 广州 ·

图书在版编目(CIP)数据

心因成疾：广州反入城斗争折射出的晚清中西交往困境/金峰著.—广州：广东高等教育出版社，2021.8
ISBN 978-7-5361-7068-1

Ⅰ.①心… Ⅱ.①金… Ⅲ.①西方国家-中外关系-研究-清后期 Ⅳ.① D829.1

中国版本图书馆 CIP 数据核字（2021）第 155101 号

XIN YIN CHENG JI: GUANGZHOU FAN RUCHENG DOUZHENG ZHESHE CHU DE WANQING ZHONGXI JIAOWANG KUNJING

出版发行	广东高等教育出版社
	地址 广州市天河区林和西横路
	邮编：510500　营销电话：（020）87553335
	http://www.gdgjs.com.cn
印　刷	佛山市浩文彩色印刷有限公司
开　本	787 mm×1 092 mm　1/16
印　张	19.25
字　数	448 千
版　次	2021 年 8 月第 1 版
印　次	2021 年 8 月第 1 次印刷
定　价	68.00 元

（版权所有，翻印必究）

前　言

鸦片战争后，《南京条约》开放五口准英人贸易通商，且英人在其他四口俱能入城栖止。但围绕英人能否入居由城墙围绕的广州府城的问题，中英间却产生了长时间的纷争。对英人而言，入城与否涉及其国家尊严但并不影响商务实利，因此既不会轻易放弃立场，也无意牺牲商业利益强求入城，故而在主要采用外交手段的同时，不断间以武力威胁甚至小规模的军事攻击，直至1857年末，始藉第二次鸦片战争英法联军大兵云集之机"顺便"占领了广州，令延宕十五年之久的入城僵局以此"另类"方式破解。而在中方，清廷及负责交涉的广东官员虽时因英方军事压力举止犹疑，但力避英人入城的目标则始终如一。尤其是历当英人采取各种措施尝试入城时，广州地方即会掀起士绅主导、各阶层民众广泛参与的抗争浪潮，使得入城纠纷日形胶着，也成为反入城斗争长期持续和日趋激烈的重要动因。

广州三元里抗英斗争，拉开了中国近代史上人民群众武装反对外来侵略斗争的序幕。而民众自发地抵御外侮的抗争，更是近代中国反帝反侵略斗争史上极为绚丽的一个篇章。鸦片战争后，随着民族危机和中外矛盾日益加深，许多爱国士绅也积极投身反侵略斗争，对发动和组织民众发挥了重要作用。广州反英入城斗争，正是大时代背景下地方绅民合力，以反对外敌、维护国家和民族权利为诉求的爱国运动的一个标志性事件。这场爱国反帝斗争，不仅打击了鸦片战争后一些殖民侵略者胡作非为、任意践踏中国主权和民族利益的嚣张气焰，更重要的是展示出了中国人民勇于牺牲的爱国情怀和不畏强暴的民族精神，在一定程度上也有助于遏制战后列强在华肆意扩张侵略权益的态势。但毋庸讳言的是，这场斗争在很大程度上发端于清人朴素的民族情感，具有显著的时代局限性，有不少问题值得反思。

在今人看来，广州反入城斗争的某些斗争手段显然过于激烈，一些斗争目标也并不包含切实的利益诉求，一些不惜代价的斗争方式不仅无策略性可言，甚至在一定程度上还有违国家民族甚至广州地方和当事诸人的现实利益。而之所以如此，一个重要原因是在战后如何与英人相处的问题上，清人未能面对现实及时进行心理调适，不仅清廷上下仍以天朝上国自居而无法接受《南京条约》所规定的中英对等关系，士绅民众也继续持以华夷尊卑的文化优越感而视英人为蛮夷。且清人未能主动控制和疏解战事所造成的仇恨情绪，反因被蛮夷击败的挫折感将此种情绪"燃爆"，使得自清帝至官绅民众多乐以敌意和对抗的态度对待英人。在诸般社会历史条件的共同作用下，反入城斗争不期而然地成为中英乃至中西关系的在喉之鲠。即清统治者期以反入城实现其仍以战前话语解释和规范中英关系的隐衷，粤民则视反入城深具制服英人、不使"猖獗"的寓意。也就是说，清人赋予这场并非切要的争议以政治正确、道德正当的性质，兼以当事的清统治者无不各私其私，使得反入城在目标、手段和策略等各个方面，都表现出强烈的非理性倾向。

在两次鸦片战争期间，虽然英人商务等活动的重心已逐渐向上海转移，但清统治者循战前旧制，设计出了由两广总督全面负责对西方各国交涉的机制，使中西间最高层级的官方外交往来和重大外事的解决，仍须在广州进行，也使反入城斗争不仅长期成为中英交涉的焦点话题，对中西一些重大事务的交涉也产生了重要影响。更重要的是，导致反入城斗争发生的客观社会历史条件，以及清人的认知、情绪和动机等心理因素，在此后仍持续发挥作用，使得晚清中西交往在许多时候和许多方面都不断呈现出与反入城极为相似和难以摆脱的非理性色彩。

目 录

楔子：黄竹岐村案 … 1

一、反入城：激烈的抗争 … 15
    （一）平夷：反入城斗争的缘起 … 16
    （二）舰炮相逼：德庇时对耆英的武力威吓 … 22
    （三）狮子搏兔：徐广缙反入城之"胜利" … 24
    （四）各不相让：叶名琛与包令的文争武斗 … 29

二、"与粤民何害？"关于反入城的理由 … 40
    （一）条约权利？《南京条约》文本与入城问题的产生 … 40
    （二）西人为害：清人陈诉的反入城理由 … 41
    （三）过度表达：对于清人所诉理由真实性、正当性之考察 … 44
    （四）体制、风水和民夷冲突：清人陈述理由关系利害之处 … 49
    （五）事同一例：通商各口的反入城 … 56

三、非理性：反入城斗争的价值评判 … 75
    （一）反入城的社会历史原因 … 76
    （二）英人坚持入城的理由 … 91
    （三）清人反入城的非理性表现 … 100

四、错误知觉：认知缺陷与决策失误 … 104
    （一）刻板印象的形成及其影响 … 104
    （二）认知固化和愿望思维 … 108
    （三）话语构建认知 … 122

（四）反入城时清人认知中的理性成分 … 129
　　（五）错误知觉对反入城及晚清外交的影响 … 134

五、压力与应激：情绪反应与行为失控 … 144
　　（一）应激反应与仇恨情绪 … 144
　　（二）攻击行为的自我强化和敌意的加深 … 157
　　（三）群体思维的非理性倾向 … 159
　　（四）在仇恨情绪之外 … 163
　　（五）攻击和攻击目标转移 … 169
　　（六）晚清中西交往中情绪化的非理性倾向 … 176

六、控制与权欲：动机的作用和影响 … 180
　　（一）平衡局面：清帝掌控政权的需要 … 181
　　（二）"抚夷"：耆英的内外周旋 … 192
　　（三）"制夷"：徐广缙、叶名琛的因应之道 … 200
　　（四）"民心"：清统治者的理论与愿望 … 207
　　（五）处境立场、权力争斗与观念冲突 … 211
　　（六）经济理性：动机的利益内涵和后果 … 218

七、一脉相承：从反入城到反洋教 … 223
　　（一）"原罪"：基督教在华活动的侵略性质 … 224
　　（二）"蒙昧"：反洋教运动中的非理性表现 … 230

八、心因成疾：晚清中西交往的困境 … 249
　　（一）文化冲突？文化优越感与文化自信 … 249
　　（二）体制：画地为牢与回避现实 … 274
　　（三）情绪化、理想化、各怀其私：晚清外交中的心疾 … 279

九、结语 … 285

参考文献 … 290

楔子：黄竹岐村案

黄竹岐村在广州城西，自十三行溯珠江西北行约五公里，与金沙洲隔江相对，有河涌通珠江。今属佛山市南海区，名"黄岐"，清代隶南海县黄竹岐堡①。道光二十七年十月二十八日（1847年12月5日），有麦刻地②等六名英人驾船出游③，行至黄竹岐村（英人称为"Hwáng-chuh-kí"或"Hwang chu kee"）登岸，村民阻其入村，双方随即发生冲突。英人枪击村民致陈亚振身死、李亚健重伤，村民梁亚来等众随将英人全数杀死并抛尸河涌。④案

---

① 参看潘尚楫等修、邓士宪等纂《道光南海县志》卷之三"图一"，叶三十九下；卷之六"舆地略二"，叶十一下，同治八年刻本。

② "麦刻地"之名见诸《耆英等奏设立章程派拨差役跟同洋人有事随时排解折》，齐思和等整理《筹办夷务始末·道光朝》，中华书局，1964，第3138-3139页。英人记载六人为：Small, Balkwill, Bellamy, Brown, W. Rutter, M'Carte（见Journal of Occurrences: account of the late massacre, Chinese Repository, vol. XVI. December, 1847. No. 12。按："麦刻地"应即"M'Carte"）。

③ 魏斐德（Frederic Evans Wakeman）称此行系为"打水鸟"，因此携有枪支。关于案发时间，魏斐德误称在12月6日早晨（参看魏斐德著、王小荷译《大门口的陌生人：1839—1861年间华南的社会动乱》，中国社会科学出版社，1988，第94页）。耆英奏称在"（道光二十七年十月）二十八日午刻"（见《耆英等奏查办黄竹岐地方中英民人互殴致毙命案折》，齐思和等整理《筹办夷务始末·道光朝》，第3115页）。《中国丛报》也称6人为5日下午2点出发（见Journal of Occurrences: account of the late massacre, Chinese Repository, vol. XVI. December, 1847. No. 12）。

④ 关于此案经过，中英描述稍有差异。耆英向道光奏称，"窃粤省民情向与夷人不协……于十月二十九日早，臣等风闻有夷人六名，于二十八日午刻，驾艇前往省河北路一带游行，至次日未回。当饬广州府暨南、番二县飞速前往根查。并访闻该处民人，有被夷人致死二命，并据夷目报称，该夷六名，系被黄竹岐地方民人殴毙等情。复经饬令营委各员会同广州府，督县带同兵役，驰往查起夷尸，并拘凶犯去后。……旋于初一初

发后,英国公使德庇时(John Francis Davis)立刻由香港调兵船两只、火轮船一只驶至黄埔进行军事威吓,提出将主从各犯全数正法,以及摧毁黄竹岐和邻近坑滘、滘表等三村等要求。①两广总督耆英也快速反应,不日即起尸缉凶,除对所获十余名从犯重加惩治外,还特于十一月十四日(12月21日)将梁亚来等四名主犯在案发地"即行正法",并请德庇时派员"看视行刑",藉以平息此案。②

二两日,在该处河边捞获夷尸四具,现在分投细访按捕,并确查该处居民,有无被夷人致死情事","随于初三初四等日,复捞获夷尸二具,并陆续缉获人犯八名,内二名讯不承认,其六名均认村人殴毙夷人,伊等在场目击。诘以何人起意,何人下手行殴,不能指出。又夷人殴伤民人陈亚振、李亚健二名,……陈亚振已因伤身死,李亚健受伤沉重,不能取供,俱系火器所伤","嗣据委员暨营县等协同该地方绅耆,缉获正帮各凶梁亚来等一十五名。……据该犯梁亚来、陈亚孩、李亚硬、王亚曼等四名,供认首先喝令凶殴,临时起意,各致毙夷人一名。复商同弃尸灭迹。其余各犯,或供认随同故杀夷人,或供认互殴适伤致毙,或在场帮殴,或帮同弃尸各不讳。"(见《耆英等奏查办黄竹岐地方中英民人互殴致毙命案折》《耆英等奏黄竹岐案英使求将凶犯全数正法并洗平黄竹岐等村折》《耆英等奏黄竹岐命案辑凶十五名已将情重四名正法德庇时亦回香港折》,齐思和等整理《筹办夷务始末·道光朝》,第3115—3116、3117—3118、3119页)将之描述为偶发冲突导致的激情犯罪。马士汇总英方报告材料称:"他们(英人)一登陆就马上被包围和被辱骂,两个人被杀;四个人逃跑,但在第二天早晨还是被捉并且被杀;最后一人是经过正式的辩论后才被杀的。"(见马士著、张汇文等译《中华帝国对外关系史:1834—1860年冲突时期》第一卷,商务印书馆,1963,第441页)所述村民杀人过程极为冷静残酷。梁廷枏则称:"夷难(按:指鸦片战争)之作也,沿江上下数十村,……咸筑闸设栅于其村口自卫。夷登岸未之入,则村民听其自为来去,见惯亦不异也。二十七年夏月,英商驶舟至黄竹岐村。……夷相率竟入其栅,妇女见而哗,夷不知避,反举枪以击人。顷刻间,村众毕集,鸣锣,将递传邻近诸村来护。夷益暴躁,状凶猛,众一时愤激,杀三夷,舁尸沉村外巨河,下石压之而掩其迹。"(见梁廷枏《夷氛闻记》,中华书局,1959,第146页)即英人凶横霸道激怒村民而招致杀身之祸。梁氏显然站在村民立场为之辩护,但其所载杀人数及正法犯人数均误为三人,颇难理解。

① 参看齐思和等整理《筹办夷务始末·道光朝》,第3120页。
② 梁亚来等四犯虽系在案发地处决,然非"就地正法",而是由时任广东巡抚徐广缙请王命旗牌诛杀(梁廷枏称:"徐广缙新至,慨然谓杀人偿命,法也。然一命一抵,法安可滥,不能鱼肉吾民以徇夷欲而塞夷责也。乃召其村绅士,讯致杀之由,缚三人出,请王命于犯事之地正法。"见梁廷枏《夷氛闻记》,第146页。关于"就地正法"与"恭请王命正法"的区别,参看张本照《论清代"就地正法"之制的产生时间》,《历史档案》2016年第1期,第98—99页)。而案件办理系由耆英主导;相关奏折也由耆英领衔,故对于诛杀村民之举,时人多目之为耆英曲民徇夷,且至今仍有论者谓其"草营

黄竹岐村案中有两个问题值得关注，其一是村民何以阻止英人进村，其二是英人何以遭受极为残酷的虐杀，如耆英奏称遇难英人"各尸遍体鳞伤，多至四十余处"①，英人还指出"内有谪谋绑缚，然后以金刃致毙"②的情况，即显系受凌虐致死，甚至存在虐尸的可能③。道光帝就此发出疑问："惟此次民夷互殴，究系因何起衅？该夷因何来至黄竹岐地方，是否系伊应到之地？有无不法情事？该凶犯等惨杀夷人，伤多且重，因何怀恨至此？"④赴乡村游玩的英人与村民之间无疑不存在直接的、足以互致死地的仇恨，即使偶发口角，激情互伤，其遭遇也不致如是之惨。道光有关案发缘由及杀人手段过于残忍等疑问，今人谅亦同怀此惑。

● ○ ○ ● ●

对于英人能否至黄竹岐游玩及村民何以阻止，耆英此后向道光报告案件办理情况的奏折中未加一词，因其涉及鸦片战争后清廷极为关注而又无力控

人命……残民媚外"（参看李少军《再论耆英外交》，《史学月刊》2010年第12期，第38页）。此案办结时间甚短（自案发至处决案犯前后共16日），虽耆英并未遵循一般刑事案件由州县审讯，督抚复核后题奏，经三法司秋审定谳，由清帝御笔勾决的法律程序，但此举绝不能以草营人命视之。盖因：其一，耆英并未不经督抚审勘而由在事地方官"就地正法"，而是"饬派文武大员，督同营委各员暨府县等，前往查办"，讯供甚确。其二，各案犯均据情节定罪，并无枉纵。如所获何亚围、李亚因二人，讯与案件无关，即行开释，而王亚灵虽"将英人一名戳伤致毙"，但因系出于在冲突中保护其表叔李亚健，"情有可原"，故判为"绞监候"而并未处决。至所决四犯，系为"首先喝令众人，将英人赶殴"，且"各迭伤英人一名身死"，故以"情节较重"而处斩决（关于各犯口供等详细情况，参看《耆英照会·第二百四十七号》，佐佐木正哉编《鸦片战争后の中英抗争·资料篇稿》，东洋文库，1964，第97-99页）。其三，此案虽非盗匪案或聚众作乱，然一次伤毙六命及招致英舰兵临城下的后果，同时德庇时还发出"将黄竹岐毁坏"等威胁，暗示出将案犯"在犯事地方""立即正法"等要求（参看佐佐木正哉编《鸦片战争后の中英抗争·资料篇稿》，第95、97页），事态危急程度显然符合使用王命的要求（关于清季督抚以"王命旗牌"执行死刑的制度，参看铃木秀光著，吕文利、袁野译《恭请王命考——清代死刑判决的"权宜"与"定例"》，《内蒙古师范大学学报：哲学社会科学版》2009年第4期，第23-37页）。

① 齐思和等整理：《筹办夷务始末·道光朝》，第3120页。
② 佐佐木正哉编：《鸦片战争后の中英抗争·资料篇稿》，第95页。
③ 马士称："被害的英国人的尸身被发现了，大部分已经切成碎块。"（见马士著、张汇文等译《中华帝国对外关系史：1834—1860年冲突时期》第一卷，第441页）
④ 齐思和等整理：《筹办夷务始末·道光朝》，第3121页。

制的西人活动范围的问题。

鸦片战争前，清廷开放广州对西人"一口通商"，依托澳门和十三行、粤海关等构建贸易、税征等外贸管理机制①，并建立起极为严密的通过十三行行商及通事等对西人进行人身管控的规章制度②，以维护"天朝上国"的体制尊严及防范"中外勾串"，减少民夷接触。如规定西商在非贸易季必须离穗回国或至澳门"住冬"③；有事欲向官宪呈情时，限在靖海门外呈递

---

① 关于清代有关中西贸易的管理体制，前人已有诸多细致讨论，如章文钦指出，这一体制包括四个重要环节，即"粤海关负责征收关税并管理行商，十三行负责同外商贸易并管理约束外商，黄埔作为外国商船停泊的港口，澳门作为广州的外港和西方各国商人的共同居留地"，而"四个环节互相联系又各自形成一套制度"；郭小东对于广州外贸管理体制的具体内容，则细致地分析了包括清廷、广东地方官员和广东以外官员三个层次的行政管理体系，包括惩戒等各方面制度的税征管理体制、贸易和外商管理的操作执行体系，以及对来华外商、外船管控约束的条规体系等（参看章文钦《清代前期广州中西贸易管理体制的四个环节》，章文钦《广东十三行与早期中西关系》，广东经济出版社，2009，第210-225页；郭小东《打开"自由通商"之路——19世纪30年代在华西人对中国社会经济的探研》，广东人民出版社，1999，第51-60页）。

② 关于清官方历次颁布的管束西人的规章，梁廷枏称，自顺治四年两广总督佟养甲即奏请准佛朗机人居濠境澳贸易而禁其入省，至乾隆时期趋于严密，有乾隆八年两广总督策楞因民夷命案题请对交凶事宜"明定条例"，乾隆九年澳门同知印光任拟"管理澳门夷事"七条，十四年澳门同知张汝霖拟十二条，二十四年李侍尧颁"防夷五事"等，此后道光十一年李鸿宾更定"防范夷人章程"八条，道光十五年卢坤还颁有"防夷新规"（参看梁廷枏《粤海关志》卷二十六至二十九，"夷商一"至"夷商四"，广东人民出版社，2014，第510-572页）。这些规章除对西人活动范围进行限定外，对其行为规范也有要求，如禁止外商乘轿、禁止"番妇"入驻商馆等。需要说明的是，这些规条的出现并非专门针对在穗西人，而是乾隆中期以后清朝朝贡体制成型、外贸管理经制化的结果（参看拙文《鸦片战争前清代外贸口岸体系研究》，《中国边疆史地研究》2016年第1期，第54-55页）。如乾隆四十四年清廷对吉林、宁古塔华人赴朝贸易建制稽查；五十五年对清商赴缅甸、五十七年对清商赴安南贸易，均建立印票查验之制等；五十七年驻藏大臣还开始对在藏外商造具名册、给发印照，并设卡稽查出入（参看昆冈等纂《光绪钦定大清会典事例》卷五一一"礼部·朝贡·禁令"，卷二三九"户部·关税·禁令"，光绪二十五年刊本；佚名《卫藏通志》卷一一《贸易》，渐西村舍刊本，叶一至叶五）。

③ 关于李侍尧颁"防夷五事"禁止西商在穗"住冬"，汪敬虞认为其事出于李侍尧之"昏愦"（参看汪敬虞《是住冬还是住夏——关于鸦片战争前广州外国商人的"住冬"问题》，《近代史研究》1980年第4期，第259-261页）。即认为明清时西人来华，通常在九、十月前乘西南季风至穗，次年三、四月乘东北季风返航，其间为贸易季，西商在穗开展贸易活动，因此"住冬"实为常态，所应限制的，是外商在穗"住夏"，且

禀帖①；贸易季虽可在穗居住，但限于十三行商馆区，仅许每月三次在通事陪同下前往指定的花地和海幢寺两处游玩等②；对于西船水手，其生活区域亦限在黄埔港附近，仅允许"游散日"至十三行饮酒购物。③ 即对西人在穗活动的时间、地域范围和行为方式等，都加以严限。尤其是在入城问题上，康熙时清人即指出："明洪武初，令番商止集舶所，不许入城，通番者有厉禁。……嘉靖三十五年，海道副使汪乃立客纲客纪，以广人及徽、泉等商为之。三十八年，海寇犯潮，始禁番商及彝人毋得入广州城。"④ 即明代就例禁西人入城。即使东南亚朝贡诸国使团到穗，亦须住城外之怀远驿，且要求"入贡者惟正使进城，余皆就驿止宿，遇设宴管待方入，宴毕即出"⑤。虽准

事实上外商也多系冬住广州夏住澳门。但须指出的是，19世纪前西船通常在十月初前即已抵穗，如英船"麦士里菲尔德号"于1689年8月26日抵穗，1700年8月6日抵定海时已有多艘英船碇泊于此，1703年10月9日"斯特雷特姆号"到巴达维亚时已因季风不能北航（参看马士著、区宗华译《东印度公司对华贸易编年史：1635—1834》第一卷，广东人民出版社，2016，第95、107、150页），故通常在广州冬季到来之前贸易活动多已完成。理论上如西商须至次年三、四月才能完成贸易，则已无须赴澳门居停而直接返航即可。李侍尧禁"住冬"之令，主要目的在于防止外商藉口贸易未靖在穗居留，且至道光十年时清廷仍有对"夷人销货完竣，不准逗留，近则往往在粤省过年"情形进行限制之旨（参看蒋廷黻《近代中国外交史资料辑要》上卷，东方出版社，2014，第9页）。因此，即如梁廷枏所言："故事，诸夷来粤售货毕，即乘风去。以索逗留者，必令移居澳门，谓之住冬。"（见梁廷枏《夷氛闻记》，第3页）当然，19世纪后航海技术条件发生变化，西人已无须候风而能随时至穗，但清统治者对限定西商夏季返程或驻澳的制度并未调整，早已引起西人极大非议。

① 关于外商有事向督抚呈禀，《粤海关志》称："英吉利夷商禀事，密封交行商代递，系指紧要事务，径赴总督辕门陈诉者而言。其寻常贸易事务，请仍赴粤海关衙门呈递；以及交涉地方寻常事件，仍赴澳门同知、香山县及县丞衙门，就近呈递，以昭画一。"（见梁廷枏《粤海关志》卷二十九"夷商四"，第563页）但如行商不愿代呈或有欺凌之事，可以至靖海门外乞城守转呈。律劳卑（William John Napier）事件中，清官员拒绝接收其秘书阿斯迭（J. H. Astell）所递文书，关键不在其递禀之举，在于其所递系平行之"函"而非以下致上之"禀"（参看马士、宓亨利著，姚曾廙等译《远东国际关系史》，商务印书馆，1975，第61、78-79页）。

② 参看梁廷枏《粤海关志》卷二十六"夷商一"，第519页。

③ 参看亨特著、沈正邦译《旧中国杂记》，广东人民出版社，1992，第1-4页。

④ 金光祖修，莫庆元等纂：《广东通志》卷二十八"外志"，康熙三十六年刻本，叶百十八。

⑤ 陈大科、戴耀修，郭棐等纂：《广东通志》卷六十九"番夷"，万历三十年刻本，叶七十三。

贡使入城，但多有限制。清承明制，在准暹罗等国贡使入城的同时，仍禁西商入城。如梁廷枏指出，暹罗贡使在会验贡物等情形之下可得入城①，但西人则自顺治时即"禁佛郎机人不许入广东省会，荷兰之入贡者，亦只令在馆贸易"②。当然，战前此类规条多属具文，如英人曾称，"一七五〇年外国人仅凭'知名人士一纸字条'就可以进城"③。外商突破入城之外各种禁令的举动也十分常见，但除盼师（William Baynes）事件④外，多未引起清廷关注和广泛的社会反响。

鸦片战争后，1843年10月签订的《五口通商附粘善后条款》即《虎门条约》定英人可在五口居住，但对其活动范围则未能细加明确，只是原则性地规定："广州等五港口英商或常川居住，或不时来往，均不可妄到乡间任意游行，更不可远入内地贸易，中华地方官应与英国管事官（按：指各口领事）各就地方民情地势，议定界址，不许逾越。"⑤其意实重在限制。此后的中美《望厦条约》、中法《黄埔条约》，亦仅重申外人在各通商口岸的活动范围由各口地方官员与各国领事议定的原则，但亦均未定细则。⑥1844

---

① 梁廷枏在"会验暹罗国贡物仪注"中指出："是日辰刻，南海、番禺两县委河泊所大使赴驿馆护送贡物，同贡使、通事由西门进城，至巡抚西辕门安放，……各官即起坐验贡毕，将贡物仍先从中门送出西辕门。通事引贡使由西角门出，至头门外立候送各官回，将贡物点交通事、行商、贡使同送回驿馆贮放。"（见梁廷枏《粤海关志》卷二十一"贡舶一"，第428页）

② 梁廷枏：《粤海关志》卷十七"禁令一"，第341页。

③ 广东文史研究馆译：《鸦片战争史料选译》，中华书局，1983，第490页。

④ 道光十年，英东印度公司大班盼师携妻子及侍女乘轿进入十三行商馆，且有将"炮位数座及鸟枪等件……偷运省城夷馆"之举，引起物议（参看蒋廷黻《近代中国外交史资料辑要》上卷，第8-9页）。两广总督李鸿宾以封舱停贸要求"番妇"离馆，盼师在散商支持下与清方对抗数十日之久。盼师此举系有意挑战"番妇入城""夷商乘轿""私运武器"等诸多禁令，引发清方强烈反应，此后遂有李鸿宾更定"防范夷人章程"之事。

⑤ 王铁崖编：《中外旧约章汇编》第一册，上海财经大学出版社，2019，第32页。

⑥ 关于美法商人在通商口岸租屋及活动范围，耆英与美使顾盛（Caleb Cushing）所签《五口贸易章程：海关税则》即《望厦条约》第十七款定："合众国民人在五港口贸易，或久居，或暂住，均准其租赁民房，或租地自行建楼，并设立医馆、礼拜堂及殡葬之外。必须由中国地方官会同领事等官，体察民情，择定地基。……其合众国人泊船寄居处所，商民、水手人等止准在近地行走，不准远赴内地乡村，任意闲游，尤不得赴市镇私行贸易；应由五港口地方官，各就民情地势，与领事官议定界址，不许逾越，以期永久彼此相安。"道光二十四年（1844）十月耆英与法使拉萼尼（Théodose M. M. J. de

年8月4日，耆英还曾札饬上海道宫慕久，交代其与英国驻上海领事巴富尔（George Balfour）交涉巴氏之弟"私越新闸一带打雀"一事。① 此后至当年 12 月之间，宫慕久与巴富尔达成英人可至一日往返路程内游历的协议。②1845

Lagrené）所签《黄埔条约》第二十三款定："凡佛兰西人在五口地方居住或往来经游，听凭在附近处所散步，其日中动作一如内地民人无异，但不得越领事官与地方官议定界址以为营谋之事。至商船停泊，该水手人等亦不得越界游行。"（见王铁崖编《中外旧约章汇编》第一册，第 49-50、57 页）

① 耆英于道光二十四年六月廿一日，致宫慕久札曰："三月二十六日，有巴领事之弟带同医士等，雇坐小船私赴新闸一带打雀之事。……该领事先不知情，并即交来英字一纸，遣人追至野鸡墩地方，遇见伊等，业已折回，并用英字告示，禁止该国商梢人等，不得擅入内地，一经有犯，照章治罪，并称已将伊弟违约之处禀明仆公使，日内即将伊弟遣回香港，听候处治。"（见刘志伟、陈玉环主编《叶名琛档案》第三册，广东人民出版社，2012，第 682 页）

② 此协议签订的具体时间不详。在处理青浦教案时，两江总督李星沅奏称："至夷人原定条约，各就地方民情地势议定界址，本不准任意逾越。上海口岸，经前任苏松太道宫慕久，与英夷德庇及领事巴富尔再三要约，以早出晚归，不准在外过夜为断。"唯德庇时在 1844 年 9 月 19 日至 24 日曾至上海（参看《李星沅等奏现咨徐广缙照会英使如有申诉应交地方官递送毋庸前来折》《璧昌奏英使德庇时于八月初八日至上海十三日赴浙折》，齐思和等整理《筹办夷务始末·道光朝》，第 3136、2865-2866 页），而英国领事巴富尔布告上海英国臣民，"根据《虎门条约》第六款，本领事已与中国当局议定，由于上海郊区地势平坦，很难划定自然界限，因此所有英国臣民允许为娱乐而外出闲游的界限，确定为该臣民在白天外出游历，不得超过当天可及时返回上海的路程，以免不得不留宿界外"，其时则在 1844 年 12 月 5 日（参看汤志钧主编《近代上海大事记》，上海辞书出版社，1989，第 22 页）。马士指出，"在以后几年中，（上海）游历的范围约定为三十英里的距离"（参看马士著、张汇文等译《中华帝国对外关系史：1834—1860 年冲突时期》第一卷，第 400-401 页）。其他口岸似乎都遵循一日之限的原则，但具体范围差别较大。如 1845 年 7 月 30 日英国传教士施美夫（George Smith）在宁波游天童寺时称，"宁波有关（按：外人出游范围的）界限的规则是根据地方而非时间制定的。我们意欲参观的景点，在外国人允许的区域之内，因此我们不必当天，甚至几天之内返回宁波"，后又称，"宁波对外国人的界限规定也十分有利。一旦得到允许，外国人可以在宁波县内各处访问或居住，不受时间限制。这一区域，向西南延伸 150 多里地。在东南面，包括海港在内的海岸的一部分，以及天童寺茂林修竹的山岭。其他方向界限为 15 到 50 里不等"。而其 1846 年 2 月在厦门则称，"限制外国人逾越的界限，在代理领事的参与下，定为'一日之游'。在这一条款上，加了一条限制性很强的注解，以便禁止外国人离城作半日以上的外出，并且日落之前必须返回厦门。由于一天被解释为从日出到日落，并且由于乘船到对岸大陆一般需要大半个上午，所以这条规定事实上把外国人限制在厦门岛上，甚至不允许他们在村里过夜，必须在日落之前回到城里"（见施美夫著、温时幸

年 6 月，英国驻广州领事马额峨（Francis Coleman MacGregor）也与广州地方官员就此展开谈判，但未有明确结果。① 1846 年 4 月，耆英与德庇时签订《虎门寨特约》（按：即《退还舟山条约》），中有"在河（按：指珠江）两边无多乡里处所，为散步之地，所有定界内，于城外近地行走英人，必受保佑，全安无妨"② 的约定。1847 年初，耆英向德庇时确认广州可参照上海办法办理。③ 当然，从战后不久即开始发生的诸多英人与地方居民冲突事件可以看出，英人早已在广州近郊"自由"活动，并不待双方正式协议的授权。就黄竹岐村案本身而言，英商行程并未突破耆、德约定。

对于此种情形，清统治者内心显然并不情愿，虽力有未逮，但仍不断尝试对之加以限制。针对《虎门条约》有关条款，奉旨审议条约的军机大臣穆彰阿等即指出："各口既准英商居住往来，自应议定界址，庶彼此日久相安。所有英船水手及船上人等，应俟管事官与地方官立定禁约后，方准上岸。"④ 道光特颁谕令："夷人在各口租房赁地，自应于议定界址时，再与切实要约，以杜藉口，务当因地制宜，不准稍留罅隙。"⑤ 实即要求各口循战前广州旧例，订立管束外人的相应章程。黄竹岐村案办结后，道光谕令耆英等，要求其照责英公使禁止英人随意进入乡村。⑥ 道光二十九年（1849）徐广缙等取

译《五口通商城市游记》，北京图书馆出版社，2007，第 145、161、385 页）。广东讨论此事较晚，至 1845 年 7 月，耆英还曾就此事行文两江、闽浙总督，咨询"上海、厦门两口均系定以时不定以地，约计往返可行走一日"的具体情况（参看刘志伟、陈玉环主编《叶名琛档案》第四册，第 160 页）。

① 1845 年 6 月 11 日，德庇时照会耆英称："本公使大臣，接到粤省领事马禀称，兹与贵地方官相议，不阻本商人等，果然在附近省城所宜之地，畅情散步，但未得成就等因。"耆英覆照同意就此洽商，但对英人任意出游持以反对，称："昨接贵公使来文，内言马领事与中国地方官筹酌英人行走界址，尚未议就等由，……当即札行藩臬两司，转饬该地方官，会同马领事，详定妥议。……惟查善后章程第六条，内载广州等五口英商，或常川居住，或不时来往，均不可妄到乡间，任意游行，中华地方官，应与英国管事官，各就地势民情，议定界址。"（见佐佐木正哉编《鸦片战争后の中英抗争・资料篇稿》，第 14-15、15-16 页）

② 佐佐木正哉编：《鸦片战争后の中英抗争・资料篇稿》，第 54 页。

③ 参看佐佐木正哉编《鸦片战争后の中英抗争・资料篇稿》，第 74 页。

④ 《穆彰阿等奏核议耆英等所定善后条约折》，齐思和等整理《筹办夷务始末・道光朝》，第 2754 页。

⑤ 齐思和等整理：《筹办夷务始末・道光朝》，第 2783 页。

⑥ 道光称："此次黄竹岐民夷争殴之事，在地方官及绅耆人等，固应将民人严行管

得反入城的"胜利"时,曹履泰随即奏请"敕下江南、浙江、江苏督抚,晓谕夷人,毋许越境闲游,以杜后患而息祸端"①。在第二次鸦片战争前,对西人反复提出的"游行内地"的要求,清廷都是严词拒绝。②

事实上,外人在穗此类闲游活动还受到了民众的极大阻挠。在入城方面,除英国驻广州副领事杰克逊(Jackson)等1845年3月在城墙上被殴③等案外,徐广缙还曾特别罗列诸多类似事件,如"(道光)二十六年二月有英夷四名溷入靖海门,行至天后宫前,即被驱殴,将其逐出。六月又有英夷数名溷入太平门,被状元坊通街铺民,哗然齐出,将其赶回。八月后,有黑白英夷两名溷入太平门内濠畔街,被民人数百逐至高第街,挥拳掷石,……又被众民拥入粪窖,……痛加捶楚,两夷身受重伤"④。而在广州近郊,就在黄竹岐村案发生前一个月左右,相距不远的茶头、洲头嘴等处也陆续发生了

束,而夷人恣意嬉游,该酋若能约束禁止,何至动起衅端。况日久杂处,必不能保相安无事。该督等务将此意剀切晓谕,令其设法禁止,非贸易不得无故滥入民间田舍屋宇,使知驭下严明,亦为中国官民所称赞。"此外,就青浦教案的办理,道光还谕令两江总督李星沅:"华夷接壤地方,立有一定界址,倘有违约私行,必致斗殴以启争端,不可不防其渐。"(见齐思和等整理《筹办夷务始末·道光朝》,第3131、3134页)故如魏斐德所指出的,"皇帝也是从相反的方面看问题的。首先,英国人到黄竹岐去做什么?诱发事件的真正原因是他们的出现,而不是村民的行为。"(见魏斐德著、王小荷译《大门口的陌生人:1839—1861年间华南的社会动乱》,第97页)即道光的着眼点在于地方官能否限制英人活动范围。

① 齐思和等整理:《筹办夷务始末·道光朝》,第3193页。

② 参看齐思和等编《中国近代史资料丛刊·第二次鸦片战争》第三册,上海人民出版社,1978,第396页。按:关于外人赴内地游历一日内往返的限制,至《天津条约》方始突破。《中英天津条约》第九款定:"英国民人准听持照前往内地各处游历通商。执照由领事官发给,由地方官盖印。经过地方如饬交出执照,应可随时承〔呈〕验无讹放行,雇船雇人,装运行李货物,不得拦阻。……如通商各口有出外游玩者,地在百里,期在三五日内,毋庸请照。惟水手船上人等不在此列。"(见中华书局编辑部整理《筹办夷务始末·咸丰朝》,中华书局,1979,第1016页)其具体案例,可参看《闽省拿获通贼洋人花耳禀》,赵春晨编《丁日昌集》上册,上海古籍出版社,2010,第266页。

③ 马士称:"一八四五年三月十八日,香港殖民财务官马尔丁,英国副领事杰克逊(Jackson)和随军牧师士丹顿(Stanton),当在广州北面的城墙上散步的时候,被一些挥刀、舞剑的人们所殴打。"(见马士著、张汇文等译《中华帝国对外关系史:1834—1860年冲突时期》第一卷,第422页)

④ 《徐广缙等奏英人进城之议已寝折》,齐思和等整理《筹办夷务始末·道光朝》,第3185页。

"英民莫利孙等，坐艇在荼头村河面经过，被该村民持械喊阻"，以及"英民威厘知儿，独自驾艇，由洲头嘴经过，见有多人，喊嚷掷石"等事件①，且恰在命案发生前四个月，包括被害六人在内的八名英人乘游艇途经黄竹岐村时，还发生了村民向其施放空炮，进行恶作剧恐吓的事件。②反入城斗争期间，外侨在广州附近出游时遭遇围观辱骂、投掷石子，甚至火枪攻击等事件不胜枚举。③也就是说，此际广州不仅进行着"反入城"，同时还进行着"反入村"，或者说是反对西人至一切与贸易无关的"不应到之地"的斗争④，甚至一些劫掠西人的刑事案也伴随着此类攻击⑤。故中英有关入城事务的交涉，往往与解决英人在广州近郊游历时冲突事件的讨论同时展开。耆英在处理此类冲突时往往严惩村民而安抚西人，但面对道光帝的质疑，只能选择避而不谈。

---

① 参看佐佐木正哉编《鸦片战争后の中英抗争·资料篇稿》，第94页。按："荼头"应系"槎头"，在广州西北，自十三行溯珠江西航道西折北行约10公里。

② 关于此案，魏斐德称："一群狂热的乡勇曾向一艘满载外国人的游船开火，但没有打伤人。"（见魏斐德著、王小荷译《大门口的陌生人：1839—1861年间华南的社会动乱》，第94页）耆英致德庇时照会则称，共拿获罗亚迟、罗亚能、方亚诚等三人，供称英船经过时，因系"用火药空演试放"小炮，未加回避，"并没有心向其开放"，但仍处以"当堂各折责三十大板，仍加枷号一个月"（参看佐佐木正哉编《鸦片战争后の中英抗争·资料篇稿》，第88页）。关于受害英人，马士指出："在这八人中的其余二人在八月八日在这同一乡村受到攻击。"（按：此处应意指受攻击的八人中，六人又重返黄竹岐。参看马士著、张汇文等译《中华帝国对外关系史：1834—1860年冲突时期》第一卷，第441页注①）。

③ 参看魏斐德著、王小荷译《大门口的陌生人：1839—1861年间华南的社会动乱》，第94页。

④ 如马士称："在广州的外国商人只有冒着不断的挑战式的侮辱，才能越出商馆限定范围之外，只有冒着被殴打和可能受伤的危险，才能到甚至极短距离的乡村里去。"（见马士著、张汇文等译《中华帝国对外关系史：1834—1860年冲突时期》第一卷，第401页）

⑤ 如1845年3月，有英国副领事杰克逊在广州近郊被劫。案中"匪徒郭亚顺"等除抢劫外，同时还有对英人"拾石抛掷等情"。另如1854年3月16日，英广州领事翻译"偕同二友，前往西樵山游玩，……及归舟时，突见各村拥出多人，皆持械噪逐，用石块掷打，继复团裹围困，随将各外国人衣服、银物抢夺罄尽，一人被殴重伤，仅各逃得性命回舟。跟随人等，亦被劫掠一空。"（见佐佐木正哉编《鸦片战争后の中英抗争·资料篇稿》，第11、180页）即村民在抢劫西人的同时，还伴有殴辱、驱逐等攻击行为。

对于英人惨遭虐杀的问题，耆英向道光的报告也十分含混，只是奏称凶手梁亚来等"供认首先喝令凶殴，临时起意"①。其致德庇时说明案发情形的照会则称："英人六名走入黄竹岐村，该村人向其喊逐，英人先行开枪，打死民人一名，致伤一名，该村人一时气忿，遂将英人六名致死。"但此照所言系交涉之辞，意在得出"核其情节，系属彼此互殴"②的结论，未必尽属事实。③然而德庇时对之并未过多质疑，这也反映出英人能够接受"临时起意"的"互殴"作为本案的真实起因而无异议。

问题的关键在于中英双方何以均能接受英人是因偶发冲突而遭此惨烈的杀身大祸呢？搜诸史料可以发现，其时广州民众与英人间似乎处于严重的敌对状态，类似的暴力冲突层出迭现，因口角细故导致的矛盾往往迅速扩大，引发居民与外侨间的群体对峙及群殴，接踵而至的是大量损毁财物、纵火乃至互伤人命的案件。特别是在十三行一带，不断因此引发骚乱，规模较大的有1842年12月民众火烧外国商馆的骚乱④，1844年6月因美商馆旗杆上的"定风铜箭"而引发的大规模冲突和徐亚满命案⑤，以及1846年7月数百人对商馆的围攻⑥，等等。

值得注意的还有与反入城始终伴随的反英租地斗争。⑦《虎门条约》谈判

---

① 齐思和等整理：《筹办夷务始末·道光朝》，第3119页。
② 佐佐木正哉编：《鸦片战争后的中英抗争·资料篇稿》，第95-96页。
③ 如英人称"一个当地的船夫听到远处传来的枪声和乡勇们的敲锣声"（见魏斐德著、王小荷译《大门口的陌生人：1839—1861年间华南的社会动乱》，第94页），梁廷枏也述及村民"鸣锣"的情况。而参与此案被列为主犯的李亚硬、王亚曼系邻近坑溶村人，从犯李亚菴系溶表村人，因此德庇时也深欲追究坑溶、溶表两村，明显反映出守望相助的乡勇团练在本案中的关键作用。
④ 关于此次骚乱过程，可参看《祁墐等奏英人欺侮粤民致起争闹及洋楼失火折》，齐思和等整理《筹办夷务始末·道光朝》，第2514-2516页。
⑤ 关于此次冲突，可参看广东省文史研究馆译《鸦片战争史料选译》，第298-299页（按：此处据英文，将徐亚满译作"苏阿蒙"）。
⑥ 关于此次骚乱，可参看《耆英等又奏英人伤毙民人数名片》，齐思和等整理《筹办夷务始末·道光朝》，第3022页；广东文史研究馆译《鸦片战争史料选译》，第357-366页。
⑦ 关于反租地斗争前后情形，廖伟章和蒋祖缘、方志钦等均有研究讨论。参看廖伟章《广东人民在第一次鸦片战争后反对英国租地斗争新议》，《学术研究》1979年第3

期间，英国公使璞鼎查（Henry Pottinger）曾试探欲于黄埔租地，以期摆脱逼仄的十三行另辟英国商馆区，但为耆英所拒。① 1843 年 7 月，璞鼎查退而求其次，以十三行商馆区场地狭窄及 1842 年骚乱英商馆受损等因为由，向耆英提出增租商馆区以东之怡和、广利等行商栈房，希望展拓商馆区范围，耆英等覆照同意。② 9 月，璞鼎查又以西关民房火灾延及商馆，为使洋楼与民房隔离，请将所焚民房地基并入商馆区的要求，耆英亦复应允。③ 但至次年 7 月，英人欲于所租地方建盖商馆时，遭遇民众强烈反对，被英人雇佣的工匠也受到威胁。④ 德庇时就此与耆英洽商，然对广州民情有了深切了解的耆

期，第 102-104 页；蒋祖缘、方志钦主编《简明广东史》，广东人民出版社，2008，第 400-403 页。

① 耆英称："上年［二十二年］英夷在江南就抚时，本请在五口任其自择基地，建造夷馆，臣耆英因内地港口非澳门、香港系属海岛可比，且该夷所欲住之地，皆系市廛，断难任其自择，坚持未许。……迨来粤东，适有匪徒焚烧洋行及钱江造言生事之案，该酋复藉为口实，欲在黄埔建屋。臣耆英到粤后，会督黄恩彤等反复开导，告以内地房基，皆系民间所置买，完纳钱粮，虽大皇帝亦不肯将民产作为官地。……自应由中华地方官会同该夷目，各就近地民情，议定在何地用何项房屋或基地，租给居住修造。"（见《耆英等奏与英人商定五口租房租地办法并英方已派定各口管理贸易人员折》，齐思和等整理《筹办夷务始末·道光朝》，第 2740 页）

② 璞鼎查称："省城十三行地方，原属窄狭，寓馆无多，年来众商实难居住，兼之上年公司等馆数间，已被匪民烧毁，此次更属不敷寄居。即英国驻省官员，欲雇租寓所，尚据无馆可赁，且现在新例既行，众商尤须租赁栈房，以为贮货之用。……惟有十三行之东，一段河滨地方，今属怡和、广利、天定、同顺等各洋行商人，设行建栈之地，向该各商等，即行租赁寓所栈房，方属便捷，但各国商人，准其在十三行寓居，不令在外居民中，此例历来久矣，今租各行栈之地，诚恐各华商未奉宪为准允，未敢擅便出租。……合应照会贵部堂大臣部院，请烦查照所禀前情，饬令各该华商，遇有英人欲为租赁行栈者，俱可公平出租。"耆英与祁墳、程矞采联衔复照称："自应如此办理。"（见佐佐木正哉编《鸦片战争之研究·资料篇》，文海出版社，1984，第 248、249 页）

③ 璞鼎查照称："照得本月初二晚，城西火灾，将民间房铺烧毁，延及洋楼数所。……民间屋铺，多贴洋楼，其木料旱燥，易招火燃，一旦有警，灾及洋楼。……可否趁民房已烧，将洋楼原地四面宽开，俾外国人得以用砖石筑墙，围护洋楼。……与各民房铺屋相离。"耆英照复："将贵公使来文及绘图，咨送两广督部堂、广东抚部院，查照善后章程办理。"（见佐佐木正哉编《鸦片战争之研究·资料篇》，第 258、260 页）

④ 对此德庇时照会耆英称："兹接管事官马禀称：所有赁旧洋地址，今会同本国商人等，正要建馆，忽有匪类，与各建造匠工人等，多以危言呼称。"按：所谓建造匠工危言呼称，系指反入城期间为英人服务的工匠等，往往被目为汉奸，如《阖城公启》一类文书即声称："先禁婪商之代营，次罚工匠之效力。"（见佐佐木正哉编《鸦片战争后的中

英已不敢如前轻许，而是覆照称："兹由广州府饬据南、番二县，传到城乡各绅民公议，佥称原旧公司馆基址，颇为宽大，……现查附省地方，均系铺户居民，人烟稠密，并无空旷地段可以建造洋楼。且舍旧图新，人心易骇，难以相安，诸多不便。……不若仍按公司馆旧基修复，较为妥便。"① 此事不了了之。至1847年5月、7月，英商为拓展生活区和建设栈房，还曾尝试通过由官方出面及由买办潘仕烈"捐产充官"等方式，在洲头嘴及石围塘租地，但均激起绅民反对和大规模的抗议而作罢，以致德庇时无奈地指出："条约签订了五年，其所许与我们作建筑用的土地，尚未获得。"② 此后在徐广缙、叶名琛督粤期间，英先后任公使文翰（George Bonham）、包令（John Bowring）又多次提出欲于长洲一带租地③，但不仅民间舆论反应强烈④，即徐广缙、叶名琛也无意应允而强硬拒绝。

● ○ ● ○ ●

如果将黄竹岐村案与其他反入村的冲突、十三行骚乱、反租地斗争，以及本书将要讨论的反英入城斗争等互作背景，让它们相互参解，其各自的发生缘由及其表现形式就非常容易理解了。可以看出，此一时期广州地方绅民对英人表现出强烈的仇恨和敌意。这种敌意正是在对英交涉中广东地方官员反复强调的最为重要的反入城理由，即所谓"民情不协"。基于敌意，绅民往往选择与英人对立的立场，对英人任何诉求均目为僭越非分，对英方的任

英抗争·资料篇稿》，第6、279页）此类由官绅操控、工匠约定不为英人服务的斗争手段屡试不爽，如道光三十年福州神光寺案，受士绅阻挠，工匠也被迫相约不受雇于英人为之修缮房屋。经英人交涉，闽县、侯官县令出示禁止工匠此举。徐广缙闻知大怒，还奏请"查办"二令（参看《钦差大臣徐广缙奏请查办张贴告示严拿不肯受英人雇请之土木匠人的福建侯官知县等人片》，中国第一历史档案馆编《鸦片战争档案史料》第七册，天津古籍出版社，1992，第1055页；《裕泰奏闽侯二县确曾出示禁工匠抵制英人并英人迁住道山观与神光寺相距不过半里折》，中华书局编辑部整理《筹办夷务始末·咸丰朝》，1979，第131-132页）。

① 佐佐木正哉编：《鸦片战争后の中英抗争·资料篇稿》，第8页。
② 广东文史研究馆译：《鸦片战争史料选译》，第377页。
③ 参看廖伟章《广东人民在第一次鸦片战争后反对英国租地斗争新议》，第104页。
④ 如1852年包令租地之请，即有揭帖称："上年竟有奸人，冒名转向长洲下庄买地，欲为夷人建造鬼楼，经阖邑齐集，商同禁止。兹闻又有奸人，欲向长洲上庄买地，……在长洲世代聚居于此，稍有识者，断不落其圈套。"（见佐佐木正哉编《鸦片战争后の中英抗争·资料篇稿》，第176页）

何行为举措均不作善意理解，同时倾向以抗争的方式处理中英矛盾，从而造成几乎事事冲突的局面，即反入城、反入村和反租地等势同一体①，使得广州的中英关系总体上呈现出激烈对抗的紧张态势。

透视这一背景，六名英人显然并非死于口角冲突，而是死于仇恨和敌意。

---

① 值得注意的是，反租地斗争不像反入城、反入村那样充满暴力而相对温和，但其组织方式则如出一辙，包括以长红、揭帖等进行舆论传播，由民众在十三行一带集会抗议，以及由士绅向官宪及英领事等投送禀帖、函启等，反映出其在组织发动甚至人员方面都与反入城具有一致性。

一、反入城：激烈的抗争

《南京条约》签订后，对于战争结束后如何与英人相处的问题，粤人似乎完全没有做好准备，并且很快就对接受战败和城下之盟表现出了激烈反对的态度，不断表达出欲制服英人、不使"猖獗"的意愿，进而在反对英人进入广州府城的问题上，进行了持续十五年之久的杯葛。其间双方各执己见，冲突不时趋于激烈。英方职司交涉的驻华公使数易其人，外交手段虽有强硬、温和之别，但均始终坚执入城诉求，且不时试以武力威胁。而在中方，清廷及负责交涉的广东地方官员虽时因英方军事压力而有所动摇，但力避英人入城的目标始终如一。尤其是历当英人采取各种措施尝试入城时，广州地方即会掀起由士绅主导的、各阶层民众广泛参与的激烈抗争浪潮，成为入城纠纷的焦点所在。反入城斗争不仅本身长期成为中英交涉的重要话题，对中英外交的一些重大事务也产生了重要的影响。①

---

① 关于广州反入城斗争的社会历史成因及阶段性发展情况，黄宇和、夏笠、茅海建等已做了极为深入的研究（参看黄宇和《包令爵士与广州入城问题》，中国社会科学院近代史研究所《国外中国近代史研究》编辑部编《国外中国近代史研究》第10辑，中国社会科学出版社，1988，第33-56页；夏笠《第二次鸦片战争史》，上海书店出版社，2007，第33-60、126-161、172-283页；茅海建《广州反入城斗争三题》《入城与修约：论叶名琛的外交》，茅海建《近代的尺度：两次鸦片战争军事与外交》，生活·读书·新知三联书店，2011，增订本，第113-173页）。夏笠还研究了1849年反入城斗争中的若干细节问题，对徐广缙在民夷间依违两难的心态进行了精彩分析（参看夏笠《徐广缙与1849年广州反入城斗争》，《上海师范大学学报：哲学社会科学版》1983年第2期，第103-111页）。张海林对反入城时期的中外矛盾及反入城斗争发生的合理性做了极有见地的解析，并重点分析了反入城的"保守落后性"问题（参看张海林《重评近代广州绅民的"反入城斗争"——兼论近代中国应付西方挑战的合理方式》，《安徽师大学报：哲学社会科学版》1989年第1期，第97-102页）。黄宇和有专著详析了与反入城问题有莫大

（一）平夷：反入城斗争的缘起

关于广州入城纠纷的产生，研究者多指出最初由璞鼎查于 1843 年 7 月提出要求，耆英有意接纳，与两广总督祁𡎴等联衔发布告示，但引发士绅何有书等具禀抗议。迫于民意压力的耆英函覆璞鼎查，同意入城但建议延后，使之成为中英间悬而未决的问题。①

据耆英所言，入城要求亦系璞鼎查在耆英到广东后的《南京条约》善后交涉中提出。②但是考察自 1843 年 1 月至 7 月间璞鼎查先与伊里布、后与耆英的谈判，除有关 1842 年末十三行骚乱事宜外，重点均在海关税则③，历

关系的叶氏在两广总督任上的政治、经济、军事及外交的诸番业绩，为其诸番举措所辩解（参看黄宇和著、区鉷译《两广总督叶名琛》，中华书局，1984）。魏斐德则详细讨论了反入城斗争前后广东地方的社会、政治等各方面情况，极为细致地考察了与反入城斗争相关的三元里抗英斗争、广东地方团练、作为地方势力的地方官员与士绅之间的权力争斗、洪军起义等社会背景问题（参看魏斐德著、王小荷译《大门口的陌生人：1839—1861 年间华南的社会动乱》）。诺德（John Nolde）则主要针对反入城中的排外主义，分析其对晚清中西关系的影响（参看 John Nolde. *The Canton City Question 1842—1849: A Preliminary Investigation into Chinese Antiforeignism and its Effect Upon China's Diplomatic Relation With the West*, Cornell University, 1956）。此外，诸多研究中国近代史或以中国近代外交为主题的论文、论著，对反入城端末均有所涉及，在此恕难一一。

① 如马士称："在一八四三年七月他（耆英）写信给璞鼎查道，其他城市既可进入，广州自无例外之理。"萧致治称："1843 年 7 月，英国公使璞鼎查初次提出进城的要求。"夏笠称："1843 年。第一个提出进广州城要求的是璞鼎查。"茅海建称："英国第一次明确提出进入广州城的要求，是在 1843 年。"（见马士著、张汇文等译《中华帝国对外关系史：1834—1860 年冲突时期》第一卷，第 425 页；萧致治主编《鸦片战争史》下册，福建人民出版社，1996，第 659 页；夏笠《第二次鸦片战争史》，第 35 页；茅海建《近代的尺度：两次鸦片战争军事与外交》，第 116 页）唯魏斐德在声称"1843 年 7 月，耆英信心十足地宣布广州将迅速向外国人开放"的同时，还指出 1842 年 12 月 2 日明伦堂集会对英人入城的反对（参看魏斐德著、王小荷译《大门口的陌生人：1839—1861 年间华南的社会动乱》，第 79—80 页）。

② 耆英在 1845 年向道光奏报德庇时要求入城、回溯事务端由时称："英夷来粤二百余年，恒以不得进城为耻。臣耆英于二十三年奉旨来粤，办理税饷善后事宜，即据夷酋璞鼎查谆谆以进城谒见为请，臣等以民情不便，……设法劝阻，事即中止。……本年夏间，夷酋德庇时……欲以闽例复申前议。"（见《耆英等又奏英使请进省城立意甚坚恳谕酌量办理片》，齐思和等整理《筹办夷务始末·道光朝》，第 2947 页）

③ 参看茅海建《天朝的崩溃：鸦片战争再研究》，生活·读书·新知三联书店，1995，第 506–509 页。

次照会中并无入城诉求。1843年2月，英人登岸进入黄埔附近石头嘴、沙亭等村，引发士绅民抗议，因事关英人合法活动范围，璞鼎查鉴于条约未定，还曾出示禁止并有意派员约束。① 1843年7月后，璞鼎查与耆英交涉展拓十三行商馆区等事务，双方多次照会往返，亦均未涉入城。即从外交的角度，璞鼎查最初并未将"入城"视作一个问题，而是在其成为问题之后，才提出相应诉求。同时，璞鼎查对入城并未正式诉诸照会，而可能是以"说帖"② 即私下函商甚至面晤时口头交流的方式提出，也反映出其并未将之视为决意实现的外交要务。最能说明问题的是，如前文所述，在十三行反英骚乱及钱江案发生后，璞鼎查均未乘机在入城问题上大做文章，而是向耆英提出希望在更加远离羊城的黄埔开辟商馆区，反映出其此时外交目标纯粹出于追求商务便利，绝未以入城为念。

与此同时，从耆英拟以往来酬酢方式迎璞鼎查入城，且"出示晓谕"民众等举措来看，显示出其已预知入城面临阻碍③，希图通过淡化英人入城的政治色彩及疏导舆论民情来谋求绅民谅解。此外，上海开埠和英人入城在1843年11月，英领事至福州则迟至1844年6月④，入城和开埠时间更晚，均在璞氏提出广州入城要求之后。而耆英致璞氏之函及所出告示中则均有他

---

① 关于此次交涉，伊里布照会璞鼎查称："据绅耆刘椿等四十二人联名禀称：黄埔附近石头嘴、沙亭、东溪、柏堂等村庄，自上年十二月及本年正月，每有洋人登岸入村，或携枪打鸟，或围看妇女，或与牧儿争殴，恐致滋事，乞恩示禁等情前来。"璞鼎查复照："今拟出示晓谕英人，禁其登岸，混进乡村，致有滋生事端。且俟现议通商章程有着，本公使即拟调派副领事，或副管事一员，居住黄埔，将所有英国在彼卸货载货各船梢人，随时约束管理，以俾相安。"（见佐佐木正哉编《鸦片战争之研究·资料篇》，第237、238页）

② 如璞鼎查与耆英讨论鸦片贸易合法化问题时，即初以"说帖"、后以照会方式进行（参看佐佐木正哉《鸦片战争之研究·资料篇》，第245、251、253页），以便在并非必然达成的目标方面，双方尚无谅解时沟通底细，或是提出一些难以见诸"台面"的意见。

③ 对于广东民众反英情绪，耆英最初也有了解，在道光二十三年五月二十一日抵穗伊始即奏称："奴才旋于途次，风闻粤中士民，志存报复，不肯与英夷互市。"（见《耆英奏行抵粤东现在会议税饷折》，齐思和等整理《筹办夷务始末·道光朝》，第2640页）

④ 敬穆、刘韵珂等奏称，李太郭于道光二十四年五月十五日（1844年6月30日）遣通事到福州，十八日（7月3日）徐继畲等在南台与李太郭会晤（参看《敬穆等奏英领事李太郭到省筹议福州开市折》，齐思和等整理《筹办夷务始末·道光朝》，第2838-2839页）。

口已正常贸易和入城之辞，显系故作此言，意在开解民众。这些均反映出耆英最初实有接纳英人的诚意，唯其对绅民反应的激烈程度和入城困难的预计严重不足。①

耆英之所以预知入城面临阻碍，与前文所言广州绅民对英人所抱仇恨和敌意相关。鸦片战争结束未久，广东民间即潜滋暗长地形成议和系奸佞主导降敌、英人惧怕粤民等舆论，同时提出了待英人返穗后与之抗争、力加挫沮的主张。1842年11月25日，钱江等在明伦堂张贴何大庚所拟《全粤义士义民公檄》，更是将与英人对抗的舆情民意明确地宣示出来。此后耆英与祁𡎴、粤抚程矞采联名发布的与英人和解告示，多有针对公檄之处。在此将公檄、告示、何有书呈禀及耆英致璞鼎查函的主要内容按时序罗列，可以更清楚地揭示诸文书的内在关联，以及入城问题形成的事态演变过程。

《全粤义士义民公檄》（道光二十二年十月）：

> 恭维天朝大统，岂容裂土以与人，而草野效忠，但知杀贼而报国。……乃独英吉利者，其主忽女忽男，其人若禽若兽，凶残之性，甚于虎狼，贪黩之心，不殊蛇虺。……勾串粤省奸商，私住粤洋岛上，贩卖鸦片，毒我生灵，伤民命奚止数百万众？耗民财奚啻数千万金？并敢屡杀唐人，匿不交凶抵命，万众痛心疾首。……道光十八年，我大皇帝察知英夷之横，鸦片之毒，急欲培养国脉，护惜黎民……特命公正廉明之林尚书……收匦烟而停市易，清支流而绝来源，猛以济宽，法中寓德。英夷不知悔罪，竟尔肆逆称兵。黄阁主和戎之议，自撤藩篱，乌云多蔽日之奸，甘为缪丑。以致三年以来，逆夷恃其船坚炮利，由粤入闽，历浙入江，据我土地，戕我文武，淫我妇女，掠我资财，致使四省生民，惨罹锋镝，九重宵旰，备益焦劳。……夫英夷不过荒外一岛夷耳，其来动劳数万里，其众不满数万人，我天朝席全盛之势，灭其跛浪么魔，何啻长风扫箨；奈何疆臣大帅，惜命如山，文吏武臣，畏犬如

---

① 在此后与德庇时的交涉中，耆英已改称："至进城一节，前任璞大臣暨本大臣，奏明不准进粤东省城之事，不过系癸卯年（按：即1843年）暂时而已。"对允诺入城一事开始含糊其词。同时还向德庇时解释其所面临的压力道："言及粤民猜疑未释，会同督抚，转饬地方官，设法开导，俟开闸贸易，彼此相安，如有应行入城相商之件，自应会商等语。此实脏腑之言，本大臣初不料粤民之梗顽难化，群情汹汹，几酿事端。"（见佐佐木正哉编《鸦片战争后の中英抗争·资料篇稿》，第10、33页）

虎，不顾国愁民怨，遽行割地输金，……夫逆夷性等犬羊，贪得无厌，和之真伪，不问可知。……兹闻逆夷将入诸海口，创立马头，不惟华夷未可杂居，人畜不堪并处；直是开关缉［揖］盗，启户迎狼。况其向在海外，尚多内奸，今乃逼近榻前，益增心患；窃恐非常事变，诚有不可言语尽者。……是则英夷不平，诚为百姓之大害，国家之大忧。惟不共戴此天，方无愧于血气……士民等钦奉王言，共引团练，仿轨里连衡之制，指顾得百万之师，……踊跃同袍，子弟悉成劲旅；婉娈如玉，妇女亦能谈兵。……只今慷慨指挥，誓看波恬沧海。①

《耆英、祁墡、程矞采联衔告示》（道光二十三年五月）：

照得广东地方，素称富庶之区，而其所以富庶之故，则因绅商士庶信及遐方，各国商船无不乐来贸易。……而体察英吉利国之意，惟在照旧公平交易，并非欲与中土民人为难也。……本年三月，有浙江监生钱江，捏造揭帖，希图惑众敛钱，业经本部堂、院获犯讯明，俱系无籍游棍，假公济私，害人利己，并非实心系怀忠义有激而然，与本籍绅商士庶，毫不干涉，可见实在尊君亲上者，无不以国事民命为重，断不肯好乱乐祸，自取罪愆。盖用兵之时，则以同仇为忠，罢兵之后，则以安辑为义。似属两岐［歧］，实则一贯。……惟厦门、福州、宁波、上海四处，皆已通市，……为此示仰中外商民人等，一体知悉，尔等务须蠲释猜嫌，自图利益，勿以细故而遽肇衅端，勿听浮言而辄生摇惑。②

《何有书呈耆英禀》（道光二十三年六月）：

窃以故老狃于旧闻，群黎安于习见。故有异闻必相惊诧，遇创见则起猜嫌。民情大抵然也。我粤东民蒙朝廷厚泽深仁，休养生息，……无不尊君亲上矣。查各国夷人来粤互市，夷商向来交易而退，各得其所，历久相安。但夷人到省，向在城外夷楼聚处，国有典章，二百年从无夷人入城

---

① 广东省文史研究馆编：《三元里人民抗英斗争史料》，中华书局，1978，修订本，第93-95页。

② 佐佐木正哉编：《鸦片战争之研究·资料篇》，第243-244页。

之事。旧闻习见，妇孺同知。迩有道路传言，说有夷长欲进城垣拜会各大宪，未审果否。舆论沸腾。盖既有拜会之名，必将肩舆仪仗，卤簿前驱，民间闻所未闻，见所创见，震慑人心，惊骇耳目。观者定如堵墙。所可信者，各县联络，千有余乡，团练义民，十万余众，均已拨归各社各乡，时勤操练，严加约束，断不致滋生事端。但虑省城五方聚集，良莠不齐，诚恐烂匪凶徒，猝然干犯，夷人或不相谅，是敦和好，反至参商。……用是沥陈下悃，冒渎尊严，伏乞俯顺舆情，查照旧典饬遵办理。①

《耆英（致璞鼎查）说帖》（道光二十三年六月）：

进广州城一款。现在两国和好，毫无芥蒂，岂有城内城外之分。况江宁、福州、上海等处，既可进城，何独广州不可。无如广东民风非江浙可比，自遭兵火后，惊魂未定，易启猜嫌。本大臣前于到粤后，曾出示晓谕在案，不料又有何有书等八十余人，联名赴诉，虽经面谕开导，而民情仍复猜嫌未释。现在本大臣，会同督抚，转饬地方官，设法开导，容俟开关贸易后，彼此相安，如有应行入城相商之件，自应会商。此中如有一语相欺，上帝鉴之。②

细审何大庚等所拟公檄，其要在丑诋英人及伸张华夷之辨、诉鸦片之害和英人发动战争的国仇家恨、责和议之非、发"华夷杂处"遗患无穷的危言，以及号召团练御敌，为此后广州抗英斗争中无数长红、揭帖划定话语的范畴。耆英等告示则显然针对公檄，将其"忠义"之言与"假公济私""好乱乐祸"关联，与"国事民命"对立，不言入城，但敦和睦，以和解正论为"款夷"政策缓颊。何有书之禀则巧妙地避免了公檄中的过激言语，不直接针对"款夷"而以"旧典"和"舆情"为立足点，同时暗示和强调团练的作用。耆英为"旧典"所慑，不得不借"民情"来向璞鼎查推脱。

· · · · ·

从上可知，反入城并非是在耆英、璞鼎查通款而为粤人推翻成议之后

---

① 梁廷枏：《夷氛闻记》，第148页。
② 佐佐木正哉编：《鸦片战争之研究·资料篇》，第245页。

才形成的问题,而是一个在其被提出来之前即已成为"问题"的问题。即在《南京条约》这一城下之盟签订之际,对清廷采取抚夷政策心怀不满的广东士绅即已开始准备与英人对抗,关于反入城的舆论早已出现①,且赋予反入城以"平夷"的重要意义。1842年11月25日,钱江、何大庚等假明伦堂之名发布《全粤义士义民公檄》,号召团练抗英,反英的舆论发动业已完成。此后随即发生12月2日明伦堂反英集会,以及12月7日的十三行骚乱,这些事件的内在关联一目了然②,广州各种形式的反英斗争已然拉开帷幕。故璞鼎查在1843年初欲就十三行骚乱一事赴穗交涉,为伊里布、祁墐坚拒时③,入城和反入城的斗争在双方尚未意识到的情况下即已展开。何有书所呈之禀,只是将问题的焦点明确地集中到入城上来而已。

---

① 即如德庇时所观察到的,"当《南京条约》签订,消息传来,自然激起广州煽动家的愤怒。群众张贴揭帖或所谓告示,痛斥和议为卖国会议。一八四二年十一月初,即条约签订后不满三个月,一张公告说:'吾人获悉英夷正欲进城居住,而且在城外和沿岸进行布置和绘图,……此事不论与士绅或平民之身家与财产均有深切关系,决难允许。'"(见广东省文史研究馆编《三元里人民抗英斗争史料》,第273–274页)

② 关于1842年12月7日骚乱的爆发,魏斐德称,当日有一名印度炮手在商馆附近与卖水果小贩发生争吵,并刺死小贩,引发民众攻击和焚烧商馆(参看魏斐德著、王小荷译《大门口的陌生人:1839—1861年间华南的社会动乱》,第80页),亦即外人挑衅在前。但时任两广总督祁墐、广东巡抚梁宝常,以及续任广东巡抚程矞采奏报情况时,均将事件与明伦堂集会和张贴告白等事联系在一起。如祁墐、梁宝常奏报事发经过时,即先述"有假托明伦堂名目,刊帖告白,声言该夷罪状,欲与为难,……当即先行出示晓谕,勿得假托名目,借端生事"这一情况,而程矞采更明确指出:"惟是省会五方杂处,外来游匪因前冀倖军功,未遂所欲,往往造言生衅。借称义士义民煽惑人心,并于明伦堂大张揭帖,按户抽丁,欲与英夷为难,美其名称则为同仇义举,究其实则意在构衅营私。……彼时因未究出何人所为,是以先行出示晓谕禁止,随有夷楼抢火之事。"(见《祁墐等奏英人欺侮粤民致起争闹及洋楼失火折》,齐思和等整理《筹办夷务始末·道光朝》,第2514–2515页;《广东巡抚程矞采奏报修举防守事宜并究办浙江监生钱江等情折》,中国第一历史档案馆编《鸦片战争档案史料》第七册,第116页)故马士即认为:"要说其中没有预谋,要说事变是起源于水手同人民的冲突,全都是毫无意义的。"(见马士著、张汇文等译《中华帝国对外关系史:1834—1860年冲突时期》第一卷,第419页)

③ 璞鼎查致祁墐照会称:"即公使前日将论上省回拜之时,经贵部堂等暨钦差大臣,以民心不服,着本公使不便上省等语。"(见佐佐木正哉编《鸦片战争之研究·资料篇》,第228页)

（二）舰炮相逼：德庇时对耆英的武力威吓

1844年7月，德庇时接任驻华公使，在入城问题上采取强硬立场，并根据耆英致璞鼎查之函的表态展开谈判，入城纠纷正式成为中英官方交涉的话题。其间耆英不时希图妥协，但面对激烈抗争的民意，又不得不屡屡对德庇时藉词推脱。

在与德庇时最初的交涉中，耆英据《南京条约》条款文字及托民意拒绝。① 但至1846年初，德庇时利用鸦片战争赔款即将缴清、英军应向清方归还舟山等地一事，将之与入城问题捆绑。耆英无法承担不能收复舟山的政治后果，受胁迫之下决定让步，于是一面上奏道光争取支持②，一面与广东巡抚黄恩彤于1月13日联衔出示，晓谕居民"破除畛域，蠲释猜嫌"，企图疏通民意。然而民意迅速反弹，不仅告示随被撕毁，并有揭帖传播③，在攻

---

① 耆英称："上年（道光二十四年）冬间，该夷（按：德庇时）议欲进广东省城，经臣往复谕阻，计公文往来不下十数次，该酋无可置辞，始以禀明国主再议为辞。"（见《耆英等奏接见英使申明要约英人危言挟制欲进广东省城业经峻拒折》，齐思和等整理《筹办夷务始末·道光朝》，第2942页）而其道光二十五年十一月、十二月致德庇时照会则均称"但英民进城一节，实未列入条约"，"进城一事，本属小节。历次条约，均未载明。惟两国既敦和好，福州、上海等处，均准入城，何独于广州一处，未能一律办理？实因粤民风气，与各口不同，必当图其万全，免有仓猝意外之事"（见佐佐木正哉编《鸦片战争后の中英抗争·资料篇稿》，第20、27页）。

② 参看《耆英等奏英人藉端求进省城现在察看办理折》《耆英等又奏英使请进省城立意甚坚恳谕酌量办理片》，齐思和等整理《筹办夷务始末·道光朝》，第2946-2948页。

③ 英人所抄录的《耆英、黄恩彤告示》称："照得广州为海外各国通商总汇，溯自我朝二百余年，外国人民从未入城，是以节年以来，英国公使屡议入城，均经本大臣部院饬令地方官劝谕绅民，以舆情不协，旋即中止。……绅民当思两国既已通好，皇上一视同仁，外国人民即与内地人民无异。且现在通商五口，除厦门本无城郭外，其福州、宁波、上海等处，皆许英人入城，并无滋扰情事，广州碍难独为拒绝。……为此，示仰省城内外绅民人等知悉，务各破除畛域，蠲释猜嫌，勿再仍前阻挠，以敦和好。"英人复称："上述告示的抄本，已在本城各处张贴。其中一张贴在新荳栏街头。另一张贴在中和行商馆，就在英国商民住房的窗子下面。黄昏时分，一批一批人拿着灯笼，把告示内容抄录了。到晚上十时，告示就被撕了下来，烧得字迹模糊，不能辨认；到晨曦时，连一块碎片都没有了。十五日早上在大约同一位置，只是略高一些之处，发现了如下揭帖。第二号。广东全省水陆乡村志士义民，明白晓谕各国夷商等知悉：照得英夷居心险诈，桀骛鸱张，罪恶擢发难数。……我粤士民，虽三尺孩童，无不奋臂而起曰：与其遵

击耆英"赃官误国"的同时,号召"倘夷入城,鸣鼓攻之"①。1月15日,市民趁负责与英人谈判的广州知府刘浔责打冲撞其舆乘的挑夫之机,哄传刘浔"私带夷人进署",聚众打砸和焚烧府署,甚至烧毁刘浔的官服、朝珠。②耆英再次屈从民意,将刘浔撤任,并于次日出示声明中止入城。③ 4月3日,耆英与德庇时在虎门会谈,次日签订《虎门寨特约》。特约对入城一事议定:"一俟时形愈臻妥协,再准英人进城。然此一款,虽暂迟延,断不可废止矣。"④

对耆英而言,此约重在"交还舟山以银两全付之日为断",即能如期收回舟山,在入城一事上则意在获得延宕之机,以便使用中国官场常用的"拖"字诀使之"阴干"。⑤对德庇时而言,此约则使英人进城成为明确的条

示而受野夷之荼毒,不若违示而顾国家之旧制。今公议遵俟该夷进城毕命之日,内则斩诛丑类,外则焚毁其巢,……如有安分良夷及不与进城之谋者,早行逃避,免致徒伤性命。……各乡绅士公白。"此外还有"士绅及民众发出的,……约于同一时间张贴在城墙上"的第三号、第四号揭帖(参看广东省文史研究馆译《鸦片战争史料选译》,第341-345页)。

① 佐佐木正哉编:《鸦片战争后の中英抗争·资料篇稿》,第269-270页。
② 耆英称:"该府刘浔于是日下午因公出署,路经双门底地方,有民人王亚平挑酱一担,迎面走来,跟役向其拦阻不听,致相闹吵,该府面加呵斥,仍复出言顶撞。"(见《耆英等奏民人焚烧广州府衙门请将知府刘浔暂行撤任折》,齐思和等整理《筹办夷务始末·道光朝》,第2968页)可见民众已蔑视知府权威而有意挑衅。
③ 《耆英、黄恩彤联衔告示》称:"照得本阁部堂、部院来守粤土以[已]数年矣,自愧德薄才疏,不能有益于地方,而爱民奉公之心,如有不诚,天祖鉴之。如近年以来,费尽心力,与各外国议定条约,无非为安民之计,岂有厚待外国、薄待我民之理矣?至英人进城一事,前以民心不洽,业经再三阻止,兹因英人以福州等处准进城为言,坚汰固请,本阁部堂、部院是以出示晓谕,本拟俟出示后,体察民情,再行酌办,并非即准英人进城。……本阁部堂、部院既不能折服外国之人,又不能取信于我中国之民,每一念及,愧汗交下。"(见佐佐木正哉编《鸦片战争后の中英抗争·资料篇稿》,第271页)
④ 佐佐木正哉编:《鸦片战争后の中英抗争·资料篇稿》,第54页。
⑤ 耆英向道光奏报时明称:"伏思该夷所约各条,如进城之事暂缓商办一节,系因所请不遂,难以收局,聊以藉词推宕,作为转圜[圜],其觊觎之念实已中阻,即使将来再有渎求,而舟山业已交还,无可要挟,更不难拒其所请。况粤东士民一闻夷人进城,无不攘臂相争,即使数年或数十年后,亦难期其转移,该夷等尤无从置喙。"(见《耆英等奏接晤英使德庇时续议交还舟山条件折》,齐思和等整理《筹办夷务始末·道光朝》,第2976-2977页)

约权利。然如有论者所指出的，此约存在清人始终以"时形"未臻"妥协"而拒绝英人入城的漏洞①。为避免清方利用此漏洞，一年后的 1847 年 4 月 2 日，德庇时以赴佛山游历的英人受村民殴辱为借口，亲率兵船多艘、英军千余向广州城进发，沿途攻占虎门等炮台，驱散守军，钉塞炮眼，3 日进泊十三行附近。②慑于兵威的耆英出城与德庇时谈判，6 日函复德庇时，被迫接受其两年内开放广州城的要求。③

在德庇时、耆英的交涉中，德庇时显然占据主动，不仅态度强硬，且动辄示以兵威。但德氏举动仍较为节制，即其出兵以获取入城权利为断，并未强以武力入城。相应耆英则颇有妥协意愿，唯其无法应付的，乃是汹汹民意。

（三）狮子搏兔：徐广缙反入城之"胜利"

1848 年初，徐广缙接任两广总督，在入城问题上全力支持绅民而强硬抵制英人。与此同时，英国驻华公使则易为相对温和的文翰，未曾试以激烈手段要求入城，双方交涉一度趋缓。

4 月 29 日，徐广缙、文翰二人晤于虎门，徐广缙称"文翰人尚平静，词色之间，亦颇为驯扰"④。6 月 7 日，文翰照会徐广缙，据耆英允诺提出入

---

① 参看茅海建《近代的尺度：两次鸦片战争军事与外交》，第 118 页。

② 参看《穆特恩等奏英船突入省河坚请进城现在防堵酌办情形折》《耆英奏已杖责佛山抗英民人并英使请为明定进城日期折》，齐思和等整理《筹办夷务始末·道光朝》，第 3079–3081、3082–3083 页。

③ 茅海建称耆英"照复德庇时"，但英人仅保存有英文文件，无中文原件（参看茅海建《近代的尺度：两次鸦片战争军事与外交》，第 118 页），此事颇为费解，应以马士所称"由耆英致函接受以下的条件"（见马士著、张汇文等译《中华帝国对外关系史：1834—1860 年冲突时期》第一卷，第 438 页），即仅致函而未致照会为当。对定期入城一事，耆英明确奏报道光，只是未明言两年之期。耆英称："至进城一节，最为粤民之所不愿，若遽行允准，必滋事端，加以峻拒，则该酋等援福州、上海等处为例，藉口狡辩，实难折服。……叠经委员于拒绝之中，婉为开导，该酋始称既不准即行进城，请为明定日期，方昭确实。臣以夷性躁急，激之则立致忿争，缓之尚可徐图控驭，当与同城司道等及绅士公同熟商，复委员出城，与之详议，该酋业经允服。"（见《耆英奏已杖责佛山抗英民人并英使请为明定进城日期折》，齐思和等整理《筹办夷务始末·道光朝》，第 3083 页）

④ 《徐广缙奏接见新任英使文翰并与之同登其大船折》，齐思和等整理《筹办夷务始末·道光朝》，第 3141–3142 页。

城要求。① 徐广缙于17日照复：

> 进城一款，查粤东自与各国贸易以来，各国官商，从无进入省城之事，而中国自与贵国结好订盟，未有进城之事。以前中外安同贸易，何等兴相［旺］？嗣因有进城之议，居民各怀惊疑，商贾由此裹足，贸易亦渐归消减，经前钦差大臣耆、督饬委员及地方官等，妥为安抚，幸而无事。今若复申前议，必致民情仍前惊扰，货物因以不销，于贸易尤大有关碍。英商远涉重洋，岂为进城而来？况进城实于英商，有损无益，又何必以无益之进城，致失通商之本意？……即前钦差大臣耆与贵国相约，必以两年为期，亦深知进城必不相安，姑为一时权宜之计，而其实非永远保护之道也。总之，进城之事，于义殊无所取，于我两国和好贸易，则殊有取妨。②

即以条约未允、民情不协、不利贸易等为由拒绝入城，更以"权宜之计"为辞推翻耆英应允入城的成说。这些理由也成为此后中方交涉入城时反复伸张的理据。三个月后，徐广缙见文翰除函照往复外并无其他动作，于是放心地将此事奏报道光。③

1848年末，耆英所许两年之期将届，文翰照会徐广缙，专申"贵国粤省大宪于丁未年二月二十一日承约"一事，徐广缙仍以"广东之不愿贵国商民进城，出于通省百姓"相复，并称"贵公使如尚有未释然之处，不妨俟本

---

① 文翰此照议及鸦片贸易合法化、英船在通商口岸转运进口货物管理、剿办海盗等事，然其第一款系"进城一款"，第二款则系"本国民散步一款，查虽准游逛，甫经所遇者，甚指不蒙保护。……贵国官宪，必须操权以管束本民，又保护外国人"（参看佐佐木正哉编《鸦片战争后の中英抗争·资料篇稿》，第114页）。

② 佐佐木正哉编：《鸦片战争后の中英抗争·资料篇稿》，第116页。

③ 针对文翰如不准入城将赴天津交涉之言，徐广缙认为："溯查旧案，二十五年为还舟山，二十六年为西藏定界，（英使）皆以赴天津呈诉为词，虚声恫喝，妄图要挟，旋即寂然，今殆故智复萌，……查香港夷兵本止一千二百五十名，今夏因疫病毙者二百余名，现在共存兵不过千人，尚须防守巢穴，即欲轻舟远出，恐亦顾此失彼。"（见《徐广缙奏英使文翰照会来询进城一事当经驳斥折》，齐思和等整理《筹办夷务始末·道光朝》，第3150页）

大臣政务稍间［闲］，再为面议"①，双方遂约于1849年2月在虎门会晤。②针对徐广缙"民情不协"的借口，文翰还特在知照会谈事项的照会中提出，"贵大臣预先将此事谨奏贵皇帝，恭请上谕，按约准英国官民，随意出入粤城，如在他港口无异。遇有小民凌辱，从严究办，毋稍宽贷。腾［誊］黄遍贴各处，谕示民人"，要求徐广缙借皇权压制民意。

2月17日，文翰召集五艘英舰泊于虎门口外，迎徐广缙登"黑斯廷斯（Hastings）"号。会谈中文翰坚请如期进城，并再请徐广缙将入城诉求上奏道光帝。为确保能在两年之约期满的4月6日前收到道光朱批谕旨，文翰甚至表示愿派火轮船代送奏折至上海。徐广缙对入城多方推脱，但同意将此事"具奏御览"，并以"四十日内（按：意即在期满之前）可钦奉朱批"为由拒绝代递奏折。③ 2月20日，徐广缙向道光奏报此次会晤情况，称文翰以"如百姓不欲其进城，情愿助兵弹压……驾火轮船驶往天津，询问京师大臣，……驾兵船驶往江苏"等语威吓，要求入城。徐广缙对文翰移师江浙之言中怀胆怯，并不敢独立承担一味坚执导致"大局决裂"的后果，故向道光表示："相应据实奏请皇上指授机宜，得有遵循，再行察看民夷动静，斟酌行之。一载以来，往返文件，当面辩论，实已智尽能索，若再由臣相机妥办，则依从排解两有所难。"④

但徐氏显然对入城持坚决反对的态度。其对道光所言，意在为万一形势决裂预留退路，故此奏附片又称已通过伍崇曜鼓动商人以停贸抵制入城，并以牵连停止贸易的方式企图诱使美、法牵制英国，意在坚定道光反入城的信心。⑤ 且其2月27日复文翰照会也坚称："至进城一事，本大臣并无成见，惟

---

① 佐佐木正哉编：《鸦片战争后の中英抗争·资料篇稿》，第122、123页。
② 关于会晤地点，文翰提出"舒意要赴贵大臣衙门拜会"。因此举包含入城之意，徐广缙复以愿在"虎门提督台公署会晤"。文翰显然为示兵威，又反建议"可以直到本提督船，在彼容易私筹议论"，徐广缙表示"主随客便"（参看佐佐木正哉编《鸦片战争后の中英抗争·资料篇稿》，第125、126页）。两人实际会晤地点，系1849年2月17日徐广缙前往泊于虎门口外的英舰"黑斯廷斯"号，次日文翰赴虎门广东水师提督衙署答拜。
③ 参看佐佐木正哉编《鸦片战争后の中英抗争·资料篇稿》，第131-132页。
④ 《徐广缙奏英使文翰坚请入城折》，齐思和等整理《筹办夷务始末·道光朝》，第3164-3165页。
⑤ 徐广缙称："嘱其（按：伍崇曜）约齐众商，会议暂停外洋各国贸易，并将英酋藉进城为获利之计，密向米、佛驻广两酋微言挑动，……藉以牵制。"（见《徐广缙又奏

军民因二十一年三元里之仇,至今切齿。是以众志成城,万难挽回。民为邦本,岂能以法令禁止?"① 即已开始向文翰铺陈即令道光同意英人入城、广州民众亦将坚持抗争的前景。道光因担心反入城导致边衅再起,谕令徐广缙准英使入城一游。② 徐广缙在收到谕旨后随即上奏道光,申论反入城的理由,时任广东巡抚叶名琛与徐广缙密切合作,同时上奏反对入城。③ 为在谈判中争取主动,徐氏甚至不惜伪造圣旨,照会文翰假称道光不同意遍贴誊黄晓谕民众,拒绝入城要求。④ 为避免1847年故事重演,徐广缙还着手准备进行军事斗争⑤,除布置"内河外海各炮台……不动声色、严密防范"之外,并调香山、顺德等协绿营兵"添配各台"及雇募壮勇作为策应,其省城督抚和广州将军各标营也"城内城上按段派拨,……并选备精兵一千余名,……分路驻扎"。⑥ 特别是徐广缙将广州城厢的社学、团练发动起来,号称:"自(道光二十九年)正月二十七日(1849年2月19日)以后至三月二十日,居民则以工人,铺户则以伙伴,……筹备经费,置造器械,添设栅栏,共团勇至

暂停各国贸易挑动美法作为牵制之法片》,齐思和等整理《筹办夷务始末·道光朝》,第3165页)

① 佐佐木正哉编:《鸦片战争后の中英抗争·资料篇稿》,第132页。
② 参看齐思和等整理《筹办夷务始末·道光朝》,第3166-3167页。
③ 参看《徐广缙奏熟筹英人进城一事实属万不可行折》《叶名琛又奏进城有害无利断难隐忍坐视片》,齐思和等整理《筹办夷务始末·道光朝》,第3170-3171、3173-3174页。
④ 关于徐广缙伪造圣谕旨一事,参看《1849年"伪诏"的确认》,见茅海建《近代的尺度:两次鸦片战争军事与外交》,第128-139页。茅海建甚至认为,除伪诏外,徐广缙还涉嫌"成龙配套"地伪造了另外四折一咨等文件。
⑤ 据梁廷枏称,徐广缙在赴虎门之会前,即已决意反入城并着手准备。梁廷枏称:"广缙念中外大防,在此一举,此而不力为阻遏,他日将时以燕会至,固无辞可拒,是又与福州上海等。而密察民志,城乡万众,无虑妇孺,鲜有以听夷之人为当者。缙绅即或面从,亦必退有后言。且夷假礼以来,安知其不包藏祸心,逞其平日诡谲之见。或事后求地为行署,甚或临时索所经官舍,留其徒居之,不惟立生口舌,抑且骤起兵戎。……艰巨之任,惟志定足以肩之耳。于是不俟徘徊,已默定拒夷之志。"(见梁廷枏《夷氛闻记》,第154页)
⑥ 参看《徐广缙又奏暂停各国贸易挑动美法作为牵制之法片》《叶名琛等奏遵旨严防并加意抚戢兵民折》《徐广缙等奏确探英人情形现在调兵严防折》《叶名琛等奏英人罢议进城调拨兵丁仍各归伍折》,齐思和等整理《筹办夷务始末·道光朝》,第3165、3171-3172、3176-3177、3191-3192页。

十万余人。"①形成"当勇之夜出也,四城灯烛照耀,殆同白日,枪炮声闻十里,首尾凡十旬"②的局面,营造出沸反盈天的反英声势。当然,徐广缙对抗文翰最有力的武器还是停贸。在其操控下,先是广州的棉花纱行议定"暂停买受英商之货",随即疋头等各行亦复宣布停止外贸③,并有长红传布,宣称"商情惶惑",使中外贸易陷于停顿。④在与文翰的交涉中,徐广缙照称团练系为御匪⑤,但在4月2日由士绅出面向文翰呈递的公启中,又声称:"今城厢内外街之团勇,户户出兵,合计不下十余万人,……其意岂尽为防御土匪而也?"⑥阴阳表里,假民意反对入城。

由于其时英国政府尚无以武力解决入城问题的意图,英外相巴麦尊(Palmerston, J. H. T.)给文翰的训令也是在不使用武力的情况下尝试入城拜会钦差大臣⑦,因此文翰在交涉中颇为冷静,始终坚持文移说理而未试以舰炮。其向徐广缙提出携新任驻广州领事包令赴省拜会、实现外交人员入城的建议⑧,显系基于对徐广缙解决问题的诚意有所期待,且其因广州动荡局势派英舰至十三行,仅"载兵五十名,现已经旬,并无动静"⑨,更表现出纯为护侨而无意武力滋扰的克制态度。

4月2日,文翰见入城无望,为避免有英商坚持如期入城引发冲突,在香港发出通告,以女王陛下全权大使的名义"命令每个英国臣民不得在目前企图

---

① 《徐广缙等又奏英人罢议进城实因民团齐心应恳优加褒奖片》,齐思和等整理《筹办夷务始末·道光朝》,第3188页。

② 梁廷枏:《夷氛闻记》,第165页。

③ 关于这些行业的外贸地位,咸丰五年八月叶名琛称:"即以粤海关通年税饷计之,……论其大宗,出口则以茶叶为最,进口则以棉花为最。"(见中华书局编辑部整理《筹办夷务始末·咸丰朝》,第411页)

④ 参看佐佐木正哉编《鸦片战争后の中英抗争·资料篇稿》,第132—133、135页。

⑤ 徐广缙照称:"惟各处团练,系因清远、英德一带贼匪抢劫。本月初旬,又有土匪图劫西关之事。"(见佐佐木正哉编《鸦片战争后の中英抗争·资料篇稿》,第135页)

⑥ 参看《广东绅士劝导文翰公启》,齐思和等整理《筹办夷务始末·道光朝》,第3180—3183页。

⑦ 参看夏笠《第二次鸦片战争史》,第46—47页。

⑧ 参看佐佐木正哉编《鸦片战争后の中英抗争·资料篇稿》,第141页。

⑨ 《徐广缙奏文翰气馁情虚拟即备文照会折》,齐思和等整理《筹办夷务始末·道光朝》,第3184页。

进入广州城内"①，并于9日照覆徐广缙，表示愿暂时搁置争执②。徐广缙误解文义，认为文翰已放弃入城要求，遂向道光报捷。道光闻报大喜，颁布上谕，封徐广缙世袭子爵、赏戴双眼花翎，封叶名琛世袭男爵、赏戴花翎，对"练勇设防"的许祥光和"停贸牵制"的伍崇曜等士绅及在事各广东地方官员均有恩赏。③陷入狂欢的广州绅民向徐广缙、叶名琛献"众志成城"匾额，甚至有为徐广缙、叶名琛"议公立建功牌，刊刻一录"④之举。8、9月，文翰遵英外交部指令连续照会徐广缙，指责清方有意违约，对广州官员庆祝反入城的"胜利"表示愤怒，并要求其向道光帝转呈英方有关入城问题态度的照会。徐广缙覆照虽同意代奏，但认为入城问题已无须讨论，故而未置一词。⑤

1850年5月，文翰遵巴麦尊指令，亲赴上海投递巴氏致大学士穆彰阿、耆英照会，继续提出入城等要求，并企图打通与北京直接文书往来的通道。两江总督陆建瀛令上海道麟桂代收照会转呈清廷。⑥文翰同时还派出翻译麦华陀（Walter Henry Medhurst）赴天津呈递照会副本。然穆彰阿不仅拒绝入城等要求，还以"人臣无外交"为辞拒复巴麦尊照会⑦，天津地方官员也拒收文书。文翰此次北行仍无功而返，入城交涉告一段落。

（四）各不相让：叶名琛与包令的文争武斗

1852年，叶名琛接任两广总督，英驻华公使也调整为包令，两人对入

---

① 广东文史研究馆译：《鸦片战争史料选译》，第486页。

② 文翰照称："虽前任大臣耆结此约（按：指同意入城之约），又贵国皇帝已准如议，尚未成就也。所议之款，今如前未定，必须存候也。现时本大臣与贵大臣，更不得辩论此事矣。"（见佐佐木正哉编《鸦片战争后の中英抗争·资料篇稿》，第144页）

③ 参看齐思和等整理《筹办夷务始末·道光朝》，第3189–3190页。

④ 佐佐木正哉编：《鸦片战争后の中英抗争·资料篇稿》，第156页。

⑤ 参看佐佐木正哉编《鸦片战争后の中英抗争·资料篇稿》，第150–153页；《徐广缙等奏英使文翰追溯进城约期一事恳乞代奏并将照复底稿呈览折》《徐广缙等奏英使复询进城一节业经晓谕解释该国颇知畏服折》，齐思和等整理《筹办夷务始末·道光朝》，第3206–3207、3209–3210页。

⑥ 参看《陆建瀛奏英使欲至天津递文已饬苏松太道麟桂接收代递折》，中华书局编辑部整理《筹办夷务始末·咸丰朝》，第9–10页。

⑦ 参看《穆彰阿等为请转告英使再议进城并不可擅来天津覆陆建瀛咨文》，中华书局编辑部整理《筹办夷务始末·咸丰朝》，第14–15页。

城问题的立场均极为强硬①，入城争执再形激烈。

包令一开始就对实现入城跃跃欲试②，然英外交部为确保商业利益，训令包令在入城问题上保持谨慎。③至1853年，太平天国定都天京，长江中下游地区的太平天国运动如火如荼，广东各地的小规模起义也此起彼伏，特别是1854年6月以后，天地会发动的洪兵起义席卷全省，各路义军还曾围攻省城半年之久④，叶名琛正全神贯注于镇压农民起义。与此同时，英法美各国则开始谋划扩大在华各项权益，英国的外交重点也转向"修约"，即利用中法《黄埔条约》和中美《望厦条约》有关12年修约的条款，援引"一体均沾"的片面最惠国待遇，修订《南京条约》。当此内忧外患之际，入城问题却不期而然成为中英外交纠纷的一个焦点。

1854年2月13日，英外相克勒拉得恩（Lord Clarendon）致函包令，指示其通知中方英国的修约要求及主要内容，鼓励其与法、美等国外交人员开展合作，以利达成修约目标。但在入城等问题上，因英国并未考虑武力解决，故特别提醒包令要出言谨慎。⑤4月16日，包令照会叶名琛其正式接任

---

① 两人职务最初均系署理，叶名琛正式受命为管理五口通商钦差大臣兼两广总督在1853年2月，包令正式出任驻华公使在1854年4月。外如茅海建称："叶名琛是清方官员中反对入城最为坚决者，包令是英方官员中要求入城最为坚决者。"（见茅海建《近代的尺度：两次鸦片战争军事与外交》，第145页）

② 1852年包令代理公使时，立刻向英国政府建议实行1847年的入城约定，提出"愿意并需要来从事这样一个问题的讨论和安排，它对女王陛下的荣誉和尊贵都关系重大，它的顺利解决，会在我们对这个开发很少但是十分广大富庶的帝国的关系上产生最好的效果"，并"要求驻广州的钦差大臣提供适当的保护，否则要随带足够的武力进城"（见《包令上格兰维尔书》，转引自蒋孟引《第二次鸦片战争》，生活·读书·新知三联书店，2009，第41页）。

③ 参看马士著、张汇文等译《中华帝国对外关系史：1834—1860年冲突时期》第一卷，第453-454页。

④ 参看广东省文史研究馆、中山大学历史系合编《广东洪兵起义史料》上册，广东人民出版社，1996，前言第3-4页。

⑤ 英国关于修约的主要要求是：一、英商自由进入内地、沿海各城或长江至南京段的权力；二、鸦片贸易合法化；三、取消进口商品子口税；四、清统治者有效打击海盗；五、清统治者就华工问题立法；六、英公使驻京或实现与清中央政府间不受阻碍的公文往来，英公使及各地领事与清地方官员（巡抚）间实现随时会晤；七、各条约措辞以英文本解释为准。关于入城等问题，克勒拉得恩称："在你和中国政府的交往中，你要时时记住，没有什么事情比用一种命令式口吻来提出争点或强要我们所不准备坚持的让步，会更有害于我们在中国的威望。……有几点毫无疑问是值得我们争取的，……我

公使一事并提出会晤要求。4月25日，包令再次照会叶名琛，正式提出修约要求。但其并未遵守克勒拉得恩指示，而是在照会开始即表明不再如前任公使宽容的态度，并措辞强硬地提出以入城为首的六款交涉事项，且对会晤之地明确要求："至会见之节，不过有一应在省垣贵署，他即不能议矣。"①包令此照不仅语气骄横②，其文辞也颇多含混。最重要的是，包令显然陷于在穗英商和外交人员的一般冲突、商务纠纷等事务性矛盾，尤其是执着于入城，而未能清楚表达"修约"这一英国政府最重要的外交目标，即希望推动清廷作全面的开放，加深双方交往，实际上是从根本上改变鸦片战争以来中英外交局面的意图。特别是包令将入城置于六项要求的第一款，实将之作为首先需要解决或者说是最基本但绝非最为重要的诉求。但叶名琛则极为自然地将之理解为入城为六项要求之首。双方对于交涉重点一开始就产生的误会，此后贯穿于叶名琛、包令交涉的始终。

根据照会文义，叶名琛认定包令只为入城而来，因此其覆照全未理会修约要求，而只是对入城等六事"一一批驳"③，并对会晤之地反建议"在

要提到同中国当局自由而不受限制的交往以及自由进入中国的某些城市，特别是广州。可是对这些问题的处理，也必须极其小心；因为如果我们以威胁的言辞厉行强求而还作不到的话，那末，我们就必须为了国家的荣誉而诉诸武力。"克氏此函见马士著、张汇文等译《中华帝国对外关系史：1834—1860年冲突时期》第一卷，第764—769页。

① 包令照会首先提出修约要求，次言希望清理中英间尚未解决的问题，随提交涉事项六款：一、入城；二、茶叶抽厘；三、河南、黄埔租地；四、"两国官宪平时拜会"；五、华人商欠；六、英人被盗被攻击等刑事各案。此照对克勒拉得恩所关于修约要求的一、二、四、五款并未涉及；其第二款事涉克氏要求第三款，似是希望以此为突破口；第四款与克氏要求第六款关联，但此处文意似乎只在实现与叶名琛或其他广东地方官员的会晤；照末有"特因此牍为最要之件，宜照本国成规，以英文移交，仍附封翻译汉文字一纸，以便贵大臣察阅"一语，似是响应了克氏第七款的要求，然从外交辞令的角度却并未准确表达英方意图（包令此照见佐佐木正哉编《鸦片战争后的中英抗争·资料篇稿》，第185-188页）。

② 包令在对华交涉时态度十分嚣张，如多次与其会晤的江苏巡抚吉尔杭阿即曾称："奴才等听其言语太觉狂悖，愤然作色，与之抗论，不欢而散。"（见《吉尔杭阿奏英使藉端要挟极为狂悖折》，中华书局编辑部整理《筹办夷务始末·咸丰朝》，第296页）其时吉尔杭阿等正因镇压太平天国运动，为及时开征关税筹措经费而有求于包令，但亦难容忍其狂妄。

③ 茅海建：《近代的尺度：两次鸦片战争军事与外交》，第146页。叶名琛此照见佐佐木正哉编《鸦片战争后の中英抗争·资料篇稿》，第188-189页。

省河仁信栈房接见，以敦和好"①。尽管5月包令再次照会叶名琛，重申和强调修约要求，但其照会末又针对叶名琛称英人不应违背民意、勉强入城的说法出言威胁："本公使追思，念昔年曾用勉强，即今之现定和约，实其绩效，……贵大臣总勿遗忘本国国家所能照约索讨合理之事，亦有力能勉强。"②后又再发照会强调："惟会晤若要协宜，总应照官常成规举行，是应在省垣贵署，方合宜式。"③这一系列举动，更强化了叶氏认为其重在入城的成见。同时，叶名琛对修约一事早有风闻，已有心理准备④，故对此照会不以为意，只轻描淡写地向咸丰奏称："既定约之后，何又复以十二年为期？明系豫留地步，使之得以饶舌。臣惟有相机开导，设法羁縻。"⑤

· · · · ·

由于叶名琛总是以军务为由拒绝与外使会晤⑥，对外使各类交涉要求总是一驳了之，特别是其照会文书中诸多言辞毫无外交诚意可言，以致在外使中引起了普遍的反感。与此同时，上海、江浙地方官员在太平军的压力下，开始尝试通过与西人合作争取支持，出现了乐与外使接触的倾向，甚至出现替英人美言的奏折⑦，特别是这种美言还是出现在英人正不断接触太平

---

① 佐佐木正哉编：《鸦片战争后の中英抗争·资料篇稿》，第189页。
② 佐佐木正哉编：《鸦片战争后の中英抗争·资料篇稿》，第191页。
③ 佐佐木正哉编：《鸦片战争后の中英抗争·资料篇稿》，第191页。
④ 咸丰三年三月（1853年4月），叶名琛即奏称："据密探禀称，该国王因道光二十一年间定条约时，曾许给有十二年后再行更易之议。本年正计届期，亦难保其不乘此内地匪扰兵分之际，从旁窥伺，别有要求。"（见《叶名琛等奏英使回国返港恐别有阴谋折》，中华书局编辑部整理《筹办夷务始末·咸丰朝》，第201页）
⑤ 《叶名琛又奏美使英使同时更易系据江南定约十二年后重订之语片》，中华书局编辑部整理《筹办夷务始末·咸丰朝》，第271页。
⑥ 关于叶氏拒见外使的情况，马士有详细描述（参看马士著、张汇文等译《中华帝国对外关系史：1834—1860年冲突时期》第一卷，第463-464页）。至其原因，则据广东巡抚柏贵述叶名琛所言："如见米夷，而英夷乘时来扰，成何事体！"（见中华书局编辑部整理《筹办夷务始末·咸丰朝》，第621页）
⑦ 怡良奏称："查各夷酋之中，英酋最为狡诈，三月初七日以后（按：指'泥城之战'后），不独华商归咎英夷，即各夷酋商夷商，亦皆以英酋办事卤莽为嫌。该酋悚惧，始极意修好。刻下于洋泾浜一带，凡夷房通衢要道，皆添设木栅，守以夷兵，不令贼匪任意出入。……又将英、米、佛三国夷酋会衔禁止济贼告示，钞录照会吉尔杭阿及吴健彰，以明其无通贼之志。……现在夷酋所办事宜，皆系遵照吉尔杭阿、吴健彰指斥之

天国①，和刚刚发生"泥城之战"的情况之下。且在1853年7月，两江总督怡良在昆山接见了美国公使马沙利（Humphrey Marshall），接收并代呈其国书②，一改此前江督不见西使并往往要求其返粤递书的惯例。同时，苏抚吉尔杭阿以及先后任上海道吴健彰、麟桂等均表现出乐与外人合作的姿态，与外国公使、领事间的函商面晤极为频密。有此通道，西使纷纷北上。1854年6月，包令在与叶名琛交涉不得要领之后，即与新任美国公使麦莲（R. M. McLane）联袂到沪，准备通过怡良向清廷提出修约要求。怡良也面晤麦莲，但对修约等诉求仍复以须回广东与粤督洽商。③然而，怡良和吉尔杭阿等显已深悉包令、麦莲此行目的，也意识到了此事的重要性，故均将西使在穗与叶名琛交涉不畅的情形，以及西人求至长江内地通商、请派大臣到沪商讨修约，否则将赴天津呈诉等要求，向咸丰奏报。④咸丰帝对此却未能给予足够重视，只是指示怡良等责令西使返粤，同时指令叶名琛坚守成约、拒绝西人的修约要求。⑤

词。"（见《怡良等奏英人近日极意修好并闻俄欲英美法交兵折》，中华书局编辑部整理《筹办夷务始末·咸丰朝》，第258-259页）

① 参看《怡良等奏洋人左袒太平军并赵方济拟商法美英使诱刘丽川等投降未谐折》，中华书局编辑部整理《筹办夷务始末·咸丰朝》，第241-243页。

② 1853年4月，马沙利企图经苏松太道吴健彰通过两江总督呈递国书，但署两江总督杨文定拒与马沙利会面并拒绝代呈。此后马沙利通过吴健彰求见新任江督怡良。怡良于7月4日在昆山公所会见马沙利，并以叶名琛赴粤北处理军务无暇接见、担心马沙利"径赴天津"为由接收其国书，转咨叶名琛，同时将国书底稿"恭呈御览"（参看《怡良奏美使马沙利投文已咨送两广总督办理折》《怡良奏行次昆山接见美使将所递国书呈览折》，中华书局编辑部整理《筹办夷务始末·咸丰朝》，第207-208、218-219页）。

③ 麦莲此次求见怡良，除要求修约外，另一重要目的是解决上海海关权及租界问题（参看章文钦《从封建官商到买办官僚——吴健彰析论》，章文钦《广东十三行与早期中西关系》，第117-118页）。怡良以接收国书为由于昆山接见麦莲，但包令未携国书且早有"桀骜"之名，事不关己，辞而不见为上（参看《怡良奏接见美使麦莲据云如准其赴扬子江一带通商即助清攻太平军》《怡良又奏英使包令求见未允片》，中华书局编辑部整理《筹办夷务始末·咸丰朝》，第284-286、288-289页）。

④ 参看《怡良奏接见美使麦莲据云如准其赴扬子江一带通商即助清攻太平军》《怡良奏英使美使来文拟同赴津已备文劝止折》《吉尔杭阿奏英使藉端要挟极为狂悖折》《吉尔杭阿又奏美使请求在长江一带通商片》，中华书局编辑部整理《筹办夷务始末·咸丰朝》，第284-286、292-293、295-297、298-300页。

⑤ 咸丰谕称："惟各国通商事宜，向归两广总督专办，怡良既将该夷国书照会等

8月10日，包令返回香港途中，还曾赴福州拜会闽浙总督王懿德交涉修约问题，但也一无所获。①8月28日，包令、麦莲和法国驻华公使布尔布隆（Monsieur A. de Bourboulon）在香港进行会议，就修约内容达成一致，并同意联合北上开展交涉。其间三使继续尝试与叶名琛接触，叶名琛以"并未奉有谕旨办理变通事宜"为由拒绝开展修约谈判，并拒绝代奏其事。②特别是交涉中包令指定广州城内总督衙署或其香港官署为谈判地点的要求，使"修约"交涉仍旧转化为"入城"交涉，更使叶名琛极为警惕地反建议至海珠炮台或英舰会晤。③9月底，三使返沪，与苏抚吉尔杭阿曾稍作接触。吉尔杭阿再次明显表露出同情三使之意，奏称："若云（三使）助逆犯顺，则长江现为贼踞，何妨藉此横行，而乃赴粤赴沪，并赴天津，必待请命而行，似又并非恶意。揆厥情形，若不稍副所望，恐将……合各夷之力，独树一帜，不受羁縻。"并建议"可否钦派重臣会同两广督臣妥为查办"，"将贸易章程既届十二年，略为变通"，但受到咸丰的严斥。④包令等旋于10月15日驶抵大沽。⑤

很快，与翻译麦华陀曾有接触的天津镇总兵双锐就敏锐地发现："该夷等此次驶至天津海口，情词甚为迫切，似与道光三十年稍有不同。"⑥但咸丰仍未予理会，只是要求负责交涉的长芦盐政文谦和双锐"正言折服"，令西

件抄录咨送叶名琛酌办，即着饬令该酋迅由昆山启程，前往广东，不得恣意逗留，致稽查办。叶名琛务当坚持成约，严词晓谕，杜其奸萌。"且认为西使往来粤、沪及声称赴津，"藉端要求，是其惯技，……不过虚词探试"（见中华书局编辑部整理《筹办夷务始末·咸丰朝》，第288、293页）。

① 参看《王懿德奏英使包令来见欲变通和约已加婉拒片》，中华书局编辑部整理《筹办夷务始末·咸丰朝》，第322-323页。

② 参看《吉尔杭阿奏英美法三使同至上海声明欲赴天津折》，中华书局编辑部整理《筹办夷务始末·咸丰朝》，第304页。

③ 参看茅海建《近代的尺度：两次鸦片战争军事与外交》，第148页。

④ 参看《吉尔杭阿奏英美法三使同至上海声明欲赴天津折》及答复此折的廷寄、《吉尔杭阿奏关税未缴营饷难筹似可将贸易章程略为变通折》，中华书局编辑部整理《筹办夷务始末·咸丰朝》，第304-307、348-349页。

⑤ 马士称："布尔布隆……没有兵舰可乘，又觉得他不能丧失身份乘坐一艘悬挂别国国旗的军舰前去，他于是派了一位使馆职员哥士耆（Comte Kleczkowski）携带他的公函前往。"（见马士著、张汇文等译《中华帝国对外关系史：1834—1860年冲突时期》第一卷，第468页）

⑥ 参看《文谦等奏英美船到津接见该通事情形折》，中华书局编辑部整理《筹办夷务始末·咸丰朝》，第313页。

使返粤而不复北航,甚至严令文谦、双锐不准允诺西使代奏另行钦派大臣与之谈判。① 了解到西使诉求的文谦、双锐等深知此事非言辞可了,只能违旨奏请"可否钦派大员或令督臣桂良赴津,明白晓谕,令其应回何处听候查办",甚至因吉尔杭阿处理此事的态度,建议"可否敕下江省督抚妥为查办,或添派大员前往会同商酌"。② 受咸丰斥责后,文谦、双锐隐晦地将西使部分诉求上奏③,咸丰仍不以为意④,按前旨指派前长芦盐政崇纶前往交涉,并称:"钦派大臣一节,万难准行。崇纶即系奉旨赴津查办夷务之员。"⑤ 崇纶到大沽后,于11月3日与包令、麦莲会晤,并将包令所递修约要求十八款、麦莲要求十一款呈奏咸丰。⑥ 咸丰仅准就"民夷相争""上海欠税""广东茶税"三事,

---

① 咸丰谕示:"文谦等与之接见,务须折其虚骄之气,杜其诡辩之端,万不可轻有允许,……断不准为其所挟,如吉尔杭阿之恳请俯允,即暂事羁縻以代奏请旨等词搪塞,亦不准出之于口。六月间,怡良在昆山拒绝米酉之语,甚为得体,文谦等即可仿其大意,斟酌措词,先将该夷实在来意询出,自能随机折服。若专令驶回广东,仍不能抉破隐微,使之嗒焉若失,则该夷虽去,终非了局。"(见中华书局编辑部整理《筹办夷务始末·咸丰朝》,第313—314页)

② 参看《文谦等奏英美请变通商约折》《文谦等又奏洋人诡谲可否敕下江省督抚查办片》,中华书局编辑部整理《筹办夷务始末·咸丰朝》,第318、319页。

③ 文谦所奏西人要求,一系"在中华随处建寓,置地盖房设立行栈",一系"遣有权使者,寓居中华北京,办理来往公文",其他则混称"其余所求变通各款,多系欲在扬子江一带通商贸易,私立条款"(见《文谦等奏接见英美通事官逐款指驳节略各条折》,中华书局编辑部整理《筹办夷务始末·咸丰朝》,第327—328页),仍不敢全行如实上奏,以免蹈"代奏"之实。

④ 对于文谦所奏,咸丰朱批:"览奏足见该夷之虚词恫喝,无甚伎俩。"(见中华书局编辑部整理《筹办夷务始末·咸丰朝》,第329页)

⑤ 中华书局编辑部整理:《筹办夷务始末·咸丰朝》,第331页。

⑥ 包令所递"清折十八条"包括:一、公使驻京;二、准英人赴内地贸易;三、天津开放;四、英公使等与清督抚平礼会晤;五、修订税则,鸦片贸易合法化;六、通商口岸间准英船运货;七、进出口商品免子口税;八、定洋钱与纹银折色,准其合法流通;九、清除海盗;十、定华工出境制度;十一、官方襄助英商在通商口岸居停;十二、保护英人安全;十三、官助英商追索逋欠;十四、免除广东二钱茶厘;十五、清帝诏允英人入广州城;十六、定每十二年修约之制;十七、建立官栈存放英商货物;十八、定条约以英文为本之原则。麦莲所递"清折十一条"是:一、美公使与清督抚按仪制会晤;二、按华人标准准美人在通商口岸租地建房;三、两国官员合审两国民人讼案;四、准美商免税在通商口岸间转运已纳税之进口商品;五、准美商以洋钱折色纳税;六、修订税则,进口商品以五分为率;七、定随时修约机制;八、建立官栈存放美商货物;九、免受战事影响所欠商税,免广东二钱茶厘;十、开放长江及内地,公使驻京;十一、中

令西使返沪、穗听江督、粤督"查办",其余要求则认为"均属荒谬已极!必须逐层指驳,以杜其无厌之求",特别是认为"包令所称鸦片纳税,及欲进粤东省城,尤为反覆可恶"!① 即也判断认为包令北上系为入城而来。崇纶遵旨答复。至此包令、麦莲一无所获,于11月10日离开大沽。②

包令、麦莲返穗后,继续照会叶名琛要求会晤,但因包令坚持要求在官署会面,而叶名琛则坚持"正欲相见,无论何处皆可允行,惟署在城内,断难应允"③,使得修约交涉陷于僵局:即西使至津沪被要求返穗,而包令等实已无意也无法与叶名琛交涉;与此同时,尽管理论上叶名琛应遵旨"妥为查办",叶名琛也自请"敕下直隶总督,仍令该夷酋等速行回粤,臣自当相机开导,设法羁縻"④,但事实上却围绕入城问题与包令等反复争论,使之成为双方开展谈判的前置条件,关于修约问题的讨论根本就未能展开;更重要的是,咸丰帝并未将西使各项修约诉求知会叶名琛⑤,只是谕令其"相机理谕,正言折服"⑥,即对谈判划定界限,只是要求叶名琛以适当言辞拒绝西人而已!加以叶名琛对钦命查办即准予"变通"的三事也持以反对⑦,即使其能

美互免本土商品关税,准美商在中国沿海捕鱼采矿。法翻译哥士耆称"与英、米二国同心前来,……别无所求"(参看中华书局编辑部整理《筹办夷务始末·咸丰朝》,第343-348页)。

① 中华书局编辑部整理:《筹办夷务始末·咸丰朝》,第342页。

② 值得注意的是,包令、麦莲等此行仅"大船三只、小船二只,共带有三百数十人"(中华书局编辑部整理《筹办夷务始末·咸丰朝》,第312页),同样未携重兵。

③ 《叶名琛奏覆英美要求三款实为无厌之求及法使来津意在庇护教士折》,中华书局编辑部整理《筹办夷务始末·咸丰朝》,第410页。

④ 《叶名琛奏外使如径抵天津请敕令回粤办理折》,中华书局编辑部整理《筹办夷务始末·咸丰朝》,第369页。

⑤ 关于咸丰帝未将英、美使要求转发叶名琛,以及叶名琛迫不得已四处密探的情形,参看茅海建《近代的尺度:两次鸦片战争军事与外交》,第151页。

⑥ 在包令、麦莲联袂求见怡良时,咸丰就曾迭下谕旨,"着叶名琛向夷酋包令、赐德龄严词正论,晓以利害,必能杜其奸萌","叶名琛专司办理夷务,着即责以成约,令其转饬上海夷人,不得任意游驶。并谕以江岸海口,现在皆有重兵,若不遵约束,经我兵勇击杀,是该夷自贻之戚,于我无尤","当降旨交叶名琛,转谕广东夷酋,责以成约,令各口商酋不得驶入内地"(见中华书局编辑部整理《筹办夷务始末·咸丰朝》,第280、281、287-288页),早已清楚指示办理修约交涉的宗旨。

⑦ 参看《叶名琛奏覆英美要求三款实为无厌之求及法使来津意在庇护教士折》,中华书局编辑部整理《筹办夷务始末·咸丰朝》,第410-413页。

够与西使面晤,也根本不可能取得谈判结果。

· ○ ● ○ ·

1854年12月,受洪兵围城之困的叶名琛与包令还有一次特殊的接触,即就肃清"省河"①一带洪兵一事,叶名琛曾致函包令谋求合作。包氏喜出望外,在照覆理应保持中立的同时,表示愿意赴穗与叶名琛详商②,并立即亲率英舰驶抵广州,盼能乘机与处于困境中的叶名琛"在彼此公署和睦相见,面酌要务"。包令显有借机勒索意味的言行为叶名琛深所厌恶,故其等候数日,叶名琛始终"寂无回音"③,包令只能悻悻而返。此后,除美使伯驾(Dr. Peter Parker)在1856年又进行了一次不成功的外交努力外④,英、法等国已开始将注意力转到使用武力解决"修约"问题上去了。

1856年10月8日发生的"亚罗(Arrow)号"事件,成为英国发动第二次鸦片战争的借口。然而在侵华英军主力未至的情况下,包令即已以之为借口发动了"亚罗战争"。10月23日,包令派出英国驻东印度区舰队司令西马縻各厘(M. Seymour)率军进攻广州。英军沿途炮击清军各炮台,并于25日攻占海珠炮台,27日开始炮击广州城,29日攻入城内,西马縻各厘和英国驻广州领事巴夏礼(Harry Smith Parkes)亲率英军"进入和列队通行钦差的衙门来给他侮辱"⑤,但旋复撤出城外。此后数月,英军以十三行商馆为依托构筑阵地,不断炮击广州城。叶名琛最初令清军水师后撤及令各炮台不得还击,26日下令停止外贸,27日出示悬赏军民袭杀英军。⑥

---

① 按:"省河"系指自广州至珠江口的珠江干流。
② 包令称:"本国成规,凡遇外国有外敌内患之事,俱袖手旁观,惟有波累及于英属人者,始得举手,无论受何人所困,皆应竭力保护之。观此情形急迫,兹即定于二十四日与水师军门并战船数号起程,前赴省垣。"(参看《叶名琛致包令》《包令致叶名琛复照》《包令致克拉兰敦》,广东省文史研究馆、中山大学历史系合编《广东洪兵起义史料》上册,第155、156、157-158页)
③ 广东省文史研究馆、中山大学历史系合编:《广东洪兵起义史料》上册,第160页。
④ 关于伯驾此次外交努力,参看夏笠《第二次鸦片战争史》,第152-161页。
⑤ 马士著,张汇文等译:《中华帝国对外关系史:1834—1860年冲突时期》第一卷,第482页。
⑥ 叶名琛悬赏示称:"照得英夷攻扰省城,伤害兵民,实为罪大恶极,……即戮力同心,帮同兵勇,但见上岸与在船滋事英匪,痛加剿捕,准其格杀勿论,仍准按名赏银

因西马縻各厘兵力极为有限①，虽能击败清军但无法实施占领。② 相反，清军虽不能正面击败英军，但每次战斗均能造成颇为有力的杀伤，特别是兵勇有组织的水陆袭扰给英军带来了极大困难，悬赏制造了军民"海盗式"袭杀英人的局面。香港也出现了"毒面包案"，以及华人罢工、罢市的动荡形势，并且面临着新安乡勇的威胁。③ 12月14日，英军据守的商馆区建筑被广州军民纵火焚烧，英军被迫挖掘壕沟构筑野战工事，势难支持，被迫于1857年1月从十三行和海珠炮台撤驻凤凰岗、大黄滘炮台。在撤退之前，西马縻各厘出于报复泄愤，于1月12日在西关纵火，焚烧商馆东沿江一带

三十大元，解首级赴本署呈验给领，断不食言。各宜凛遵，毋稍观望。"（见《丙辰粤事公牍要略》，转引自蒋孟引《第二次鸦片战争》，第56页）

① 关于"亚罗战争"中双方兵力，茅海建称，英方最初使用"在香港的陆军约700人，后陆续增加，至次年7月3日为1 484人，其中病号242人"。清军以广东全省计约7.4万人，用于直接对抗英军的约有2万人（参看茅海建《近代的尺度：两次鸦片战争军事与外交》，第74、75页）。西马縻各厘所能调用的兵力系香港驻军，即陆军700人，以及部分英国驻东印度区（包括驻新加坡、马来群岛及香港等地）海军兵力，其总数如徐广缙曾多次指出的，"查香港夷兵不满二千"（见《徐广缙奏文翰气馁情虚拟即备文照会折》，齐思和等整理《筹办夷务始末·道光朝》，第3184页）。1857年2月，英军从新加坡调兵340名，从本土调来军舰两艘，但用于守卫香港（参看夏笠《第二次鸦片战争史》，第202页）。在1857年11月印度土兵起义局势被控制之前，英军未获大规模增援，仅有少量援军参加了6月1日的佛山水道之战（参看齐思和等编《中国近代史资料丛刊·第二次鸦片战争》第六册，第60、61页）。清军兵力按经制，理论上应有"军标存城兵丁五千七百九十八名，督标存城兵丁一千名，抚标存城兵丁一千六百零七名，广州协存城兵丁七百六十八名，共计城内兵丁九千一百七十三名。……至于内河外海共计三十六台，按炮配兵，原设三千五十九名"（见《叶名琛等奏遵旨严防并加意抚戢兵民折》，齐思和等整理《筹办夷务始末·道光朝》，第3172页），而叶名琛自称其"调集水陆兵勇二万余名"（见中华书局编辑部整理《筹办夷务始末·咸丰朝》，第499页）。但"由于正规军队士兵的缺乏是人所共知的，因此，主要得依靠志愿民兵，普通称为乡勇"（见齐思和等编《中国近代史资料丛刊·第二次鸦片战争》第六册，第57页），即以乡勇为主，甚至有从东莞、潮州等处调来的兵勇参战（参看夏笠《第二次鸦片战争史》，第192页）。

② 英军曾摧毁包括虎门炮台在内珠江沿岸多个炮台，且多次攻入广州城内，但除十三行商馆区及海珠、凤凰炮台外，均未占领（参看马士著、张汇文等译《中华帝国对外关系史：1834—1860年冲突时期》第一卷，第482、484页）。

③ 参看黄宇和著、区鉷译《两广总督叶名琛》，第144-146页。此外，对于"亚罗战争"中清军的表现，蒋孟引也给予高度评价，参看蒋孟引《第二次鸦片战争》，第57-63页。

商铺民居,大火延至城内甚至河南,造成了严重的财产损失。① 2月,英军撤出虎门。②

"亚罗战争"实际上是包令纯粹为实现个人的入城夙愿而采取的一次军事冒险行动。包令对此次行动期以必成,在英军出动不久就做好了入城准备,并赶到广州城下,以为能很快实现"体面"的入城。③但叶名琛坚执定见,尽管面临着兵力不足、军费拮据、英军肆虐珠江和不时炮击督署,并且随时可能被攻破城垣等重重困难,仍然不为所动,在炮火连天之际,与包令和西马縻各厘密集地照会往复,围绕入城问题展开激烈的笔墨交锋④,在坚拒英人的同时,还不断向咸丰帝"报捷"。⑤

1857年末,摆脱了克里米亚战争和印度土兵起义牵绊的英国与法国组成合作侵华的联盟。12月12日,英法联军舰队进泊白鹅潭,同时送来英、法、美三国公使照会。除修约及赔偿"亚罗号"事件以来商损等要求外,英国公使额尔金(Earl of Elgin)类似最后通牒的照会首款,是要求"英民任意进城"。⑥叶名琛不以为然,覆照一一回绝。12月28日,英法联军发起进攻,29日攻入广州城。1858年1月5日,始终稳居城内的叶名琛被英军俘虏。

---

① 关于十三行大火是英军还是广州军民点燃,历有争议,且时人即已众说纷纭。叶名琛和西马縻各厘即曾为此互相指责,殊难判定(参看章文钦《清代广州西关十三行的几次火灾》,章文钦《广东十三行与早期中西关系》,第196–200页)。英人曾称:"一八五七年的一月份。登陆的军队在商馆花园内遭到了严重的威胁。于是海军上将(按:指西马縻各厘)就下令拆毁附近所有便于敌人逼近的房子。在根据他的命令而放的一把大火中,甚至商馆也被波及。"(见齐思和等编《中国近代史资料丛刊·第二次鸦片战争》第六册,第56页)此语将两次大火混为一谈,应系意在掩饰英军焚烧西关的罪行。

② 此后至1857年底之前,尽管英军还曾深入珠江攻击清军,但再未直接威胁广州城(关于战事具体情况,参看黄宇和著、区鉷译《两广总督叶名琛》,第141–146页;夏笠《第二次鸦片战争史》,第184–209页;茅海建《近代的尺度:两次鸦片战争军事与外交》,第73–76、154–161页)。

③ 参看茅海建《近代的尺度:两次鸦片战争军事与外交》,第156页;马士著、张汇文等译《中华帝国对外关系史:1834—1860年冲突时期》第一卷,第482–483页。

④ 参看佐佐木正哉编《鸦片战争后の中英抗争·资料篇稿》,第204–225页。

⑤ 关于叶名琛就广州战事向咸丰报告的情况,参看茅海建《近代的尺度:两次鸦片战争军事与外交》,第157–159页。

⑥ 参看佐佐木正哉编《鸦片战争后の中英抗争·资料篇稿》,第240页。

二、"与粤民何害？"关于反入城的理由

在今天看来，外国人持合法证照进入非禁止区进行商务或游历等活动，无疑能够带来旅游等各项收入，是值得欢迎的对象，地方政府为其提供人身、财产安全的保护责无旁贷。事实上，清人所执着进行的反对英人入城、入村的各项斗争，也确实难以与任何国家、民族、地方甚或是当事个人的具体现实利益关联起来。为此耆英曾苦恼地向德庇时吐嘈："今英人偶一进城，与粤民何害？而群起阻挠，并妄称怨骂，此实蠢谬之事。但此等愚民，以数十万计，而不愿英人进城，则众口同声。"① 即在耆英看来，粤人在入城问题上纠缠不休纯属无谓。

然则广州绅民十余年胶执于此，究竟所为何来？

（一）条约权利？《南京条约》文本与入城问题的产生

《南京条约》中、英文本有关入城问题的条款文字，以及基于这些文字所规定的英人入城的条约权利，已有诸多研究者进行了极为细致的分析。② 这些研究的主要意见是，根据英文文本，英商和外交人员有携家属入居通商五口城市之权；如据中文文本则英商及家属仅准居"港口"而英外交人员及家属可居"城邑"，且如对"城邑"字义不作曲解，应当认为英外交人员有

---

① 佐佐木正哉编：《鸦片战争后の中英抗争·资料篇稿》，第34页。
② 关于马儒翰（John Robert Morrison，即小马礼逊）所拟中文本《南京条约》第二款有关英商及领事等官员居住于通商口岸"港口"和"城邑"两词的中文文义，以及英文本相关条款措辞的本义，茅海建和夏笠都做了极为明晰的阐释（参看茅海建《近代的尺度：两次鸦片战争军事与外交》，第113-116、118-119页；夏笠《第二次鸦片战争史》，第33-34页）。

权入城。然因条约中、英文本均由英人拟定，文本产生歧义的法律责任应由英方承担，故中方可以根据中国古代由具有军事防御性质的城墙围蔽的政治中心之"城"，与具备商业功能之"市"不相一致的实际情况，利用中文模糊字义，对条约做出有利于己方的解释，主张英人并不具有入居城墙所围之城的权利。

在实际交涉中，英方应系对《南京条约》中文文本的文义没有十足把握，因此最初主要不是依据条约，而是据耆英致璞鼎查许入城之函①并援上海等城之例，1846年之后则据《虎门寨特约》伸张入城之权。同时，在入城问题上产生纠纷的广州、福州两处中方官员，尽管在对英交涉时也以死抠字眼的方式强调条约并未赋予英人此项权利②，然在其欲说服道光在入城问题上让步时，亦均指出所持理由并不理直气壮。③总之，条约文本本身并无歧义，也非入城问题产生的原因，歧义只是在入城问题产生之后，中方官员为其立场寻找理据时对文本进行演绎的结果。

（二）西人为害：清人陈诉的反入城理由

关于反英入城的理由，何有书呈禀中曾言及"窃以故老狃于旧闻，群黎安于习见。……夷人到省，向在城外夷楼聚处，国有典章，二百年从无夷人入城之事。……盖既有拜会之名，必将肩舆仪仗，卤簿前驱，民间闻所未

---

① 如德庇时致耆英照会即称："查贵大臣与前任璞大臣，肃然应承准进粤城。"（见佐佐木正哉编《鸦片战争后の中英抗争・资料篇稿》，第42页）

② 除前文所列耆英致德庇时照会（参看佐佐木正哉编《鸦片战争后の中英抗争・资料篇稿》，第20、27页），刘韵珂也称："查江南原议和约，虽载有英国领事官住在广州、福州之五处城邑，专理商贾事宜等语，惟并未指明城内。"（见《刘韵珂等奏福州厦门英人已有住处鼓浪屿英兵已退折》，齐思和等整理《筹办夷务始末・道光朝》，第2921页）

③ 如刘韵珂称："且原议和约内所载领事住于五处城邑一语，并未分别内外。"耆英甚至称，"臣等以夷人来中国贸易，原无不准进城明文"，"覆查原议条约，并无准夷人进城之说，而稽考历来案牍，亦并无不准夷人进城明文，且福州、宁波、上海等处，业已均准进城，独于粤省坚拒不允，尤难免有所藉口。"（见《刘韵珂等奏福州厦门英人已有住处鼓浪屿英兵已退折》《耆英等奏接见英使申明要约英人危言挟制欲进广东省城业经济峻拒折》《耆英等又奏英使请进省城立意甚坚恳谕酌量办理片》，齐思和等整理《筹办夷务始末・道光朝》，第2923、2942、2947页）战前案牍历有明文，禁夷人入城。耆英此说其实大有问题，唯其意在说服道光放弃反对入城的执念而已。

闻，见所创见，震慑人心，惊骇耳目"，即因其与典章不符，且易引发民间骚动。此外，与反入城相关的长红、揭帖及地方士绅公启等对此也多有揭示，当事时人黄恩彤、梁廷枏等更有细致分析，所言集中在西人入城破坏体制、强占商铺或强征赋税、扰害或欺凌民众、有碍风水等。兹列若干长红、揭帖及黄恩彤、梁廷枏言论如下。

《匿名揭帖一》：

> 启者：夷人屡以入城为名，希图各国商税。近因口角细事，竟敢招集新安、香山汉奸……潜入省河，焚烧炮台，屯踞洋行。……百万军民，不胜痛恨。昨十八夜，绅士已通知各社学，兵克期可至，……务宜齐心杀绝，不准一步入城。①

《匿名揭帖二》：

> 盖闻君父之仇，不共戴天，邦国之难，有死无生。逆夷藉端生事，大起兵戈，公然占踞沿海一带铺户，上下共十三街，要建夷馆礼拜寺，并霸侵河南一带，建立炮台。昨日已有夷兵，丈量地址，我百姓稍有议论，即开枪轰击。似此无法无天，万民无不切齿痛恨。②

《明伦堂绅士议论》：

> 查百姓何以不准外国之人入城，当经细问士农工商各项民人，但谓近来夷人猖狂，每每到处寻衅，或挟带鸟枪入村，打雀为名，遇见鸡犬猪牛，则辄为放枪打毙，遇见妇人孩子，则或调戏，或恐吓以取笑，遇见花果禾稻，则或偷取或残害，以肆其暴戾之性，种种不法，难以尽说。兼之当其行凶之时，设若有人拦阻劝止，必遭其突用鸟枪打死，如此不近人情之夷狄，倘再准其入城，将来扰害，更未有底止矣。③

---

① 佐佐木正哉编：《鸦片战争后の中英抗争·资料篇稿》，第279页。
② 佐佐木正哉编：《鸦片战争后の中英抗争·资料篇稿》，第280页。
③ 佐佐木正哉编：《鸦片战争后の中英抗争·资料篇稿》，第274页。

二、"与粤民何害？"关于反入城的理由

《升平公所绅耆宣言》：

  三元里、南岸九十二乡绅耆集会于升平社学，为不共戴天宣告誓灭英夷事：英夷悖逆，屡犯天朝。……我皇上宽大为怀，不忍加诛，且示怀柔。彼等尚不知感恩，犹复包藏祸心，深入虎门。……彼等野性难驯，得寸进尺，纵容士兵，扰乱村庄，抢我耕牛，伤我田禾，坏我祖坟，强奸妇女。此实鬼神所共怒，天地所难容。……彼辈叛逆成性，冥顽不灵，在得到五口岸居住之后，又要漫游乡村，现竟向总督急切请求准许进入城市。……我等对彼辈欺侮中华，残暴强夺，决不能使其得逞。①

《广东绅士劝导文翰公启》：

  尝闻事不深思，必贻后悔，人无远虑，必有近忧。……有常情以为易行，而其势又实难相强者，如贵公使与我大宪所议入城之事是也。前年德公使坚请入城之议，耆中堂定约两年之期，此安知非耆中堂深知其难，而姑缓其期，以为一时权宜之计乎？又安知非德公使明知回国，豫存卸责之见，而诿其过于后来受代之人乎？不然，则入城之事，无须经营，当时何不即为举行，而必待至两年之后耶？或谓广东与外国通商二百余年，各国远人均在十三行居住，城外既可任其游行，则入城似无关紧要。无如民心坚定，断难曲从，诚以城内居民稠密，良莠不齐，每见外国之人，易于动摇。闲人之积愤生事者有之，土匪乘机抢掠者有之，民情习俗，均非上海、福建等处之可比，此贵国人所共知也。②

《夷氛闻记》：

  英商在粤，重开市易，益肆骄矜。旧制，大班不得乘肩舆入馆，至是散商出，率乘坐，遨游通衢。与内地人交易，动因口舌，陡起风波，愈以忿争为强。所留夷役，沿街攫掠市店货物。买物论值未成，径携以

---

① 广东省文史研究馆编：《三元里人民抗英斗争史料》，第271—272页。
② 齐思和等整理：《筹办夷务始末·道光朝》，第3180—3181页。

去。又挟流娼招摇市上,遇平民,辄喝令急避,否则鞭扑陈之。市井之民,受者已不可忍,特畏官之禁,虑因是滋为祸首,强自遏抑而姑容之。始则会城众怒难犯,久而并所近村氓之来城就工贾者,无不积为深怨。

……自款成商裁后,夷众益无约束,往往挟鸟枪,或袖小枪,驶其小三板,或雇珠江小艇,远及四乡游泊。遇村集树林丛翳处所,恒登岸弹取鸟雀。村民妇孺聚观,言语不通,疑为嘲辱,动至角口,夷必以枪拟之,民畏之急走避,如是者不知其几矣。①

《黄恩彤致德庇时函》:

大抵粤东百姓之不愿英人进城者,约有二端。粤民生长于斯,见闻不广,彼亦不知福州等四口为何如。但习见数百年来外国商民从无进粤城之事,以为必应如此。今一闻英人欲行进城,则群相骇怖,众论沸腾,谣言四起,此其一也。用兵以来,曾遭英人蹂躏,积怨于中,易生猜忌,故一闻英人欲行进城,则以为心怀叵意。迨闻英人急欲进城,则其疑更甚,故群起而拒绝之,此又其一也。

以上二端,乃愚民之见,若绅士则于福州等处,俱已进城,均已闻之。英人进城之并无叵意,亦半信半疑。而其所以不欲英人进城者,亦有二端。一则因英人进城后,任便出入,来者必多,其中贤愚不等,易致生事滋扰。且各国亦必接踵而至,中外杂处,闾巷难安。一时即可无事,日久必多不妥。此其一也。一则因闻福州有英官住居城内乌石山之事,恐进粤城后,即援以为例,亦欲于城内寄居。英人喜住高耸之处,或建房竖旗,有碍风水,俯瞰城中,窥见室家,尤多不便。此又其一也。②

(三)过度表达:对于清人所诉理由真实性、正当性之考察

对于清人所提出的反入城理由,反帝反侵略话语中的研究者通常因将反入城目为反帝爱国斗争,基于反帝斗争的正当性,多以时人之言为言而直接

---

① 梁廷枏:《夷氛闻记》,第137、145—146页。
② 佐佐木正哉编:《鸦片战争后の中英抗争·资料篇稿》,第25页。

二、"与粤民何害？"关于反入城的理由

引用。但由于反入城显著地不符合甚至违反粤人切身的实际利益，稍加分析即能发现，时人所声称的理由多有不尽切实，或言虽属事实但用作反入城理由则颇为牵强之处。如《匿名揭帖一》称夷人以入城为名希图各国商税，《匿名揭帖二》称逆夷公然占据沿海十三街铺户、百姓稍有议论即开枪轰击，并非历史事实；《广东绅士劝导文翰公启》则在声称"城外既可任其游行，则入城似无关紧要"的同时，又称民心断难曲从，且出以"城内居民稠密，良歹不齐"等恐吓之词，却丝毫未及民心何以不平；《升平公所绅耆宣言》称英人"包藏祸心""野性难驯，……鬼神所共怒，天地所难容"，《明伦堂绅士议论》称"准其入城，将来扰害，更未有底止矣"，同样未能言明入城的具体危害；至如《明伦堂绅士议论》和梁廷枏、黄恩彤均言及战后英人强横肆虐、激发民众仇恨，虽系属实情，但问题的关键显在英人作恶而非入城。故茅海建在考察了大量相关长红、揭帖后指出，在此类宣传性的文书中，粤民以反入城为理所当然，对其理由通常不加说明，少数被言及的理由，可被归结为防止英人入城后进行侦察、扩大侵略或造成"不可胜言"的危害，以及避免影响商业、防止英人入城侵凌民众和强行征税等四个方面。但这些理由并不切实可靠，多系悬揣或为宣传需要而生造。①

　　进一步的研究还可以发现，不只是反入城，包括反租地在内的各种粤人反对英人斗争的宣传等文书中，也都存在着同样的问题。如前列《全粤义士义民公檄》号召与英人不共戴天，多称"华夷未可杂居，人畜不堪并处。……窃恐非常事变，诚有不可言语尽者"，语言极富煽动性但俱非实情。1847 年，河南士绅因反租地曾有致英国领事公函，其所列反对理由同样颇费考量。此外，在福州的反入城斗争中，工科给事中林扬祖对英人入居榕城的用意也是妄加揣测，称"福建省城内乌石山积翠寺，被奸僧赁与英夷为望远探船公馆"②，显系张大其词。而福州绅民致英人函更有过甚之言。兹录河南及福州士绅函如下。

　　《（河南士绅）致英吉利国领事官信稿》：

　　　　窃以谋事必体乎人情，作事当循乎天理。……夫河南习俗，非十三

---

① 参看茅海建《近代的尺度：两次鸦片战争军事与外交》，第 121—128 页。
② 《林扬祖奏英人租住福州神光寺绅民反对而官方不为办理折》，中华书局编辑部整理《筹办夷务始末·咸丰朝》，第 53 页。

行可比也,而河南地势,又非上海各港可同也。盖十三行与外国人居住有年,久相熟习,倘令河南创建洋楼,必致惊奇猜忌,彼此断不相安矣。上海系新开港口,向无远商贸易栖止之所。且海滨荒地,无碍居民,故择地租住,其理尚顺。若粤东近则有洋行,远则有香港,居住则有新建之公司大楼,贮货则有现租之洋商栈房。又何必贪多务得,费此无益之巨资乎?况河南地方,寸金寸土,皆民血产,该处田圹栈房,铺户民居,或藉此耕作以赡家,或居此贸易以谋利,甚或孤儿寡妇,赖微息以存生。或大族微宗,设尝产以延祀。既不能聚族他徙,又不能舍业别图,一旦强逼夺之,以致流离失所,谋生无地,情何以堪? ①

《福建省城士民致英吉利夷官公信》:

前日因闻贵国领事官代讲经民人租赁神光寺,……而贵国讲经人尚欲强行搬进,实于人心不协,揆诸情、理、势三字,皆不可行。谨合千万人之心,先为执事明白劝止焉。

查贵国人在福州通商,本应依照原约,只能寄居港口。前有领事、管事等官入住城内乌石山之积翠寺,本地士民本不情愿,只因各宪再三劝解,谓系暂时通融,我士民厚道相待,姑看后来,不肯遽如广东众人坚持力阻,是于贵国通情之处已为不小矣。然积翠寺所住者尚是贵国之官,犹可言也,若讲经民人亦要赁居城内,则又何所限制?……直以厚道为可欺,岂本城内数十万家之人不能为广东人之所为乎?不激之则依旧相安,激之恐众怒难犯,此情之不可行者一也。

且原约内云,各国租地,由中国地方官会同领事官体察民情,公平议定……务须两情允协等语。今神光寺系本地生童常川会课读书之所,士民齐心,不愿出赁。……贵国素重信义,苟因此租屋小事,竟将原立万年和约内所称两情允协不得强租之语任意抹煞,信义安在?此理之不可行者二也。

积翠寺高在山巅,树林深密,匪类若来滋扰,贵国尚可豫防。若神光寺仅在山下,往来既属通衢,附近尤多匪党,颓垣成路,本为窃

---

① 齐思和等编:《中国近代史资料丛刊·鸦片战争》第三册,上海人民出版社,1962,第411–412页。

贼出没之区，而贵国人在彼讲经，势必招人观听，匪徒更堪聚集闹事，不定何时，倘藉端抢物伤人，士民含怨而不前，官长走援而不及，纵事后控告，亦必人逃难拿，物散难追，悔之晚矣。此势之不可行者三也。①

河南士绅函中能够被认为是反租地的理由，似乎是英人欲"强逼夺之"。需要指出的是，在历求租地无果的情况下，在穗英商确有强行占有该地的呼声②，但并非无代价抢夺之意。而此函则将本可两利之事曲言为英人恃强作恶。至福州公启，其所言"情"则允英官入城系榕民"厚道"，限制英人入城理所应当，并无理由；所言"理"则称生童以山巅寺院为不可或缺的"会课读书之所"，显系托词；所言"势"则山中密林可以防匪，通衢大道却"尤多匪党"，更属信口一说。这些言辞绝非有理有据的公道之论，而是颇有些罔顾事理。

· · · · ·

清人以信口之词作为反入城的理由，而言者不以为意，听者不以为然，如福州士绅公启甚至由讲官呈于陛前而论者人人不以为非，其关键在于前文所指出的清人对英人所抱有强烈的仇恨和敌意。这种仇恨和敌意，即系梁廷枏、黄恩彤所称粤民对英人所抱"深怨""积怨"，对此有着切身体验的当事英人如德庇时甚至称："在广州，暴徒及其领袖的仇外情绪，只是日益增

---

① 中国第一历史档案馆、福建师范大学历史系合编：《中国近代史资料丛刊续编·清末教案》第一册，中华书局，1996，第45-46页。
② 英人称："一八四七年五月二十六日，广州英国侨商会召开全体大会，到会有七十一人，通过决议如下，……大会认为，除获得一更满意之地点外，此项要求应立即促其成为事实……大会现在仍未准备提出比现在河南所拨给的更为合适地点。该地接近外国人商馆，沿河地面广阔，并有可用作运动场之空地。"对此德庇时致广州领事的信函指出："商人们认为除非他们能够获得一个更为合意的地点，他们对该地的占有应'立即强迫实行'；但我不明白，除了用兵之外，还有什么别的方法可以立即强迫实行的呢？"同时，德庇时认为："实际的占有，无论如何，都不象人体免除疫害那样的紧要，也不象用武力立即据得保存的方式这样的紧张，那是我上面所说的，一定要苦心计划各事的情况来维持实际占有，以求促进中英两国商业的发展。"对用强明确表示反对（参看广东省文史研究馆译《鸦片战争史料选译》，第375-376、377页）。

长，倘使不是轻蔑的话，这种仇外情绪是统治者长期诲育成的。"①此类英人观察到粤人敌意的言论更是不绝于书。②

因此，不少不受反帝话语影响的研究者倾向于将反入城归因于粤人"排外"，即对英人的仇恨和排斥。③20世纪80年代后，国内越来越多的研究者开始反省反入城斗争的保守性和落后性，对粤人所声称的反入城理由进行具体分析，并开始深入探讨其背后真实的社会历史原因，多将反英斗争的缘由指向粤人的仇外情绪。如茅海建即认为："由少数揭帖提出的以上四种反对入城的理由，似乎都不成为广州各阶层民众反入城斗争的真正理由……从国家利益、民族利益、民众利益的角度，去探讨广州民众反入城斗争的具体理

---

① 德庇时：《战事结束后最不利于我们的是广州的局势》，广东省文史研究馆编《三元里人民抗英斗争史料》，第273页。

② 如英人称，"对外人的憎恶情绪，在公民中比较和善的人还没有什么，在卑贱的人们中却惹起煽动"，"广州的群情激昂和他们现在对外人的非常憎恶是难于解说了。……广州人从小就受到排外教育，而今又在藐视的基础上加上仇恨"，"这些流浪汉虽属邪恶，他们常常给舆情定（仇恨的）调子。正月的骚乱就是这样"，"在一些于战争时期无辜遭受苦难的人的心灵里，种下深仇大恨。战事进行够久了，惹起了致命的仇恨"，等等（见广东省文史研究馆译《鸦片战争史料选译》，第298、300、314、354页）。

③ 如戴维斯等讨论了条约体制构建过程中入城问题及排外主义的影响。魏野畴称："惟广州地方，因人民仇外心盛，镠輵不已。"蒋廷黻称："第一，英国人在广州受了多年的压迫，无法出气，等到他们打胜了，他们觉得他们出气的日子到了，他们不能平心静气地原谅中国人因受了战争的痛苦而对他们自然不满意，自然带几分的仇视。第二，广东地方官商最感觉《南京条约》给他们私人利益的打击。……难怪他们要恨外国人。……民间也恨外国人……外国人也是争意气：他们以为不许他们入城，就是看不起他们。"马士称："广州的人民，他们仍然是抱着不可调和的仇视态度，这种仇视态度，表现在把外国商人继续限制在旧商馆中这件事上，比在任何别的事情上都更为明显。"费正清则称："清官吏对外国入侵者表面上的安抚进一步唤起了排外情绪，……既然在朝贡时代断然拒绝外国人进入广州城内，那么在1842年以后维持这种禁令，就成了广州人反抗的标志了。双方都不断地扔石头、殴打和骚乱，在这当中，广州人的高傲和敌意常常不亚于英国人的鲁莽和傲慢。"（参看 Davids, Jules. *American Diplomatic and Public Papers: the United States and China. Series 1: The Treaty System and the Taiping Rebellion*, 1842—1860.Wilmington, Del. Scholarly Resources, 1973；魏野畴《中国近世史》，开明书店，1932，第105页；蒋廷黻《中国近代史》，中华书局，2016，第22-24页；马士著，张汇文等译《中华帝国对外关系史：1834—1860年冲突时期》第一卷，第415页；费正清编，中国社会科学院历史研究所编译室译《剑桥中国晚清史：1800—1911》上卷，中国社会科学出版社，1993，第256-257页）

二、"与粤民何害?"关于反入城的理由

由,其本身就是靠不住的。……用仇外情绪来说明当时广州各阶层民众反对入城的理由,问题的症结就打开了。……广州各阶层民众正是在仇外情绪的作用下,盲目地反对英方提出的入城要求,而并没有客观地分析入城究竟会给民众带来何种利弊。"①

也就是说,因仇恨和敌意,清人视反英为理所当然,其言辞只在表明反对英人的态度,对其内容是否合理正当则无意深究。即在很大程度上,粤人并非基于直接关系切身利害的现实缘由来进行各类反英活动,而是受仇外情绪驱动,对与英人关系中的矛盾冲突给予了过度的关注和表达。

(四)体制、风水和民夷冲突:清人陈述理由关系利害之处

当然,在仇外情绪之外,梁廷柟、黄恩彤等也提出了一些与时人现实利益切实相关,或被时人认为是至关重要的反入城理由。

其一,对于"体制"的维护。黄恩彤指出,粤民反入城的一个重要理由,是"习见数百年来外国商民从无进粤城之事",与何有书对"夷长"将要违反"旧典","肩舆仪仗,卤簿前驱"入城表示严重关切意见一致。②官绅民众的这些话语,充分反映出清人对战前旧制的重视和维护。

此外,清官员与西人会晤时的礼制也是困扰当事官员一个极为严重的"体制"问题。如曹履泰在和约初定后,即对广州"英夷携眷进城",特别是镇海"夷妇闯入衙署拜会(官员)"等耳食之事感到难以容忍,要求各地"豫防其渐"。③事实上,鸦片战争前马戛尔尼(George Macartney)和阿美士德(William Pitt Amherst)两次访华的礼仪争议本已造成极大纷扰,且广东官员也早已不能强迫英商在拜见督抚时跪拜如仪,粤人不断强调英人"桀骜"的一个重要原因也在于此。但"贡使"到访毕竟稀少,而行商居间的模式也可以避免官员与英商直接面晤,使得礼制问题显然不那么"扎眼"。然

---

① 茅海建:《近代的尺度:两次鸦片战争军事与外交》,第 123-124 页。
② 值得注意的是,鸦片战争中英军据定海期间,奕经所遣差探还将"探得定海道台署已折毁,璞、巴、郭三逆乘坐绿呢轿,打红伞"(见无碍老人辑《烟海庚辛录》,陈建华、曹淳亮主编《广州大典》第 178 册,广州出版社,2015,第 347 页),作为一条情报,反映出清人对英人乘轿等"僭越"之举的重视。
③ 《曹履泰奏和局既定后患颇多折》,齐思和等整理《筹办夷务始末·道光朝》,第 2824 页。

而,《南京条约》承认了英使的官方地位,确定了双方平等往来的原则,英人不行跪拜礼而会晤督抚大员成为当然①,也使职司对英交涉的两广总督陷于尴尬境地。故此,赴虎门或在英舰会晤英使成为转移或淡化礼仪问题的极佳选择,而减少或避免与英人接触对沿海督抚而言更属上佳。如曹履泰即建议:"沿海地方,与夷人偶有关涉之事,只准夷人在就近衙署递禀,毋许大员入夷馆面商,使入其彀中,夷人即藉此为挟制之地,于国体大有关系。"②将大员会见外使视同有伤国体。1854年包令等赴天津开展修约交涉时,咸丰帝更明令直隶总督桂良"勿轻与英使等会晤","如果该酋驶抵天津,不必派大员与之接见"③。

众多研究者指出,清人之所以竭力维护旧制,其一无疑是因受到文化观念的影响,即基于根深蒂固的"华夷尊卑"的文化优越感,认为外人文化低劣人格低下,绝无与清人平等相处之权。当然,如果说民众在揭帖、长红中频繁使用"犬羊""畜类"等显具歧视色彩的称谓称呼英人,系因面对战败屈辱,出于泄愤及维持文化尊严而刻意贬低外人的话,则官绅对于旧制的维护,明显还具有"卫道",即面临夷难这一重大外部刺激时,力图保持原有社会等级结构和运作机制的稳定,特别是保卫文化传统的潜在用意。④ 此外,曹履泰的言论还别具防微杜渐,即防范英人以入城为突破口破坏体制,从而维护封建专制制度体系权威性、维护清政权稳定的目的。特别是对于清统治者而言,反入城的目标与其保持"中外大防"的意愿高度契合,维护这一"体制"的政治价值更是毋庸言说。由此,在反入城问题上,君臣绅民出于保持文化优越感、捍卫民族文化、维护社会结构和封建统治秩序的稳定,以及维持中外隔离等不同目的,在维护"旧典""旧制"问题上达成了高度一致的政治意愿,也使之成为绅民在反对耆英等人企图在入城问题上对外做出

---

① 《南京条约》尚未议及礼仪问题,"平礼"即免跪的问题至《天津条约》方始明确(参看王铁崖编《中外旧约章汇编》第一册,第83、89页)。但中西外交实务中,西人早已免跪。

② 《曹履泰奏请敕江南等省毋许英人越境并只准在衙署递禀折》,齐思和等整理《筹办夷务始末·道光朝》,第3193页。

③ 齐思和等编:《中国近代史资料丛刊·第二次鸦片战争》第三册,第31、88页。

④ 如翰林院学士孙铭恩反对英人入居榕城时即格外强调,"况闻该夷借住该寺,意在讲经,外夷所讲之经,大半邪说,诬民惑众,关系匪浅"(见《孙铭恩奏英人租住福州神光寺传教请饬督抚惩办措置不善之地方官折》,中华书局编辑部整理《筹办夷务始末·咸丰朝》,第46页)。

让步时，进行斗争的最为有力的武器。

但是，清人的这些见解是否正确正当，则另当别论。对于清人自视高于或优于西人的文化观念，文化学以"我族中心主义"理论①来加解释。长期以来，清人以"天朝上国"自居而将外人视作"蛮夷"。鸦片战争的挫败并未从总体上动摇这种优越感，所制造的心理落差反而使之更加强烈。清人维护文化尊严、保护传统文化核心价值的诉求无可厚非，但其将以儒家思想为核心的传统文化观念神圣化和绝对化，并坚执西人野蛮落后进而抵制和排斥先进西方文化的认知和做法，则显系不利于文化交流和发展的、恶性的"我族中心主义"，具有强烈的专制性和保守主义倾向。同样，面对变局固守"旧制"，也绝非积极有效的应变之道，且统治阶层以维护专制统治为要务，将自身利益置顶而弃国家民族利益于不顾，特别是满族统治者将之作为中外隔离樊篱的统治手段，更属保守反动。

其二，关于"风水"等因素。黄恩彤还指出，粤人认为英人入城，择高处"建房竖旗"，将造成"有碍风水，俯瞰城中，窥见室家，尤多不便"等问题，即入城关乎风水、窥人内室等文化禁忌。

风水是传统文化中关于生存环境的具有神秘主义色彩的文化观念。明清之际粤人间就此发生争斗、诉讼甚至大规模械斗，是极为常见的社会现象，不仅针对西人而言。与西人女性地位及社会生活方式不同，清人对内室为外人所窥也视作传统生活习俗的一项重要禁忌，故此类文化观念的冲突确实有可能引发粤人对于英人入城的担忧。另如1844年初美使顾盛抵澳门后，将所携美国国旗送至广州。5月，美军水手将国旗树立于十三行美领事寓所前。因旗杆顶端有一枚铜制箭头形的定风标，恰在此际广州及附近地区发生瘟疫，市民归咎于此"定风铜箭"，认为系其破坏风水导致疫病流行，

---

① "我族中心主义（ethnocentrism）"理论认为："在通常的情形之下，一般民族或文化单位对于自己的风俗、习惯、制度、文物、传统、生活方式、价值观念和文化理想，当其继续发挥功能时，总是有意无意持爱护的态度。……就这一意义来说，任一文化的文化分子多少都是我族中心主义者。但是，……我族中心主义有不同的发展：一种发展是良性的；另一种发展是恶性的。良性的我族中心主义是肯定并且爱护自己文化的风俗、习惯、制度、文物、传统、生活方式、价值观念和文化理想，但是同时也欣赏并且尊重其他文化里的这些东西。恶性的我族中心主义首先未自觉的肯定有些绝对的价值，而且这些价值就是存在于我族中的，并且真是优于一切文化者，因此对别的文化特征都看不顺眼，而有意无意存一种鄙夷甚至排斥的态度。"（见殷海光《中国文化的展望》，上海三联书店，2002，第110-111页）

随即张贴传单，"欲图聚集构衅"，并有民众聚于十三行商馆前声称要捣毁定风标①。经署督程矞采与美领事福士（Paul S. Forbes）交涉，以美方取下定风标平息此事。②这是广州反入城斗争期间，中西围绕风水问题产生纠纷的一个具体案例。此外，厦门居民还曾将疫病发作，归罪于英人在鼓浪屿的墓葬③。而咸丰元年（1851）英驻福州领事阚那（W. Connor）病故，欲葬于乌石山，闽浙总督裕泰同样以"乌石山系在省垣城禁之内，为全城风水所关"为由峻拒。④

然而，风水学说的原始蒙昧性质毋庸讳言，即清人虽以之为切要，但从科学的角度分析则并无现实价值。在反入城斗争中，粤人也并未认定西人入城行为本身破坏风水，只是假定其入城之后可能的举动破坏风水，且从未能言明如何危害风水。因此，在很大程度上，风水只是粤人基于错误观念、颇为草率的一个反入城借口。

其三，关于防范英人"滋扰"。对于英人所到之处与民众争斗滋生事端，也是官绅民众众口一词的反入城、反入村最为重要的理由。特别需要指出的是，清人对民夷冲突大感苦恼，不仅是由于双方互怀敌意和文化差异等原因造成冲突频发，更因冲突无法得到"持平"办理，绅民始终认为饱受英人"欺侮"及官方"偏袒"外夷之苦，而清当事官员则面临着英人外交讹诈和内部舆论风潮及自身道德压力等多重困扰，均思以避免接触为釜底抽薪之策。

从中英冲突的案件办理来看，如冲突责任在于英方，英方往往利用领事裁判权减轻甚至规避对责任人进行相应处罚。尤其是清人极为重视的发生命案后的"以命抵命"⑤，在鸦片战争前即已成为引发中英外交冲突的一个热

---

① 对于清人抗议定风铜箭的情形，英人称："上月，我们发现在广州有群众麕集的骚乱事件发生。树立在美国领事馆前的旗杆上的风标拔下来了。"（见广东省文史研究馆译《鸦片战争史料选译》，第298页）

② 参看《广东巡抚程矞采札复》，佐佐木正哉编《鸦片战争后の中英抗争·资料篇稿》，第357-358页。

③ 施美夫称："去年（按：1845年）夏天依然有大量的人死去。……无知的人们十分恐惧，把这种常见的祸患归咎于英吉利人的恶鬼，因为英吉利人死后埋在鼓浪屿上。"（见施美夫著、温时幸译《五口通商城市游记》，第306页）

④ 见《闽浙总督裕泰奏英领事病故饬令运至南门外埋葬片》，中国第一历史档案馆、福建师范大学历史系合编《中国近代史资料丛刊续编·清末教案》第一册，第112页。

⑤ 如耆英在办理黄竹岐村案时，鉴于英人枪击的陈亚振身死、李亚健重伤不治，

点，林维喜案更成为鸦片战争前夕中英对抗加剧的一个导火索。虽然战前广东官员对一般性的民夷冲突通常大事化小，但对命案交凶仍极为重视，而英人则自乾隆四十九年（1784）"休斯夫人号（Lady Hughes）"事件后，即再未向清方交出命案凶犯。① 进入19世纪后，英方逃避中方司法管辖的举动越来越猖獗，往往选择给予受害人家属以经济补偿，但拒绝交凶且对案犯给以极轻的处罚。② 鸦片战争后，这种情况更加严重，如1846年7月的十三行骚乱导致三名华人丧身，耆英多次要求德庇时查拿凶手，而德庇时置若罔闻，仅表示愿由外商给予受害人家属金钱赔偿③，并对引发骚乱负有极大责任的英商金顿（Compton，又译康普顿、康吞、孔普敦）仅处以罚款200元④，且最后英外交部还以审判程序存在瑕疵为由饬令德庇时将罚款退还金顿⑤。为威逼耆英接受这一结果，德庇时甚至还派出军舰泊于十三行进行恐

已抵二命，另决四犯以抵六名英人，并据此回复德庇时："查历年英人致毙华民，从不闻有抵偿之说。本案不但按命偿抵，且加等即行正法，乃尚谓全无伸冤，试问公道何在！"（见佐佐木正哉编《鸦片战争后の中英抗争·资料篇稿》，第96页）

① 参看吴义雄《条约口岸体制的酝酿——19世纪30年代中英关系研究》，中华书局，2009，第69-72页。

② 参看郭小东《打开"自由通商"之路——19世纪30年代在华西人对中国社会经济的探研》，第351-352、357-364页。

③ 案发后耆英照会德庇时称："保护外民，必先有以折服内民，庶官之令得行，而内民不致凌侮外民。……地方官于百姓被杀被伤之案，不能代为伸理，……民亦岂能听命？"德庇时拒绝查凶，覆称："乃内地之匪类，猛然抛石，多如飞蝗，击伤外国人数名，而后伊等乃行放枪，实系自保所必然之理，以挡盗贼匪党，曷能以为凶手之案乎？"同时将案发责任推向清官方，称："倘若匪党盗贼来攻外国商人宅宇，并不蒙贵国保护，岂不得亲自保护哉！"此后，德庇时在显然已明了事件端末的情况下，仍照覆耆英："查金顿推倒卖生果之器，实属妄行，而本大臣业经谕饬管事官，罚他银钱，正是重罚银两以为刑矣。……查在贼匪之中，有无辜之人毙命，理宜以银填补其亲属，是系花旗、英国人等所欲行焉。"（见佐佐木正哉编《鸦片战争后の中英抗争·资料篇稿》，第56-60页）

④ 对此英外交部甚至称："金顿自己的声明既然表明他所以踢翻小贩的摊子，只因为后者妨碍了他，那么，他这种强横的行为就是不法的和明显有意引起乱子的了。如果你（按：指德庇时）已经或将要根据领事在这样的场合所许可的权力，课金顿以十足的罚款，那就不但已经是而且还将是对英国臣民行为的一种适当的约束。只有这样才能使中国人确信英政府对约束它的在广州臣民，在正义和责任上已尽它一切所能。"（见广东省文史研究馆译《鸦片战争史料选译》，第399页）

⑤ 参看马士著、张汇文等译《中华帝国对外关系史：1834—1860年冲突时期》第一卷，第433页。

吓。①1844年6月的"定风铜箭"案中，美商丹叶里（Daniel，又译咀喋哩）击毙围观华民徐亚满，美使顾盛同样以判决凶手无罪但须向死者家属提供补偿结案。②此外如1843年上海的"狩猎事件"，受枪伤的中国小孩尽管并未殒命，但其中一个双目失明，而肇事者也仅赔偿200元了事。③命案发生后，高额的金钱赔偿通常能够收买受害人家属不使"上控"，从而消解地方官员来自上级的政治压力，使凶案得以默契地不了了之，但不交凶不惩凶的恶劣社会影响则根本无法消除。④

如果冲突后果不利于英方，无论责任属谁，情况都将截然相反，特别是如事涉命案，不仅赔偿、"枷责"和"抵命"必不可少，英人还往往发出"剿洗"案发村镇的叫嚣，从而给地方政治、经济和社会生活等造成全方位的严重伤害。此外，英人还往往利用案件扩大侵略权益，从而给负责交涉的地方官员带来沉重的外交压力。如青浦教案发生后，英副领事罗伯孙及翻译巴夏礼乘军舰前赴两江督署诸多要挟，两江总督李星沅在一一应允的同时，又奏报道光称拟咨署理两广总督徐广缙，"照会各该国公使，通行各口领事

---

① 参看佐佐木正哉编《鸦片战争后の中英抗争·资料篇稿》，第58页。

② 此案美商丹叶里向冲击美国花园的人群开枪，击中围观者徐亚满致其毙命，论其性质似属误杀。但就其开枪举动本身而言，则主观恶性极强，不能单纯以误杀视之。案件发生后，美驻广州领事福士在《望厦条约》尚未签订、美国尚未取得领事裁判权的情况下，照会黄恩彤称已将丹叶里交美公使顾盛，并将送回美国依法处置。而顾盛更是利用此案攫取领事裁判权，以"杀死徐亚满之人实施的是正当的杀人行为，而非谋杀。既然这一行为不属犯罪，也就谈不上交出什么罪犯的必要"为由，未审先判，拒绝交凶，甚至照覆耆英："那个人是叫'Daniel'，还是其他什么名字，本公使并无头绪。"并授意福士召集陪审团判定丹叶里正当防卫。但其同时又让其在此后的25年中，每年向徐亚满的亲属提供并非"赔偿金"的"供养金"25元（参看屈文生《〈望厦条约〉订立前后中美关于徐亚满案照会交涉研究》，《法学》2016年第8期，第133-144页）。

③ 参看蒋孟引《第二次鸦片战争》，第22页。

④ 英人关于徐阿满（即徐亚满）案的一些文件颇能反映清人对于"以命抵命"的社会共识和坚决态度。英人称："不幸打死了一个名叫苏阿蒙（按：即徐阿满）的清远人。……护理总督对此复函要求交出凶手惩办，并暗示他的软弱无能，认为除非将凶手交出，否则群众必将焚烧和抢掠外人商行。"另有注为"清远士绅无名的揭帖"称："倘美国领事洞悉群情激愤，就需要讲理，而且必须以命偿命，果如是则双方可以和解。……倘彼愚昧无知，不通人情，则吾人决不甘如蜷伏洞中之蠕虫。"（见广东省文史研究馆译《鸦片战争史料选译》，第298-299页）

夷目，嗣后如有不平之事，并无总理五口大臣，应申诉省垣大吏，即由该领事备具申陈，封交地方官或由行商代为递送，听候批办，无庸夷目前来。"①此语不仅反映出李星沅个人没有能力应付西使面对面诘诈的困窘，也反映出民夷根本不应由双方高级官员出面处理的"口角细故"，在英人有意扩大事态时，清方官员整体上表现出无法据理力争、就事了事的基本情势，使得细琐的中外冲突也成为令督抚大员感到忧心忡忡的心腹大患。更重要的是，英人以炮艇之威发表诉求，不断地造成令清廷难以接受的对其统治威望的严重打击，以致在1846年7月十三行骚乱造成华民伤亡的情况下，道光帝首先发出的谕令竟然是"公平料理，不可令该夷有所藉口逗刁之事"②，显示出其对英人藉端进行武力威慑的极度担忧。

也就是说，中外冲突一旦发生，无论后果如何，最终的结果都将不利于中方，不仅地方绅民需要承担生命、财产的重大损失，清统治者也可能面临冲突被恶意升级、损失扩大的被动局面，这是清人无力反对的殖民时代强权公理的基本现实。在这种情况下，反入城、反入村也成为清统治者减少民夷接触机会从而减少中外争端的重要手段。

对于开埠之初西人在各口凭藉领事裁判权，甚至无视一切中外法律为非作歹，有时连西方外交人员自己都颇露赧颜。③可以说，伴随着扩大了的中外交往而来的是几乎不受控制的西人对中国传统统治秩序、社会秩序，以及地方和个人利益的巨大破坏，毫无疑问，这种破坏也是清人产生仇外情绪的重要原因所在。④面对西人的破坏性冲击，在国家主权和统治集团自身利益

---

① 《李星沅等奏现咨徐广缙照会英使如有申诉应交地方官递送毋庸前来折》，齐思和等整理《筹办夷务始末·道光朝》，第3136页。

② 《耆英等又奏英人伤毙民人数名片》，齐思和等整理《筹办夷务始末·道光朝》，第3022页。

③ 如美公使列卫廉（William Bradford Reed）称："既要求将我国犯罪人民免于当地法律的制裁，而我们自己却又不予惩处，凌害一个弱国实在莫此为甚，违反条约的文字和精神也没有比这更明目张胆的了。……在美国拒绝或忽略供备惩罚手段的情形下，我认为向中国勒逼'领事裁判权'乃是一桩无耻之尤的事。其恶劣的程度，不下于苦力贸易或鸦片贸易。"美领事马沙利对西人在华作恶多端的情况也有报告。英国外交部文件则指出："按照商人的如意算盘，则领事做事的基本原则是，商人有权利为所欲为，而中国人除却条约明文规定外，任何事都无权过问。"（参看姚贤镐编《中国近代对外贸易史资料：1840—1895》第一册，中华书局，1962，第400、441、448页）

④ 如施美夫即指出："我们抵达广州之际，民心格外躁动。两个世纪来的不平等

都难以维护的情况下，如何有效维护地方和民众利益，确实是清朝地方官员和绅民所面临的极为棘手的难题。

但是，通过减少接触来避免冲突，而不是积极化解矛盾，无疑是一种掩耳盗铃、逃避现实的做法。事实上，企图隔绝中外的反入城、反入村不仅无法避免矛盾冲突，即无法在根本上取消西人居于主动的正当、不正当的利益诉求，相反却对正常的中外政治、经济、文化交流制造了巨大障碍，进而对社会的进步和发展产生极端不利的影响。

· ○ ● ○ ·

总体而言，粤人对于反入城的相关利弊未能予以恰当的权衡，为仇恨情绪所左右，基本上是为反入城而反入城，对于反入城的缘由和利害关系均未能深思。其所声称的理由，往往信手拈来，甚至颇有怪诞不经之处。尽管引发反入城斗争的一些中外矛盾客观存在，粤人在反入城中所提出的一些利益诉求无疑具有正当合理的成分，但以反入城为手段，则显系南辕北辙，抱薪救火，不仅不能实现任何反侵略的目标任务，无法真正维护国家、民族和地方的整体利益，反因其不恰当的举措激化矛盾，授人以柄，给国家和民族造成更大的损失。

（五）事同一例：通商各口的反入城

耆英在向璞鼎查提出暂缓入城的要求时，曾以"广东民风非江浙可比"作为理由，其后同德庇时的交涉中，也多次以"民风"为由作解。[①] 徐广缙同样声称："广东民情剽悍，迥殊他省，不许外夷进城，妇孺同声。"[②] 即认为粤人"犷狠"，因而更乐于与外人对抗和斗争，亦即从不同地域文化气质差

交往，统治者又常常使用诽谤性的布告煽风点火，使得民众滋生敌视外国人的情绪。遗憾的是，外国人又往往不能自律，盛气凌人，干出些道德败坏的事，无疑是火上浇油。"（见施美夫著、温时幸译《五口通商城市游记》，第5页）

① 如耆英称"粤民犷狠，好事者多"，"惟两国既敦和好，福州、上海等处，均准入城，何独于广州一处，未能一律办理？实因粤民风气，与各口不同"（见佐佐木正哉编《鸦片战争后の中英抗争·资料篇稿》，第19、27页）。

② 齐思和等整理：《筹办夷务始末·道光朝》，第3150页。

异的角度为广州反入城斗争的愈久弥坚提供解释。① 英人同样也观察到了闽粤民众迥异于沪浙土著对待外人的态度，认为各口"民气"确实存在显著差异。② 然细考之下，各口虽入城无碍，却均非如表面那样一帆风顺，在绝无特殊而极为相似的中外矛盾情势下，不同情形的明暗争斗事同一例。厦门、宁波和上海三城在鸦片战争期间曾次第沦陷。英军除对上海进行短期占领外，还长期据守厦门鼓浪屿和宁波，并以郭士力为首在宁波建立了半年多之久的殖民统治③，此三口理论上不存在入城问题，且英领事初至宁波、厦门时，定海和鼓浪屿尚在英军手中，故甬、鹭二城开埠之初的情形尤为特殊。

---

① 对此蒋廷黻也认为："自鸦片战争以后，至咸丰年间，中国外交上最困难的问题尚非商约的交涉或舟山的收复，还是百姓与外人的私斗。……特别在广州，福建次之，江浙最少。大概地方人民的性情颇有关系。"（见蒋廷黻《近代中国外交史资料辑要》上卷，第134页）

② 如施美夫称："无论是乘轿行走在狭窄的街道上，还是刚刚抵达市区，或是当天晚上的步行，我都不由自主地将此地（按：上海）对外国人的尊敬与南方广东人依然显著的傲慢自大进行比较。……舟山人的特征与附近大陆相仿。他们对外国人没有狂暴的敌意，而那在广东省则十分普遍。……无疑使相当多的舟山居民对不列颠颇为好感。……在（按：舟山）船工、苦力，以及仆人看来，不列颠撤军之日就是高收入中止之时。店铺业主从外国居民那里赚取钱财，对不列颠军队的离去，自然也感到真正惋惜。……福建人就像是中国的爱尔兰人，他们具有强烈的经商意识，但性情暴躁，易于骚动。对于这个生气勃勃的人种，外国人想要制服他们的任何举动都是枉然。"（见施美夫著、温时幸译《五口通商城市游记》，第108、210、220、230–231页）

③ 第一次鸦片战争期间，英军曾于道光二十年六月初五、七月二十五日两次试探性进攻厦门未果。道光二十一年七月初十日，英军攻陷厦门和鼓浪屿。怡良奏称："该夷既占厦门之后……据守十日，留数船于鼓浪屿而去。"（参看《邓廷桢奏来厦英船被击退情形折》《邓廷桢奏英军兵船来至厦门滋事官兵并力攻退折》《怡良奏查明厦门被攻及现筹防御情形折》，齐思和等整理《筹办夷务始末·道光朝》，第340-342、448-451、1486页）根据《南京条约》第十二款，舟山和鼓浪屿归英"暂为驻守"，俟赔款缴清后归还。因此鼓浪屿至道光二十五年二月方始交还（参看《刘韵珂等奏福州厦门英人已有住处鼓浪屿英兵已退折》，齐思和等整理《筹办夷务始末·道光朝》，第2925页）。宁波于1841年10月13日沦陷，在勒索120万元赎城费后，英军于1842年5月7日撤出（参看萧致治《鸦片战争史》下册，第469页）。英军攻占上海在1842年6月19日，6月23日在勒索了30万元赎城费后撤出（参看熊月之、袁燮铭《上海通史》第3卷，上海人民出版社，1999，第8、11页）。

在上海，入城本身颇为顺利。《南京条约》签订后的1842年10月9日，璞鼎查特于返回香港途中，携巴富尔等行抵上海，"要为将来派驻上海的英国领事布置居住的地方"，并由巴富尔与上海地方官员商定，选择了对商船"既方便又安全"的"上海县城以北及以东一块地皮作为居留地"。①1843年11月9日，已身为首任英国驻上海领事的巴富尔返沪，次日进入上海县城与上海道宫慕久在道台衙门会晤，讨论开埠事宜。在英领事馆选址问题上，宫慕久略作尝试，以城内拥挤为由建议选择城外，在巴富尔恼怒拒绝后，姚姓商人戏剧化登场，将其引至其城内住所。②1844年2月，巴富尔又将领馆迁至条件更好的顾姓姚家弄的"敦春堂"③。11月14日，巴富尔宣布上海将于11月17日开埠，"通告全体英国臣民，本领事现已在县城内暂设英国领事馆，馆址位于东门和西门之间城墙附近的一条街上"，同时发出告示，"上海港埠的界限，暂时确定在朝西方向之宝山角与朝西南方向之吴淞口右岸炮台这两点所构成的一条直线以内。在港埠内，装卸货物之商船停泊地即在尽可能靠近黄浦江弯曲处的左岸，紧接于吴淞江口"。④无疑巴富尔已深受广州入城问题的影响，有意将领馆置于城内。但其对商馆区的选择，仍定为璞鼎查早已看中的交通等各方面商业条件更加优越的城外北郊地带。基于城内种种不便，当年12月，巴富尔又与宫慕久议定以英商租赁地界北部的李家场一带作为领事馆基址。⑤至1849年7月，英人复将领事馆从城内迁至位于城外日渐成型的英租界新馆。上海开埠后外贸迅速发展，西商络绎而至，最初尽管也有少数居于城内，但大多选择将商馆等建于后来的租界区。接踵而至的传教士同样分居城内城外，但以西人聚居区为主。⑥

---

①　汤志钧主编：《近代上海大事记》，第13页。
②　参看裴昔司著、孙川华译《晚清上海史》，上海社会科学院出版社，2012，第50页。周育民称巴富尔此次奇遇是宫慕久的事先安排（参看周育民《鸦片战争以后的五口开埠问题》，《清史研究》2014年第3期，第117–118页），此说可信。然周氏显然混淆了此次出场的姚姓与此后提供敦春堂的顾姓商人。
③　参看熊月之、袁燮铭《上海通史》第3卷，第16–17页。
④　参看汤志钧主编《近代上海大事记》，第18页。
⑤　参看费成康《中国租界史》，上海社会科学院出版社，1991，第13页。
⑥　1843年12月23日，英国伦敦布道会传教士麦都思（Walter Henry Medhurst）抵沪，于东门外赁民屋传教；1844年2月，英国伦敦布道会传教士雒魏林（William

二、"与粤民何害？"关于反入城的理由

与耆英未到广州即"风闻粤中士民，志存报复，不肯与英夷互市"不同，战后上海在尚未正式开埠时即有西船前来试探，在沪商民则表现出乐于接触的态度。① 开埠之初，居民与外商间因房屋租赁等也曾发生琐细争闹，但均未造成大规模冲突。引发关注的纷争，有1843年11月20日美国水手枪伤小孩引发居民愤怒的"狩猎事件"②，1844年8月因松江同知及上海知县以"不当"方式向英领事行文及拘捕姚姓翻译、巴富尔强迫宫慕久书面道歉等事件③，以及1846年6月较为奇特的江苏民人徐云江潜入英领事馆警告巴富尔案④，1848年3月影响极大的青浦教案等。最大规模的冲突，是小刀会起义期间的1854年4月，英美组织武装攻击清军泥城兵营，双方发生"泥城之战"。⑤

如细察徐云江案、青浦教案及"泥城之战"等冲突发生的缘由，极易发

Lockhart）在上海城大东门外租赁民房，设立医馆，10月又在小南门外设立医馆；1845年4月11日，英国基督教圣公会传教士麦格基（T. McClatchie）抵沪，在城内租民居传教，系第一个常驻城内的西方传教士（参看汤志钧主编《近代上海大事记》，第19、20、23页）。按：据施美夫称，其于6月16日抵沪，"花了两、三天时间，安排麦赖滋（T. M' Clatchie，即麦格基）先生，乔迁至南城门内新租的房子"（见施美夫著、温时幸译《五口通商城市游记》，第116页）。

① 署两江总督璧昌称，道光二十三年二月初，"吴淞口外陆续到有米利坚及英吉利大小船只五只"，至三月二十三日才"全数出洋"。其间护理苏松太道颜以燠"因二月间所到夷船，欲在口岸购买银物，曾经出示晓谕，示内既以俟颁到税则，再行交易为词，复有乘此货物通行，赶紧转运之语"，明显反映出颜以燠亟通商便民的意图。故璧昌认为此示"实属含糊不明，即难免无知愚民，藉口相与交易"，请旨将颜以燠撤任（参看《璧昌等奏英美船只听候通商请将含糊出示之护苏松太道撤任折》，齐思和等整理《筹办夷务始末·道光朝》，第2617-2618页）。

② 参看梁元生著、陈同译《上海道台研究——转变社会中之联系人物：1843—1890》，上海古籍出版社，2003，第43页。

③ 参看熊月之、袁燮铭《上海通史》第3卷，第20-21页。

④ 徐云江潜入英领事馆后，警告巴富尔有钦差来"驱逐洋馆"，并另赴县呈控巴富尔摧毁坟墓，暗造炮台。9月16日，清廷谕令江苏巡抚李星沅讯办此案，李星沅以"恐吓洋人，无端构衅"罪名将徐云江处斩（参看汤志钧主编《近代上海大事记》，第26页）。

⑤ 关于"泥城之战"端末，参看《怡良奏上海英人烧毁兵营情形折》《许乃钊奏上海英人烧毁兵营自请议处折》《许乃钊又奏英人桀骜日久及焚毁兵营详细情形片》，中华书局编辑部整理《筹办夷务始末·咸丰朝》，第248-253页；郭豫明《上海"泥城之战"》，《史林》1987年第3期，第55-65页。

现民众（清兵）也对西人抱有不友善的态度。只是这种态度虽对个体而言极为寻常并不断引发个案，却并未形成普遍的社会情绪，也未引发大规模激烈的社会抗争。特别是中外冲突发生后，西人往往步步紧逼藉机扩大侵略权益，但因无舆论压力，苏沪地方官员始终能够出以退让，使得案件总以妥协告终而从未造成严重的外交纠纷。

· · · · ·

宁波情形与上海相类。璞鼎查在《南京条约》签订后，也曾到甬查勘领馆选址。①1843 年 12 月 19 日，鸦片战争期间曾在英伪政府中任翻译的罗伯聃（Robert Thom）以领事身份重返宁波，并择于 1844 年 1 月 1 日开埠。因罗伯聃对地方十分熟悉②，到甬之初即主动选择应由璞鼎查指定、与宁波府城（鄞县城）隔江相对，为甬江、余姚江夹峙的航运条件极为便利的江北区，租用民房作为领事馆。此后外商也都集中于此租地建屋，开设商行，从而在江北区开辟出西人聚集的居留地和商业区③，特别是桃花渡口一带的外滩日渐繁华。西人在此起居安适，基本没有过桃花渡入宁波府城的需要，故中英双方也未就入城问题产生争议。由于占据定海的英军近在咫尺，宁波官员对西人入城显然也无意抗争，因此 1843 年 11 月 11 日，美国传教士玛高温（D. J. Macgowan）早于英领事到甬时，即得以在城内佑圣观租房施医传教，稍后虽迁至城外北门旁，但次年抵甬的美传教士麦嘉缔（D. B. McCartee）仍能复居佑圣观。④

随着西商及传教士到甬，以及西人贩卖华工苦力贸易的开展，宁波民众与外商间有冲突命案⑤，并发生了反对传教士占夺庙产和攻击华工贩子的斗

---

① 参看《耆英等奏与英人商定五口租房租地办法并英方已派定各口管理贸易人员折》，齐思和等整理《筹办夷务始末·道光朝》，第 2740 页。
② 参与接洽罗伯聃的浙江提督李廷钰称："查该夷（按：指罗伯聃）前此在宁波经年，汉语汉字俱皆谙晓。"（参看《李廷钰奏宁波于十一月十二日开市并现在洋面情形及造办船只折》，齐思和等整理《筹办夷务始末·道光朝》，第 2794 页）
③ 宁波江北岸区并未被辟为租界，而是形成西人具有一定市政、警察权的居留区（详参费成康《中国租界史》，第 326–328 页）。
④ 参看施美夫著、温时幸译《五口通商城市游记》，第 135 页。
⑤ 夏燮曾称："宁波之通商也，越二年，有夷人在宁波市中，以细故口角擅杀鄞县平民二人，禀请地方官相验填格，饬令交出首从凶犯。查白门原约，领事官住扎各口，遇有华夷交涉事件，应由地方官会同该国领事官查办。……于是宁波府县上其狱，请由

二、"与粤民何害?"关于反入城的理由

争①。咸丰元年(1851)因定海民教争产,法国驻上海领事敏体尼(L. C. N. M. Montigny)还曾亲自到甬交涉。②唯因战后初期宁波外贸未有大规模发展,到甬西商人数较少,中外冲突并不激烈,宁波官员还曾友好地主动帮助传教士租房居住。③

● ● ○ ● ●

厦门情形稍显复杂。清厦门城由施琅于康熙二十四年(1685)建成,"周600丈",除水师提督衙署和闽海关监督署外,兴泉永道和厦防同知官署均在城外④,是一座主要具备军事功能、规模极小的城堡。然在城堡西、南两面通向海滨各"道头"(按:又作"衙头""路头",即码头),则形成具有多条街道的商业区,其中最为繁华的是"十三道头"一带。即在厦门城堡之外,才是真正意义上的城市"市区"。因海滨一带无城墙围蔽,故怡

宁绍台道照会该口领事,查缉首从凶犯,会同讯明正法。旋准领事托以凶犯逃逸,应俟通缉解到办理等因。嗣经事主查明,凶犯二人实潜匿洋馆中,恃领事为护符。于是居民汹汹,谋纠众入馆劫出凶犯。地方官惧激变,一面饬止,一面飞咨到粤,请示办理。粤之领事谋于粤督,请饬解赴粤中,由总领事讯明正法,经耆相咨回至浙。浙之大吏亦相与掩耳盗铃,其事遂解。"(见夏燮《中西纪事》卷十一,沈云龙主编《近代中国史料丛刊》第11辑,文海出版社,1967,第104页下–105页上)然此系耳食之言,耆英似未曾与英人有此交涉。

① 参看乐承耀《宁波近代史纲》,宁波出版社,1999,第77–78页。

② 咸丰元年末,定海因"入教之人被其串诱,屡将乡间各庄寺庙庵院献入教堂,踞占把持,各庄士民因屡被欺扰,群怀不平。……聚集村众,与方安之及教中人理论争闹,逐出教徒",定海教众赴甬求助于法国传教士顾铎德,法驻上海领事敏体尼也前往宁波,威胁"如不遵伊严办村民,押让寺院,即飞调火轮兵船来此攻击",为地方官峻拒(参看《常大淳奏法人庇护教士占踞寺院激成众怒业已畏惧撤去折》,中华书局编辑部整理《筹办夷务始末·咸丰朝》,第178–179页)。

③ 浙江巡抚梁宝常奏称:"宁绍台道麟桂禀称:'据佛兰西国传教人顾铎德来署谒见,……上年[二十五年]九月间,蒙前道等代为租赁宁郡三法乡地方吴传钜房屋一所,俾得设堂礼拜。……惟伊来甬传教,随从较多,所租吴传钜房屋,不敷栖止。上年伊将带来各人,一半搬进租屋,一半留在定海寄住,今英吉利将舟山缴纳,伊国寄住之人,亦应迁让搬住郡城'",因顾铎德欲租而房主情愿卖屋而非租房,麟桂还特意"捐廉将是屋买就,再行租给佛夷",同时有轻减租金之举(参看《梁宝常又奏定海法教士迁入宁郡恳求添租房屋片》,齐思和等整理《筹办夷务始末·道光朝》,第3002–3003页)。

④ 参看周凯修、凌翰等纂《厦门志》,成文出版社,1967,第48页上–50页下。

良、耆英、刘韵珂等均称厦门"本无城郭"。① 英领事记里布（Henry Gribble）于 1843 年 10 月 26 日抵鹭后，并未入居城堡，而是选择城堡南面濒海的厦门海关附近租屋设置领事馆。② 但记里布显已自认入城③，故至 1844 年初，还曾以"厦门居民稠密，时有火患，其空隙之处复多坟冢，该夷租屋建房均有未便"为由，提出"请即在鼓浪屿居住"，唯闽浙总督刘韵珂等因担心"鼓浪屿现虽暂准该夷栖止，但乙巳年银款交清之后，仍应缴还中国，此时若准该夷在彼居住，恐将来被其占踞，即使如约归还，亦恐有名无实"④，拒绝其

---

① 怡良称："伏查闽省沿海府县，随在皆有要隘，而厦门孤悬海外，为海道必经之所，然袤长三十里，乃是海中一岛，并无城池障蔽。"耆英称："且现在通商五口，除厦门本无城郭外。"刘韵珂则称："厦门则港口宽深，一入大担，直抵十三路头，万家阛阓，近压海边，既无城郭，亦无退步。"（见《怡良奏查明厦门被攻及现筹防御情形折》，齐思和等整理《筹办夷务始末·道光朝》，第 1485-1486 页；《耆英、黄恩彤告示》，佐佐木正哉编《鸦片战争后の中英抗争·资料篇稿》，第 269 页；《刘韵珂等又奏陈福建海口防务情形》，中华书局编辑部整理《筹办夷务始末·咸丰朝》，第 85 页）

② 福州将军保昌奏称："巴富尔、记里布已于九月初四日同抵厦港，……协同查看各处，惟海关近有关闭之空房一所，与海关紧相毗连，便于稽查，记里布甚为合意，随出钱赁住，以作马头。择于九月十一日开市。"此后刘韵珂则奏称："恒昌（按：恒昌系时任兴泉永道台，具体负责与记里布交涉）等于记里布到后，将吴姓空房一所，给令出钱赁住。"（见《保昌等奏厦门英官记里布已到定于九月十一日开市折》《刘韵珂等奏筹办厦门通商事宜折》，齐思和等整理《筹办夷务始末·道光朝》，第 2784、2816-2817 页）此"吴姓空房"系实际租赁之屋，也在海关附近。至于海关位置，道光《厦门志》称："厦门（海关）正口在岛美路头，称大馆，面临海，南通大担，西达漳州，北至同安，房屋十余间，离衙署六里。其衙署在塔仔街张厝保，即前监督所居也，房屋三十余间。"（参看周凯修、凌翰等纂《厦门志》，第 126 页上）即海关正口在城外，衙署在城内。因记里布租赁房屋"以作马头"，显系正口所在。而岛美路头"户部衙"在今文安小学附近（参看李苏豫《厦门城市与建筑的现代化进程：1840—1949 年》，浙江大学博士学位论文，2013，第 26 页）。

③ 与之相同，巴夏礼也认为"领事办公室在厦门的城里"（见普尔、狄更斯著，金莹译《巴夏礼在中国》，中西书局，2011，第 63 页）。施美夫则将厦门城堡视为内城，而将城堡外商业区视为外城，且曾进入内城游历。施美夫称："厦门市建成瘦长的形状……内城规模不大，城墙长不足三里，有四道城门，开向外城。内城没有什么商业，提督府和花园紧挨着城墙，占据了相当大的面积，使游客不能在内城里走上完整的一圈。"（见施美夫著、温时幸译《五口通商城市游记》，第 383 页）

④ 见《刘韵珂奏厦门英领事请按销货输税并请在鼓浪屿居住折》，齐思和等整理《筹办夷务始末·道光朝》，第 2802-2804 页。

请求。1844年9月,兴泉永道台恒昌与记里布商议,"择定二处,……一系官荒,一系水操台废址,堪以给与该夷建屋"。记里布虽表同意,但仍提出如鼓浪屿交还后新馆尚未建成,"夷官人等仍须在该处(按:指鼓浪屿)暂时栖止"。① 耆英同样出于担心"通商本在厦门,乃仍在鼓浪屿租住,虽非用强占据,究非实在退还"②,要求英领事须与英军一同退出鼓浪屿。1845年4月,新任领事阿礼国(Rutherford Alcock,又译阿利国)提出,原定官荒一带"地势空阔,恐遭窃劫,恳为另择妥便之区",经与恒昌商议,决定租住"兴泉永道旧署"一带,并由恒昌觅匠代建馆舍,接任领事李太郭(G. T. Lay)复同意照此办理。③ 7月1日,英领馆建成,14日英人迁至新馆并"将鼓浪屿全境交还"。④ 此馆位置,则在厦门城堡外东南濒海。⑤ 1852年,英领事苏理文(G. G. Sullivan,又译索里汪)计划扩建领馆屋舍,请租"厦门之南教场水操台",闽浙总督季芝昌以其地"系各营操演之所,且有民田庐墓,……委令前署泉州府知府来锡蕃等,向驻厦领事反覆开导,并密谕工匠,不准擅为兴工,并示意绅民,出头拦阻",同时允准英人在城西"鸟空园头巾礁"一带海滩租地建馆⑥,逐渐形成此后的英租界区。

---

① 见《刘韵珂奏记里布在厦门官地择定二处建盖洋馆片》,齐思和等整理《筹办夷务始末·道光朝》,第2907页。按:记里布实际选地在城堡西南"官荒"一带(参看费成康《中国租界史》,第13-14页)。

② 《耆英奏与英使交涉收回鼓浪屿及令在厦门租房片》,齐思和等整理《筹办夷务始末·道光朝》,第2913页。

③ 参看《刘韵珂等奏福州厦门英人已有住处鼓浪屿英兵已退折》,齐思和等整理《筹办夷务始末·道光朝》,第2924-2925页。

④ 敬穆称:"厦门地方,前经招觅匠头代造夷馆,英夷出银租住,约定俟新屋造成,该夷即行迁居,……于(道光二十五年)五月二十七日将夷馆一律建竣,该道等邀同夷领事李太郭至馆逐一验看,李太郭欢欣鼓舞,极为感谢,约定初十日迁居。"(见《敬穆等奏英人移寓厦门新馆鼓浪屿全境收复折》,齐思和等整理《筹办夷务始末·道光朝》,第2932-2933页)

⑤ 周子峰称此馆位置在"今厦门图书馆及部分中山公园的地段"(参看周子峰《近代厦门城市发展史研究:1900-1937》,厦门大学出版社,2005,第39页),即在城堡之内,未知所据。《厦门志》称兴泉永道署在"北门城外",并无"旧署"一说。实际上英领馆与校场毗连,而"演武厅较场在五老山前"(参看周凯修、凌翰等纂《厦门志》,第48页下、50页下),系在城外。

⑥ 参看《庆端瑞琨奏英国厦门租地案已委员查勘折》,中华书局编辑部整理《筹办夷务始末·咸丰朝》,第2747-2748页。

也就是说，厦门英领馆馆址的选择是双方意图、观念巧妙平衡的结果。英方最初倾向于选在与厦门城隔海相对、居住条件更为适宜的鼓浪屿租地建馆，然清方担心这会对鼓浪屿的交收造成不良影响，反而择定更近于厦门城的滨海商业区。同时，尽管清方所定馆址不在城堡之内，但商务、交通等条件更为便利且英人显已自认居于城内，故并未对"入城"提出异议。当然，至1863年公共租界开辟后英人复将领馆迁至鼓浪屿时，局面已非厦门地方官员所能控制。

开埠后西商络绎到鹭，多选择在厦门城西南滨海一带开设洋行，进行商务活动，由此形成"番仔街"。但西商又多乐于选择以鼓浪屿为生活区。自1844年阿礼国在鼓浪屿鹿礁顶修建馆舍开始，不断有西商在附近租地修建西式建筑居住，至1860年前后，鼓浪屿外人越来越多，使之在公共租界开辟之前即已成为事实上的外人居留区。此外，西方传教士到鹭后，多在华人聚居区设置教堂，且有至于厦门城堡之内者。①

明清时期福建沿海民众出海贸易及在南洋垦殖极为寻常，厦门是商船出海和对外贸易极为重要的港口。在鸦片战争前，厦门民众对西人及外情多已有所了解甚至颇为熟悉。1832年英船"阿美士德号"访鹭及鸦片战争期间英人攻占厦门时，均发现地方商民对英人颇为接纳。②英军占据鼓浪屿期间

---

① 1847年，美国归正教会传教士波罗满（William Pohlman）至厦门，并在城内新街仔购地建教堂。1849年，打马字（John Van Nest Talmage）在城外竹树脚租民房建立教堂（参看李苏豫《近代厦门早期教会建筑：1843—1900年》，《华中建筑》2016年第5期，第24页）。

② 1832年英船"阿美士德（Amherst）"号曾在中国沿海考察，因由东印度公司职员林德赛（Huyh Hamilton Lindsay）冒充船主，其中文名为胡夏米（Hoo Hea Mee），清方称此事件为"胡夏米船案"。胡夏米在《"阿美士德"号中国北部口岸航行报告》中称，"进入福建省，……我们所遇到的只有友谊与善意的表示，而不象在广州附近那样频繁地碰到粗暴与侮辱的对待"，在厦门，"很多的船载着服饰讲究的人来到我们船的周围，但几条海关船只在巡逻，把他们赶走了。……后来我们进了城，受到许多居民的热烈欢迎。他们大批地围着我们，态度极好。"而在1841年英军占领厦门后，英人复称："有几个厦门商人一直没有离开他们的店铺。他们对欧洲人的风俗习惯比广州商人更加熟悉。他们能够列举东印度群岛的物产和讲述许多地方的政府，如数家珍。新加坡的名字对所有人都很熟悉，并引起他们对英国的好感。他们说：那里财产总是安全的，不必纳税，又没有满洲官吏的敲诈勒索。"（参看福建师范大学历史系、福建地方史研究室编《鸦片战争在闽、台史料选编》，福建人民出版社，1982，第42、46、198页）

注重军纪，对地方未加骚扰，未曾引发中英冲突。① 开埠后，中外贸易迅速发展，外商与地方绅民关系也较为平稳。② 收复鼓浪屿时，闽浙总督刘韵珂等曾有被难民众回迁时报复英军的担忧③，但事实上并未发生。尽管自19世纪40年代起，西人即以厦门为"卖猪仔"的重要基地④，在1852年曾发生绅民冲击从事华工贩卖的英国合记洋行的风波⑤，然厦门中外冲突总体而言

① 如道光二十三年署闽浙总督刘鸿翱奏称："自朴鼎查到厦后，……始嘱留厦之酋严束夷众，渐就安静。间向居民买取食物，亦系照时价，并无惊扰。即如本年正二月间，夷人或十余人，或二三十人，先后驾驶杉板至海澄、龙溪等县游玩，经该县等谕以该处并不通商，不能任其进城。该夷即便回船。"（见《刘鸿翱奏遵旨密查厦门英船干预民事情形折》，齐思和等整理《筹办夷务始末·道光朝》，第2624页）

② 如刘韵珂奏称："至厦门地方，自上年九月间，领事记里布到彼开市之后，华夷相安，情形极为静谧。其带兵夷官约束各水手亦甚严密，不敢骚扰地方，可以仰纾宸廑。"（见《刘韵珂奏厦门英领事请063销货输税并请在鼓浪屿居住折》，齐思和等整理《筹办夷务始末·道光朝》，第2803页）

③ 刘韵珂称："自二十一年被兵后，该民人等失业数年，今于该领事等未迁以前，即令全数搬回，设有不逞之人挟嫌寻衅，妄图报复，难保不另起事端。"（见《刘韵珂等奏福州厦门英人已有住处鼓浪屿英兵已退折》，齐思和等整理《筹办夷务始末·道光朝》，第2925页）

④ 英人称："据一般推测，厦门将有大批苦力输往英属西印度群岛殖民地，厦门每年能从其邻近地区提供苦力近五万名。"（见姚贤镐编《中国近代对外贸易史资料：1840—1895》第一册，第466页）

⑤ 关于厦门人民反对华工贸易的斗争，英人称："在1852年厦门发生的几次事件中，群众张贴告示反对猪仔买卖种种弊端以示愤慨。当和记洋行（Syme, Muir & Co.）的新梅先生（Syme）于11月间自中国法庭保出一个他所雇用的因拐骗而被传讯的人的时候，群众反对外国人的情绪高涨极了。11月21日，新梅先生及其助理员和一个泰记洋行（Tait & Co.）的职员，受到一伙中国士兵殴击。用武器抵抗的结果，损失并不严重，大约有十二个中国人被杀，十六个中国人受伤。但这些事件后来的影响不佳。一个香港官员哈佛（Harvey）先生被派到厦门作详细的调查。在英国领事法庭上，新梅先生及其助手以破坏条约被受到审问，全体英国商人均受到调查，英美传教士和几个中国人也被调查了。新梅先生作证说，此次事件肇祸于对外国商行的掠夺。——但与这次事件利益关系较小的旁证者，则认为是由于苦力贸易种种不法行为所激起，并且有声望的中国人曾经数次集会，会上有人提议拆毁外国商行，袭击苦力船只，以减轻这种制度的祸害。十八区居民所发表的宣言，虽然是泛指一切，实际则是因痛恨这两个苦力贸易商行而发。……（清人告示）：'夷人极难驾驭，且唯利是图，……此后如有人与泰记及和记洋行进行贸易，即应处死。'……这种雇佣制度的弊害不仅引起了厦门中国人的敌忾同仇，而且由此引起了全部中国人的仇恨。"（见姚贤镐编《中国近代对外贸易史资料：1840—1895》第一册，第467-468页）

类与沪甬，并未形成大规模、激烈和持久的态势。

· · · ·

五口中福州开埠最迟，并且发生了与广州十分相似的入城纠葛。1844年6月30日，英领事李太郭所遣通事抵榕，次日李太郭亦抵达城外鸭母洲。时任闽浙总督刘韵珂等并未迎其入城，而是由福建布政使徐继畬出面与之在城外"空庙"会晤①，并选在与榕城隔闽江相对的南台设置领馆。南台为闽海关署所在地，是贸易兴盛的商业区②，有万寿桥跨闽江入榕城③，沿途也极为繁华④。然英使以其距府城稍远而称不便。10月，德庇时至福州视察商务，以李太郭"住屋卑陋"为辞，要求另觅馆址，实则要求入城，随即李太郭提出欲租住城内白塔寺附近房屋。刘韵珂等考虑到"白塔寺地居省会之中，民居稠密"，指使绅士李有年等至布政使衙门"呈请谕阻"⑤，徐继畬在据禀拒绝李太郭入居白塔寺的同时，建议在南台另觅馆址。但李太郭对徐继畬所荐

---

① 参看《敬穆等奏英领事李太郭到省筹议福州开市折》，齐思和等整理《筹办夷务始末·道光朝》，第2839页。

② 张集馨称："南台距省十五里，华夷杂沓，商贾辐辏，最为闽省繁富之地。"（见张集馨《道咸宦海见闻录》，中华书局，1981，第298页）施美夫也观察到，"福州的商人主要居住在南门附近，因为这里靠近南台居民集中的滨江郊区"（见施美夫著、温时幸译《五口通商城市游记》，第273页）。

③ 参看徐景熹修、鲁曾煜等纂《福州府志》，成文出版社，1967，第440页下、178页。

④ 鸦片战争前，胡夏米述其从南台经"福州府桥"即万寿桥入城的经过称："我们上驶到距五虎门约二十五英里的地方……高兴地看到闻名的福州府桥，这桥的壮丽与雄伟国内闻名。……过桥时，我数一数有三十三孔，或者较确切说有菱形的花岗石大桥墩，墩上横着大块石板。后来我把桥量一量，发现桥身长为四百二十码，宽不超过十四英尺；桥身本已狭小，但很大的部分却被临时性的小铺子占去。"（见福建师范大学历史系、福建地方史研究室编《鸦片战争在闽、台史料选编》，第62-63页）战后到榕的施美夫则称："福州那座著名大桥从两岸连接这个小岛……长长的郊区只有一条街，6里多路长，一直从大桥通到南门。"（见施美夫著、温时幸译《五口通商城市游记》，第263页）

⑤ 刘韵珂称："臣等查核原议和约，载有领事住居城邑之语。所云城邑二字原指城内而言，该夷所请本非违约妄求。特以省垣重地，与省外之郡县不同，且其所指之白塔寺地方民居稠密，未便使该夷错处其间。故先以和约内城邑二字系兼指城内城外，该夷前来通商，自应在城外居住之言，令藩司向其理论。一面又密饬绅民许有年等联名赴司具呈请阻，欲令该夷知舆情不顺，或行中止。"（见《闽浙总督刘韵珂等奏为密陈筹办福州洋务实情并揣测英情片》，第一历史档案馆编《鸦片战争档案史料》第七册，第566页）

南台馆址"总称不合其意",称"城外恐有水火盗贼之虞",并于1845年初租得城内乌石山积翠寺空屋。①据刘韵珂称,其曾暗中发动士绅出面阻挠李太郭入城,以便官方假调解为由阻止其事,但因士绅怯让未能成功。②至此,英使波澜不惊地实现入城。次年9月14日,刘韵珂还曾在督署接见英领事若逊(R. B. Jackson)、翻译马礼逊(M. C. Morrison)等人。③

刘韵珂虽准英使入城,但对英商人等则仍坚守《南京条约》商人居港口之条款,令居南台。④1844年7月3日,李太郭宣布福州开埠。此后西商零星而至。至1855年,英人在南台仓前山附近兴建领馆,各国领事馆及商馆多建于此,在此形成外国人聚集的居留区。⑤

福建是重要的外贸茶叶产区,且民众同样因外贸传统而对西人持较为宽容的态度⑥,故战后谈判中,虽道光帝力拒将福州列入通商口岸,而英人坚

---

① 参看《刘韵珂等奏福州厦门英人已有住处鼓浪屿英兵已退折》,齐思和等整理《筹办夷务始末·道光朝》,第2921–2923页。

② 刘韵珂称:"福州一口,当道光二十四年开关之际,英夷派有领事夷目李太郭来福驻扎,李太郭即欲在城内租屋居住。时臣徐继畬尚在福建藩司任内,经臣刘韵珂密与商酌,以夷目准住城邑,虽已载入条约,但城厢重地,使丑类杂处,诸多未便,务当设法拒绝,方臻妥善。惟官为禁阻,该夷必以有违条约借口,必须密约绅耆居民,公同出阻,然后臣等再以众心不服,众怒难犯等情,危词耸动,或可使之畏葸中止。随饬前署侯官县保泰向绅民密为授意,并令先具联名公呈,以便由县据此照会。俟李太郭进城之日,再行邀集多人,在南门外坚持力阻,俾臣等得以措词理拒。讵料联名递呈者,虽有二百余人,迨李太郭进城之日,绅耆士民,竟无一人出城阻止。闽县差役家丁,上前劝阻,几致决裂,李太郭随入城租住乌石山积翠寺房屋。"(见齐思和等编《中国近代史资料丛刊·第二次鸦片战争》第一册,第101页)

③ 刘韵珂称:"本月(按:七月)十八日,该领事若逊与翻译官马礼逊,并夷妇一名,夷幼女一口,夷使女一口,夷跟役一名,乘坐杉板小船驶进南台港口。……臣许以二十四日进见,至期,若逊与马礼逊来臣署谒见。"(见《刘韵珂奏福州新换英领事若逊折》,齐思和等整理《筹办夷务始末·道光朝》,第3042页)

④ 刘韵珂称:"嗣该夷等在南台口岸开市贸易,与之要约明白,嗣后惟领事夷官准租城内房屋,其余夷商俱遵条约住城外港口,并令将房屋租约送地方用印,不准私租。"(见《刘韵珂等奏办理英人租住神光寺一案情形及英使照会购买台湾煤炭已加拒绝折》,中华书局编辑部整理《筹办夷务始末·咸丰朝》,第47页)

⑤ 关于西人在福州未辟租界,但据仓前山一带为居留地的情形,参看费成康《中国租界史》,第328–329页。

⑥ 如胡夏米称,"我们在闽江口一停泊(四月二十三日),许多小船就从四面八方靠拢过来,……当我们告诉他们来由,发给他们货单与小册子时,他们纷纷地对我

执不允，实对拓展榕城贸易抱有极大期望。1845年6月，英领事阿礼国还曾在报告中对福州的贸易拓展表示乐观①。但福州开埠后，仅鸦片贸易有强劲增长，茶叶等合法贸易却陷入将近十年的停滞状态，以致英方一度考虑放弃福州口岸。②究其原因，除内河航运易出难入因而缺乏腹地、海盗和鸦片贸易的影响、缺乏大规模外贸经验和交易机制、资金保障困难③，以及榕城至海口段闽江通航条件较差、海舶无法深入等因素外，刘韵珂等地方官员对外贸的暗中阻挠也"功不可没"④。

的平安到达表示最热烈的祝贺。……走过了全岛，我们正要回船的时候，我们的两位朋友再一次坚持请我们回去参加他们为我们准备的小宴会；虽然天已黑，我们难以拒绝"，"翌晨（二十八日），壶江乡间父老的代表，带着下面（按：表达善意）的书信，来到船上"（见福建师范大学历史系、福建地方史研究室编《鸦片战争在闽、台史料选编》，第60-61、72页）。

① 阿礼国指出，中国商人愿意物物交易，并称："这位茶商还说，他认为［中国］茶商愿意接受我们任何数量的货物，只要我们需要茶叶。"（见姚贤镐编《中国近代对外贸易史资料：1840—1895》第一册，第402页）

② 关于这一时期福州外贸的停滞，参看卫京生《福州开辟为通商口岸早期的情况》，《福建文史资料选辑》第一辑，福建人民出版社，1962，第149页；姚贤镐编《中国近代对外贸易史资料：1840—1895》第一册，第406页。

③ 关于福州开埠后贸易发展的困境，英人进行了全面的分析并指出，"福州决不可能成为像上海那样对英国具有很大重要性的地方，理由很简单——自然条件对福州不利。福州周围全是山区，河流湍急，有的地方很浅，雨后很容易发生泛滥。因此有很多障碍使货物不能自由输送到该省内地。……成群的海盗阻碍了福州的海上贸易。……据一些最有声望的本地商人说，福州内地贸易的不断衰减是由于沿海各地以现银购买走私鸦片"，"主要的困难在于中国人一般都不愿放弃他们贸易的老习惯（此项困难目前正在逐渐克服中），以及外商不愿在广州和上海两大市场以外的任何其他地方分设机构，对在其他口岸增设代理店也有所犹豫"，"除掉闽江航行的困难（由于缺乏航行经验，人们把这种困难夸大了）和内地路程的复杂和危险外，我们可以明显地看出，本地商人不愿意也没有力量大规模进行贸易。可注意的是，任何一家商号都没有力量调动足够的资金大量贩购。……但商人们主要是由于惧怕在沿海和闽江中出没的无数海盗才经由内地运输"，"另一个对开展商业活动的大阻碍，据说是硬币的缺乏及以纸币代硬币"，"老的习惯及其与外国人之间的长期来往，使得有偏见和怕羞的中国人，比较喜欢在那两个地方（按：指广州、上海）进行贸易"（见姚贤镐编《中国近代对外贸易史资料：1840—1895》第一册，第594-596、602-606页）。

④ 对此刘韵珂称："道光二十二年议抚之时，许给该夷马头五处，除广州之外，惟福州一口地居省城，彼时我皇上原未允准，因该夷执意要求，耆英等不得已仍行许给。臣等稔知其事。……惟茶叶一项产于建宁府属之崇安等县，为外夷必需之物，……

二、"与粤民何害?"关于反入城的理由

随着西人陆续到榕,地方居民对其态度已不如最初那样"亲切"。福州地方官员虽竭力排遣①,1845年9月还是发生了英领事馆翻译巴夏礼遭驻防满人石块攻击的事件。在英领事阿礼国的威胁下,肇事满人受到枷责示众的严惩。②三个月后到访的施美夫(George Smith)在城中游历时,尽管未受攻击,但所到之处已尽是猜疑防范的目光。③1846年3月,又发生居民聚众殴

该夷于中国各处,道里之远近,物价之低昂,无不深悉。其前在江南坚求此口,未必非专为收买茶叶起见,若先将此物阻令来省,则该夷之贪谋已折。再将别项贸易设法禁阻,俾令无一可图,则福州一口虽有如无,该夷不能开市,其势自难久住,庶上可以副圣意,下足以靖海疆。上年二月间,李太郭未到之前,即与臣刘鸿翱奏明,在茶商应行经由及可以绕越各处,节节设卡稽查,使内地贩茶之人先多阻碍,则人情不以为便,必仍贩往粤东等省行销,不复来福。……一面又委熟悉情形之员,向省城内外之巨商大贾密加晓谕,以夷人在省会通商,非有益于地方之事,总宜令其废然而返,方为长策。劝令各该商等勿得即与互市,俾免该夷在此勾留。"(见《闽浙总督刘韵珂等奏为密陈筹办福州洋务实情并揣测英情片》,第一历史档案馆编《鸦片战争档案史料》第七册,第565-566页)而姜修宪则分析指出,贸易传统、资金(现银)匮乏、航运条件不便、海盗猖獗等因素有一定的阻碍作用,但"并没有触及问题的实质",官方钳制才是关键,而此后福建地方政府态度的转变,"是(福州)港口对外贸易得以兴起并走向繁荣的根源所在"(参看姜修宪《"死港"的复活:一个国家的视角》,《福州大学学报:哲学社会科学版》2008年第3期,第5-9页)。英人则称:"摆在福州的通商道路上的障碍。……不过新近的一个抗议却在中国当局中发生一些影响;从前,外国商船几个星期都不能售出一件东西,经过抗议后,却意想不到地大宗卖掉,从而证明了福州的人民,如果不受到限制,是愿意与外国人做买卖的。"(见广东省文史研究馆译《鸦片战争史料选译》,第305页)

① 对此施美夫称:"(福州)地方官员自动在建造合同中加入条款,禁止泥水匠在安息日工作,也不得以任何方式打扰英吉利人的宗教仪式。……领事馆迁入城内,地方官员与领事经常互相拜访,使中国当局渐渐建立起友好的谅解。这种关系也得到现任领事的积极推动。当局一再发布公告,谆谆教诲民众尊敬外国人,声言将对违反者处罚。事情发展十分有利。"(见施美夫著、温时幸译《五口通商城市游记》,第267-268页)

② 参看普尔、狄更斯著,金莹译《巴夏礼在中国》,第95页。

③ 施美夫游福州城墙时,发现"守门人一边跟着我,一边眼睛看着我的笔记,尽管举止有礼,但是显然满腹狐疑。……经过一个大水关,那里有三个满洲守护人……我向守卫分发了一些宣传手册,他们笑着接受了,逐渐松开了紧皱的眉头,但不久又露出焦急不安的神情。……有一些满族人走过我身边,尽管装作无动于衷,但脸色阴沉……有几个一副凶悍的样子"。在市内,"当我走近市中心地带的时候,……有一、两次,我听见'番狗'一词。"(见施美夫著、温时幸译《五口通商城市游记》,第270-272、275页)

辱英商记连（Glen），并有歹徒乘乱抢劫其商行的案件。① 记连气沮之余，宣布放弃在福州的生意②。而在记连案及其他一些事件中，一些本属土著闽人与侨寓粤人间矛盾冲突，也被有意扩大和牵连至外人③，反映出闽人对英人敌意的增加④。

---

① 关于此案经过，敬穆称："本年（道光二十六年）三月初二三等日，有英国小船驶进福口，停泊南台港内，水手人等先后赴市购买鱼肉，因言语不通，价未给足，即将鱼肉携回，各店铺因其短价强买，均抱不平。有夷人阿金带同籍隶广东之跟役一人在街行走，道路窄狭，致阿金被乡民林森森误碰一下，阿金即持拄手小木棍殴伤林森森额角，林森森负痛逃避杨焕枝油蜡店内，维时附近居民铺户及路过人等，相继踵至，聚集街衢，咸谓英夷粤人欺人太甚，均各怀忿，适又有英商记连并夷人及广东人先后走出，均经该民人等掷殴致伤。……初六日，又有民人扛抬酒瓮，经过夷馆门首，被管门之广东人误将酒瓮碰破，致相争论。该处铺户居民，闻闹又复赶至，兼以行人络绎，愈聚愈多，该处铺面因恐匪徒抢窃财物，多有关闭。……讵有广东数人在街走来，内有一人见人众拥挤，开放手枪，致砂子飞伤民人两人，广东数人旋即逃避。众人更加忿怒，喊称广东人均系夷人带来，大家找寻夷人讲理。遂一同拥至夷馆，将馆外栅栏挤毁，并在街殴伤黑夷一人。该处匪徒溷迹其中，即假托公忿，乘机将夷馆内货物搬抢。"（见《敬穆等奏福州英人欺侮民人激起公愤当经分别审办折》，齐思和等整理《筹办夷务始末·道光朝》，第2989页）关于此案的办理情况，参看《刘韵珂等奏查办南台英馆被抢情形折》，齐思和等整理《筹办夷务始末·道光朝》，第3012—3015页。

② 若逊报告："记连（Glen）先生也很不幸，他的实际损失虽已由地方当局予以赔偿，但是当时的暴动和以后那些暴民的态度，使他受到很大的惊吓，他所定购的茶叶被取消了，这也使他很灰心，因此他放弃了这个地方，并且决心不再回来了。自从那时以来，没有一只商船到过这个港口。"（见姚贤镐编《中国近代对外贸易史资料：1840—1895》第一册，第604页）

③ 如张集馨称："惟夷人与粤人素相熟悉，……出而左袒，官恐触怒夷人，遂亦不敢深究。……上年闽、粤哄争，夷人借炮与广人，助其凶斗，幸闽人不大吃亏。"（见张集馨《道咸宦海见闻录》，第298页）英人则称："后者（按：指粤籍的看银师）是一群不大靠得住的人们，由于他们私自地经营非法交易，以致福州人和大多数他们所常去的地方的人们都非常厌恶他们；他们又傲岸自大，他们的雇主也被牵连而受到人们的咀诉。因而更增加了发展商业关系中的困难。"（见姚贤镐编《中国近代对外贸易史资料：1840—1895》第一册，第604页）另如当年八月，英人所雇粤籍通事枪伤闽人幼童一案，何冠英则直接将账算在英人头上（参看《何冠英又奏闽浙商船多雇英轮护送英人并枪伤幼孩片》，中华书局编辑部整理《筹办夷务始末·咸丰朝》，第95页）。

④ 英人也观察到，"除了以上一切不利的条件以外，福州人似乎还是一个不守法和剽悍的民族，具有和广东人同样的特性，一向坚持他们自己的重要性和力量。自从福州对英国人开放以后，曾发生过好几次严重的暴动。"（见姚贤镐编《中国近代对外贸易史资料：1840—1895》第一册，第594页）

二、"与粤民何害?"关于反入城的理由

尽管英使在1845年即已顺利进入榕城,但至1850年,双方就英国非官方人员入城问题,围绕神光寺案又生纠葛。是年6月,在代理领事金执尔(W. R. Gingell)的帮助下,英国传教士蔗枕(R. D. Jackson,又译札成)、医生委里董(William Welton,又译温敦)租赁乌石山神光寺的房屋,因侯官县令兴廉对租约草率用印,使得非属外交人员、原本被目为无权入城的传教士人等,得以入居榕城。福州士绅闻讯大哗,以神光寺系"该省生童常川读书之所,并非各国通商贸易之地"为由,赴抚署呈控,"并公给该夷(按:指金执尔)书信,明白劝止",要求传教士迁出城外。① 因闽浙总督刘韵珂出省阅伍,时任福建巡抚徐继畬主持办理此案。徐继畬一方面提出只准蔗枕等在神光寺暂时居住、不准租赁,以安抚士绅;另一方面向金执尔提出在城外另择寓所置换的意见。对此金执尔推托称须请示文翰及文翰不允,以图维持既成事实。与此同时,福州经办官员所觅多处替换之所,均因居民反对而不遂。②

当此之际,榕城骚动,有生童倡言"约会同至寺内与之讲理。公具告白,在城遍贴。又阖省士民亦贴有公白数十张,其语意均与书院生童所贴告白约略相同",并有"某日定取夷人首级"的揭帖传播。③ 乡居的林则徐隐操舆论,联络士绅致函徐继畬,要求立即驱逐英人。刘韵珂返榕后,支持徐继畬"从缓设法"的主张④,并因英国新任驻福州领事阚那据文翰指示,覆称

---

① 参看《孙铭恩奏英人租住福州神光寺传教请饬督抚惩办措置不善之地方官折》,中华书局编辑部整理《筹办夷务始末·咸丰朝》,第46页。

② 徐广缙称:"上年二月(以前各折均作五月),有英夷教士蔗枕、委里董两人,占踞南门内神光寺。……各绅士以该寺乃诸生肄业之所,难容外夷居住,公呈驱逐。经专办夷务文武委员郭学埰、沙文亮,带引夷人,另择距南台三十里之林浦乡河边,起造夷楼,各乡居民不依;该委员又带夷人于水部门外路通桥后之万寿桥河边,置买园地民房,居民亦不依;再择水部门外水闸口,议买古尼庵一所,众民又不依;最后该委员复择南门外银镶浦之浦奶山,买拆张趙元旧屋一所,……因有幼孩多人,乘该夷出进之时,丢掷瓦片,喧呼驱逐。"(见《徐广缙奏英人在闽居住情况及行动折》,中华书局编辑部整理《筹办夷务始末·咸丰朝》,第133-134页)

③ 见《刘韵珂等奏办理英人租住神光寺一案情形及英使照会购买台湾煤炭已加拒绝折》《刘韵珂等又奏交涉英人租住神光寺情形片》,中华书局编辑部整理《筹办夷务始末·咸丰朝》,第48、82页。

④ 徐继畬称:"臣徐继畬即一面批覆,一面与臣刘韵珂往返密商,均以福州民气孱弱,重利轻义,心志不齐,与广东情形迥不相埒。若但以文人恐喝之词,为胁制夷人之计,非为无益,实恐有损。况此次该夷之递约租房,因属理曲,而兴廉之误行用印,亦

"原定条约，外国民人亦准住城邑，讲经人未便搬移"，以及鉴于蔗枕所据租约仅有半年，决定采用与阻挠榕城外贸发展相同的策略，即不强制蔗枕等迁出，以待其"届租满之时即自搬移"，维持表面上的中英相安，但暗中鼓动士绅，以"士民公议"为辞，限制民众"听经就医"和禁止工匠为英人修缮房屋，迫使英人无法传教行医，甚至难以安居。① 当年底，英人在租约到期后迁出神光寺②。

然而，刘韵珂、徐继畬较为节制的"拖"字诀手段虽保证了中英关系的平稳而不致产生严重冲突，却在清官场内引发很大的风潮。道光三十年（1850）七月，在京御史接连参奏刘韵珂、徐继畬"畏葸偷安""意存迁就"。③ 十月，咸丰帝颁旨申饬刘韵珂、徐继畬，谓："该督抚身膺疆寄，抚驭之道，岂竟毫无主见，任令滋扰！"十一月复藉刘韵珂生病请假之机，"着即开缺回籍调理"，十二月又颁旨谓："徐继畬职任封疆，抚民防夷，责无旁贷。乃于降旨敕查至再至三之事，日久并不奏闻，是既已错误于前，又

不得谓非差错。现在讲经夷人既已进屋居住，该翻译官金执尔又坚欲等候夷酋回文再行定见，自须从缓设法，使之心愿情服，自行搬迁，方为正办，断不宜操之过急，致令别生枝节。"（见《刘韵珂等奏办理英人租住神光寺一案情形及英使照会购买台湾煤炭已加拒绝折》，中华书局编辑部整理《筹办夷务始末·咸丰朝》，第 48 页）

① 参看《刘韵珂等又奏交涉英人租住神光寺情形片》，中华书局编辑部整理《筹办夷务始末·咸丰朝》，第 81-83 页；郦永庆《神光寺公案辨析》，《历史研究》1992 年第 6 期，第 73-77 页。

② 徐继畬称："兹于十一月二十九、十二月二十等日，两夷人先后搬至该夷目租赁有年久之道山观居住，将神光寺房屋交还，误用印之租约亦缴还涂销。"（见《徐继畬奏神光寺英人已迁住道山观折》，中华书局编辑部整理《筹办夷务始末·咸丰朝》，第 119 页）

③ 自道光三十年七月翰林院侍读学士孙铭恩上奏攻击开始，续有工科给事中林扬祖、湖广道御史何冠英等接连上奏。此外，奉旨确查的两广总督徐广缙在奏报案情时虽未落井下石，但对闽省督抚"但知将就夷人，不思固结百姓"显然深感不满，在查案之前即建议"将该督抚先予薄惩"（参看《孙铭恩奏英人租住福州神光寺传教请饬督抚惩办措置不善之地方官折》《林扬祖奏英人租住福州神光寺绅民反对而官方不为办理折》《何冠英奏英人租住神光寺案士民反对而巡抚徐继畬一味畏葸折》《何冠英奏福建英人占寺院民房钉塞大炮督抚畏葸请查办折》《何冠英又奏闽浙商船多雇英轮护送英人并枪伤幼孩片》《徐广缙奏英人在闽居情况及行动折》《徐广缙奏福建情形俟确查再奏该督抚可先与薄惩折》，中华书局编辑部整理《筹办夷务始末·咸丰朝》，第 46、53-56、93-95、110 页）。

复因循于后，漫不关心，成何整体？徐继畬着传旨申斥。"①随将徐继畬调回北京，贬官闲置。

· · · · ·

综上可知，除福州外，通商各口在鸦片战争期间均经历了相似的战争破坏和伴随着战争的侵略罪行，并且发生了极为相似的抵抗斗争。开埠后，随着西人活动增加，基于相同的社会结构、外交政策方针和中外矛盾，除了一般性的商务纠纷和治安事件外，各口均主要围绕入城或限制外人活动范围（包括传教士越界传教）、鸦片贸易、苦力贸易，以及民教争产等问题，发生着极为相似的中外冲突，各地斗争的手段方式等也都十分相似。②甚至包括"亚罗号"事件亦非孤案，如1854年3月，上海也曾发生了与之极为类

---

① 见中国第一历史档案馆、福建师范大学历史系合编《中国近代史资料丛刊续编·清末教案》第一册，第86、90、94页。

② 如就苦力贸易而言，汕头、广州和上海发生稍晚，但民众的斗争手段与此前厦门、宁波等地如出一辙。英人即指出："在1842年厦门开辟为通商口岸不久以后，欧洲人初次被吸引到汕头附近来。……汕头最后因订额尔金爵士条约［即《天津条约》］列为通商口岸，1860年英美均派领事于此，不幸因前几年缺乏有组织的政权机构，鼓励了外国人从事许多罪大恶极的行为，尤其是拐贩本地人口运到古巴和秦查（Chincha）群岛（按：即秘鲁鸟岛）去做苦工。在这种可耻的买卖中所犯残酷的罪行，已引起当地人民强烈的敌忾同仇；离开双岛一步，没有一个外国人可保无虞。""本埠［广州］苦力贸易中所有强掳及欺骗行为，其残忍已达于极点，以致人心惶惶，并有若干骚动；而民情激愤，使地方治安当局不能坐视无睹。……最近十天来，愤怒的群众用残酷的手段杀死了几个拐骗者，以泄仇恨。"（见姚贤镐编《中国近代对外贸易史资料：1840—1895》第一册，第457、469页）另如咸丰九年七月两江总督何桂清曾奏："先是，常有夷人雇募内地民人出洋种地，无一还乡者，因之讹言不一，无人应募。该夷［法国］即勾串中外匪徒，设计拐骗，并敢潜伺僻地，掳捉孤单行人。于是民有戒心，每于洋泾滨马路一带，集众巡查截。六月三十日，吴煦等查有佛夷商船载送人口出洋，当即照会各国领事，饬令放回。民间亦互相传播，势甚汹汹，马路一带，聚人更多。适有英船水手二人路过该处，民人即指为掳人之犯，群相横殴，该水手一死一伤。英夷李泰国及英医生合信上前解劝，尔时华民人多手乱，不辨是非，将李泰国、合信一并殴伤。……七月初一日，有暹罗国男妇六人至城隍庙闲游，适值演戏，人皆疑其乘机拐骗，争先驱逐，致将夷人一名挤入荷池淹毙。……从此民夷各怀疑惧。各夷在洋泾滨集兵安炮，民亦咸伸公愤，势将互斗。……是日（按：十一日）下午，上海县东乡又有水手二人被乡民殴毙，该乡民亦一死一伤。"（见《何桂清奏上海华洋互斗事已派道员驰往查办折》，中华书局编辑部整理《筹办夷务始末·咸丰朝》，第1582-1584页）

似的美国"艾伊尔"(Ayers)领港船事件。①

此一时期中英间的外交纠纷,往往是由上述矛盾斗争的冲突升级而产生。在入城问题上,尽管其他四口英人俱已实现入城,但与广州一样,亦均围绕入城展开了不同程度的明争暗斗。②只是因外贸发展的自然、经济地理条件不同,以及中外官员的才能、对待入城问题的态度和所采用的策略、措施不同,各口入城等各类纠纷的具体形态、激烈程度和持续时间有所不同而已。而只要其他口岸的中外矛盾冲突激化,西人立刻就能感受到与广州绝无二致的"民风"。就此而言,彪悍的民风与其说是反入城的原因,毋宁说是粤人激烈、持久地对抗外人时,为时人所观察到的表现。

问题在于,粤人开启了与英人的"斗争模式",而两广总督职司外交,恰使羊城处在了中西交锋的风口浪尖之上。

---

① 马士称:"一八五四年三月六日,当艾伊尔(Ayers)的领港船,正悬挂着美国旗驶进上海海口时,道台的武装船'农民号'(Clown)对它开了一炮,勒令它停船,扯下了旗帜,并强行将船主或领港林克拉脱(Linklater)和六名水手(中国人)带上中国战船'康东号'(Compton);林克拉脱被释放了,但水手却被拘留捆绑。这一举动的理由是因为该领港船装有大量炮弹作压舱,生怕它会把这些炮弹卖给当时正盘据着县城的'叛军'(按:指小刀会)。"(见马士著、张汇文等译《中华帝国对外关系史:1834—1860年冲突时期》第一卷,第473-474页)

② 值得注意的是,随着口岸不断开放,此后还发生有1860—1866年潮州持续六年之久的反英入城斗争,以及迟至光绪二十八年(1902)的长沙反英商入城外交争端,与广州、福州的反入城均极为相似(参看何若钧《1860—1866年潮州人民反英国侵略者入城的斗争》,《华南师范学院学报》1957年第4期,第67-74页;方尔庄《第二次鸦片战争后潮州人民反对英领事坚佐治入城的斗争》,《汕头大学学报:人文科学版》1987年第2期,第46-51页;赵春晨《晚清洋务巨擘——丁日昌》,广东人民出版社,2001,第136-144页;罗玉明《长沙开埠与湖南绅民阻止贝纳赐入城》,《怀化学院学报》2004年第6期,第88-91页;彭定一、向定洋《从长沙开埠过程中的华洋杂处交涉看绅商权利诉求》,《文史博览》2009年第1期,第4-8页;张建斌《光绪朝长沙开埠与英商入城交涉始末》,《历史档案》2017年第1期,第105-111页)。

三、非理性①：反入城斗争的价值评判

如前文所言，因受仇外情绪等心理因素的驱动，清人对反入城的相关利害未能做出正确判断，一些清人自以为正当和出于实际利益考量的认知和措施，也因时代局限而颇为狭隘，且因强调对抗和斗争，使得广州地方出现了愈演愈烈的反英活动。而清人在杯葛英人时，未能细审其目标和手段，从而使反入城斗争呈现出不计现实利益、无策略和情绪化的非理性倾向。更重要的是，由于反入城长期成为中英交涉的重要话题，中英间形成了长时间的外交纷争，对中英外交的一些重大事务也产生了严重影响，使得晚清外交②及清人反对外来侵略的斗争亦复受制于此，在许多方面同样呈现出强烈的非理性色彩。

---

① 关于理性（reason）的定义，《哲学大辞典》将其归纳为"通常用以表示推出逻辑结论的认识的阶段和能力的范畴。一般指概念、判断、推理等思维活动，以区别于感觉、意志、情感等心理活动"（见冯契主编《哲学大辞典》，上海辞书出版社，2001，修订本，第823页）。本文所讨论的理性，拓展此一定义，包括以下几层含义：其一，人们对于客观世界的理性认知，即人们以抽象思维的方式，在实践的基础上，正确认知客观事物的本质和规律的能力和行为；其二，人们对于客观刺激的理性反应，即人们能够在理性认知的基础上，寻找最为有效可行的手段实现其最大利益；其三，在认知和选择反应行为的过程中，排除情绪、意愿等非理性因素的干扰，运用逻辑推理进行分析、判断是理性行为的基本表现。本文所讨论的"非理性"（irrational）则并非指与理性相对应的情感、本能或潜意识等心理学概念，而是指个人未能实现其理性，对客观刺激未做出恰当反应的状态。

② 按：本书所谓"外交"的内容主要针对中西关系，而不涉及在鸦片战争后相当时间里仍然维持旧观的中国与东亚和东南亚各国、各地区之间的关系。

（一）反入城的社会历史原因

粤人之所以将英人入城作为抗争的目标，即如有论者分析指出的，"从表面上看，似乎是按照旧例不许洋人进城，实际上，这是广东人民对'南京条约'的严重抗议"①。即尽管英人通过《南京条约》获得了许多重要利益，却未能将所有欲获得的权益纤介不漏、明晰无疑地全部诉诸条约条款。自认接受城下之盟系属战败受辱的粤人，因条约为煌煌上谕所允，并不能直接以之为抗争的对象，但对英人欲扩张条约之外的任何涓细权益，则正可严阵以待。入城为"旧例"明令禁止而条约用语稍有含混，恰逢其时地为粤人提供了表达愤怒的借口。事实上，粤人所乐此不疲地进行反入村、反租地等斗争，也与反入城事同一例，均因其系能够开展的抗议和局、对抗英人的"合法"手段。②

当然，广州的反入城能够持续十五年之久，仍有赖于一些特定的社会历史条件。

● ● ● ●

首先，三元里民众抗英传说对反入城等反英斗争的持续高涨，发挥着精神鼓舞等极为重要的影响。③

1841年5月，围攻广州的英军与三元里附近一百零三乡民众发生的冲

---

① 方诗铭编著：《第二次鸦片战争史话》，新知识出版社，1956，第16页。
② 如就英商租住房屋问题，粤人称："昨奉大宪批示，各省口岸应听英人租赁房屋，或买地建造，系当时条约所有等谕。我辈自宜仰体太皇帝及大宪存恤远人之苦心，勿与较论。但中国之地，无一非百姓用本置买之业，虽官亦不能夺以与人，即令给回价值，其间亦有愿卖不愿卖之别……细思条约之意，原谓准其与民间和商赁买，非强其所不愿也。"（见《告谕英商大略》，广东省文史研究馆编《三元里人民抗英斗争史料》，第96页）意即粤人遵守条约、在条约框架内"不愿"将房屋租售英人，系理直气壮之事。
③ 几乎所有研究都关注到了三元里抗英斗争对于反入城等事件的影响，如张鸣称，"广州如此的民意和民气，背后当然有三元里抗英的因素"。魏斐德则明确指出，"三元里事件对于以后20年间发生的一系列震惊华南的问题来说，例如团练运动、太平叛乱、秘密社团、宗族争斗和反洋人运动等等，只是一个关系重大的序幕"，"三元里事件是一个意识上的分水岭，它标志着反对官府和激烈的反洋人主义的开始"（见张鸣《开国之惑》，重庆出版社，2016，第166页；魏斐德著、王小荷译《大门口的陌生人：1839—1861年间华南的社会动乱》，第15、61页）。

三、非理性：反入城斗争的价值评判

突与对峙，其后果不仅造成了民夷"结仇"，即民众因身怀国仇家恨而反对英人入城①，更神奇地对此后的民众抗英活动形成了极为强烈的激励。对于三元里人民抗英斗争的史实，以及民众抗英战果被夸大、意义被逐渐拔高的过程，已有极为深入细致的研究。②但仍须指出的是，三元里抗英传说的形成，建立在若干重要的事实基础上：其一，1841年5月30日，三元里民众进行了有组织的军事斗争，并取得一定战果；其二，英军因枪支受雨无法作战，显示出其不具备全天候作战能力，并因此受困和遭受损失；其三，5月31日，民众在四方炮台与英军对峙，被余保纯劝散，此后英军退出"省河"。

正是基于这些事实，三元里抗英的重要性很快从重创英军③，提升至可以扭转战局、改变鸦片战争的进程④，进而演化出被广泛接受的英人武装不足畏惧、民众可战而胜之的社会认知。此外，三元里抗英后十余日，其夸张

---

① 对此徐广缙认为："二十一年三元里百姓，田庐被其蹂躏，妇女受其秽污，民夷实有不解之仇，亦与闽、浙、江苏迥异。是以提及进城，无不立动公愤，群思食肉寝皮，纵以至诚劝说，断难望其曲从。"（见《徐广缙奏熟筹英人进城一事实属万不可行折》，齐思和等整理《筹办夷务始末·道光朝》，第3170页）

② 参看茅海建《三元里抗英的史实与传说》，《天朝的崩溃：鸦片战争再研究》，第293–313页。

③ 关于三元里抗英斗争的战果，12天后的6月11日，包世臣致杨芳的书信（原按：道光二十一年四月二十二日）即称："日昨茶估急足携来三元里义民示谕二通，……义民立歼其贵人颠地、伯貙。"稍晚，身在广州城中的当事人广东按察使王廷兰致福建巡抚曾望颜的信也称："夷众仅千余，冒死突围而出，共毙百余人，又斩兵目二人，其余受伤无数。"（见广东省文史研究馆编《三元里人民抗英斗争史料》，第98、51页）按：颜伯焘在五月二十六日（7月14日）奏称："适接藩司曾望颜来禀，抄送广东臬司王庭兰寄该司信函。"（见《颜伯焘奏探闻广东情形折》，齐思和等整理《筹办夷务始末·道光朝》，第1093页）显示夸张战果的传播较为迅速。这些战果尽管并非事实，但此后的官私文书如《同治番禺县志》《同治南海县志》《光绪广州府志》《平海心筹》《中西纪事》等，均加采用（参看广东省文史研究馆编《三元里人民抗英斗争史料》，第8、9、11-12、24、46页）。

④ 如李德庵等称："福建水勇是日亦至，倘令乘机应援夹攻，围歼夷兵，生擒夷酋，挟以为质，令其退出虎门，而后徐与之讲款，可一切惟我所欲，而诸帅不计及此也。"林福祥称："使非当事出城弹压，则一鼓歼绝。彼在海外者不知内地虚实，必致心寒胆落，焉敢再寇江浙？唯放走义律、马礼逊二人，彼已窥透官兵之不足畏，于是舍粤东而向江、浙矣。是一日纵敌数世之患也。"（见广东省文史研究馆编《三元里人民抗英斗争史料》，第20、24页）虽均系书生之谈，但在时人认知中颇具代表性。

战果亦经奕山等人奏报进入官方的话语系统①。稍后颜伯焘关于广东军情的奏报即称，"广东民情，非不可用"，在官方话语系统中提出了民众抗英态度更加坚定且有能力遏制英人的说法。②再稍后的梁章钜则认为，"广州省城幸保无虞者，实藉乡民之力"，建议舍官兵而用团练乡勇抗击英军。③此后骆秉章则更明确声称，"该夷只能取胜于兵，而不能取胜于民，其弊更属显而易见"。④故至反入城时，不仅民间传播的长红、揭帖中充斥着三元里抗英因官方弹压而未能克奏肤功，如英军胆敢再犯，民众将尽歼来敌的豪言。⑤清

---

① 奕山于6月13日所发奏折称："城西北东北各乡团勇头人梁彩煐等，分路搜捕，杀死汉奸及黑白夷匪二百余名，内夷目二名。又奴才等前遣义勇绅士等，于南岸擒斩头目一名，据其密报，系属伯麦。"6月22日又奏称："又据义勇头人职员邓彰贤、薛高遇等禀称：四月初十日，逆夷在唐夏乡等处焚掠，蒙前任四川提督张必禄在石门发给火药，令职等督率力战。见一夷目手执红旗，身悬护心铜镜，众云即是逆夷先锋霞哔，经义勇颜浩长突去砍倒，立即枭首。义勇龙国昭亦斩红旗夷目一人，并黑白夷匪十余名，均有首级尸骸可验。又前奏斩获夷目之义勇绅士，将该夷目调兵令符之黄金宝刺及双头手炮呈验。"（见《奕山等奏英船退出省河省城防堵并布防情形折》《奕山等奏焚烧英船斩获英军头目折》，齐思和等整理《筹办夷务始末·道光朝》，第1056-1057、1058-1059页）

② 颜伯焘折称："四月初十日，有萧岗、三元里等乡民数万人，围困夷众，功在须臾。而余保纯得义律私书，出城弹压，乡人始渐解去。在该府未始不藉口于议抚之后，不应妄生枝节。是直以六百万之资，可以求安也。……有该乡民等誓词二纸，各处传钞，言虽鄙俚，亦足以见大义之在人心。"（见《颜伯焘奏探闻广东情形折》，齐思和等整理《筹办夷务始末·道光朝》，第1093页）

③ 梁章钜折发于8月19日，称："乡民熟睹官兵之不可恃，激于义愤，竭力抵御，一呼四起，遂令英夷胆落魂飞，骤解围困。……只缘巡抚怡良，平日洁己爱民，为众心所悦服，而总督祁𡎚……从前在巡抚任内，官声亦好，舆情感恋，出于天良，……现已众志成城，与英夷势不两立，实是广东一大转机。臣愚昧之见，只须责成祁𡎚、怡良，认真团练乡勇，以收复香港为首务……力守前人坚壁清野之老谋，使之自溃。"（见《梁章钜奏广州幸保无虞实藉乡民之力片》，齐思和等整理《筹办夷务始末·道光朝》，第1139-1140页）

④ 广东省文史研究馆编：《三元里人民抗英斗争史料》，第77页。

⑤ 如李德庵所录长红称："尔自谓船炮无敌，何不于林制府任内攻犯广东？尔前日被围时何不能力战自拔而求救于首府？此次由奸相受尔笼络，主款撤防，故得乘虚深入。倘尔后日再入内河，我百姓若不云集十万众，各出草筏，沉沙石，整枪炮，截尔首尾，火尔船艘，歼尔丑类者，我等即非大清国之子民。"另有长红称："我等所以奋不顾身，将义律围困于北门，百墨斩首于南岸。尔等逆党，试思此时此际，若非我府尊为尔解此危，则各逆其得保首领以下船乎？"更有长红夸称："义律涕泣求生，担臣长跪乞命。若

廷上下也多次认真地讨论团练抗英的问题，如1857年广州沦陷不久，咸丰帝还曾明令署理两广总督柏贵与士绅罗惇衍等组织团练，设法武力规复①，反映出这种观念不仅是无识见者的鄙陋之见，而且是能够进入庙堂的严肃话题。毫无疑问，三元里抗英神话不仅为反英斗争中的揭帖、长红提供了重要的宣传素材，更鼓舞了广州民众反入城的高涨热情，成为长期鼓励民众勇于与英人开展军事斗争的重要精神支柱。②

· ○ ● ○ ·

其次，地方士绅通过社学、团练，以及一些行会和街约等③，将民众发动和组织起来，也是反入城斗争得以坚持不懈的重要原因。④

其一，广州士绅对于清统治者对英妥协的不满在鸦片战争尚未结束时

非大宪开一面之网，则逆丑当一鼓而擒，是陆战之不畏他也可知。"（见广东省文史研究馆编《三元里人民抗英斗争史料》，第21、78、28页）

① 咸丰谕令："着柏贵与绅士罗惇衍等，密传各乡团练，宣示朕意，如该夷悔祸，退出省城，尚可宽其既往，以示怀柔；若仍冥顽不服，久踞城垣，惟有调集各城兵勇，联为一气，将该夷驱逐出城，使不敢轻视中国，然后与之剖辩曲直，为后来相安地步，方足以尊国体而杜要求。"（见中华书局编辑部整理《筹办夷务始末·咸丰朝》，第627页）

② 如施美夫称："民众把英军撤离广州高地，把用狂轰滥炸造成的血腥恐怖换来的外交赦免权，看做是怯懦的表现。对这一误解，清朝官员无意纠正，以免自贱中华国威。当地有识之士对北部地区战争状况颇为了解，为朝廷定期以'平夷'为名赔偿的赎金，深感民族屈辱。然而，广州民众的想法别具一格。他们把未能在本地区尽歼英军，归咎为朝廷的贪污腐败与怯懦无能。他们甚至踌躇满志，决心在下一场战争中，绝不让西方蛮夷轻易逃脱。"（见施美夫著、温时幸译《五口通商城市游记》，第5页）

③ 反入城期间不仅广州周边乡村有社学团练武装，稍远之佛山、东莞也均有此类抗英组织活动。城内商户曾有组织地为社学筹款，新荳栏、东横西横等街约，以及锦联堂等行会，则同样有组织出丁和筹款、筹备物资等举措（参看广东省文史研究馆编《三元里人民抗英斗争史料》，第285-287页；佐佐木正哉编《鸦片战争后の中英抗争·资料篇稿》，第277、314-315、318-319页）。

④ 关于士绅在抗英活动中的组织发动作用，参看《简明广东史》中"社学与反租地斗争""街约、团勇与反入城斗争"（见蒋祖缘、方志钦主编《简明广东史》，第400-403、403-406页）等章节。德庇时则明确指出："民众武力已组织起来，……民众领袖制定训练计划，设立商议国事和防卫措施的社学。"（见广东省文史研究馆编《三元里人民抗英斗争史料》，第273页）

即已有所表现①。战事甫定,这种不满很快转化为对英人活动的抗争,且以《全粤义士义民公檄》的发布②,宣告反入城等各类反英活动的发端。鸦片战争结束不久,广州及周边地区出现了士绅组织社学、团练民众的热潮,而这些社学的成立,多明确以抗英为号召。③士绅不仅是社学、团练的主持人和经费来源,也颇多参与到具体的抗英斗争实践中,如在1849年反入城斗争中积极"练勇设防"的众多士绅。④士绅积极组织民众和筹划各类抗英活动,无疑也极大地鼓舞了徐广缙、叶名琛等与英人对抗的勇气。此外,士绅还常以赴各宪衙门呈递禀帖、向英领事发函,甚至向英商发布公启⑤等方

---

① 这种不满主要表现在清廷以琦善代林则徐而推行"款夷"政策,以及英军兵临城下时的"六百万讲和",并且很快形成"黄阁主和戎之议,自撤藩篱;乌云多蔽日之奸,甘为缪丑"等类舆论。

② 值得注意的是,草拟和刊印《全粤义士义民公檄》的钱江、何大庚,以及此后共同组织明伦堂集会、号召抗英的卞江殷等虽均非粤籍,但其活动显著地得到广州士绅的支持(参看陈胜粦《论钱江》,《林则徐与鸦片战争论稿》,中山大学出版社,1990,增订本,第354页)。而其所刊公檄及团练抗英等主张,显然也能够反映地方士绅意愿,不仅其话语被此后的反英宣传所继承,即公檄本身也被不断翻刻和广泛传播。

③ 如道光二十九年升平社学组织集会,宣言即明称:"三元里、南岸九十二乡绅耆集会于升平社学,为不共戴天宣告誓灭英夷事。"(见广东省文史研究馆编《三元里人民抗英斗争史料》,第271页)

④ 关于士绅参加反入城活动的情况,作为当事人的梁廷枏记载道:"当是时,自上年冬迄三月,会城粤秀书院监院,刻印公柬,延集越华、洋城二院同事,暨城中在籍绅士许祥光等,及内外城以递河南居民铺店,按其街约,予以规程。(会城书院,粤秀最先,越华次之,羊城又次之。先是柏公为观察,令三院监院,劝民自为守卫。彼此观望,未之动也。迨事急,双门底铺民,群至粤秀,谓阖省人士所萃,责以倡首。会院长南海何员外文绮养疴里门,予方为正监,不可辞。乃印备柬启数万,会同监院顺德罗教授家政、南海谭训导莹、灵山仇训导乾厚、顺德张学正应秋、番禺丁教谕熙,先期使院役分投街约,送以章程,借番禺候选道许祥光、候补同知礼光、候选郎中金菁茅、候选同知沈光国、香山候选员外鲍俊,亲诣诸约,一时响应,分期以勇数来粤秀报。予约两首令以夜校阅,备具芯烛。……九人者,皆不辞劳瘁,故民情踊跃。南海候选郎中伍崇曜,则以熟悉夷情,事藉探报)……一时雷动云合,自老城而及新城,新城而及四郊。河南人亦创隆平社学,同时响应。地大者至数千人,少亦数百,按日分期自具所练丁勇名数,柬报粤秀。随以其夜,延官绅同集其公所,壮目带令笼灯执械分队以过。越日,官出炙猪水酒奖之。自城内而城外,遂及河南,以次校阅。旬日间,得十万人有奇。"(见梁廷枏《夷氛闻记》,第158-159页)

⑤ 参看《告谕英商大略》,广东省文史研究馆编《三元里人民抗英斗争史料》,第96-98页。

三、非理性：反入城斗争的价值评判

式开展斗争。

其二，士绅在反入城中一个较为特别的作用，是对反英舆论的把持。如黄恩彤所称："至英人进粤城一节，本非官为设禁，实由粤民狃于三百年来之闻见，过事猜疑，以致屡经传谕绅士，宛转开导，而众论总不以为然。"①即在反入城时不乏务实、冷静的判断和声音，但这种声音始终被反英的主流舆论主张全面压制，从未形成小小涟漪。因此其向德庇时解释其所面临疏解民意的困难时称："弟到此数年，每于接见绅士，询以英人进城之说，竟无一人以为可行者。即当面听受，亦必退有言。至于百姓之愚而且悍，更不可以情喻理解。"②梁廷枏也称："广缙……密察民志，城乡万众，无虑妇孺，鲜有以听夷之人为是者。缙即或面从，亦必退有后言。"③反映出正是士绅民众对以反入城为正当的舆论毫不见松懈的坚持，使得反入城斗争的局势在十五年间持续紧张，丝毫不见缓和。

其三，士绅通过社学等组织"团练"义勇，使得原本系属个体、孤立的民众，围绕一个能够公开表达的政治意愿组织起来，这是民众被发动起来并且长期坚持反英活动最为重要的原因。即如魏斐德所称："长时期的'概念化'和个性的紧张，突然发现了一个合适的组织——民间团练。孤立的个人忽然发现他的烦恼与愤怒是'社会认可'的。由于绅士的介入和鸦片战争的风暴，广州附近的农民变得政治化了，他们兴奋地认识到大众的力量。"④

● ● ● ● ●

在反入城斗争中，士绅行为的背后往往可以发现广东地方官员隐操其柄，而地方官员的态度举措无疑又是"揣摩上意"的结果。特别是自徐广缙继耆英任粤督之后，士绅行为总体上处于官方的鼓励和操控之下。⑤

---

① 佐佐木正哉编：《鸦片战争后的中英抗争·资料篇稿》，第21页。
② 佐佐木正哉编：《鸦片战争后的中英抗争·资料篇稿》，第25页。
③ 梁廷枏：《夷氛闻记》，第154页。
④ 按：此处"概念化"的意思，系指一个集体内部的各个部分在面对另一个外部集团时，自我的意识觉醒以及对于彼此差别的认识。即如魏斐德所言，"谈到'广东人'和'蛮夷'，就必须与'汉人''满人'相联系"（参看魏斐德著、王小荷译《大门口的陌生人：1839—1861年间华南的社会动乱》，第60-61页）。
⑤ 关于士绅受地方官员操控，最为突出的例证是许祥光和伍崇曜。如许祥光在组织团练乡勇方面尤为出力，耆英则利用其办理黄竹岐村案及善后事宜。耆英在决定"先行正法"黄竹岐四犯时，即称："邀集广州将军臣穆特恩、副都统臣乌兰泰、臣托恩东

其一，清官方对反入城文化寓意的认可，即认为禁止英人入城等同于继续将之视为蛮夷，得以维护华夷尊卑的观念。如德庇时清楚地指出："夫既妄然不准英人进城里，故此里巷小人轻视之，以为驱出下品之民焉。缘此在粤省者，日有凌害英民之弊矣。"①即反入城使粤人仍旧贡高我慢，进而成为其对英人进行羞辱和攻击的重要原因。但这一文化寓意实系官方赋予，民众行为颇受纵容。

其二，广东地方官员最突出的作用，是1842年末十三行骚乱发生后，时任两广总督祁㙷以"英人欺侮粤民致起争闹"为辞奏报②，从而在一开始就将民夷冲突定性为彼曲我直，并将民众抗英活动与"民心"关联，为此后

额、粤海关监督臣基溥、绅士许祥光等，悉心筹画，意见相同。"为组织士绅约束村民，耆英又称："臣等以民夷彼此不睦，断难永久相安，随督同委员黄恩彤暨各司道及绅士许祥光，再四熟商，派委妥员，分投前往省河一带乡村，均传集绅耆人等，面加劝诲，令其约束子弟，凡遇有夷人安静游行，切勿殴打伤害，致启衅端。"（见《耆英等奏黄竹岐命案缉凶十五名已将情重四名正法德庇时亦回香港折》《耆英等奏抚驭村民与英人情形折》，齐思和等整理《筹办夷务始末·道光朝》，第3120、3127页）伍崇曜与英人过从甚密，而徐广缙则能迫使其组织停贸制敌。在不同的政治氛围下，此二人的行为均身不由己。此外，对于清地方政治中官权与绅权的关系，魏斐德认为："19世纪中国的地方政府依靠的是府州县官与绅士之间力量的巧妙平衡。在一个只是由薄薄的一层官员来治理的地域广袤的农业帝国中，绅士是中央政权不可缺少的力量。……州县官必须在很大程度上依赖地方绅士，但如果绅士所起的作用过大，他就会大权旁落。……总是在跷跷板上不断地平衡。"（见魏斐德著、王小荷译《大门口的陌生人：1839—1861年间华南的社会动乱》，第25-27页）因此黄宇和将徐光缙、叶名琛反对英人入城的政策归因为受民意的制约（参看黄宇和《包令爵士与广州入城问题》，第36页），显然忽视了徐光缙、叶名琛等人反英的主动性及其对士绅的控制力。后文还将就此进行讨论。

① 佐佐木正哉编：《鸦片战争后の中英抗争·资料篇稿》，第9页。

② 祁㙷奏称："窃查英夷船只，自闽、浙驶回之后，闻住居香港夷人，词气傲慢，省城十三洋行原住夷人各水手，亦每每欺侮平民，或乘醉抢取货物，或凌辱过路妇女，均经地方官当时弹压，尚未激成事端，而士民蓄怒已深，争欲得而甘心。十月二十三日，有假托明伦堂名目，刊贴告白，声言该夷罪状，欲与为难……该夷亦知起衅之由，其曲在彼，且深悉省河一带，士民团练，声势联络，似不能与众为难，至生他变。再查此事始而围殴，出于公忿，其后乘火行抢，则系无赖匪徒。……臣等伏思英夷甫经就抚，准予通商息事，边衅未可再开，而内地民心，尤不可失。"对此，道光朱批道："一切细心秉公办理，断不可致该夷目有所藉口，内地民心，尤关紧要，必须固结勿失，慎之！勉之！"（见《祁㙷等奏英人欺侮粤民致起争闹及洋楼失火折》，齐思和等整理《筹办夷务始末·道光朝》，第2514-2516页）

清人讨论中外冲突的话语定下基调。①

需要强调的是，如前文所述，战后英人骄横肆虐无疑是引发和激化中外冲突的一个极为重要的原因。但这并不意味着所有冲突的起因均能如此定性，也不意味着英人应为其所引发冲突的激化或恶化的趋势全面负责，更不意味着民众激烈甚至是极端暴力的反应合理合法。在案件处理中，祁𡎴虽向英商做出经济赔偿，并以"乘火行抢，则系无赖匪徒"为由捕杀10人，然亦明言此举系为维护避免重开边衅的大局。对于民众抗英的活动，祁𡎴则始终认为其具有政治正确和道德上的正当性，且祁𡎴自觉站队，表明支持"民心"的态度。祁𡎴此折确定了此后清廷上下和朝野舆论在讨论反入城等各类中外冲突时所必须遵守的基本立场，即不是基于事实就事论事，更未考虑如何敦睦中外关系，而是首先须从政治和道德立场出发，对士绅民众任何对抗外人的举动，均默认其具有合理合法的性质，然后再根据事态判断应对措施，从而营造出外人始终无理、民众始终受到"曲抑"的语境。对于广州的反入城而言，祁𡎴的言论、态度更使得"反反入城"官员如耆英、黄恩彤等，在有意调谐中外关系时，面临着违反"民心"的巨大政治和道德压力。

此外，祁𡎴积极支持何有书、李芳等士绅组建升平、东平等社学公所等举措，也使得社学团练等各类有组织的抗英活动同时具备了政治上的合法性。有清一代，地方官员依靠士绅组织的乡勇、团练武装维护治安极为寻常。②鸦片战争期间林则徐即曾组织乡勇抗敌，而最初对广东地方势力抱有

---

① 如1846年记连案发生后，福建官员亦以"英人欺侮民人"为辞进行上报（参看《敬穆等奏福州英人欺侮民人激起公愤当经分别审办折》，齐思和等整理《筹办夷务始末·道光朝》，第2988-2990页）。

② 对于乡勇与团练的关系，魏斐德辨之甚明，其要在乡勇由官府出资，功能在于协同清军作战；团练则由士绅出资，主要功能在于维护地方治安（参看魏斐德著、王小荷译《大门口的陌生人：1839—1861年间华南的社会动乱》，第6页）。然1842年之后广东士绅组织的团练，虽经费来自士绅，但功能显已不仅限于治安，更意在用作与英人对抗。

敌意的奕山①在对英作战受挫后，也转向支持和依赖地方团练。②此后的洪兵起义中，叶名琛更是极大地依赖于乡勇武装。当钱江、何大庚等以明伦堂名义号召团练抗英时，祁墇等很快发现了其中的政治和外交风险而加禁止。但这并不意味着祁墇反对钱江、何大庚的主张，恰恰相反，何大庚所拟《全粤义士义民公檄》曾面呈祁墇而祁墇"面称其文词"。③尽管鸦片战争结束不

---

① 《夷艘入寇记》称："初，将军参赞之至粤也，以为粤民皆汉奸。"（见广东省文史研究馆编《三元里人民抗英斗争史料》，第11页）奕山则称："密查粤省情形，患不在外而在内。各商因夷以致富，细民藉夷以滋〔资〕生，近海商民多能熟悉夷语，其中狡者布为奸细，……水师一营，自兵丁以至千把，前此无不藉包庇鸦片以为生理。用兵以来，于逆夷惟恐不胜，……并访闻与逆夷交仗，兵勇脱逃登岸，改换民装，佯为观望……安业之民，惟恐主战，而无赖之徒，又惟恐不战，不得藉以行劫也。……是防民甚于防寇，此奴才等所谓患不在外而在内者，此也。"（见《奕山等又奏察看粤省并筹防情形片》，齐思和等整理《筹办夷务始末·道光朝》，第994–995页）

② 英军解围而去后的道光二十一年七月二十日，奕山上奏称："各省官兵，不服水土，加以痢疫，困乏日形，不若撤兵募勇。盖粤东善后，非仓促可以集事，而夷性桀骜，宜随时设备，无论客兵不可久居，倘我集彼散，我散彼集，不但财力耗于无用，而事机亦必坐失。是以奴才等先经拣派绅士余廷槐、黄培芳等，分路前往四乡，鼓励士民，抽丁团练。随又委高廉道易中孚及候补道西拉本前往覆查。兹据该道等回省禀称：南海、番禺两县各乡社，逐村查验，已练有三万六千余名，按名点看，俱年力精壮，器械整齐，分队操演，尚属勇健。……查粤省良民，自遭夷匪焚掠，人人切齿，比户同仇，于斯可见。……自去年以来，深赖官民互卫，一律劝勉，如果民心既固，何患不众志成城？……现拟一面撤兵，一面募勇，挑选技艺娴习熟识水性者，分为水陆二队。分给炮火刀矛，雇觅拖风快蟹等船，派委员弁管束，认真训练，无事则护修炮台炮位，以壮声威，有事则分以御敌。再将各乡团练丁壮，分为三成，一成守村，一成守隘，一成赴援，互为表里，截其归路，断其接济，继以火攻，可期得手。以调兵之费为招徕战勇之费，一转移间，可以经久。况贫民输力，富民输饷，取于下而不损，益于上而无穷，为今之计，莫善于此。"（见《奕山等奏练勇撤兵折》，齐思和等整理《筹办夷务始末·道光朝》，第1179–1180页）奕山新败之余，绝非真心欲以"战勇"对抗英夷。且其既言"调兵之费"，又言"富民输饷"，并"派委员弁管束"团练，其中不无暧昧。但其弃官兵而转向团练，则系明确选择。

③ 对于祁墇查拿和遣戍钱江、何大庚等人的缘由，梁廷枏称："（何大庚）怀平夷之策，卒不见用，每就江语。会夷抚恤，日益肆，粤中人有思倡义民挫折之，而不敢径行者。大庚乃撰为文檄，袖呈墇，墇面称其文词，实不意其遽镂板而张贴之也。为江劝，声言将以十月，集粤绅府校明伦堂，捐赀召勇，示夷以威。时款夷甫数月，船未返国，当事惧有中变，于是以倡乱拘江而戍之新疆，大庚递籍。"（见梁廷枏《夷氛闻记》，第140页）即除因部分士绅对钱江强烈的"军心权利"忧心忡忡，将之视为"有如陈胜、项籍、田横等辈"外（参看陈胜燊《林则徐与鸦片战争论稿》，第359页），更重要的原

久，祁墳曾有解散乡勇之令，但系为节支而裁官办壮勇。① 道光二十二年末至次年四月间，祁墳又多次裁勇，亦均系遵旨而行且所裁均系官勇。② 与此同时，祁墳正积极帮助李芳等地方士绅如火如荼地开展升平等各社学团练乡勇的活动。③

更重要的是祁墳不断强调团练的重要意义，将团练抗英定性为"自卫"，且赋予团练抗英系"民心"所在的政治意义。如其在道光二十一年五月初八日和议未定时所颁《晓谕团练告示》中即称：

> 照得设兵所以卫民，然兵之卫民，不如民之自卫。……由一书通百乡，随地金城汤池之固；自一身联万众，若辈即折冲御侮之才。顷此会垣北隅升平社学百余乡，合拒英夷万余众，同成义举，著有成效，深快人心。……惟是乡民居安不可忘危，慎终必须如始，宜为经久之方，不

因在于其假明伦堂聚众明显涉嫌"倡乱"，且其不受控制的抗英活动极易引起英人反弹，造成祁墳难以承担的外交后果（参看《两广总督祁墳广东巡抚梁宝常饬广州学教谕训导禁止士民在明伦堂横议惑众札》，齐思和等编《中国近代史资料丛刊·鸦片战争》第四册，第2页）。

① 西人注意到，"（1842年）十月十三日各地知县发布一件告示，解散在一八四〇——一八四一年冬季所召集的乡勇"（见马士著、张汇文等译《中华帝国对外关系史：1834—1860年冲突时期》第一卷，第418页）。对此，奕山和祁墳等在10月10日拜发的奏折中称："奴才等伏思江南既经议抚，从此即可息兵，惟夷大帮船只，尚未全数驶回本国，奴才等先将水陆壮勇，酌量裁去四千五百余名，以节糜费。俟随后接得江南来信，如果夷情大定，再体察情形，即将防兵征兵尽撤，并将壮勇逐加裁汰。"（见《奕山等奏查明英船来往情形并现在酌裁壮勇缘由折》，齐思和等整理《筹办夷务始末·道光朝》，第2393页）

② 参看《祁墳等奏广东海口添配裁撤兵数折》《祁墳奏酌量撤留壮勇折》，齐思和等整理《筹办夷务始末·道光朝》，第2467-2468、2615-2616页；《两广总督祁墳等奏为遵旨遣撤壮勇片》，中国第一历史档案馆编《鸦片战争档案史料》第七册，第11-12页。

③ 祁墳奏报升平社学、公所建立等情况时在道光二十二年末，但其指出："窃照附省西北乡石井绅士，于本年夏间，连名呈请建立升平社学，约合各乡居民，捐银团练自卫，一遇有警，即听候调遣等因。前经靖逆将军会同臣等具奏。七月十三日，奉到谕旨：该西省［省西］北乡绅士，敌忾同仇，深知大义，着查明首倡义举之人，如有才具堪胜文武之任者，即据实保奏，候朕施恩。并剀切晓谕该省各府州县，均宜照此团练自卫，并备调遣。"（见《祁墳等又奏石井绅士请建立升平社学团练自卫折》，齐思和等整理《筹办夷务始末·道光朝》，第2516-2517页）即士绅所办社学团练在当年夏间且始终持续，与裁勇同时并举。

懈同仇之志。为此再行剀切晓谕各乡绅士，转告远近大小乡民耆老知悉：已团练者，益加勉励；未团练者，务速举行。保身家即以固疆围，除凶暴得以乐升平。有勇知方，同心致果。①

和议甫定，祁𡎴继续以此说向道光鼓吹：

> 伏思国家设兵原以卫民，而兵之卫民，恒不若民之自卫。盖身家之系恋难忘，即君国之忠忱益奋。前因英夷不靖，……节经臣祁𡎴会同前任各抚臣随时示谕沿海各乡村，举行团练，所以固藩篱，即所以节军饷。随据附省西北各乡绅士何有书、李芳等，先后创建升平社学公所，联合各乡居民，捐资练勇。嗣于二十二年十一月，复据省城东路各绅士，请设东平社学公所，并于石岗书院等处，一律举行团练。……至海岸要隘各处，接应声援，尤关紧要，断不能因目前之就抚，而忽善后之防维。……再查粤东民俗强悍，然谈及忠义，多知奋发，本属可与有为，诚得官长倡率于上，公正绅士劝谕于下，移私斗于公义，进有勇以知方，则连乡寓指臂之形，野人即腹心之选。……臣等愚昧之见，总以民为邦本，民心坚定，则国势自张。②

这些言论和主张，构建了官民一致的以团练抗英为政治、道德正确的话语模式，为包括反入城在内的各类抗英活动的正当性定下基调。此后粤抚如程矞采等到任后，在与钱江"建言挟制"的活动撇清关系后③，对各社学无不大加扶持，多有检阅、奖谕之举④，不断对民众抗英活动的合法性给予肯

---

① 广东省文史研究馆编：《三元里人民抗英斗争史料》，第265页。
② 《祁𡎴等又奏团练乡兵于粤省情形相宜折》，齐思和等整理《筹办夷务始末·道光朝》，第2672—2674页。
③ 参看《广东巡抚程矞采奏报修举防守事宜并究办浙江监生钱江等情折》，中国第一历史档案馆编《鸦片战争档案史料》第七册，第115—117页。
④ 道光二十四年三月，程矞采奏称："伏查该处社学、公所各绅士，皆系素有品望之人，其壮勇亦皆土著百姓，历经督臣祁𡎴会同宣布圣恩，剀切晓谕，今又已一年有余，始终安静团练，并不敢借事生衅。且省城东南各路，亦俱闻风兴起，各择于燕塘圩、沙梨园及河南等处地方，先后禀明，建设东平、南平、隆平各社学、公所，仿照团练。臣以此举，系为保护地方起见，事关民心士气，即经分日轻车减从，亲往首先团练之西北路，及在附省东北路设立之东平总社公所，详加察看，面为奖谕。共阅过四处，壮勇少

定①。即使对团练乡勇不以为然的耆英，面对绿营兵的战斗力现状，为在与英军对抗时增加筹码，在构筑军事防御体系时，也不得不借助士绅力量，将社学团练纳入其中。②

当然，清统治者组织团练的宗旨只在利用民意对抗外人，从而营造出民夷对立的局面，并不希望团练活动失控造成不必要的被动，即如道光谕令所言："总当使该夷输服，不致有所藉口，致妨抚局。尤不可屈抑士民，使内地民心因而解体，方为妥善。所奏团练情形，声势联络，一呼即集，甚属可嘉。……但当妥为管束，期于御侮有资，断不可亟于邀功，借事起衅。"③正是在此框架下，在1849年反入城斗争中，徐广缙一面操纵士绅与文翰对抗，一面又在与文翰的交涉中将相关责任推给士绅。④至叶名琛出任两广总督后，乡勇团练甚至成为"保证那种说辞（按：此处'说辞'系指广东官员在对英

者数千人，多者万余人，队伍均极整齐，情形亦甚为踊跃……现在夷务照常，地方安堵，固别无功绩可见，而群情固结如初，四方声势连络，似已著有成效，差堪预备不虞。"（见《程矞采奏绅士捐建升平社学公所由》，广东省文史研究馆编《三元里人民抗英斗争史料》，第266-267页）

① 魏斐德认为："1843年夏天，政府的最高层决定，有可能成为反叛的团练要永远解散。事实上，广东的团练在40年代中期一直秘密存在，以维持地方秩序，同时也是反洋人运动的工具。但是，就国家政策而言，团练不会再得到合法的地位和忠顺的名声。这种情况直到1849年徐广缙成功地启用他们才发生变化。"（见魏斐德著、王小荷译《大门口的陌生人：1839—1861年间华南的社会动乱》，第75页）此语系针对耆英对待团练态度而言，事实上在此期间士绅团练虽未如徐广缙、叶名琛时那样受重视，但其活动并未被抑制，而是仍十分活跃。

② 道光二十七年广州协余万清向耆英呈报永康等炮台的防御力量构成时即称："拟永康台下之东边双眼桥一带，派营兵一百五十名，并东平社学义勇四百名为左翼；西边空地流水［花］桥一带，派兵二百名，并升平社乡勇五百名为右翼。永康台下后山空地，派乡勇二百名，策应左右，并为永康、耆定两台声援。"（见广东省文史研究馆编《三元里人民抗英斗争史料》，第270-271页）

③ 齐思和等整理：《筹办夷务始末·道光朝》，第2521页。

④ 对此徐广缙奏称："惟华商现停贸易业经一月有余，原为英夷坚欲进城，必受扰累，是以公同议定，不与交涉。查停贸本非官所禁止，则开市自毋庸由官令行，当嘱委办夷务之绅士等，密令众商与之申明约束，既不进城，自可通商，何时反覆，即行停止。……所有水陆各路，仍饬一体严防，城厢保卫，亦当如前慎密，总使无隙可乘，庶更有威可畏。"（见《徐广缙等奏英人不敢进城已见明文并将各绅士劝导英使稿底录呈折》，齐思和等整理《筹办夷务始末·道光朝》，第3179-3180页）

交涉中假'民心'为托词）并为一旦失败而为战争做准备的手段"①。

其三，地方官员在反入城斗争中的作用，还体现在一些与外事相关的基层官员出于朴素的民族情感而对英人抱有痛恨、憎恶的情绪，并将这种情绪带到其涉外事务的处理中，为群众性的抗英活动推波助澜。如在1845年3月英国副领事杰克逊等遇袭一案中，尽管耆英对严惩案犯态度明确②，但英人却观察到经办官员对案件的敷衍和对待英人的粗鲁与漫不经心③。另如1846年9月，南海县令因武举乡试在即，发布禁止英人观射告示，引发英人抗议一案④。尽管耆英一再解释此示系属战前具文，该县只是一时失察，并无侮辱英人之意⑤，但示中诸多蔑视英人的措辞与反英长红、揭帖一脉相承而南海县对之不以为然，也同样反映出其对于英人的不友善心态。尤其是在中外发生暴力冲突甚至大规模骚乱时，职司治安的武装人员总是姗姗来

---

① 魏斐德著，王小荷译：《大门口的陌生人：1839—1861年间华南的社会动乱》，第102页。

② 耆英致德庇时照会称，"此案先据领事官马伸陈，本部院当即饬令县营，派出干练兵役，严行缉拿"，"经饬地方文武，派拨兵役，陆续拿获匪徒郭亚顺……等六名。……但陆亚安等四人，恃强欺凌，用石掷打，虽未成伤，情殊凶横，未便仅拟笞责，应各从重"（见佐佐木正哉编《鸦片战争后の中英抗争·资料篇稿》，第10、11-12页）。

③ 施美夫称："香港殖民地牧师……在副领事杰克逊先生和殖民地财政部长马丁先生的陪同下，沿城墙散步。……一群乡间暴民聚集起来，……抢劫他们的手表、钱财及其他有价值的物品。……城上的一些人，很可能是士兵，得到长官的默许，把几斤重的大石头从瞭望塔上推下来。……在受害人记述事情发生经过的整个过程中，那位清朝官员呵欠连天。他把事件归咎为暴民所为，声称此地人不及北方人开化，……当局对此无能为力。"（见施美夫著、温时幸译《五口通商城市游记》，第68-69页）

④ 示称："钦加同知衔、署理南海县事……为饬禁事：照得洋人来粤贸易，只许正商、财副到行；其余水手人等一概不许上岸；即正商、财副亦不得擅往别处。今武乡场在迩，恐各洋人辄赴东校场看弓马射箭，人多挤拥，或一时狂躁动手伤人，或当校射之时，洋人不谙闪避，为箭所伤。合行示禁。为此，示谕行商、通事及各地保、小艇、小轿人等知悉：尔等宜遵照守法，传知洋人，不得往校场观射。……道光二十六年九月初六日。"（见广东省文史研究馆译《鸦片战争史料选译》，第367页）

⑤ 耆英称："来禀收到后，当即面询南海知县。据称该项告示乃照多年旧稿缮发，该知县于三年一次武试前发出告示，由来已久……经查，本大臣暨本部堂认为此告示照抄旧稿，历届大比均沿用，已成惯例，亦毋须呈校，该知县照例出示，别无他意。惟据现抄本内容有谓：行商及通事须将谕帖饬知外人，殊属不宜。"（见广东省文史研究馆译《鸦片战争史料选译》，第367-368页）

迟①，导致事态无法及时得到遏制，使得英人始终持有清官方纵容民众的疑虑②。负责经办外务的基层官员自觉不自觉地采取与民众一致的立场，无疑会对民众对外抗争给予强烈的刺激和鼓励。因此德庇时曾明确指出"这种仇外情绪是统治者长期诲育成的"③，较为准确地描述了清统治者操控各种力量、引导民众与外人对抗的基本状况。

· · · · ·

英人在反入城期间各种激化矛盾的举措，无疑也是激发粤人仇外情绪和持续进行反英活动极为重要的原因。

需要指出的是，鸦片战争前在广州的外侨与粤民冲突斗殴甚至引发命案，以及其他各种矛盾冲突并不鲜见④，但并未形成社会各阶层普遍参与、相互敌视和持续激烈对抗的局面。清统治者虽有意隔绝中外，但并无意制造矛盾冲突，对于民众与外人间的冲突一定程度上尚能在传统秩序下"持平办理"。地方士绅对英人的"桀骜"表现及对鸦片贸易常表不满和痛恨⑤，但并无与之对抗甚至必欲除之而后快的立场。毫无疑问，鸦片战争激发起粤人普遍的仇英情绪。英人在战争期间制造的人员、财产损失，以及战前战后的鸦片走私、占据香港和勒索赔款等侵略和破坏行动，对民众的民族感情造成的

---

① 如1846年骚乱发生后，德庇时称："自滋事以后三点时，贵官不来镇遏，众外国人等无奈何，同力自行保护。然来文内称官宪相距十余里之远。但十里不用一时可以走到，何用三点时乎？"（见佐佐木正哉编《鸦片战争后の中英抗争·资料篇稿》，第58页）

② 如1842年十三行骚乱，璞鼎查针对商馆被盗一事指出："查该银房系用石块管铁，复加铁网，牢固非常，原非片时可破之物。而是晚匪民，竟能连夜挖破，其实无官兵阻止，不问可知。……且当时以前，省城士民，怀有恨心，发有恨语，洋洋盈耳，则贵部堂等，不得不知。"（见佐佐木正哉编《鸦片战争之研究·资料篇》，第228页）

③ 德庇时：《战争结束后最不利于我们的是广州的局势》，广东省文史研究馆编《三元里人民抗英斗争史料》，第273页。

④ 如黄宇和即称："既然广州有着对外贸易的长期历史，它也就有相当数量的两个民族摩擦事件的记录。"（见黄宇和《包令爵士与广州入城问题》，第34页）关于此类冲突，可参看《阮元奏英吉利巡船伤毙内地民人潜逃究办折》《查复夷人违例各款清单》，齐思和等编《中国近代史资料丛刊·鸦片战争》第一册，第54-56、171页。

⑤ 参看《邵正笏折》，齐思和等编《中国近代史资料丛刊·鸦片战争》第一册，第89-91页。

极大伤害，造成了战后广东民夷对立的情绪。① 而英人在入城等问题上各种激化矛盾的举措，更加激化了中外对立与冲突的局面。

如前文所称，鸦片战争后西人凭藉领事裁判权在各通商口岸肆无忌惮地胡作非为，有时连西方外交人员自己都感到难以容忍。需要强调的是，许多西人并非因偶发冲突误触法网，而往往出于逐利而罔顾法律甚至完全无视中国的主权主动地肆意妄为，许多西商也并不满足于正常的商业利润，近乎不顾一切地为非作歹。② 这些恶行虽未必尽与普通民众产生直接冲突，但其恶劣的社会影响同样在清人的情绪中投下巨大阴影。而且，不只是治外法权开启了西人作恶的潘多拉魔盒，更重要的是，携战胜之威的英人开始释放战前被压抑着的帝国主义心态，不断有英侨频繁地叫嚣着使用武力为其合法或非法的行径助威，表现极其骄横。在与华人的日常交往中恃强作恶者更绝非金顿一人，为民夷冲突火上浇油。战争的胜利还助长了英人维护其地位与尊严的文化优越感，或者毋宁说释放了英人的种族主义心态。在战胜被其视为"半开化的异教徒的民族"③ 后，英人不仅摆脱了被清人以"蛮夷"相待的屈辱，且其种族优越感也不断爆棚，更乐于将清人蔑视为野蛮民族，并对损害其利益满不在乎。④

---

① 参看《不久之前的战事所遗留下来的影响》，广东省文史研究馆译《鸦片战争史料选译》，第353-354页。证诸《升平公所绅耆宣言》（见广东省文史研究馆编《三元里人民抗英斗争史料》，第271-272页）一类抗英文檄，同样多列英人杀害百姓、以鸦片害人等罪行作为抗英理由。

② 如美使马沙利即指出："目前在这个口岸（上海）上至少有一百五十名水手，其中各国人都有，他们不分昼夜，跑进中国县城去喝酒、滋事，闹得鸡犬不宁。他们之所以胆敢玩视一切法律，因为他们已经领教过监狱了，深知那里根本拘禁不住他们。而除去拘禁之外，则一直还没有对他们加过任何其他惩处。罚款，则他们根本一文不名。……他们中间有很多人参加了太平军或清军的陆、海军服役，竟将各该本国政府代表命令他们置身事外的宣言置若罔闻。另一些则加入了鸦片走私的行列。还有一些参预了苦力贸易。更有一些则从事于护航业务。"英人则指出："按照商人的如意算盘，则领事做事的基本原则是，商人有权利为所欲为，而中国人除却条约明文规定者外，任何事都无权过问。"（见姚贤镐编《中国近代对外贸易史资料：1840—1895》第一册，第441、448页）

③ 广东省文史研究馆译：《鸦片战争史料选译》，第361页。

④ 如包令即称："对野蛮民族，是的，有时对文明民族，和平的话儿是白说的，正如对小孩的斥责常常是无效的一样（按：意即必须使用武力）。"而英国公使卜鲁斯（Frederick.W. A. Bruce）则称："我要遗憾地说，这已成为通例了，即中国人的人身和财

因此，在讨论"广州民众的仇外情绪"时，不得不指出这种情绪并非单向的，而是在中英间存在着相互的敌对情绪，前文所描述的广州民众的仇外表现，同样适用于在穗英侨。如在黄竹岐村案中，受害英商因四个月前乘船经过时受到空炮恐吓，经交涉使村民受到"杖责三十""枷号一个月"等处罚，四个月后故地重游且强欲入村，其挑衅、炫耀、示威等种种恶劣意图显而易见。在某种程度上，双方相互的敌意就是琐事细故频繁爆发，并不断引发大规模冲突的根本原因，某些冲突的具体起因和是非曲直反而变得难以亦且无须厘清。

（二）英人坚持入城的理由

对于英人喋渎不已地坚执入城，耆英也曾向德庇时吐嘈："但思进城不足为荣，不进城不足为辱。进城毫无所益，不进城毫无所损。贵国官商，均系明理晓事之人，何必因此不关荣辱损益之事，与粤省愚民，结怨生端？"① 对英人在入城问题上的坚执，尤其是因此举与粤人结怨，显著地不利于其极为重视的商业利益，表示难以理解。

对于英方而言，入城与否确实并不影响其在穗商业利益。前文已指出，鸦片战争后西人在新增四口选择居所时，除传教士因使命需要倾向于入居人群密集的城内外，外交人员和西商多乐于选择交通便捷、空旷宜居的更适宜商务发展的空间。福州、厦门近郊有成熟商业区，外人居留区俱在这些区域发展。而在上海、宁波，西人则径选虽无成熟商业但交通等自然条件更加优越的城外农田野地，自行拓展。事实上，在鸦片战争结束未久璞鼎查到穗时，也是希望放弃已遭兵燹且极为逼仄的十三行，选择更靠近珠江口的黄埔建设商馆区。此后德庇时欲拓展商馆生活空间及栈房用地，所选亦在河南、芳村，决非希冀入城。1859 年 5 月，为入城喋喋不休了 15 年之久的英人在实现军事占领、能够自由进出广州城的一年半之后，为重建商馆选择租地

产，没有得到如欧洲人所得到的应有的尊重。他们的地被践踏，他们的狗被烦扰，他们的生命被危害，这一切都由于在中国的英国人轻率地纵马奔驰，那种样子在欧洲是不容许的。"（见《包令自传》《卜鲁斯致福州领事麦华陀函》，转引自蒋孟引《第二次鸦片战争》，第 43、25 页）

① 佐佐木正哉编：《鸦片战争后の中英抗争・资料篇稿》，第 35 页。

时，不仅未求城内，反而选择了较十三行更加远离广州城的沙面。①

在华英人之所以长期坚持入城要求，除追求条约权利外，无疑还有维护其国家尊严的用意。更重要的是，许多英国外交人员将入城与建立与清官员往来时的平等地位，进而构建真正"平等"的中英关系问题关联在一起。②在鸦片战争结束不久，英人即观察到清统治者对履行《南京条约》表现出的摇摆态度，并将广州入城问题的产生与这种态度联系起来。③尽管其间也有英人注意到上海等口岸的条约履行情况与广州的差异④，英外交部对于实施入城可能对中英关系产生的利弊影响有时也持保守意见⑤，并且也有一些理

---

① 关于选择沙面修建商馆区的经过，据耆龄称："咸丰九年四月，该司（按：指时任广东布政司毕承昭）署理巡抚任内，英吉利夷酋巴夏礼、佛兰西夷酋马殿邦，邀请广东将军穆克德讷、粤海关监督恒祺及该司，并委办洋务绅士伍崇曜、俞文诏、梁纶枢、易景兰等，同至巡抚衙署。巴夏礼面称，外国人租住十三行地方，不敷栖止，按照和约，拣择合意地基，以便商人居住。查有城外土名西濠及河面两处，……嗣接巴夏礼等照会，以西濠民产居多，不欲勉强；惟填平河面，共约需银二十六万数千元，在应补两国军需项内照数扣抵。……该夷自入城，各拥重兵，难与力争，当令交纳租银，据巴夏礼面允照办，并取有该夷照会存案。"（见《耆龄奏查覆英法索款三项并佛山抽厘及拟驻惠州折》，中华书局编辑部整理《筹办夷务始末·咸丰朝》，第2331页）

② 此外，英人还将清官员在中英交涉中使用贡高我慢话语的文书与中英平等关系的建立联系在一起。英外交部曾一再提醒驻华公使，防止清人在文书中使用高人一等的语言并因此取得交涉的主导权。

③ 英人在1845年耆英赴香港会晤德庇时前讨论中英关系的局势时指出："明显的是，中国不曾履行他们与亨利·璞鼎查爵士签订的条约，除非被迫。我们也不相信他们有遵守这个条约的任何诚意。英国政府（实际上一切与中国有贸易关系的外国）有三项特殊的不平之事要对中国政府控诉……控诉的第一个理由，是中国政府有如战前一样，把繁多的限制加在居住广州的外人身上。中国政府以不能制止它的人民侮辱外国人为借口，把后者的住所局限于狭小的、通风不足的、有害于健康的商馆里，使他们蒙受着很多身体上的不适和不安宁。中国政府这种对外国人的待遇不外是它的一贯政策的继续。自从与西方国家有了交往以来，它就不遗余力地使外国人的品格在自己人民的眼中降低。"（见广东省文史研究馆译《鸦片战争史料选译》，第304-305页）

④ 英人称："事实上中国人没有表示出他们要破坏与英国签订的条约的欲望，……我们在北方口岸偶然遇到的微小阻碍，并不如我们最初与中国打交道时那样有理由认为他们是排外的，并给予比古罗马人对被称为野蛮人的那种更大的轻蔑。"（见广东省文史研究馆译《鸦片战争史料选译》，第309页）

⑤ 如马士即指出，在与文翰讨论入城问题时，巴麦尊也提出他对入城实际价值的怀疑，并建议入城权"只限于给全权公使或领事，在他们拜访总督时，由中国人护送进城。经过详细考虑之后，他又训令文翰说，'为了象准许英国臣民进入广州城这样一种特

性的英国政治家对中方表达出的愤怒和敌意进行了反省①，甚至提出了宽容相待的建议②，但随着清廷越来越明确地将对英外交的决策和执行权授予两广总督，而徐广缙、叶名琛两督日趋执行越来越机械、强硬的对英政策，越来越多的英在华外交人员也更加倾向于将通过强力实现入城视作解决中英间亟待解决的关于建立有效沟通的外交通道③、英人在华受辱、英国对华贸易

权而采取敌对的办法，那是不合适的，的确我们是有权作这样的要求，但是倘若用武力去强制执行的话，那我们也就很难享受安全或利益了'"（见马士著、张汇文等译《中华帝国对外关系史：1834—1860年冲突时期》第一卷，第446页）。

① 如1842年十三行骚乱发生后，英商向璞鼎查呈递抗辩书请求保护，而璞鼎查则"把所发生的事件的责任都归给外国商人本身，声明：'那时［一八四一年五月］所加在中国人民身上的变化，逐渐酿成他们目前这种愤怒和激动，其原因一定是由于我们自己所造成的——这就是说，部分是由于处置失当，部分是由于待遇苛刻；我相信把事态弄到目前的危局这两种原因都一定有份。'随后，他又指出外国人团体忽视了他们的明显责任"。此外，璞鼎查还认为："这样一种办法［安安静静继续作生意的办法］，即使在世界上最文明的地方，原本也就是适宜的、得当的，何况是对于像中国这样一个猜忌、自大、不易接近的政府。"（见马士著、张汇文等译《中华帝国对外关系史：1834—1860年冲突时期》第一卷，第417页）

② 如英外相克勒拉得恩致包令函即指出："毫无问题的，女王陛下的臣民在该地带的商业，在那些条约保护下，已经有了迅速的进展，所以我们有充分的理由希望由于审慎的管理，能使商业作更进一步的发展，并使我们同中国当局和人民的往来摆脱开那些迄今仍横梗在中间的障碍。至于还有更多的事未能作到，这实在并不足奇，……我们自然不能期望中国政府在这样长期闭关自守中养成的对于其他各国政府的优越感，能一朝尽弃，而认识到在这方面的种种主张是毫无根据的，也不能希望官宪的倨傲自大和人民的成见能一变而为诚意和好感，用来对待那些凭借武力取得了一种受重视和尊敬权利的人们。"（见马士著、张汇文等译《中华帝国对外关系史：1834—1860年冲突时期》第一卷，第764页）

③ 关于中英间外交通道的问题，由于叶名琛的固执，中英有关重大事务的交流接触实已中断。对此，克勒拉得恩还曾致函包令："毫无疑问，我们应该充分享有条约规定的权利，值得一提的是，我们与中国当局的交流不应受到限制，我们应当自由进出中国的一些城市，特别是广州。然而，处理这些问题时我们需要十分谨慎，如果我们用恫吓的语言却没有能成功地达到目的，那么我们的国家荣誉就会受损。"（见普尔、狄更斯著，金莹译《巴夏礼在中国》，第181页）当然，英方对于外交通道的要求不止于通畅的接触，更在于由此便捷地提出日渐扩张的各项侵略要求。因此，关于外交通道的诉求此后也扩大为公使驻京及各项修约要求等。

拓展受阻，以及修约等诸多重要问题的突破口。① 尤其是包令出任驻华公使后，更是将入城视作解决其他一切外交问题的先决条件②，其固执程度使其同僚都认为其在入城问题上过于追求个人荣誉的满足③，不恰当地将修约等更加重要的外交目标弃之不顾。④

鸦片战争前即有诸多在华英人发出以炮舰政策改变中英关系、通过武力迫使中国屈服的呼吁⑤，所营造的舆论也是鸦片战争得以发动的一个重要原因。⑥ 需要指出的是，在许多时候，英人在来华之前学习中国文化时，往

---

① 如1850年，时任上海领事翻译的巴夏礼返英，在拜会英外交大臣巴麦尊时，即向其灌输此一观点，以致巴麦尊在发表对华政策意见时，不断引用巴夏礼"进入广州是解决整个难点的关键"的主张。而1856年巴夏礼转任英驻广州领事，更将入城问题提升至极为重要的程度（参看普尔、狄更斯著，金莹译《巴夏礼在中国》，第122、185页）。

② 包令认为："璞鼎查条约给中国人的自尊心以重大打击，但是并没有改变中国政府的对外方针。让他们屈服是十分必要的。当初我们谈判的动机是想移除与中华帝国交往的障碍，并且与当地人民建立和扩大友好的通商关系。……但是我们的设想从未实现过，或者说从未得到来自中国当局的合作。他们的目的不是邀请，也不是促进，而是阻碍一切外国人与中国接近的渠道。"因此，1852年，包令向伦敦汇报广州中英关系状况时，即"强调进入广州城成了当务之急，因其事关英国在中国面临的困难能否迎刃而解"。此后又声称，入城是"久延未决的问题，它是我们的一切困难，同中国当局争论的真正大门，如果打开了，会连带使一切问题得到圆满解决"（参看普尔、狄更斯著，金莹译《巴夏礼在中国》，第134-135、138页）。

③ 对于包令在入城问题上的坚执，英人称："据一位幕后人物的观察，西马縻各厘对包令的评价并不高。'我们的长官没有对他留下深刻的印象，他最大的爱好就是通过发动危险行动来满足自己的欲望和为自己赢得奖赏，你第一眼看到他时就可以从他身上嗅出这种味道。'"（见普尔、狄更斯著，金莹译《巴夏礼在中国》，第200页）

④ 特别需要指出的是，准确地说，叶名琛从未拒绝与英使会面，其对包令会晤的要求，往往建议选在"城外商栈"。如果包令愿意暂时搁置入城要求，理论上可以实现与叶氏面晤，从而在面晤中开展修约等各项外交诉求的交流。

⑤ 如1831年5月30日《广州英商的决议》称："从这个帝国对外关系的整个历史来看，显而易见，自从威得尔船长于17世纪中叶，以一艘商船占领虎门炮台以来，至最近马克斯韦尔爵士（Sir Murray Maxwell）从'奥尔斯特号'舷侧的一边排炮，使得同一炮台停火，这种坚定、抵抗，甚至暴烈的行动，会经常成功地产生一种和解的精神，而驯顺的屈服，只有引起更进一步压迫的效果。"（见马士著、区宗华译《东印度公司对华贸易编年史：1635—1834》第四卷，第349页）对此一问题，吴义雄有专题讨论（参看吴义雄《鸦片战争前在华西人与对华战争舆论的形成》，《近代史研究》2009年第2期，第23-43页）。

⑥ 参看郭小东《打开"自由通商"之路——19世纪30年代在华西人对中国社会经济的探研》，第327-342页。

往对中国抱有美好的想象和情感,但在华生活或工作一段时间之后,这种情感往往发生强烈的反转①,包括鸦片战争之前的斯当东(George Thomas Staunton)、义律(Charles Elliot),及至战后的阿礼国、巴夏礼等人,无不如此②,成为一种现象。尤其是具有深厚汉学功底、对中国文化始终抱有好感的德庇时,在战前接任律劳卑的首席商务监督之职时,虽一反律劳卑对华高调强硬的"对等"策略,推行低调、忍让的"沉默政策",但其容忍态度系出于认为这是在未收到国内相关指示时确保英国商业利益"最合适的办法",在此宽容表象的背后,德庇时正不断向英国政府提出使用强硬(军事)手段打开中国大门的建议。③战后德庇时出任驻华公使,在与耆英的交

---

① 如巴夏礼所观察到的,"所有初来乍到的人都很厌恶中国。如他们所说,在英国时他们认为中国是一个伟大的国家,但是这里的一切都那么荒谬。我想,如果他们去北方的话恐怕只会让他们对中国的印象更加糟糕或面对更多的失望。"(见普尔、狄更斯著,金莹译《巴夏礼在中国》,第62页)

② 如热爱中国文化的阿礼国在对华交涉时即坚持采用强硬手段。其针对如何保护在华英人的问题即主张:"对于加在英国臣民身上暴行所引起的直接后果的正当恐惧以及这种后果对于地方当局本身要造成比费最大气力来保护外人和逮捕凶犯这件事还更大得多的麻烦和危险的肯定性,似乎是英国人在这个国家里的最好而唯一保护了。"(见马士著、张汇文等译《中华帝国对外关系史:1834—1860年冲突时期》第一卷,第444页)

③ 德庇时向巴麦尊转呈的《英国驻广州的下述臣民呈交国王陛下的请愿书》称:"您的请愿人恭请陛下将欣然把全权授予具有适当官衔、判断力和外交经验的人,……您的请愿人建议:指示他乘坐陛下的一艘战列舰,在一支充足的海军部队陪同下,前往中国东部沿海一个方便地点,……关于那支海军部队,我们认为只需要由两艘巡洋舰、三四艘吃水很浅的武装船只以及一艘汽船组成,所有这些船舰都配备充足的人员;在登岸以前,他可以首先以陛下的名义,要求对两广总督在律劳卑勋爵抵达广州时发布的谕令中所施加的侮辱和后来对勋爵阁下所采取的羞辱行为,……以及对广东地方当局发布的谕令中对于陛下和我国所使用的那种傲慢和卑劣语言,……提供充分的补偿,并要求中国官员们撤回这些语言,而且决不再加以使用;他还可以对虎门炮台轰击陛下的军舰,从而侮辱陛下的旗帜一事,要求获得补偿,并且对停止贸易期间陛下臣民的船只滞留所蒙受的损失,要求向陛下臣民进行赔偿。在他们承认这些初步条件之后,……陛下的全权大臣最好是提出由中国政府方面任命几位钦差,同他商定那些可能被认为是最有效的措施,以防止今后引起抱怨和误会,并普遍促进和扩大符合两国相互利益的贸易。"(参看胡滨译《英国档案有关鸦片战争资料选译》上册,中华书局,1993,第58-59页)需要指出的是,德庇时此时所建议使用武力的范围和目的,仅在于以此打开与清廷建立对等外交的通道。

涉中，一方面不时释放出一定的善意①；另一方面在办理入城、黄竹岐村等案时，又不断佐以炮舰，态度极为强横。

问题的关键在于，这些长期在中国生活、对中国有着深切了解、对中国文化抱有一定情感、理论上最应主张对华友好的在华英人，在讨论对华政策时，何以都倾向于采用征服性的或者说武力压迫手段②，而非如英国本土一些政治家那样，通常主张以相对温和的外交手段来开展对华交涉？③ 在此不得不指出，在激烈的中英冲突发生后，在华英人所感受到的往往是清官方对民众贬低、羞辱外人行为的纵容，甚或在某种程度上，清方官员本身所持鄙夷和轻贱外人的态度，正是事态发展至此的关键所在。即交涉过程往往使英人感受到极大的屈辱，从而使其对清人产生恶感。④ 就外交目标的实现而言，如果英人遵循清方所有规定，采用温和的交涉手段，其诉求通常无人理睬，而采用粗野威吓的方式则往往极为奏效，能够迫使清官员畏缩退让，从而在交涉中取得主动。⑤ 这种交涉实践，使得在华英人多形成了以强力摧毁清人

---

① 最为突出的一个例证，是道光二十五年德庇时向耆英提出，愿派英国"机关之师"来华，帮助中国"修治黄河，疏通水势"，传授英国先进的机械、工程技术等（参看刘志伟、陈玉环主编《叶名琛档案》第四册，第176页）。

② 在华英人中当然也不乏主张采取温和方式处理对华关系者，如1834年律劳卑到华后推行强硬的"对等"外交，英商即分为支持和反对两派。但反对者的态度并非出于友善，而主要是基于策略（参看吴义雄《条约口岸体制的酝酿——19世纪30年代中英关系研究》，第23-26页）。

③ 对于在华英商何以更乐于对华使用武力，英人认为："事实上，再没有比英国在外国的商人更好战的了。他们不像在国内的商人，既不纳所得税，又不要担负战争所引起的其他负担。所以他们总是要求政府多派军队出来，常常要求对贸易所在的国家进行战争。而在中国，敌对行动的爆发，更'很便于英人债户能对他们的广州债主延期偿付'，因为'在英商与广州商人之间的交易中，站在债主一方的总是广州人'。"（见蒋孟引《第二次鸦片战争》，第75页）

④ 英人曾将两次鸦片战争期间中西间发生的37次冲突事件，整理成厚达200多页《英国议会文书》之一，即《在华受辱有关通信汇编》。对于这些事件是否属于英人受到的屈辱伤害，蒋孟引曾进行了极为有力的辩驳（参看蒋孟引《第二次鸦片战争》，第19-25页），即英人无疑在很大程度上是出于帝国主义、殖民主义甚至种族主义心态，而对事实进行了颠倒黑白的定性。但事实上清人无疑也对英人确实抱有歧视心态，并且许多冲突的发生是由于这种歧视所导致。因此英人在华感到"受辱"，并非贡高自慢的一面之词。

⑤ 对于在与清官员交涉时采取忍让于事无补，但强硬手段往往奏效的情形，战前英人即有所分析，如律劳卑到穗后所致格雷伯爵函即认为："东印度公司在每个挑衅事件

自尊，有助于扫清中英关系发展障碍的认识①，甚至相对温和的美国外交官也不时发出战争叫嚣。②另一方面，英人通过与清官员的接触及其他各种途径所了解到的清官场和中国社会的实际状况，与其意念中对中国文化的美好想象形成强烈反差，极易使其对清人、清廷及至中国文化产生强烈的鄙夷不屑的心态，进而对使用武力感到理所当然。具体到入城问题上，如包令主张使用强力，一个十分重要的原因即在于他认为这种具有羞辱性质的举措，可以打击如叶名琛等态度顽固的清官员的虚骄之气，瓦解其与外人对抗的意志，从而使之能够更充分地接受"平等"而合理的中英关系。③

上的让步，促成并支持了中国政府的傲慢和昏聩，使满族人相信英国在衣食方面依赖他们，而且皇帝是世界上唯一的君主。……如果阁下收到此信后，派遣一名信差经陆路前往加尔各答，命令一支英国军队率领一些小艇在沿海一带活动，那末，我们很快便将使事情告一结束。……在与这样一个政府进行谈判时，迫切需要在手中同时握有强制手段；通过其他方式与他们谈判，将是白白浪费时间。"（见胡滨译《英国档案有关鸦片战争资料选译》上册，第23-24页）

① 如对如何压制清官员的骄狂态度并在外交中争取主动，巴麦尊认为："倘若我们采用一种卑下的口气，我们将丧失我们在对中国胜利中所得到的一切优胜的地位。我们必须特别小心不让我们已经取得的优势地位下降。倘若我们能用交涉的口气凭着道义维持住我们的地位；我们就无须采取武装行动来恢复它，但是倘若我们听任中国人在广州或在其他各地恢复他们以往那种妄自尊大的口气——无疑他们始终是努力这样做，我们不久即将被迫与他们重起冲突。"（见马士著、张汇文等译《中华帝国对外关系史：1834—1860年冲突时期》第一卷，第434页）

② 如在修约问题和与叶名琛交涉持续无果的情况下，马士称："虽然照六年来在场的每一个美国代表的意见，认为除使用武力而外没有任何其他办法可以从中国方面获得西方国家要求的满意解决。……马沙利（Marshall）写道，'中国政府只有在一支既有能力也有决心要厉行正义的武装力量之前，才承认正义'；麦莲（Mclane）声称，'同这个政府只能在炮口上才有外交'；巴驾博士（Dr. Parker）则坚决主张美国政府在这种难局中唯一可能的方针，就是同英国携手（发动战争）。"（见马士著、张汇文等译《中华帝国对外关系史：1834—1860年冲突时期》第一卷，第484页）

③ 马士称："据他（包令）的判断，一件最为重要的事情乃是改良中国与外国间的关系，例如由于广州人民的敌视以及钦差大臣的态度所引起的关系——'这种怠慢轻侮的缄默，其本身就是属于一种不能容忍性质的伤害；那些相继不断赏赐给这位钦差大臣的皇恩荣典，似乎已经把他弄得骄纵欲狂，我绝不相信坚持要求在广州正式接待，会不是挫其骄气的。'……一种软弱无力的示威行动将'更会加剧清朝廷和清朝官员的顽固'。"（见马士著、张汇文等译《中华帝国对外关系史：1834—1860年冲突时期》第一卷，第469-470页）

尽管包令的行为已趋于偏执，然总体而言，在入城问题上，英国政府及外交人员的表现颇为理性，理由如下。

第一，英国政府对华外交的目标明确恰当，即首先确保其在华现实的商业利益，而将入城等要求置于此一目标之下。如前所述，英人在其他四口均坚持入城权利且俱已实现，但均未就此过多纠缠，其商馆和居住区的选择与入城问题均无牵连。广州入城纠纷缪轕十余年，英人从未放弃立场，但始终为维护在穗商业利益而从未谋求即刻解决。尽管1854年之后为扩大侵略而开展的修约交涉受到入城问题的影响，但英人实际上从一开始就认定其外交目标的实现依赖于军事行动，因此对暂时搁置修约目标并非不能接受。1857年末英法联军对广州的军事占领，只是武力修约行动的副产品，其主旨已不在入城。

第二，尽管英商不时有狂热的呼吁，但英国政府对入城问题的解决，态度始终克制。如前文所述，英国外交部曾不断约束如包令等外交人员使用武力的冲动，要求在入城问题上尽量使用外交手段。就1846年归还舟山群岛问题，英人也有意避免将之与入城牵连。① 此外，英历任驻华公使中不仅璞鼎查、文翰态度温和，即使较为强硬的德庇时，其入城交涉也颇属有理有节。如其在要求耆英约束粤人反英活动的同时，也提出愿意约束英人举止②，且在1846年入城谈判有所突破但交涉未定时，德庇时也曾主动发出告示警告和约束英人的入城冲动 ③。

---

① 对此英人称："即使舟山在资源上是个黄金国，在气候上是象芒特皮利耶尔一样好，但是，所以驱使我们去和一个伟大的然而开始与文明世界交往时是多疑善防的国家建立友好关系的问题，应该从更高的水平去考虑。我们诚实地相信，无论占领舟山的好处是什么，无论要求占领舟山的论证是说得怎样有理，它们都不足补偿我们将背上的背信弃义的污名。"（见广东省文史研究馆译《鸦片战争史料选译》，第309页）

② 德庇时称："窃思耆中堂预前称明，岂有城内城外之分，况江宁、福州、上海等处，可进城，何独广州不可等语。今何不将此谕示粤省居民也？……忖因任纵粤民擅行，所以养成乖迕之心。……惟本大臣要表诚善之至意，是以谕饬本国驻粤管事官，除非伙长同在约束水手，不准闲游在城里，且本大臣，又必尽力管束此等人也。"（见佐佐木正哉编《鸦片战争后的中英抗争·资料篇稿》，第24页）

③ 德庇时告示称："英国女王钦命全权公使大臣……布告。……照得在广州之英国臣民请求按照其他四个互市口岸成例，享受同等权利一事，本公使大臣现正与中国大臣商议。在谈判进行当中，凡我臣民，务必静候解决，不得强行进城。诚以此种行为，非独阻延解决两国争端，带来严重恶果，且亦暴露出我国臣民卤莽轻率，无可救药。为此，

三、非理性：反入城斗争的价值评判

第三，英外交人员为实现入城，采取了各种有针对性的措施。如努力争取粤民好感①及尽可能约束在华英商行为②，以期缓解双方敌意，以及通过伍秉鉴等旧行商与绅商阶层沟通以解释英方立场③，或如璞鼎查提出在黄埔开

合行晓谕全体臣民，毋得滋生事端。……一八四六年一月二日于香港维多利亚。"（见广东省文史研究馆译《鸦片战争史料选译》，第349页）

① 如梁廷枏称："义律初发难，时时以'缴烟断市万里亏缺'为不得已之词，谓：'兵来但与官为难，而无与民户为。'"（见梁廷枏《夷氛闻记》，第73页）在战前即重视争取民意。反入城时英人也常有此类措施。如《尽忠报国全粤义民谕英夷檄》称："汝（按：指英国）全以假仁假义哄骗百姓，谓不敢加害，何以屡屡骚扰？一片诳言，焉能骗我？汝装模作样，假杀一二骚乱之人，希图买好，用计骗我。"（见广东省文史研究馆编《三元里人民抗英斗争史料》，第89页）《草间日记》则称，英军驻定海时对士兵骚扰居民，曾有"夷人斩黑鬼二及奸民二以徇，出示晓告"之事（见齐思和等编《中国近代史资料丛刊·鸦片战争》第三册，第82页）。颜伯焘也称，厦门英军"专与官兵为难，绝不与民为仇，一以民众可畏，一以图消货物"（见福建师范大学历史系、福建地方史研究室编《鸦片战争在闽、台史料选编》，第360页）。这些说明英军在占领区维持军纪的努力，从不同侧面反映出英人采取措施争取民众。

② 除前文所述德庇时、文翰主动约束英人的告示外，针对1846年的十三行骚乱，巴麦尊致函德庇时还强调："你要请求中国当局记住，如果他们不愿或不能维持那里的秩序，英国侨民将保护自己。暴徒加于英国侨民的暴行愈大，他们自己受到的死伤也愈多。……你也要告诉中国当局，英国政府为了免使将来再有暴行发生，并给参加七月事件的暴徒一个儆戒，要求中国当局对于七月事件加以严格的查办，并把暴徒中的罪大恶极的依法惩罚。你更要告诉他们，英国政府已派遣一只战舰来驻在商馆外面的水上，以保护英国侨民的生命和财产。……但同时英国政府在责任上也要留心使英国侨民不可超越这种权利被规定的极限，也不可任性地无视中国人的感情和偏见，从而引起一处指望着产生暴行和动乱的敌对形势。我因此指令你，……可接着发布一个公告，告诫女王陛下在中国的臣民，他们的旨在损伤中国人的偏见和激起他们的仇恨的行动，必然会招致的危险；同时警告他们这样行动的结果，假使是中国人加于他们身上的暴行，那么，他们不能希望女王陛下的政府来替他们要求中国政府赔偿，他们应该有一点对自己的克制和对别人的体恤。"（见广东省文史研究馆译《鸦片战争史料选译》，第386-388页）

③ 针对叶名琛的僵化态度，英人显然将注意力转向与其他广东官员及地方士绅沟通，并且取得了一定的收获。巴夏礼称："叶钦差……看来似乎怒发冲冠，宣称与我们开战，停止贸易活动。……他呼吁大家勇敢地起来袭击我们、消灭我们。但是他的号召只引起了十分微弱的反应，因为我们充分的活动使部分人（按：指广州绅商）搞明白了争论的真正原因，我也认为这部分人现在怀着更加理性和公正的态度来看待他们的钦差大臣的所作所为。……贵族们开始慢慢站到我们一边，从与他们的谈话中可以知道，在反对叶名琛的行为方面，至少他们不再犹豫不决了。"（见普尔、狄更斯著，金莹译《巴夏礼在中国》，第190页）

设供水手购物的墟市,以减少水手到省和发生民夷冲突的可能性等①。在进行正面努力的同时,英人还不断向清官方施压,如不断通过外交途径要求清方约束民众,以及使用武力威慑广东地方官员等。特别是其威胁军事北上以借清帝之势迫使地方官员抑制士绅活动,显示了英人对中国政情的熟悉。尽管效果不一,但这些措施均属冷静思考的结果。

第四,最重要的是,英人的一切活动均以军事实力为后盾,其强权外交虽不具有道德上的正当性,却符合当时的国际政治现实。

(三) 清人反入城的非理性表现

相对于英人的老谋深算,清人的反入城斗争则自一开始就陷入了非理性的泥淖,具体表现为以下几点。

第一,清廷上下和官绅民众均未能从国家、民族或地方的总体实际利益出发,对反入城活动的价值给予合理判断。

前文已指出,清人并未提出明晰而正当的反入城理由。尽管在清人的认知中,反入城系基于现实利益的考量,特别是在关乎"体制"、民族尊严、文化优越感和信仰禁忌等方面,更是超乎一般物质利益之上,值得不惜代价加以维护。但如对这些被认为是与切身利益密切相关,甚或更加至关重要的反入城理由进行具体辨析,则其中颇有不实或囿于时人认知能力的不当之处。由此而进行的反入城斗争,不仅保守性显而易见,其正当性也颇值得商榷。即如张海林所分析指出的,广州的士绅、农民和手工业者、商人、官吏等社会各阶层,多系从各自不同的实际利益出发,以维护原有封建统治秩序和道德观念等为目标,共同投入反入城斗争。但因从人类文明发展的角度来看,西方已领先于中国,故此维护"华夷尊卑",实即希望继续"闭关锁国"的反入城斗争,已"完全失去了进步性和合理性"。②

---

① 璞鼎查称:"至黄埔一处,本公使量度情形,应请贵大臣暨粤省大宪等,在于彼附近地方,择拣一所,以为设立墟市,可便各为水手人等,随时往买食物及零星杂货,俾免梢人常时赴省,致有滋事。"(见佐佐木正哉编《鸦片战争之研究·资料篇》,第238页)然次年耆英致德庇时照会言及此事则称:"上年贵国公使璞,曾议在该处设立墟市,经前部堂祁议准照复,因有绅民多人,联名呈诉,均称不便,是以中止。"(见佐佐木正哉编《鸦片战争后の中英抗争·资料篇稿》,第4页)

② 张海林还分析指出:"'反入城斗争'的社会基础主要有四种人:士绅、农民和

三、非理性：反入城斗争的价值评判

与此同时，外侨在穗的商业等各类活动客观上有利于地方经济和社会进步，也在总体上有利于国家和社会各阶层。但清人多未能意识到此，仅基于个人或本阶层的狭隘视角，而未能从国家的总体利益出发，将构建平和、友好的中英关系视为必要。由此而进行的反入城等持续的抗英活动，不仅造成中外民众严重的生命和财产损失，所制造的社会动荡更使广州本已不复战前风光的外贸口岸地位每况愈下，在不利于国家和地方的同时，事实上也有损于当事各方的利益。

第二，清人的反入城斗争并未指向恰当的目标。如果说三元里抗英斗争毫无疑问具有反帝反侵略正当性的话，反入城斗争并不具有同样性质，即尽管英人凭藉不平等条约甚至是威胁使用武力要求入城，但是入城要求本身并不意味着不平等或侵略。推而言之，尽管英商在穗商业等各类活动受益于不平等条约，但这些正常活动本身不具有侵略性质。相反，入城等要求反映了英人乐与清人进行更深入交往和建立更密切关系的意愿。在上海等口岸的中外交往实践中，也可以看到这一意愿变成现实的可能。尽管在实现这一意愿

手工业者、商人、官吏，他们有一个共同之点，这就是都希望维护原有秩序和观念的存在。士绅是'反入城斗争'的鼓动者和领导者。……一切不符合封建秩序和道德观念、一切可能引起封建制度趋于衰灭的因素都是他们仇视、排斥的对象。农民和手工业者，由于生产能力低下，害怕天灾、人祸、变革、竞争，期望安安稳稳，终生太平。……商人中的散商，本钱小，经济地位不稳定，惧怕机器产品的低价竞争，而行商，则希望他们对外贸易中的垄断地位永固。官吏是'反入城斗争'的幕后策划者和操纵者。他们不仅保留了士绅阶层所固有的保守性，而且，由于他们与封建政权的直接关系，在对待'异端'的斗争中，有着更为强烈的道义感和责任感。"张文还指出，西方的冲击主要在于，"首先，西方资本主义商品经济冲击了旧的经济结构，威胁着旧阶级的经济利益。……其次，西方资本主义势力的侵入，对清王朝官吏的政治权力是一个严重的挑战。……再次，西方资本主义势力的侵入捅破了中外之'大防'，冲击了'华尊夷卑'的古老信条，从而破坏了地主士大夫阶级的心理平衡"。西方的冲击"使广州地区各个阶层普遍产生了'生存恐慌'，它随着外人要求进入广州城而更加剧烈。正是这种日益加剧的'生存恐慌'驱使广州官、绅、民共同投入了'反入城斗争'"。即张文认为各阶层维护旧秩序和观念的原因，仍与现实的政治、经济利益有关。但张文同时指出："如果说以反对'蛮夷猾夏'为目的的对外斗争，在中国文明高于外来文明的古代还有一定的进步意义，那么，在世界资本主义已经蓬勃发展，中国大大落后于西方先进国家的近代社会，它便完全失去了进步性和合理性。"（参看张海林《重评近代广州绅民的"反入城斗争"——兼论近代中国应付西方挑战的合理方式》，《安徽师大学报：哲学社会科学版》1989年第1期，第98-100页）

的过程中，存在着英人借机扩大侵略权利和对清人造成更大损害的可能性，但一方面这一可能并非不可避免；另一个更重要的方面是，如果将这些损害看作必要代价的话，对外交往扩大对中国社会进步发展所产生的作用和意义，是十分有益和巨大的。

但是，激烈的反入城等反对外人的斗争，并未将斗争目标指向具体的侵略行为，而是不加分辨针对一切外人和外人的一切举动，具有强烈的保守性质，形成事实上的盲目排外，深刻反映出清人的反侵略活动并非自觉清醒。

第三，民众反入城的手段过于暴力和趋向极端化。如前文所言，引发民夷对立的中外矛盾在通商各口普遍存在，但唯有粤人因三元里抗英斗争影响，及士绅以团练社学等形式将反英活动组织起来等原因，使得广州形成了其他口岸所未见的持续的、社会各阶层普遍参与的与外人激烈对抗的局面。而反入城斗争以群众运动的方式展开，相应表现出了同质化、情绪化和极端化等集体心理特征，斗争手段也相应颇为暴戾和趋于极端。

关于反入城的态势，耆英称是"官则驭之以术，民则直行其意，其间微有不同"①，徐广缙也认为"该民理性不足，血性有余"②，均指出民众受情绪控制，往往不计利害，任性所为。在几乎不受控制的极端民意面前，不仅广州的中英敌意和对抗常态化，造成了长期持续的反英态势，更重要的是，民众的反英活动中常出现纵火或人身杀伤等极端情绪化的暴戾、过激的暴力攻击行为，而由琐事引发的冲突，其规模往往爆发性扩大，冲突的暴力程度也会突然加剧。由于暴力冲突和敌意之间形成了恶性循环，民众倾向于选择对抗性而非协商妥协的方式解决中外矛盾，使得持续的暴力冲突进入无法自解的死局。

第四，清统治者假民意为辞的反入城交涉，策略上自鸣得意而实则愚不可及。相对于英人在入城问题上始终以维护商业利益为目标、以武力为后盾的精心应对，清廷上下既无意主动约束民众行为以缓和矛盾，也未对英国的外交措施做出正确呼应，更不能根据双方悬殊的实力对比和形势发展进行政策调整，只是一味假民意为辞，态度死硬，无法实现外交活动所应具备的策略和效率等基本要求。在1849年反入城的斗争"胜利"中，清廷上下不仅对文翰搁置争议的慎重举措做出误判，对文翰"驯扰"的温顺态度也未有清

---

① 《耆英等奏覆奏曹履泰所奏广东人民滋事各节折》，齐思和等整理《筹办夷务始末·道光朝》，第2993页。

② 佐佐木正哉编：《鸦片战争后の中英抗争·资料篇稿》，第138页。

醒认识。特别是至叶名琛督粤时，其外交毫无弹性可言。这种僵化和机械的态度不仅不利于具体问题的解决，也无益于真正意义上的反侵略和实现国家利益，相反，却极易将事态推向极端，为国家和民族招来更大的祸端。①

● ● ● ● ●

然则在反入城斗争中，广州地方绅民何以均不计现实利益地抗拒英人？何以叶名琛等地方官员无视悬殊的中英实力对比，不采取更有适应性的外交策略，灵活应对外交困境？何以清人不能清醒面对世界格局的变动和中西科技文化现实差距，顺应历史潮流进行变革，而是长时间地固执己见，抱残守缺，以反入城斗争一类的方式排斥外人和排斥西方先进文化，使得民众排外活动及晚清外交在总体上呈现出以极端保守主义为主要特征的非理性的倾向？要解释这些疑问，除了前文所讨论的一些社会历史条件外，还须透视在自清帝至广东地方官员、士绅民众等各当事个体和人群的决策行为中扮演重要角色的认知、情绪和动机等基本心理因素的关键作用。②后文将以反入城斗争为中心，分析这些心理因素的主要表现，进而分析其对晚清中西交往的深刻影响。

---

① 对于第二次鸦片战争发生的原因，巴夏礼称："叶名琛需要对这场危机负责。这是东方对西方的战争，异教徒对基督教徒的战争。我们所盼望的应该是什么呢？我相信应该是中国的开放。我希望只通过少量的流血来换取最后的解决。必须攻陷广州。……我也相信这座城市的被攻占是对中方的一种惩罚。"此语固属推卸责任，但叶名琛对战事爆发负有责任，则众论极为一致，如蒋孟引即将包令、巴夏礼和叶名琛并列为"三个促使战争爆发的人"（参看普尔、狄更斯著，金莹译《巴夏礼在中国》，第214页；蒋孟引《第二次鸦片战争》，第41-48页）。

② 认知心理学在讨论个体对环境刺激做出反应行为时，除强调人对环境认知的影响外，同样认为情绪和动机对"激发和指导行为"具有重要意义（参看 R. L. Atkinson 等著、车文博审订、孙名之等译《心理学导论》上册，晓园出版社，1994，第521页）。特别需要说明的是：心理学关于认知、情绪和动机等概念的定义极为复杂，且主要用于讨论个体心理状态，尤其晚清社会是一个持续70余年的历史阶段，社会心理和当事个体的心理状态都处于极其复杂的发展变化状态，静态、固化的概念本身并不能够涵盖或解释这种社会化和动态的历史现实。因此本文在讨论认知、情绪和动机等心理问题时，将不涉及心理学就此上述概念的定义所展开的复杂讨论，而是根据文章本身所涉内容来确定这些概念的范畴，一方面将之与通俗词意相区分，另一方面则以开放的态度看待这些概念。与此同时，本文所进行的是历史学而非心理学的考察，即所描述的社会心理或当事人的心理状态以历史事实为基础，或者说符合统计学所定义的共性原则，并不考虑此外个体的特殊情况。

四、错误知觉[①]：认知缺陷与决策失误

罗伯特·杰维斯（Robert Jervis）在其《国际政治中的知觉与错误知觉》一书中，根据认知心理学的原理，分析了国家决策者因各种错误知觉而导致外交政策失误的现象。从认知缺陷的角度来考察反入城斗争，可以发现在清人对英人的认知中，存在着诸多错误知觉，由此造成对形势认识和决策的误判也并不鲜见，为清廷上下及士绅民众的若干非理性行为，提供了认知心理方面的解释。

（一）刻板印象的形成及其影响

人们对事物或事件的认知活动，有赖于图式加工等认知手段。[②] 而在图

[①] 认知心理学有关知觉（perception）的概念，系指人们在受到环境刺激后，对刺激因素"进行选择、组织和判断自己接收的信息的过程"。在这一过程中，人们先决的知识系统和思维方式等对所知觉到的信息加以理解和做出解释，然后根据其理解对刺激因素做出反应。通常人们对刺激做出的反应是基于其对刺激因素的知觉，而非基于客观真实的刺激因素本身。此外，认知心理学指出，人们的认知（cognitive）过程所遵循的机制会导致其认知存在缺陷，在某种程度上无法完全客观真实地反应刺激，从而形成错误知觉（misperception），即"由于决策者对接收到的信息做出了误断，其决策和行为随之偏离了实际，结果，事物的发展结果就与决策者的原本意图不相吻合"（参看《译者前言：杰维斯及其国际政治心理学研究》，杰维斯著、秦亚青译《国际政治中的知觉与错误知觉》，上海人民出版社，2015，第Ⅷ页）。

[②] 现代心理学关于人的认知行为提出了"图式"（schemata）的理论，即认为人不仅仅是对原始刺激进行照相式的复制，而是对原始知觉进行简化重构，这种表征或记忆的结构被称为"图式"。人们使用图式来建构记忆，一方面使记忆具有条理性因而成为可能，另一方面又是产生认知偏差的重要原因。人们使用图式处理信息的过程，称为"图式加工"（schematic processing）（参看 R. L. Atkinson 等著、车文博审订、孙名之等译《心理学导论》下册，第896页）。

式加工过程中，人们易于按照既定的形象或特征来概括特定人物、事物，从而形成对人或事的刻板印象。① 毫无疑问，刻板印象中存在着许多偏见甚至与事实相反的情况。而清人在战前所形成的对于英人的刻板印象，即存在诸多扭曲不实，战后清人仍复根据这些扭曲的形象判断英人的行为意图并据以做出应对，谬误极深。

○ ● ○ ● ●

鸦片战争前的文献中，常有"英吉利国之人，素性凶狡，特化外蠢愚，未谙例禁"②，"夷人惟利是图，反覆性成"③ 等类描述。进入19世纪后，因英人改变中英关系现状的尝试趋于频繁和激烈，发生诸如盼师事件中夷人乘轿、夷妇入城④，以及律劳卑事件和马他仑（Frederic Maitland）事件中"夷目"向清官员平行书信⑤ 等对传统中西贸易管理体制构成严重挑战的举动，

---

① 刻板印象（stereotype）系指人们根据图式原理所建构的对于他人的认知，即对某一阶层人（特定人群）的人格特征和身体特征的既定推断。一般来说，刻板印象中总是包含着教条或偏见，从而影响认知的准确性。但同时刻板印象本身又包含有一定的客观性、准确性，对建构认知发挥重要作用（参看罗震雷、张厚粲、黎岳庭《从刻板印象到类属性思维》，《心理科学》2005年第3期，第636-638页）。如果剔除词义中的贬义，"成见"可以准确表达"刻板印象"一词的通俗含义。

② 齐思和等编：《中国近代史资料丛刊·鸦片战争》第一册，第343页。

③ 《步际桐奏取具外人切结后应设法永杜弊端折》，齐思和等整理《筹办夷务始末·道光朝》，第163页。

④ 对此道光帝在上谕中着重指出："广东贸易夷人日增桀骜。英吉利自恃富强，动违禁令，其余各国，相率效尤。道光十年该夷等违例乘坐绿呢小轿，又带夷妇入城，在洋行居住。当经两广总督及粤海关监督出示申禁，而英吉利大班等统领各夷，向该监督等衙门屡次递禀，语多诞妄。经该督调兵弹压，胆敢统率水手，搬运枪炮器械到馆，俨有抵敌之势。"（见蒋廷黻《近代中国外交史资料辑要》上卷，第8页）

⑤ 关于律劳卑投函，卢坤等称："该夷目不肯接见洋商。旋赴城外呈递致臣卢坤书信一件，函封面系平行款式，且混写大英国等字样。当查中外之防，首重体制，该夷目律劳卑有无官职，无从查其底里。即使实系该国官员，亦不能与天朝疆吏书信平行。事关国体，未便稍涉迁就，致令轻视。"关于义律代玛他仑投函，邓廷桢等奏："臣邓廷桢伏思中外之防，首重体制。定例贸易事件，均由洋商转禀，不准投递书函，亦从无派官传谕之事。该领事忽求免用禀字，有事又欲派官传谕。诘其为玛他仑代呈何事，一味含糊，竟赴城外投递并无禀字信函，谬妄已极。在臣一字之更，何关轻重。惟若听平行于疆吏，即居然敌体于天朝，体制攸存，岂容迁就？"（见蒋廷黻《近代中国外交史资料辑要》上卷，第10、23页）。

清人还形成了"各国夷人来广贸易,都是安分守法。惟尔英吉利国夷人,往往逞强滋事"的看法①,反映出战前清人对于英人的刻板印象,有着以下三个显著特征:其一,所谓"化外"之人,即系无文化礼教,野蛮落后,并且崇尚武力的"蛮夷";其二,英人重商嗜利,不讲道德仁义,狡诈多变;其三,在清官员眼中,英人恃强作恶,还扮演着破坏"体制"的麻烦制造者的角色。

反入城中清人对于英人的认知,刻板印象发挥倒摄作用,使其在对待英人时不脱窠臼。

其一,基于华夷尊卑的文化优越感,清人将贬抑英人视作当然,而不以平等甚或尊重英人为正当。即在官绅民众等绝大多数清人眼中,英人仍属蛮夷,对其文化、人格持以鄙夷并无不妥,故而"华夷未可杂居,人畜不堪并处"②一类的舆论,言者理直气壮,听者理所当然,反入城的理由仅此似乎即已足够。许多地方官员在对英交涉时虽被迫接受平等往来的形式,但内心从未真正认可这种关系,心理上仍然蔑视英人,出于侮慢自大抵制英人入城而不能自察。而一些通过实际交往对英人了解加深、在对待英人态度上较为开明且乐与英人酬酢的官员如耆英、黄恩彤等,则无不被时人以"汉奸"目之。③此外,正因英人粗陋蛮横,入城可能造成更大的扰害自然成为现实的担忧④,"昨日已有夷兵,丈量地址,我百姓稍有议论,即开枪轰击"⑤一类谣言自易为人接受。即首先是在高人一等心态的作用下,清人将反英入城的正当性打造得无可置疑。

其二,如道光所称:"西洋各国以通商为性命。"⑥在清人看来,英人不避万里波涛,"非为入城",系为逐利而来,只需饵之以利,即可消其桀骜之

---

① 《粤抚谕英商罢喇查书》,齐思和等编《中国近代史资料丛刊·鸦片战争》第一册,第36页。

② 广东省文史研究馆编:《三元里人民抗英斗争史料》,第95页。

③ 如广东攻击耆英、黄恩彤等人的揭帖称:"若要享太平,先杀潘仕成;选定弓箭手,埋伏射耆英;破了黄烟筒,自后不劳兵。广东多扰乱,总系这龟精;治鬼无方法,剥民有才情。倘欲除番狗,不离社学丁义勇,齐心力,尽忠答天庭,踊跃向前进,万古标姓名。"(见佐佐木正哉编《鸦片战争后の中英抗争·资料篇稿》,第286–287页)

④ 参看《明伦堂绅士议论》,佐佐木正哉编《鸦片战争后の中英抗争·资料篇稿》,第273–274页。

⑤ 广东省文史研究馆译:《鸦片战争史料选译》,第322页。

⑥ 齐思和等编:《中国近代史资料丛刊·第二次鸦片战争》第一册,第28页。

气。在不能正视其政治诉求,且又忽视其民族情感的情况下,清人难以理解英人坚持入城的原因。广东官员在入城交涉中曾一再就此向英人提出疑问,并偏执地认定断绝贸易即可制敌,而如果在商业利益方面对英人做出让步,即可消除其入城及其他变更体制等"非分"之请。如面对文翰的入城要求,徐广缙即声称:"当经剀切驳斥,晓以广东百姓不许该夷进城,且该夷远涉重洋,原图通商贸易,岂为进城而来?"此言不仅毫无诚意,抑且缺乏基本的外交礼貌。但徐广缙自有其缓和矛盾的手段。在峻拒文翰之余,他对外商颇持异议的"土桂皮牌照"加以裁革,在徐广缙看来,这就是所谓"怀远尤贵以德",可以藉此给文翰交涉失利以"转圜之机"了。①

其三,英人对传统秩序的冲击给清人带来极大困扰,以其为桀骜强横,进而对其任何与旧制不符的要求都视作无理妄求,以一拒了之为当然。如前文所述,战前英人即因庇护刑事案犯往往使广东地方官员面临极大的压力。战后情况更形严重,如在处理 1846 年十三行骚乱案时,因华民出现伤亡而英人认为系属正当防卫拒不交凶,耆英照会德庇时即明确指出:"本案不能按约办理,以后华民必不服官长弹压,生事恐所不免。"②即因英人凶悍难制使案件不能公正解决,进而导致民众对英人敌意加深而激发事端。汹汹民意和蛮横英人形成了严重对立,使得战后各口岸地方官员无论如何处置中外冲突都不能做到"持平"办理,始终身处物议民怨和凶狡外夷夹击的窘境之中。

更重要的是,如梁廷枏对战后英人乘肩舆"遨游通衢"之举义愤填膺,将之目为"骄矜"那样,战后英人凭藉武力不断突破传统体制的尝试,给广东官员带来了极为沉重的政治压力。特别是英人反反复复在入城问题上"哓渎不休",不时示以炮舰,使得徐广缙、叶名琛等对英人反感日深。叶名琛一再地拒绝与英人面晤交流,其对英人贡高自慢所抱有的强烈厌恶情绪,明显也是一个极为重要的原因。③表现在修约交涉中,叶名琛与咸丰帝对英人

---

① 参看《徐广缙奏侦探香港英人情形外示怀柔内存防范折》,齐思和等整理《筹办夷务始末·道光朝》,第 3158–3159 页。
② 见佐佐木正哉编《鸦片战争后の中英抗争·资料篇稿》,第 64 页。
③ 如马士分析指出:"外国代表们都愤懑于中国政府只准他们同驻广州钦差办交涉的决定,更愤懑于该钦差坚决拒绝会见他们,倾听他们,和多少考虑一下他们所奉命提出的修约问题;叶钦差却忿怒于使节们的坚决要求会见以及催迫他和他的政府所认为既非其时也无必要的条约修订;广州人民所表示的情绪则同七年前和十五年前的情形完全

的诸般诉求均未予细审，即认定这些诉求与入城一样，俱属有违体制，而英人提出这些要求即系桀骜不驯，因此绝无商议余地。

· · · · ·

简而言之，主要是出于文化心理的自大，清人在战后仍对所有异质文化都加轻视，对西方文化更为发达、先进和领先之处都不屑一顾或视而不见，对西人也视同蛮夷而加鄙夷，坚执与现实已全然不符的既定认知，因此对西人任何诉求的正当性、合理性都不以为然，更无法理解和容忍西人改变现实的努力。

（二）认知固化和愿望思维

人们认识事物过程中的认知相符原理①，使人们在认识事物时往往坚执既定的认知结果，选择性地接收信息，并且排斥与自己认知不相吻合的信息，从而造成"认知固化"②和"愿望思维"③等非理性的认知现象，即固执于既定的认知模式或从主观愿望出发，而不能理性认清形势变化，实事求是地

一样。在这一堆易燃物中，现在投进了一个可作战争刺激因素的事件（按：指亚罗号事件）。"（见马士著、张汇文等译《中华帝国对外关系史：1834—1860年冲突时期》第一卷，第473-474页）

① 心理学中的认知相符（cognitive consistency）原理，系指"一种强烈的认知取向，即人们趋于看见他们预期看见的事物，趋于将接收的信息归入自己原有的认识中去"（见杰维斯著、秦亚青译《国际政治中的知觉与错误知觉》，第127页）。

② 认知固化（cognitive rigidity）反映了认知过程既定观念的影响和作用，即"有些认知过程是很难逆转的。一旦一种信念形成，新信息产生的影响就不如早些时候产生的影响大"。此外，受既定观念影响，"人们的认识在没有充分证据之前就存在两种现象：一是对与自己原有认识不符的信息采取封闭态度，二是过早形成自己的假设"（参看杰维斯著、秦亚青译《国际政治中的知觉与错误知觉》，第187页）。尤其是对与文化相关观念的信守，往往与"保守主义"相联系，如巴特菲尔德（Butterfield）即将新知觉取代旧知觉称之为"实际上意味着戴上一顶不同的思维帽子"（参看杰维斯著、秦亚青译《国际政治中的知觉与错误知觉》，第219页注156）。

③ 愿望思维（wishful thinking）又称愿望式思考，系指这样一种认知现象，即"如果我们相信某事为真，那我们就会说服自己它是可取的。相反的推理序列也可以发生，因为我们相信某事是可取的，所以我们说服自己它是真的"（见R. L. Atkinson等著、车文博审订、孙名之等译《心理学导论》下册，第922页）。

认知和面对现实。在反入城斗争中，这两种认知现象均有突出表现，使得清人对如何认清和适应中英关系的新局面，均产生严重偏差。

• ○ • ○ •

清人的认知固化主要表现在以下两个方面。

其一，清统治者出于统治需要，在对外交涉时仅着眼于防微杜渐维护"体制"，而反入城被认为与维护"体制"息息相关，故清廷上下和广州绅民都对之汲汲以求，相反对一些国家和地方的现实利权，却未能给予充分重视。即如魏斐德所言："在《南京条约》签订后，许多中国人并没有承认中英之间关系之变化。"① 也就是说，战败后的清人并未清醒意识到中西关系已发生根本改变的事实②，更无法接受由英人来主导这种改变，执念于对旧体制的维护，企图将形势发展纳入旧的制度体系之中。其具体做法如下：

对于英人炮舰已经轰开的制度缺口，清人仍照旧制话语进行解释，假作金瓯无缺。如将割让香港解释为"因英国商船远路涉洋，往往有损坏须修补者，自应给予沿海一处，以便修船及存守所用物料"③，将之与战前葡居澳门视同一律。至于增开四口，则称为"此次和好通商，既蒙皇帝恩准，并赏给码头"④，即将自事关"海疆"的洪任辉（James Flint）事件后关闭的北方四口之重新开放，解释为大皇帝开恩准同在穗贸易。对于英人在各口开辟形同自治的商馆区、租界区，因其不违蕃坊旧制及有利于"夷夏之防"，故清人对

---

① 魏斐德著，王小荷译：《大门口的陌生人：1839—1861 年间华南的社会动乱》，第 72 页。

② 对此梁元生称："很多历史学家认为，鸦片战争是中国近代历史上的里程碑，是中国与西方关系的转折点。……然而，对清政府的战后政治和调整做一个更为细致的调查就会发现，除了中西方这两个世界之间的交往空间扩大了之外，它们之间的关系并没有重大的突破。""在鸦片战争后的至少 10 年里，中国在处理外交事务方面还没有发生过制度性的变化。在中央政府，没有相关的外交机构，在省或地方没有类似于对外事务局那样的职位和部门。"（见梁元生著、陈同译《上海道台研究——转变社会中之联系人物：1843—1890》，第 38、40 页）

③ 《耆英等奏和议已定条约钤用关防折》，齐思和等整理《筹办夷务始末·道光朝》，第 2315 页。

④ 《耆英等奏连日与英人会议粗定条约并请钤用御宝折》，齐思和等整理《筹办夷务始末·道光朝》，第 2276 页。

此不仅不以为然，反而有意促成。①唯赔款一项实难措辞，除"商欠"300万元事属常见外，其余只能以"洋银"含混称之②。

对于《南京条约》仅定原则的条款，清方力争通过细则的落实使成议翻归旧制。如英商在五口居住范围，《南京条约》定为"大皇帝恩准英国人民带同所属家眷，寄居大清沿海之广州、福州、厦门、宁波、上海等五处港口，贸易通商无碍"，即理论上有自由散居之权。而耆英则通过《虎门条约》将之修订为"万年和约内言明，允准英人携眷赴广州、福州、厦门、宁波、上海五港口居住。……但中华地方官必须与英国管事官各就地方民情，议定于何地方，用何房屋或基地，系准英人租赁"③，即改订为由清地方官员指定租房租地的范围。耆英特将之作为重要的外交成果向道光奏报④，盖因其有助于在各口建成类于战前的十三行商馆区。对于到华英商的管理，耆英还曾向璞鼎查提出："五处开港，除广州已给香港居住，毋庸置议外，其福州、厦门、宁波、上海四处，只可于港口建设会馆，俟英国商民来时居住。其携带家眷，自属人情之常。惟贸易事毕之后，仍应回船归国，不必常年在会馆居住，似为妥协。如实有账目未清、事件未了者，照广州押冬商人之

---

① 众多研究者都指出，为防止华洋杂居，清廷有意限制外人在各口的居住区域范围，而西人也乐于接受此种安排并谋求居住区内的司法管辖权。租界和外人集中居留地，是在各口地方官与外人相互配合的情况下形成的（参看费成康《中国租界史》，第11—12页；茅海建《近代的尺度：两次鸦片战争军事与外交》，第120页）。

② 如耆英奏报《南京条约》谈判情况时称"俟各款议定后，先给洋银六百万圆"，"如该夷请求洋银多至二千一百万圆"，见《耆英等奏连日与英人会议粗定条约并请钤用御宝折》《耆英等奏详陈议和情形折》，齐思和等整理《筹办夷务始末·道光朝》，第2275、2305页。

③ 王铁崖编：《中外旧约章汇编》第一册，第28、32页。

④ 耆英奏称："英夷在江南就抚时，本请在五口任其自择基地，建造夷馆。臣耆英因内地港口非澳门、香港系属海岛可比，且该夷所欲住之地，皆系市廛，断难任其自择，坚持未许。……告以内地房基，皆系民间所置买，完纳钱粮，虽大皇帝亦不肯将民产作为官地，径行建造，致令失所。尔等寄寓中土，若不问何人之地，擅自拣择造屋，直是与民为难，并非前来贸易。……自应由中华地方官会同该夷目，……方能永久相安。……该夷（按：指璞鼎查）始就范围，不敢坚执自行择地之说。……现在已将止准在五口租房租地，并由地方官指定地段，准其行走贸易，不许逾越尺寸，列入善后条约。"（见《耆英等奏与英人商定五口租房租地办法并英方已派定各口管理贸易人员折》，齐思和等整理《筹办夷务始末·道光朝》，第2740页）

例，呈明该管官，准其在馆居住。"①即虽无法推翻英人"携眷"的成议，但仍试如战前那样限制其居住范围和时间。此外，道光还提出："从前货物交易，银钱往来，俱系由洋商与汝等自行经理，我国官员向不过问。且此中贸易曲折，价值低昂，甚为琐屑，况各国言语不通，断非地方官所能办理。嗣后各处通商，自应仍照旧章，毋庸更改。"②即虽放弃通过行商管理外贸及对外商进行人身控制，但仍争取避免官方卷入贸易细务，不致过违旧制。广州绅民也力图循此要求，如反入城时《阖省铺户公议》即称："令嗣后不准擅带夷兵来省河。凡船入口到虎门，必先呈缴炮械。"③仍求以战前旧制约束英人。

对于《南京条约》所未及而战后英人抱有希冀的诉求，清人多视其与"国体"相关而寸步不让。在战后至第二次鸦片战争前的交涉中，除商贸、关税等所谓"贸易琐事"清人有时会略加考虑外，其他英方各种诉求，清人都往往以事关体制而加拒绝，包括如文翰因拓建商栈等租地事务与徐广缙相商，徐广缙也是动以违制相拒。④尤其如前文所述，在修约谈判中叶名琛对包令的决绝态度，甚至对咸丰态度松动的"民夷相争""上海欲免（外商）欠税"和减"广东茶税"三事，叶名琛也绝无通融。⑤

因此，入城问题自一开始就不仅局限于"入城"，而被认为是触及"体制"的重大问题，故而不可能就事论事，也难有妥协余地。

其二，清人对英人敌意的泛化理解⑥，即坚持从敌意出发来判断英人的

---

① 佐佐木正哉编：《鸦片战争之研究·资料篇》，第217页。
② 齐思和等整理：《筹办夷务始末·道光朝》，第2278页。
③ 佐佐木正哉编：《鸦片战争后の中英抗争·资料篇稿》，第320页。
④ 如1849年文翰请于黄埔租地，徐广缙照复："据称出名代赁一层，此尚未明内地租赁之法。夫掩耳盗铃之事，无论体制攸关，非官府所能为。"（见佐佐木正哉编《鸦片战争后の中英抗争·资料篇稿》，第171页）
⑤ 参看《叶名琛奏覆英美要求三款实为无厌之求及法使来津意在庇护教士折》，中华书局编辑部整理《筹办夷务始末·咸丰朝》，第410—413页；茅海建《近代的尺度：两次鸦片战争军事与外交》，第151页。
⑥ 关于认知相符的螺旋理论提供了一个极具代表性的认知固化现象，即"一旦一个人产生了对他人的印象，尤其是产生了敌对印象，模棱两可，甚至是前后矛盾的信息都会被纳入这一印象之中。……如果他们认为一个国家对自己有敌意，即便是那个国家表现出其他人认为是中立或友好的行为，他们也会无视或曲解这种行为，甚至认为是故意的欺骗"（见杰维斯著、秦亚青译《国际政治中的知觉与错误知觉》，第71页）。

行为动机，进而判定其一切活动均具恶意或不利于我。

鸦片战争后，清人开始关注到英国在亚洲地区的殖民扩张，并逐渐形成"英夷狡焉思逞志于内地久矣"①的认识。这一认识堪称卓见。且在鸦片战争尚未结束时，清人已指出："夫逆夷自嘉庆年间进贡之时，言语傲慢，到处绘图，其包藏祸心，已非一日，有衅固叛，无衅亦叛。"②清楚地认识到英人随时准备以军事手段维护和扩张其殖民、商贸利益。但需要指出的是，英国虽对华进行资本主义侵略扩张，在此过程中亦不惮于使用武力，然这并不意味着其一切活动均具侵略性质，亦并非一切要求如入城、公使驻京等均非正当合理，更难以认为英国对华始终抱有敌意而乐于以武力解决一切问题，毕竟常态和平的国家关系更有利于正常的商业贸易，英国资本家主要是通过商贸牟利，而绝非仅寄希望于通过军事手段进行暴力掠夺。

但清人纠结于此，将英人一切活动均视为包含侵略意图，步步设防。就入城而言，其本身所反映的本是英人对于加强和便利两国人民往来的正常诉求，并无侵略性质，且可能成为加深两国人民了解、实现友好相处的途径。然不仅士绅民众提出"夷人屡以入城为名，希图各国商税"，"在彼之不敢觊觎我粤者，惟不得进城，探实地势与消息矣"③等种种关于英人恶劣动机的无端猜疑，即如徐广缙等在分析英人坚求入城的原因时也危言耸听，称："夷性叵测，必欲进城，其居心实有不可问者。前此侦探，谓欲震耀各夷，抽纳税饷，犹属饰词。近复明察暗访，始知该夷听信传言，谓藩署存银二十四大库，进城后即可据为己有，竖立旗号，广东即为其所得。……岂一游所可了事？""所以屡次要求（入城）者，无非挟制地方官，逼勒百姓，迨至众叛亲离，文武皆成孤立，伊等始可长驱直入。广东既得，则江、浙柔脆之地，更可为所欲为，将来得陇望蜀，正不独广东可为寒心也。"④种种言辞，将入城与为害相关联。尽管徐氏此语系为谋求道光对反入城的支持，未必代表徐广缙本人内心确持此种认识，但对英人谋求入城显怀恶意的定性，则言听二者均以为当然。

---

① 梁廷枏:《夷氛闻记》，第 1 页。
② 《金应麟奏筹计水攻请旨办理折》，齐思和等整理《筹办夷务始末·道光朝》，第 2273 页。
③ 广东省文史研究馆译:《鸦片战争史料选译》，第 322、342 页。
④ 《徐广缙奏熟筹英人进城一事实属万不可行折》《徐广缙等奏英人进城之议已寝折》，见齐思和等整理《筹办夷务始末·道光朝》，第 3170–3171、3186 页。

在面对英人所提出的其他诉求时，清统治者也多从可能造成危害的角度来加以考虑。如 1854 年包令等赴天津进行修约交涉时，对其诉求各款，咸丰均视同有害而加以拒绝。① 也就是说，在清人看来，英人的一切行为都包藏祸心，都必须加以防范约束。② 基于这种认知，清人对英人政治、经济等几乎所有外交诉求，均以抵制和抗争的方式进行应对。对其即使正当、友好乃至互利的诉求，也往往不能做出积极呼应。这不仅阻碍了正常的中外交往，也无法真正有效、有针对性地反抗外人具体的侵略活动，更使晚清外交在相当长的时间里，不能主动顺应历史潮流，与英国等列强建立正常的国家关系，从而积极主动地进入近代国际关系体系，开展正常的外交活动。

● ● ● ● ●

反入城斗争中清人的愿望思维现象突出地表现在以下三个方面。

其一，对于双方军事实力对比已有准确判断，但对军事冲突的结果仍抱不切实际的幻想。

如前文所称，因三元里抗英斗争，其时舆论中普遍存在着民众武装足以抗衡英军的论调。然而，清人有关英军"船坚炮利"的认知，在战前即已形成③，战后实已成为共识。在反入城斗争中，小股英军即可肆虐珠江的现实，更足以打破官绅民众的迷思。但在诸多长红、揭帖中，仍在不断渲染三元里的胜利，营造英军可战而胜之的幻象。如在《粤东全省商民直白》等告

---

① 咸丰谕称："如与中国地方官交往一折［节］，本有议定体制，地方大吏各有职任，岂能于该夷所到之处，轻于会晤；至赁买房屋地基，运卖货物，亦应遵照旧约，断难任其随地建造，任意往来；况洋［扬］子江本非夷船应到之地，而海岸捕鱼、采矿等事，更于通商无涉，是直欲于五口之外，别生窥伺侵占之意。……京师为辇毂重地，天津与畿辅毗连，该酋欲派夷人驻扎贸易，尤为狂妄。"（见中华书局编辑部整理《筹办夷务始末·咸丰朝》，第 342 页）

② 杰维斯所描述的霍布斯式的恐惧有一个特点，即："你自己可能因对方而产生深切的恐惧感，但是，你却无法理解对方因为你而产生的恐惧感，甚至无法理解他为什么要这般出奇地感到恐惧。你知道自己对他不会形成威胁，除了希望保护自身安全之外，你不希望从他那里夺取任何东西。你永远也无法准确地理解和铭记的一点是，他不可能知道你心里到底在想什么。……双方都无法认清自己所处困境的真正面貌，因为双方都认为对方满怀敌意、蛮不讲理。"（见杰维斯著、秦亚青译《国际政治中的知觉与错误知觉》，第 72 页）

③ 如庞乃明即将西人"船坚炮利"称作"一个明代已有的欧洲印象"（参看庞乃明《"船坚炮利"：一个明代已有的欧洲印象》，《史学月刊》2016 年第 2 期，第 51-65 页）。

示中，对英军炮火犀利和清军屡屡闻风而逃的现实虽也直言以陈，但仍以英军兵少而粮饷俱匮，及断绝贸易火食使之"如婴儿在抱，绝其乳食，立死掌中"一类呓语，为"粤东四路社学"壮胆①，充分反映出清人面对强大英军无可抵御这一基本事实，只能自欺地寄托于心理愿望的无可奈何。

其二，因不能接受与英国形式上平等的国家关系，清廷上下刻意地将英国外交人员的活动视作个人行为，仅从其个人视角，而不是从国家政策层面出发考量其外交活动的目标所在，因此主观地完全无视其所代表的国家意图。

需要指出的是，除马戛尔尼和阿美士德两次访华给清人留下的有关英人官方活动的印象外，从林则徐所收集的情报也可以看出，战前清人对英国的君主制、议会和政府活动等多已有所了解。但对"公司散局"后英国对华所派遣的领事，清人虽不否认其官方身份②，却并未尊以外交人员应有的政治地位，而是仍以管理"商梢"的"大班"待之。其中最重要的原因，在于战前广州的外贸管理体制内并无与英人进行官方交往的机制，且如双方以书信而非彼禀我札的形式往还，其对等意味更是传统体制所不能接受。③ 义律

---

① 《粤东全省商民直白》称："我粤东四路社学，壮勇团练，不下数十万，……非比间［闲］人袖手旁观。若以为扬枪而逃者辈，则误耳。尔英夷自谓船坚炮利，汝虽有应敌之策，吾自有炮敌之方。更汝不思粮食不继，科乞军饷，招募摩咾兵三四百名，每月支出火食工银七员，连英夷不足一千之数，兵稀粮少，又何足恃哉。倘英夷迷而不醒，仍蹈前非，粤东一省，先绝其贸易火食，在彼处雇工者，立即一应搬回，有如婴儿在抱，绝其乳食，立死掌中矣。"（见佐佐木正哉编《鸦片战争后の中英抗争·资料篇稿》，第281页）

② 律劳卑到穗，卢坤即称其为"官目""夷目"，并指出："本部堂当查，夷目非夷商可比。"此后卢坤虽称："且律劳卑来粤，并无该国王咨文，其是商是官，不得而知。"仅意在模糊律劳卑官方身份，但并未否认由英国王派出即为官员的现实（见佐佐木正哉编《鸦片战争前中英交涉文书》，文海出版社，1977，第5、8页）。

③ 卢坤针对律劳卑外交诉求称，"查英吉利国与天朝官吏，向来不通文移，该国夷人在粤来往，除贸易以外，亦别无公事。天朝命官从不经理贸易细事，广东自准外夷通市以来，一切交易事宜及约束夷商，均系责成该商等经理，从无与夷目文移往还之事。……是所请文移往还之处，不特无此体制，且于各国夷商，亦多不便，其事断不能行"，"在夷商应否设官监督，听该国自行主将，我内地总照旧责成商人。唯事关创始，如有更定章程，应先具奏请旨遵行。该夷目律劳卑既为贸易事宜而来，自应与洋商和衷商议，将此后如何办理之处，告之商人转禀。……查天朝设立洋商，专为管理外夷贸易事，与夷官并无尊卑之分。"对于律劳卑致函一事，卢坤指出："天朝定制，人臣无

继任商务监督后接受以"禀"呈事,双方恢复交流,但交流方式和双方关系仍被定性在旧制框架之内。此后邓廷桢还有称义律为"领事夷商"之举,尽管经义律抗议邓廷桢同意删除"夷商"二字①,但"领事夷商"四字实已道尽清人对英领事职务的理解,即仅系拥有管理职权的商人而已。故至鸦片战争爆发后,裕谦仍称:"查义律不过该国一贸易领事之人,与中国洋行相等。"②这种根深蒂固的观念并未因鸦片战争的结束而马上改变。

《南京条约》第十条规定:"英国住[驻]中国之总管大员,与中国大臣无论京内京外者,有文书来往,用照会字样;英国属员,用申陈字样;大臣批覆,用札行字样;两国属员往来,必当平行照会。若两国商贾上达官宪,不在议内,仍用奏明字样。"③即在城下之盟中,清人承认了英外交人员的官方身份,给予其与清同级官员的对等地位,并建立起双方文书平等往来的机制。④但清统治者内心却始终拒绝承认与英国互为敌体的关系,对条约将清帝与英王相提并论的情形也难以接受。如条约中对"大清皇帝与英国君主"之间即事涉国书如何往来一事未予明确,即反映出清人避免将中英两国的政治交往提升至国家级别、置两个国家于形式上平等地位的潜在用心。在战后至第二次鸦片战争前的外交实践中,清统治者还采取了限制官方交往级

外交,外夷不准私通书信。……即使律劳卑实系夷目,亦安能与天朝命官径通书信,大乖体制。"(见佐佐木正哉编《鸦片战争前中英交涉文书》,第7、11、8页)

① 道光十七年四月初二日,邓廷桢致义律函称:"据英吉利国领事夷商义律禀称。"义律复函抗议道:"谕内领事二字之下,偶写夷商义律字样,……是职是商,各有各分。且道光十七年正月十八日钦奉上谕,指明远职特派领事,不管贸易,准即来省料理分内之事各情节,钦遵在案。"邓复函同意:"准将前谕内夷商二字删除,以昭核实。"(见佐佐木正哉编《鸦片战争前中英交涉文书》,第102、103、105页)

② 《裕谦奏英人诡诈现为豫备折》,齐思和等整理《筹办夷务始末·道光朝》,第673页。

③ 齐思和等整理:《筹办夷务始末·道光朝》,第2316页。

④ 关于中西官员品级的对应,鸦片战争后各口形成的惯例是由督抚对各国公使、知府(道台)对领事。中美、中英《天津条约》对此约定成文:"嗣后大合众国驻扎中华之大臣任听以平行之礼、信义之道与大清内阁大学士文移交往,并得与两广、闽浙、两江督抚一体公文往来。""领事官、署领事官与道台同品;副领事官、署副领事官及翻译官与知府同品。视公务应需,衙署相见,会晤文移,均用平礼。"(参看王铁崖编《中外旧约章汇编》第一册,第83、89页)。对事务的处理权限则并无明确界定,往往视当事官员的重视程度或具体事件的重要性而定,如耆英和德庇时的往来文书中经常可以发现涉及英商租房、筑坟一类琐屑事务。

别①、淡化相互关系的政治色彩并将交涉事务的内容限于商务、有意模糊其官方身份以矮化英人②、减少官方的实际接触,以及有意将对英国外交人员活动限于个体进行考察等单方面举措。为将中英关系降格,清统治者还设计出由两广总督全权负责对西方各国外交的奇特制度。③

在入城交涉中,清帝和诸臣在上谕、奏折中,不约而同地绝口不提英女王及英国政府,假装其并不存在。当事官员也多仅着眼于从英外交人员的个人行为和性格特征出发,关注其是"恭顺"或是"桀骜",并往往据以判断应对措施。如以谙悉夷务著称的黄恩彤,也只是反复论及"德酋性本乖张,又复好胜。……彼知英商之甚欲一旦进粤城也,故力主此议,屡有喓渎,冀以见好英商,夸耀诸夷。意谓迈越朴酋(按:指璞鼎查),在此一举","新来之酋……文翰,到港数月,似尚安静"④等,将注意力主要集中在驻华公使的个人性格方面。对于入城等外交诉求,清人也主要从英使个人目的出发来进行分析。如徐广缙致文翰的照会中,即有"贵公使……直罢进城之议,则内地之民与外国之商,必皆感悦,共享太平之福,大兴贸易之利,即奏明贵国家,亦必蒙褒奖,荣何如之"⑤等言,将文翰的入城交涉视作其谋求个人荣誉之举。故此在1849年的反入城斗争中,正因徐广缙观察认为文翰

---

① 对于双方官方交往,清廷在事实上将之限在督抚与公使级别,并尽可能避免此一级别的接触。甚至在《南京条约》的谈判中,道光即限制耆英等与璞鼎查等面晤(耆英奏报谈判情况时称:"如果将来议有成说,奴才等自应会同面见该夷酋,以定大说。"道光朱批:"既有成说,总以不会面方好。"见《耆英又奏派员议事如有成说拟会同面见英人定局片》,齐思和等整理《筹办夷务始末·道光朝》,第2260页)。及至1854年包令等北上"修约"时,咸丰也同样严令禁止时任直隶总督桂良与之面晤,包令、麦莲到津后不久,桂良曾拟派署易州知州程仁杰赴天津会办,咸丰谕令:"如果文谦等能正言开导,使之克日回帆,该督即无庸前往,……若文谦等办理有未妥之处,该督亦应赴彼,藉镇人心。"此后更明令:"汝(按:指桂良)之出省与否,不可先露其意,即使出省,亦不便与夷酋相见。"(见中华书局编辑部整理《筹办夷务始末·咸丰朝》,第324、325、330页)

② 与之相反的是,对于民众的抗英活动,清人为提升"战果"价值而有意变民为官。如道光上谕曾称:"上年黄竹歧〔岐〕一案,仅止夷目数人登岸游嬉,即被殴毙。"(见齐思和等整理《筹办夷务始末·道光朝》,第3151页)

③ 关于此一问题,后文还将详细讨论。

④ 齐思和等编:《中国近代史资料丛刊·第二次鸦片战争》第一册,第146、144页。

⑤ 佐佐木正哉编:《鸦片战争后の中英抗争·资料篇稿》,第142页。

"平静""驯扰"①，进而认为"若（文翰）只以现在香港二三千之众，而抗全城数百万之人，则众寡不敌"②，因而敢于与其强硬对抗。但徐广缙所不知道的是，文翰虽未如其前任德庇时那样动辄试以武力，一直坚持文移往来，其遣翻译麦华陀赴白河口投书时亦未派重兵随行故也未能引起清廷的足够重视③，然其原因仅在于文翰忠实地执行了伦敦避免就入城问题发生冲突的训令④。在文翰表面的温和举止背后，其对华使用武力的意愿和努力丝毫不逊色于德庇时或包令。如当巴麦尊对道光嘉奖徐广缙、叶名琛等人发出愤怒的威胁时⑤，文翰即毫不犹豫地指出入城有赖于武力支持⑥；当1853年初太平天国势如破竹顺江而下时，文翰也曾认真地考虑采纳阿礼国有关组织舰队占领镇江的建议，期以作为在与清廷谈判交涉中扩大侵略权益的筹码。⑦

此外，尽管战后条约明定且系属显而易见，但徐广缙、叶名琛等仍对英使的官方身份时加否认，刻意将之贬同商人。徐广缙称："且夷人之称公使，特因骄纵频年，妄拟中国官制，其实为众商公举，不过内地盐当店司事之流，不但不能统辖夷商，且须仰其资助。……所以进退之者，夷商实与其国王分操其权。"⑧需要说明的是，其时各国在华领事中所谓"商人领事"指不胜屈⑨，利用领事身份非法牟利也事属寻常，使时人对这些领事的所作所为

---

① 须加说明的是，1850年文翰与徐广缙交涉无果北上投书时，徐广缙又评价道："窃查文酋人颇深沉。"（见《徐广缙等又奏英报所载文翰赴津原因并有以福建港口换台湾之阴谋片》，中华书局编辑部整理《筹办夷务始末·咸丰朝》，第52页）
② 《广东绅士劝导文翰公启》，齐思和等整理《筹办夷务始末·道光朝》，第3181页。
③ 麦华陀此行仅"火轮船一只，……夷人约有百余名"（参看《讷尔经额奏英船驶至天津海口投文折》，中华书局编辑部整理《筹办夷务始末·咸丰朝》，第16页）
④ 参看马士著、张汇文等译《中华帝国对外关系史：1834—1860年冲突时期》第一卷，第446页。
⑤ 巴麦尊称："现在他们似乎正在鼓励和激发广州人民对英国臣民的仇恨情绪，但是请他们不要自欺吧——英国政府一向所表示的容忍并不是由于软弱的感觉，而是由于强大力量的闻觉。英国政府深知，如果情势需要，英国军队可以把整个广州城毁得片瓦不留，使该城人民受到最大的惩罚。"（见马士著、张汇文等译《中华帝国对外关系史：1834—1860年冲突时期》第一卷，第448页）
⑥ 参看蒋孟引《第二次鸦片战争》，第17页。
⑦ 参看方诗铭编著《第二次鸦片战争史话》，第11页。
⑧ 齐思和等整理：《筹办夷务始末·道光朝》，第3186页。
⑨ 《1850年9月27日文翰致巴麦尊子爵函》称："须知各口岸的美国领事都是富商，他们所支取的每年一千元的薄薪，当然挡不住他们去进行大规模的商业活动。在这

多怀轻视①。但这绝非是说所有领事俱属妄为，也绝不意味着这些领事不能代表其国家利益，更不能说连明显具有官员身份的英国公使也视同丝毫不具政治影响力的"盐当店司事"。

徐广缙贬低文翰除出于传统士大夫对商业和商人地位的本能歧视外②，当然也有争取道光帝支持其反入城斗争的目的。但此类有意回避英外交人员的官方身份和背景，仅围绕其个人性格分析其行为动机的做法，使得清人只是就英外交人员个人的言行举止做出就事论事的应对，因此无法对中英关系的发展趋势，以及可能引发的中英冲突的规模做出正确的判断。更重要的是，这种愿望思维导致清人在外交实践中将想当然的中英关系视同现实，不再深思英外交人员背后，即英国国家对华政策的利益诉求及根本目标，更谈不上主动做出相应的政策调整和绸缪长远之计了。

其三，第二次鸦片战争全面爆发后，叶名琛以愿望代替现实的乖谬举止，正是愿望思维发挥到极致的表现。

需要指出的是，在"亚罗战争"爆发之前，叶名琛显然认为其强硬手段在与包令的对峙中占据上风，即包令在没有武力支持情况下所开展的修约等一系列外交活动，俱因在清廷支持下的叶氏反对而一无所获。而这种"告御状"的举动，反而更加强化了清帝心目中叶氏忠贞可恃的印象。③咸丰四年

种情形下，他们利用领事的职权作经营商业的工具，当然也是很明显的；所以他们当中的大多数人，在亲眼看到他们本国人在走私方面的那种令人唾弃的所作所为时，也都情愿佯作不知，绝不设法去取缔那种积习，因为他们在其中一定是以商人身份多少有些牵连的。"（见姚贤镐编《中国近代对外贸易史资料：1840—1895》第一册，第443页）

① 如陆建瀛等奏："米利坚领事祁理蕴，本系该国商人，名充领事，实仍贸易，首先作俑，不能约束散商，遂开走私漏税之端。英吉利文翰在广东呈称：'他国货物多系走私'，即指祁理蕴而言也。"（见蒋廷黻编《筹办夷务始末补遗·咸丰朝》第一册，北京大学出版社，1988，第73页）

② 从鄙视商业和商人的传统文化心理来看，梁廷柟也认为"义律原不足称使者，其在粤，止一时代理卑吏"，因而对琦善称义律为"公使大臣"极表不满（参看梁廷柟《夷氛闻记》，第38-39、55页）。

③ 关于西使北上"诉冤"，咸丰帝即认为："上年（按：咸丰五年）英夷在上海，又称广东总督拒绝不见，口出怨言，处处要挟，思欲逞其谋利之图……此次已开兵衅，不胜固属可忧，亦伤国体，胜则该夷必来报复，或先驶往各口诉冤，皆系逆夷惯技。"（见齐思和等编《中国近代史资料丛刊·第二次鸦片战争》第三册，第90页）即已将西人北上定性为以诡计诬陷忠臣。对于文翰北上被视为"告御状"的问题，茅海建也有探讨（参看茅海建《近代的尺度：两次鸦片战争军事与外交》，第144页）。

（1854）六月，甚嚣尘上的武力修约舆论显已令叶名琛感受到了山雨欲来的气息，但其有关克里米亚战争情况的奏报，仍充满了英向俄求和遭拒、英军出兵壮行时士卒哭泣，以及英商拒绝承担兵费等想象中的不实之词①，期以乐观的形势分析鼓励咸丰继续支持其对英强硬的做法。"亚罗战争"爆发后，包令对叶名琛在遭受如此重大挫折的情况下，仍拒不开放广州城的做法感到匪夷所思，他所不能理解的关键在于因反入城的主张背后有清帝的坚定支持，清官场随之形成了此事不容置疑的语境，即叶氏坚决反英系为"忠"，如对其举措有所怀疑，将会身蹈"陷害忠良"的险境。因此，即使同僚下属对形势的认知和判断更为真切实际，对叶氏的决绝举止不以为然或认为应当更加理性务实，对其政策可能造成的危害忧心忡忡以致人心浮动，却从来无人敢于正面对叶名琛有所质疑，或对其决策发起挑战，也无人敢于向咸丰说明实情、指明叶氏不当之处并提供务实理性的解决方案。②直须待叶名琛身

---

① 叶名琛奏称："查探俄罗斯与英吉利订期交战情形，……据称：……土夷即求救于英佛二夷，佛夷明约英夷往救，不肯先自出兵。英夷又阴遣人往俄国求和，……俄国主……即向该使者云，……想尔国不过恐我得土耳其后，断绝海口总路，阻住尔国与佛兰西船只往来。……今尔国要帮助他，我与尔三个月限，练兵修船，来至黑海外洋交战，倘尔国军饷不足，向我国尚可借贷。……英国主率领各官亲行祖饯礼，历来出兵，从无如此郑重。惟祖饯之日，各兵哭声震野，皆有不能生还之虑。向来出兵火食，多半由商民捐助，此次系该国主自行豫备，因商民多不愿与俄国交战之故。俄国与英国已将开仗各等语。"（见《叶名琛奏英俄备战情况折》，中华书局编辑部整理《筹办夷务始末·咸丰朝》，第 289–290 页）

② "亚罗战争"爆发后，除叶名琛外，清官场内向咸丰报告战况的奏折极少，且多未反映实情。广东官员中唯柏贵迟至 1857 年 9 月奏："查询此次夷务，实为坚欲进城，蓄谋已久，其所谓水师拿获划艇匪犯一节，不过藉端启衅。自上年九月至十二月，始而滋扰炮台，旋即围攻省城，皆欲从此震动，庶可任其要挟。督臣叶名琛早已知其诡计，复叠次钦奉训谕，愈见坚定不摇。并屡饬兵勇轰坏夷船多只，复伤毙夷匪一千余名。该夷遂于上年十二月二十五日，将各船退出省河。至本年五月初旬，该夷复在东路、西路河面连日滋扰，均经击退，嗣后亦无再行开炮攻扰情事。现在防堵一切仍皆严密，虽大箍围一带河面，尚有夷船数只湾泊，日久亦并无动静。查访近日英夷情形，穷蹙已极，谅不日即可就范。"即对叶氏应对表示肯定。粤籍京畿道御史韩锦云将英军攻陷珠江沿岸各炮台、攻入广州城及烧毁总督衙门等情形如实奏报，并称"如果督臣抚驭有方，则可永保无事"，"惟此次制军派兵到夷船拿贼，因未通知，致该夷有所藉口。如果一面严饬沿江兵弁防守炮台，亦不至变起仓卒"云云，将责任指向叶氏，但同时又认为"英夷实无能为，……现南海大沥九十六乡绅董练勇万余名，自备粮械，声言于十月中旬，与英夷决胜负。……英夷必当胆落"。而怡良虽奏报炮台失守实情，但以"钦差大臣叶名琛

擒国贼、注定将成为"背锅侠"之后,才能有令咸丰"实深诧异"的实情呈报御前。① 也就是说,叶名琛所组织的团练乡勇的活动虽不能击败英军,但

办理夷务一切情形,自必详细奏闻"轻轻带过,并未攻击叶氏。其于英领事罗伯逊照会指责叶氏一节,则称:"照会以钦差大臣叶名琛办理不善,若不去位,恐百姓尚多困苦为词,尤属意图要挟,欲操天朝黜陟之柄,谬妄已极!"既说明情况,又表明极为正确的政治态度。咸丰对怡良"英、米二夷均踞炮台"一语不以为意,称"恐即英夷造言耸听,冀饰其独启衅端之罪。该督等勿为所惑"。此外,正在广州主持乡试的考官王发桂、副考官张兴仁以表面客观态度奏报战况,但其有关英军战损的报告显然有利于叶名琛。即在反入城政治正确、英军未能有效占领广州城的前提下,叶名琛抗英有力的虚幻景象并未被英军攻破广州的现实所摧毁(参看《柏贵奏广州近日英人情形折》《韩锦云奏英攻广州宜声治其罪势无不胜折》《怡良等奏英领事照会要挟叶名琛去职折》《王发桂等奏广东英人滋事情形折》,中华书局编辑部整理《筹办夷务始末·咸丰朝》,第594、501-502、504、505、514-515页)。

① 广州沦陷后,中外官员一股脑地归罪叶名琛。如江南道御史何璟奏称:"伏思粤省民风素称劲固,远夷小丑本无能为,皆由叶名琛措置乖方,军民解体,以致该夷肆无忌惮。"湖南巡抚骆秉章奏称:"窃以省会重地,守御自严,况逆夷阴怀叵测,伺衅已久,岂有先事毫无戒备,任其鸱张之理?"特别是广州将军穆克德讷、广东巡抚柏贵等所奏,更将责任全然推给叶名琛,称:"奴才柏贵旋粤后,细加体察,上年英吉利夷人构衅,督臣叶名琛调集兵勇,坚忍相拒,并停止各国贸易。虽当时沿河民房炮台率被焚毁,不无惊扰,然英夷所失亦多,相持许久,卒将兵船退出省河。……奴才与督臣商酌,如该夷呈送照会,自可因势利导,藉资绥辑。本年十月内,有米利坚夷酋照会督臣,请与见面,恭投国书。督臣覆以前此接见夷人,率在旧洋商伍怡和之仁信栈房,今此房已于去年为英夷所焚,虽有愿见之心,并无可见之地。未经允许。当时督臣并未知会,奴才于事后始行闻知,窃深诧异!遂往见督臣询以前事,据云:如见米夷,而英夷乘时来扰,成何事体?且英夷禁阻米夷不准进口,如何能见?奴才谓:米夷既不敢公然犯顺,转来请见,安知非为英夷调停?纵不亲见,亦可委员前往。督臣答以彼未请员,殊可不必,不出一月,总可了事。奴才与督臣共事有年,知其办事慎秘,所言如此,自必确有把握,且接见司道各官,力言可保无事。遂至众皆缄口。奴才亦以端倪未露,不能固争。不意冬月初一日,各夷船数十只驶进省河,督臣传谕:该夷如无动静,兵勇毋许挑衅。相持数日,该夷遂于初九日,送来将军、督抚、两副都统五衔照会,督臣并未会商,不知如何回覆。迨十二日,该夷又送来五衔照会,督臣仍未通知。并传谕:各绅毋许擅赴夷船,如违特参。该绅伍崇曜等遂尔观望。十三日,炮声四起,督臣始调各乡团练,未能齐集。至十四日辰刻,城内观音山、北门内外各炮台,遽为该夷所踞。奴才等即传伍崇曜会同各绅前往夷船,询其所请。该夷语多骄慢,声称:奴才等均非办理此事之人,此番举动,因督臣拒之太甚,不得已而为之。事既至此,只可前赴天津,求大皇帝另派晓事钦差大臣妥为办理,省城亦不久踞等语。"因此咸丰亦以"叶名琛刚愎自用,不能驾驭夷人"为辞,并称"前英夷欲入省城,因粤民公愤禁止,……今省城失守,而粤民并不纠众援

足以构成有效牵制,这就意味着其实现了反入城的目标,也就相当于叶氏控制住了局面。即在反英入城高于一切的政治正确的前提下,叶名琛承担得起地方糜烂的后果。从叶名琛的角度来看,在极为困难的情况下,他确实取得了"亚罗战争"的"胜利"!① 这一"胜利"无疑也更加坚定了叶氏对此后形势发展的判断和与英人对抗的决心。

咸丰七年十一月十二日(1857年12月27日),在英法联军兵临城下即将破城之际,叶名琛再次发出分析形势的长文奏折,其中同样充斥着英使额尔金在孟加拉兵败受挫、法使葛罗(Jean Baptise Louis Gros)对亚罗战争中清军表现的好评及其拒绝与英国联合侵华、美使列卫廉受中国"体面相待"而大感荣耀及英商对贸易受阻归咎于额尔金、英法举"白旗"照会求和、对包令怂恿三国合而谋我的分析、英女王要求以和平手段开展对华交涉、对额尔金继续强求各款原因的分析等夹杂着错误情报、以己度人的揣测,以及对形势南辕北辙的判断,并且乐观地提出,"俟其附近兵船全行退出,各国贸易开舱有期"。②

但是,当英国驻华公使额尔金等为扩大侵略携英法联军兵临城下时,事实已清楚地显示出英人不是为求入城进行小规模军事侵袭。而叶名琛在明知无法正面对抗英军的情况下,仍然坚信乡勇、团练的骚扰活动可以一如既往地迫使英军放弃军事占领,坚信断绝外贸可以制敌,面对压境的大兵不组织正常的军事部署③,不理会纷至沓来的不利情报而是盲目地只相信对英军不

救,谅因叶名琛刚愎自用,以致人心散漫",将城陷责任及粤民并未进行想象中的抗争,一一诿过于叶氏(见《何璟奏英人侵入广州宜从外进兵迅速剿办折》《骆秉章奏英人袭踞广州折》《穆克德讷等奏英人侵入广州劫去总督叶名琛请速派钦差大臣来粤折》,中华书局编辑部整理《筹办夷务始末·咸丰朝》,第628—629、633、621—622、634、638页)。

① 对于叶氏在亚罗战争期间不断发出与战事显然不符的"捷报",茅海建称之为"谎报军情"(参看茅海建《近代的尺度:两次鸦片战争军事与外交》,第154—161页)。需要说明的是,叶氏报捷的原因在于其实现了反入城的最高目标,即在其看来,战况的小小不利无碍大局,谈不上谎报。

② 参看《叶名琛奏英法二使递来照会已据理回覆折》,中华书局编辑部整理《筹办夷务始末·咸丰朝》,第610—619页。

③ 黄宇和称:"1857年,叶名琛进行的实质上是场游击战,因为他的精兵都远离广州,除此之外,别无他法。"(见黄宇和著、区鉷译《两广总督叶名琛》,第145页)这一判断的问题在于:其一,精兵远离广州并非突然出现的情况,叶名琛有充分的时间调整

利的情报①，甚至在联军已登堂入室时仍一味坚执"只有此一阵，过去则无事"②，直至被掳异域，其行为之怪诞，正是愿望思维主导认知，使其完全屏蔽和无视现实的结果。

（三）话语构建认知

现代心理学认为，语言在认知过程中，通过构建理论、概念和逻辑关系，影响人的认知方式和水平③，并且语言不仅是对客观环境的表达和反映，还会干预和影响认知者的反应行为。④反入城斗争中同样可见话语构建认知，进而制约清人行为选择的情形。

军事部署，或者调整外交策略；其二，团练的军事行动既无有效的组织协调，亦无长期的作战计划和具体作战目标，其对敌行动仅具骚扰意义，难以提升至"游击战"的高度。

① 有关叶氏偏信报喜不报忧情报的情况，茅海建的《入城与修约：论叶名琛的外交》一文（参看茅海建《近代的尺度：两次鸦片战争军事与外交》，第161—168页）已有讨论，本文不赘。茅海建提出了对于情报进行综合分析，需要"背景知识的宽泛和长期工作的经验"，这些都是叶名琛所不具备的，因此叶氏无法有效分析情报，力有不逮是一个极为重要的原因。除林则徐外，耆英、徐广缙也均有奏报派员从香港及从"新闻纸"中获取情报之举（参看《耆英等奏缕陈近日办理洋务体察情形折》《徐广缙奏熟筹英人进城一事实属万不可行折》，齐思和等整理《筹办夷务始末·道光朝》，第3100、3171页），所奏情报往往对英国不利，意在获取政治支持，叶氏报喜不报忧，只是效法耆英、徐广缙而已。本书强调的是，在各方不利情报纷纷而至，以致下属当面冒犯加以提醒（《触藩始末》记时任广东布政使江国霖面语叶名琛："中堂所用探报，自然都可信？"见齐思和等编《中国近代史资料丛刊·第二次鸦片战争》第一册，第179页），实为极不符合官场礼貌的当面质疑，而叶名琛始终不悟，则并非判断力的问题，而是愿望思维主导了叶氏，使之无法理性面对现实。

② 齐思和等编：《中国近代史资料丛刊·第二次鸦片战争》第一册，第180页。

③ 沃尔夫（Benjamin Whorf）的语言相对性假说（linguistic relativity hypothesis）主张，"我们所能具备的各种概念和知觉都受我们所说的语言的影响"（见 R. L. Atkinson 等著、车文博审订、孙名之等译《心理学导论》上册，第427页）。

④ 如乔纳森认为："话语与行为、主体、社会过程……都是不可分割的。……话语实际有着种种行动取向时，话语的生产者就不仅仅是'主体'（subjects），而且是'行动者'（agents）。这样一来，对话语过程的描述和分析，也必然是对具体的社会过程的描述和分析。"（见波特、韦斯雷尔著，肖文明等译《话语和社会心理学——超越态度与行为》，中国人民大学出版社，2006，第9页）

其一，对英人野蛮形象的构建和中华文化优越感的"再确立"。

鸦片战争前的中西交流，双方人员交往的数量和频次并不为少，不用说十三行行商与西商间的密切商贸关系，更不用说大量华侨在南洋一带与西人间频密的合作和冲突，即澳门一口，西人的彼来此往何其便捷？仅就此而言，理论上清人就没有理由不对西人产生更加全面而真切的了解和认识。而如《粤东全省商民直白》中一段颂扬伯驾的文字称："咪利坚美土伯架，设立医馆，赠医送药，普济贫民，而中华士庶，无不赞羡其德。"① 反映出在与外人实际接触中，清人对其善行、善意不乏理解与尊重。外人有关在华活动的著述中，更有大量反映清人与外人间个体接触产生深入了解和深厚友谊等情况的记载。与此同时，一些清人也开始到西方游历，对西方社会的认识更为全面，对欧洲的社会、人文不乏赞美之词。② 战后中外交流增加，普通清人对西人了解深入乃至有所欣赏的情况更加常见，如传教士施美夫即观察到海幢寺方丈"一度渴望游历美国，为此请教过一位传教士。他也曾有意随马礼逊先生游历英国"，中国商人唐鑫（Tang Shin）"对外国政策多有了解，见解开明"，绅士云堂（Yun-tang）对蒸汽船、航海定位技术、天文学的浓厚兴趣，以及厦门地方官员"海行（Hai-hong）也像他的前任，具有大量的开明见解。……我们向他赠送了一本基督教年鉴，这又引起他仔细翻看书中的地图……海行向两个美利坚传教士问了一些有关气压表和望远镜的问题，并拜托他们代为购买"，等等。③ 即正常的中西交流，完全能够使清人对西方

---

① 佐佐木正哉编：《鸦片战争后の中英抗争·资料篇稿》，第 280-281 页。

② 于康熙年间赴欧的樊守义著《身见录》，多有赞美欧洲言辞，如称米兰"土产极丰，人性和平，府内人民俱富饶，露台宫殿，尽美难言"。乾嘉时访欧的商人谢清高则称葡人"居必楼屋，器用俱极精巧"，更羡伦敦"国中一大市镇也，楼阁连绵，林木葱郁，居人富庶"。道光年间还有清人至英国，赋《兰敦十咏》，其"戏楼关永昼，灯后彩屏开。生旦姿容美，衣装锦绣裁"，"大路多平坦，条条十字衢。铁栏傍户密，河水绕墙通。粉壁涂文采，玻窗缀锦红。最宜街上望，楼宇画图中"等诗句，也情不自禁地流露出对西方的赞叹艳羡（参看阎宗临《〈身见录〉校注》，《传教士与法国早期汉学》，大象出版社，2003，第 236-237 页；谢清高口述，杨炳南笔录，安京校释《海录校释》，商务印书馆，2002，第 200、250 页；爱汉者等编《东西洋考每月统记传》，中华书局，1997，第 67 页）。

③ 施美夫著，温时幸译：《五口通商城市游记》，第 8、34、87-89、309-312 页。

世界产生正面认识,能够接受甚至欣赏西方的政治经济、社会面貌和文化习俗。

但问题在于这种正面、积极评价西人的话语从未能成为知识、思想和文化界的主流,使清人从另一个角度来观察和描述西人。这一局面的形成,除了由于英军在鸦片战争中的暴行、鸦片毒害的恶劣影响、战后部分英人主观恶性更为明显的为非作歹,以及真伪夹杂的各类谣言的传播,在不断拉低英人正面的社会形象之外,另一极为重要的原因,是清人话语系统中缺乏能够构建"夷人"正面形象的语汇和机制。无论是战前战后,清人用以描述西人的话语中,尤其是诸多反英的长红、揭帖中,充满着"英夷悖逆,屡犯天朝""夷匪鸱张"①一类陈词。即如包令所观察到的,广东人在使用"番鬼"这一蔑称时,"这个词的意思不一定是恶意的,因为我经常听到这个词出自最卑贱的乞丐的衰〔哀〕求之口,或一些人在某种场合提供必要的服务时以此称呼一个值得尊敬和感激的对象"②。施美夫也称:"在师爷向云堂先生解释我的评论时,尽管态度十分恭敬,曾用了'番鬼'一词。这次的经历,以及在其他场合的遭遇,使我觉得,使用这一贬义词是习惯使然,已不再具有字面上的那种唐突性。"③也就是说,在清人的通用语言里,褒义的,或者说是正面描述西人的词语极为匮乏,大量充斥着的是与刻板印象相称的贬义、负面,甚至是与可鄙、下流,或者是不道德等因素相关联的,甚至明显具有歧视性色彩的词汇。包括清廷上下在讨论中英关系事宜时,也同样大量使用鄙视、贬损英人的语言。故英人在掠得叶名琛署中档案、见到耆英奏折后大感愤怒,将之视为虚伪狡诈之人而不愿以之为谈判对手。盖英人实不知即令与之相交相知颇深的耆英,或许内心并无贬损、羞辱英人的本意,但也不得不服从这一话语系统,使用既定的格式化语言,而并不能另辟蹊径,客观如实地描述英人更为文明进步和更加强大的现实。

也就是说,清人缺乏一个能够描述更为进步、强大"蛮夷"文化的话语系统。这种语言的局限性,实即排除了承认、肯定和正面认知英人的可能性,而是使清人极为自然地在文化和认识思维中形成英人野蛮低下的观念,即英人系属"夷人",而"夷"就意味着野蛮落后和人格、道德低下。对于

---

① 广东省文史研究馆编:《三元里人民抗英斗争史料》,第271、279页。
② 黄宇和:《包令爵士与广州入城问题》,第43页。
③ 施美夫著,温时幸译:《五口通商城市游记》,第89页。

与英人无实际接触的绝大多数清人来说,只能是通过这些贬义的、充满歧视性的话语来构建英人形象,因此只能形成关乎唯利是图,以及粗野、蛮横、道德低下、富有侵略性等负面认知。而在反入城斗争中,如"岂尔英夷,素行强悍,欺藐粤东。前次兵船驶省,各大宪深念尔等跋涉重洋,蛮陌之帮,王化不到,故施格外之恩,犯而不较。而尔等不知悔过自新,复怀虎狼之志,擅举蝼蚁之兵"①一类话语,也在持续塑造英人的负面形象,使得英人入城作恶的观念深入人心,反入城的正当性更显得确凿无疑。

此外,战争的挫败并未摧毁清人华夷尊卑的信念。一方面,清人能够接受英人武力强于自己的现实,系因传统儒家观念重文教而轻武备,如《尽忠报国全粤义民申谕英夷告示》所言:"我天朝素行仁义,不忍制造此等毒物,岂似尔等畜邦,专以抢夺为生?尔船只坚固,炮火惨烈,火箭威猛,除此三物,更有何能?"②即在清人来看,英人武器杀伤惨烈、武力强盛,正是其文化落后、凶残野蛮的证据。且如英人炮制鸦片毒害华人,同样也是其道德败坏、无视人伦天理的明证。另一方面,尽管一些清人对英军坚船利炮印象深刻,如传说中胡林翼见英船在长江中逆流疾驰而上,受刺激而吐血不止那样,对夷人的技术优势有所肯定而不再轻视为"奇技淫巧",甚如魏源还明确提出"师夷长技以制夷"的主张。但此类反省限于"器物"层面,如魏源在《圣武记》中对"我朝用兵"优于前代诸端,仍复盛赞不已③,在"制度"层面尚未有自觉,更遑论文化优越感的消除。

其二,对于战败的粉饰和战后中英关系的"虚拟现实"。

清人对于战败事实和战后中英关系变化的认知,总体而言并不异常,其话语中也不时透露出真切的挫折感和屈辱感。但在构建新的中英关系话语体系时,清人则逐渐形成一套讳饰之辞,并非以之描述事实,而是期以将事实粉饰或虚构成为可以接受的情形。

为说服道光接受和议,牛鉴多方譬喻,称:"臣窃思苗民逆命,大禹班

---

① 《粤东全省商民直白》,佐佐木正哉编《鸦片战争后の中英抗争·资料篇稿》,第280页。

② 齐思和等编:《中国近代史资料丛刊·鸦片战争》第四册,第13页。

③ 魏源称:"我朝用兵,异于前代者有二:曰兵数少,饷数多也。"并分析兵少饷多的原因是兵饷"全发内帑,不加派一赋"。此外,"前代方略专恃本兵,我朝悉禀庙算",且我朝"赏罚严明,无滥功,无枉罪,无中使监军之弊,……用兵变化,各视乎天时地利"等诸般优点(参看魏源《圣武记》下册,中华书局,1984,第470–471页)。

师，欲取故与，老氏之术。又高宗纯皇帝时，征缅不克，降诏罢兵，后复允其朝贡。臣未读国史，不能悉其颠末，前在云南粮道任内，习闻父老之言，其为凿凿，仰见圣德同天，于挞伐诛殛之中，仍恢包涵遍覆之量。"①而对英人逼迫在条约上"钤盖御宝"一事，耆英等一面以"（南京）兵单炮少，祸在旦夕"恐吓道光，一面又罗织"该夷之意，专以御宝之准用与否为向背从违。察其隐衷，实因悔祸厌兵，或恐再有翻悔，欲为一劳永逸杜绝后患之计。该夷性本多疑，若非示以恩信，易启反侧之端"②等话语，为道光同意用宝提供开脱之辞。此外，还有论者指出，在草拟《南京条约》中文文本时，职司其事的传教士马儒翰等为避免条约文辞刺激清人，并未直译英文，而是委婉地采用了诸多清人较能接受的话语，以顾全清帝和清王朝的"面子"③，使《南京条约》中出现了许多诸如"大皇帝恩准""俯降御旨"等清人习见的战前陈辞。对英人而言，这种做法有助于模糊条约的不平等和侵略性质，通过保持清廷尊严的方式削弱其抵抗意志。然对清统治者而言，此举正好使之得以维持旧有陈腐的话语系统，继续崖岸自高。甚如耆英奏报道光的条约，则又与马氏所拟签字画押文本之间存在"嗣后大清大皇帝与英国君主""凡英国商民"和"嗣后大清大皇帝与大英国君主""凡大英商民"等一些小小但又极为微妙的文字差别。④

对于如何描绘接受城下之盟，也令清君臣大费脑筋。如牛鉴奏报说服英人同意接受伊里布、耆英谈判全权代表身份时称："一面另备公文，严加诘责，并恭录所奉恩旨给与阅看。该夷酋璞鼎查等见事属真实，始据回文照覆。"⑤似乎璞鼎查成了在牛鉴面前虚心受教的学童。而耆英、伊里布等奏报英人开列赔款、割地和开五口、两国官员平礼往来等停战议和的条件时，则称其为"请求三款"，同时开解道光，谓"臣等伏思该夷所请各条，虽系贪

---

① 《牛鉴奏英军鸱张与前不同仰求怀柔与民休息折》，齐思和等整理《筹办夷务始末·道光朝》，第2040页。

② 《耆英等奏连日与英人会议粗定条约并请钤用御宝折》，齐思和等整理《筹办夷务始末·道光朝》，第2276页。

③ 参看陈顺意、马萧《从面子理论看近代中国不平等条约的翻译策略》，《贵州师范大学学报：社会科学版》2017年第2期，第127–136页。

④ 参看《耆英等奏和议已定条约钤用关防折》，齐思和等整理《筹办夷务始末·道光朝》，第2315–2317页；王铁崖编《中外旧约章汇编》第一册，第27–29页。

⑤ 《牛鉴奏省垣危急已告英人准与通商以示羁縻折》，齐思和等整理《筹办夷务始末·道光朝》，第2242页。

利无厌,而其意不过求赏马头,贸易通商而止,尚非潜蓄异谋",建议接受英人的"请求"①;对迫于兵威签订的不平等条约,则将之称作"将通商输税各事宜,粗定条款"。②总之,在这些语言中,清廷的战败求和,变成了对愿意"悔祸戢兵"的英夷勉为其难地"俯允所请"的宽宏大度。

对战后中英关系的描述是这一话语系统最为关键的部分。尽管《南京条约》被描画成夷人驯服"就我范围",而大皇帝格外开恩、俯顺夷情的结果③,但对被迫接受城下之盟,清人仍有愤怒表达。如伊里布、耆英等即奏称:"臣等具有血气,目睹夷情纵恣,忿激难名!第以利害相权,安危攸系,不得不降气抑心,冒死强忍,以冀事之有成,未敢逞匹夫之勇,致成决裂。"道光朱批则云:"徒增忿恨。念生民之涂炭,抑遏勉从。"④即清帝及诸臣并未全然隐饰或腼颜接受战败,而是能够明言此举系因"数百万民命所关",情非得已,迫于无奈。

但接受战败并不意味着清统治者理性地接受了英人更加强大的现实,特别是接受战后英人对于中英对等关系的定位,甚至能够甘居英人之后而奋起直追。恰恰相反,清人在话语中仍以抚驭万邦的"天朝上国"自居,而视英人为一时武力占优的小小桀骜蛮夷,故当前的"和局"只是迫不得已的权宜之计,即如《英吉利说》所称:"今日之中国与英吉利……或曰和。或曰守。和固非也,守亦未见其是。……我朝武功震于往代。……但有拓土,并无尺寸与人,以昭天威。曰征,曰剿,则有之。未闻有曰和之一说。"⑤即因英人犯顺,对其痛加剿洗才是正办,也是唯一当然的选择,暂时的"抚"只是格于形势,是所谓"暂事羁縻"。因此战后清廷对英政策的基调,也只能是一

---

① 《耆英等又奏形势万分危急已允通商割地赔款折》,齐思和等整理《筹办夷务始末·道光朝》,第2262–2263页。

② 《耆英等奏连日与英人会议粗定条约并请钤用御宝折》,齐思和等整理《筹办夷务始末·道光朝》,第2275页。

③ 参看《耆英等奏英船全数出江入海折》,齐思和等整理《筹办夷务始末·道光朝》,第2376页。

④ 道光上谕还称:"耆英等奏,详陈夷务情形,亲往夷船妥为招抚一折。览奏忿懑之至!朕惟自恨自愧,何至事机一至于此?于万无可奈之中,一切不能不勉允所请者,诚以数百万民命所关,其利害且不止江、浙等省。故强为遏抑,各条均准照议办理。"(见《耆英等奏详陈议和情形折》,齐思和等整理《筹办夷务始末·道光朝》,第2306–2307页)

⑤ 佐佐木正哉编:《鸦片战争之研究·资料篇》,第267页。

方面在现有条件下限制英人,防范其谋干扩大"不逞之欲";另一方面力图振作,等待时机成熟后再"大申天讨",从而规复旧制。即如曹履泰所言:"英夷者我心腹之疾也,非有以大加惩创,而使之帖然就服不可得也。……然以俟诸异日可耳。"①其"俟诸异日"一语,可谓"暂事羁縻"政策的最佳注解。故如至道光三十年(1850)八月,在中英双方并无重大矛盾爆发、发生严重冲突的情况下,仅因神光寺案的刺激,福建学政黄赞汤还连上奏折,严肃地探讨如何"摧强屈敌""肃清边隅"的问题。②

其三,仇恨和敌视等反英话语政治正确和道德正当性的确立。

最重要的是,尽管言听双方对如何挫败或"屈抑"英人话语的虚幻色彩心照不宣,但言辞均不脱樊篱,盖因包括反入城在内的一切与英人为敌的语言和行为被认为天然地道德正当、政治正确。主剿官员因具道德优势而收获美誉,对英强硬、支持与英夷为仇的民众成为应有之宜。相反,"主抚",即一切要求对英妥协让步的主张,都被视同投降卖国,无论这一主张是否合理、是否迫于形势、是否合乎外交策略,乃至是否符合国家利益。主抚官员往往被目为"奸臣"③,面临道德和政治的双重压力。因此如耆英主持抚局时,不得不一再声称"惟抚夷本属权宜之计,并非经久之谋"④,以此来"伪装成强硬派"⑤,然后借种种说辞婉转求解。在此语境之中,理性探讨中英关系的言论难以立足,顺应国际形势变化、面对现实重构中英关系的建设性对策或建议,更是失去了讨论的基础。

---

① 《曹履泰奏英人欲进粤城人心不服不宜强民从英折》,齐思和等整理《筹办夷务始末·道光朝》,第2972页。

② 黄赞汤奏称:"英夷犯顺逾十载矣,自抚议已成,而修防仍弛。夷情贪诈,反覆无常,自今以往,能保其必相安乎?伏望皇上当此闲暇之时,豫作绸缪之计。"(参看《黄赞汤奏请饬沿海督抚提镇预筹防务折》,中华书局编辑部整理《筹办夷务始末·咸丰朝》,第59页)

③ 如裕谦称:"自宋至明,边患不同,要之示国威者皆忠义之臣,而不顾国体者皆奸佞之辈,虑久远者皆智勇之士,而苟图目前者皆庸懦之流。"(见梁廷枬《夷氛闻记》,第62页),即以"剿抚"为"忠奸"之辨。

④ 齐思和等编:《中国近代史资料丛刊·鸦片战争》第三册,第468页。

⑤ 魏斐德著,王小荷译:《大门口的陌生人:1839—1861年间华南的社会动乱》,第96页。

四、错误知觉：认知缺陷与决策失误

· · · · ·

从话语构建认知的角度来看，反入城问题的形成，系因清人未能实事求是，而是从主观愿望出发，无视鸦片战争后已发生根本改变的中英关系，仍然按照一贯的语言和逻辑构建"华夷尊卑"的秩序。而英人的入城要求，显将打破这一话语虚构的幻象而为清人不能接受。激烈的纷争，实质仅在于此。

（四）反入城时清人认知中的理性成分

需要说明的是，人类的认知活动总是因认知缺陷的存在而伴随着错误认知，但这并不意味着人们无法正确认知客观世界，并做出相应正确的行为选择。作用于认知活动的图式及认知相符等原理，本身也并不必然导致非理性的认知结果。① 就清人关于鸦片战争后中英关系的认知和判断而言，其认知活动中仍存诸多理性成分，并形成了许多正确或者说是符合理性的认知结果。

其一，清人对于战败原因进行的理性反思，其最为突出的表现是对英国国情的了解、对清军武器装备进行适应战场形势的改造，以及对抵御英军枪炮方法的重视和探求等。

战争期间及战后，清人在军务、战备和武器装备等许多方面都曾有所反省，尽管其结论参差不一，但这一反省过程本身则毫无疑问系属理性行为。如清廷上下均十分重视对英国情报的收集，除林则徐系统性地编纂《华事夷

---

① 罗伯特·杰维斯在讨论认知相符问题时，即区分了理性的和非理性的认知相符（参看杰维斯著、秦亚青译《国际政治中的知觉与错误知觉》，第127-147页）。对于人类认知活动的理解需要使用模糊理论，即认知活动除了包含理性的，也就是合乎逻辑的推理因素之外，毫无疑问还受情绪、动机等诸多非理性因素制约，因此一些心理学家将认知活动称为"一种直觉的科学"（见 R. L. Atkinson 等著、车文博审订、孙名之等译《心理学导论》下册，第893页）。反映到认知结果上，理性的认知过程并不必然有着正确的认知结果，而非理性的认知结果未必是错误的。在认知过程中，图式和认知相符等机制的作用，不仅在于可能导致错误的、非理性的认知结果，也同样在于提高认知效率和解决认知主体的心理矛盾冲突，是认知成为可能的必要条件。人们之所以不断追求理性的认知活动，其原因应寻求哲学上的解释，即大多数合乎理性的认知是理性认知活动的结果，理性的认知活动可以不断修正认知结果，而人们最终也只能够通过理性思维来判断认知的结果是否客观、正确。

言》《四洲志》外,他省督抚也多有通过审讯英俘或"汉奸"收集之举,虽不乏误传误会,但至战争末期,清人对英国国情的了解已颇为细致。① 对于如何适应战争改进武器和战法,清人着力尤多,如鸦片战争期间道光谕令祁墳等调查越南"轧船"是否有利攻剿而祁墳等客观详实地调查回覆②、奕山等建议推广实用性的"拒炮之法"③、赛尚阿等探讨使用"窝蜂炮子"④、道光谕令麟庆尝试巨木破船之法⑤、刘韵珂试造磨盘炮架⑥,以及战后未久奕山仿制西式炮架⑦和请丁拱辰改编《演炮图说》训练士卒⑧,耆英采购英制"火药鸟

---

① 此类奏折见诸史料层出不穷,其中如《达洪阿等奏覆讯英俘分别办理折(附英及各国地图考证)》(见齐思和等整理《筹办夷务始末·道光朝》,第2422-2430页)尤为详尽确实。甚如叶名琛也同样重视情报收集,这一行为本身具有理性成分。问题在于叶氏对所收集到的情报仅根据愿望思维进行一厢情愿的解释,而未能给予正确的价值判断,故其认知最终表现为非理性结果。

② 参看《祁墳等奏越南船炮果否坚利尚须查探折》,齐思和等整理《筹办夷务始末·道光朝》,第1381-1382页。

③ 参看《奕山等奏拒炮之法折》,齐思和等整理《筹办夷务始末·道光朝》,第1443-1444页。

④ 参看《赛尚阿等又奏窝蜂炮子击人之法及在沿海设伏各情形折》,齐思和等整理《筹办夷务始末·道光朝》,第2072-2073页。

⑤ 参看齐思和等整理《筹办夷务始末·道光朝》,第2093页。

⑥ 参看《刘韵珂奏制造粤省磨盘炮架折》,齐思和等整理《筹办夷务始末·道光朝》,第2797页。

⑦ 奕山奏称:"此次添铸二三千斤至一万斤以上大炮,断非旧式炮架所能运动,即五六百斤各炮架,亦须坚实利用。现系拣选至坚至重之櫸木及油椎等木,装作两层,上层四小铁轮,中贯铁心,如磨盘式,以便旋转,下加两大木轮,四全铁轮,以凭扯运,中间着力处所,加用铁条,外包铁皮,其木轮钉以铁瓦,运用较灵。……除一万余斤之大炮架,尚须筹议制办外,其已制造之大小炮架一千五百余座,内有旧用式样,另换工料者,有平底两层四轮,中用磨盘心者,有照夷式四轮,两旁加用滑车,以便牵拉进退者,又有照夷船内所用炮架,分为两层者。"(见《奕山等奏制造炮架绘缮图说进呈折》,齐思和等整理《筹办夷务始末·道光朝》,第2448-2449页)

⑧ 奕山奏称:"该监生著有《演炮图说》一册,系讲求演炮准则,而于配合火药以及修筑炮台、铸造炮位等事,亦只有论说,未经亲为制造。旋经署督粮道西拉本,将书详加考校,……该道复于团练壮勇之时,或在平地低处,或于炮台高处,先立靶于水面,用象眼仪测视,演放大炮,往往中靶者多。该道与丁拱辰互相参酌,择其演炮要法,另拟图说数则,言简义赅,刊刻多张,悬挂炮台,俾人人易晓,现在驻守各台壮勇,俱能深明其法。"(见《奕山等奏查明丁拱辰演炮图说及造船配药各缘由折》,齐思和等整理《筹办夷务始末·道光朝》,第2469-2470页)

枪"与"内地制造"试验比较①，等等。尤其是道光二十三年（1843）九月，针对讷尔经额奏报演试水雷情况，道光谕称："设伏之器，必使敌人不觉，方能攻其无备。此项水雷，既无此善水之人送至船底，轰击虽利，亦未见为适用。"② 其认识颇为理性客观。有论者指出，鸦片战争及战后一段时间里，各战区均出现了购置和仿制西式武器的浪潮。③ 在反入城期间，广州士绅民众也就如何防御英军炮火提出了一些具体而实用的战法。④ 当然，重视情报系为了解敌情防范英夷，而试制西式武器也主要出于"采及刍荛"，并不能与"师夷长技"一类主动研究和学习西方的自觉主张相提并论，但这些行为究属理性范畴，反映出清人并未完全丧失自省自察的理性思考能力。

其二，对于中英双方军事实力对比，以及对英国在东南亚等周边地区进行殖民扩张情形的了解和认识。

鸦片战争前期，包括道光及林则徐等大多数清人对战胜英军都颇具信心⑤，故而在琦善"沥情"奏陈不堪作战情形、请求"羁縻于目前""备剿于将来"时，道光极为愤怒⑥。但身经百战的杨芳在受命剿夷时举止犹疑⑦，前

---

① 参看《耆英等奏英人带来火药枪鸟枪已饬令收买又原货出口之船亦照例征税折》，齐思和等整理《筹办夷务始末·道光朝》，第2796页。
② 参看齐思和等整理《筹办夷务始末·道光朝》，第2751-2752页。
③ 参看赵春晨《论鸦片战争期间以岭南为中心的"借取"西洋武器浪潮》，赵春晨《岭南近代史事与文化》，中国社会科学出版社，2003，第3-18页。
④ 如《升平社学防守城北条例》称："枪弹之危险在乎其射力之猛及能射远，而炮弹则能放火。因此决定利用沙包，以避其射力，并用水枪以灭炮弹之火。"（见广东省文史研究馆编《三元里人民抗英斗争史料》，第276页）
⑤ 如道光遣奕山、杨芳及调各省兵至粤时，林则徐误以为系琦善奏调，曾称："封疆大吏得调本省兵。粤中兵额隶水师者已不少，皆总督所属，就地调用，不致多费帑项，故办理边事以不至奏调外兵为正。今国家方全盛，经用及天兵，何事不了，此办理至于万不得已之举。"（见梁廷枏《夷氛闻记》，第69页）即以为广东一省之兵即可平英。而道光帝也曾在上谕中称："现在事势，惟有一力剿除，有何棘手之处？惟在该大臣相机筹办，俾军事早日戡定，……即此后英人穷蹙乞命，断不能再邀恩宥。"（见齐思和等编《中国近代史资料丛刊·鸦片战争》第一册，第391页）反映出其时二人对战事颇具信心。
⑥ 对于琦善此折，道光朱批道："朕断不似汝之甘受逆夷欺侮戏弄，迷而不返。……汝被人恐吓，甘为此遗臭万年之举。今又援举数端恐吓于朕，朕不惧焉！"（参看中国第一历史档案馆编《鸦片战争档案史料》第三册，第38-41页）
⑦ 道光征调杨芳时为尽早结束战事，要求"杨芳到粤在奕山、隆文之前，如有可乘之机，即迅速进剿，总当一鼓作气，不必候奕山等到粤始行攻击"。然杨芳在赴粤途中却连上两折，要求"准其（英国）于偏岸小港屯集货物，……恩威并用，使其畏威怀

线将领如福建水师提督窦振彪等怯战避敌①，一些对英军实力有相当了解的广东官绅尽管无法将英军难制的见解宣之于口，但对使用军事手段表达审慎意见②，也反映出此时已有部分清人对战事不抱乐观。战争后期刘韵珂所上"十可虑"奏折，不仅强调了英军"船坚炮利"的一般认知，实则从各方面说明英军悍不可制、清军绝无取胜可能这一实情。③而在赛尚阿等对长江战事表示"逆势虽张，议攻剿于长江，较之海面，确有把握"时，道光则喟叹："无人，无兵，无船，奈何！奈何！"④至《南京条约》签订后耆英总结战事情况称："探闻奕经、文蔚、余步云之在浙江，奕山、林则徐、琦善之在广东，……筹办剿抚，不遗余力，亦皆井井有条。此中或任用失当，或抚驭过柔，或偏执己见，或不谙兵机，致都偾事。……惟其失事之由，实在力不能支，与畏葸无能者，本属稍有区别。"道光朱批道："所论一切情形，均非虚妄，朕翻阅再三，倍觉可叹可恨。"⑤显已接受清军并非一时不慎，而是在军事上已完全无能为力这一事实。因此至反入城斗争时，极少有人继续坚持英军上岸更无能为的观点，禁售茶叶、大黄即可"制敌死命"的看法也早为清人所摒弃。考察起义的洪兵首领陈显良力避与英军作战⑥，以及叶名琛尝

德，庶可久安"，同时主张："惟筑堡需用经费过多，……能于广东办有定式，沿海逐一照办，一半年之间，可以一律巩固矣。"（见《杨芳奏赴粤剿办拟筑堡布防折》，齐思和等整理《筹办夷务始末·道光朝》，第 801–802 页）表示出了与道光截然相反的政治上"主抚"和军事上"主守"的态度。杨芳作为百战老将，应被视为对战局最有发言权的人，其暧昧态度的政治原因虽难以澄清，但对战局不乐观的慎重则显而易见。

① 裕谦称："奴才查该提督（按：指窦振彪）职任水师，防夷捕盗，均属责无旁贷，而防夷更要于捕盗。该提督辄因有总督驻扎厦门，即放心出洋穷追土盗，以致（厦门）失事，其罪实不可逭。"（见齐思和等编《中国近代史资料丛刊·鸦片战争》第三册，第 486 页）

② 张馨保称："广东省最有名望的学者张南山，也提醒林则徐不要冒险和英国打仗。他是广东人，知道这种冲突的危险性。"（见张馨保《林钦差与鸦片战争》，福建人民出版社，1989，第 135 页）

③ 《刘韵珂奏大兵在慈溪失利事势深可危虑折》，齐思和等整理《筹办夷务始末·道光朝》，第 1678–1682 页。

④ 《赛尚阿又奏沿江攻剿机宜片》，齐思和等整理《筹办夷务始末·道光朝》，第 2143 页。

⑤ 见齐思和等编《中国近代史资料丛刊·鸦片战争》第三册，第 466–467、472 页。

⑥ 1854 年陈显良曾致书英国领事，称："我中国人民，素与贵大国朋友情深，交孚利义。……我师与清鞑子为仇，于各大国两无相犯。屡有讹言，清兵请贵大国船只，

试借助英军镇压洪兵等行为,反映出在正常情况下,官绅民众已基本形成英军武力强大、难以敌御的共识。

此外,对于西方各国在亚洲各地进行殖民扩张,以及藉端扩大在华侵略权益的活动,清人均有所警惕,并已在一定程度上产生危机感且有防范意见的提出。除前列梁廷枏"英夷狡焉思逞志于内地久矣"等认识,另如道光二十五年(1845)耆英即对法人在琉球的活动也提出交涉,道光二十七年(1847)对英人尝试赴日本求通商的情况更多方打探了解,对法人欲赴朝鲜传教还曾力加阻拦。① 此后徐广缙、叶名琛对法人赴琉球之事,亦均给予相当关注。

其三,魏源、徐继畬等对于世界知识的探求和系统性思考。

魏源著《海国图志》、徐继畬著《瀛环志略》,无疑是当时先进知识分子对战争进行反省,以"开眼看世界"的方式对天下大势和中外变局进行理性认知的最为杰出的代表。如果说魏源多以中国古籍征西人实证,且其"师夷"的目的限于"制夷"的话,徐继畬则径采西说而佐以《海录》《薄海番域录》等不入经籍的私家杂著,其视角已与传统迥异。且其将中国置于四土列国,对"天下""天朝上国"等观念全然未予采纳②,并对美国"幅员万里,不设王侯之号,不循世及之规,公器付之公论,创古今未有之局,一何奇也"表达出高度关注③,眼光更是非同寻常。

与我师对垒。素悉公使大人与中国人民屡相和好,料断无此事,不深信。务祈代转知各大国行栈货物,竖本国旗号,以为辨别。弟当严饬各劳营兵士,不犯秋毫。"其时陈显良部因供给困难而四处劫掠商船,但又主动将所俘获的为清军运输火炮、柴米的英商交还英领事(参看广东省文史研究馆、中山大学历史系编《广东洪兵起义史料》上册,第88、94页),十分容忍克制,迥异于一般民众在长红、揭帖中所表现出来的冲动和敌意,反映出其对与英人正面冲突的畏惧。

① 参看《耆英等又奏法使允将留于琉球之执事通事二人撤回片》《耆英等奏缕陈近日办理洋务体察情形折》《耆英奏法使以朝鲜杀伊国三人为口实又求传教已查照朝鲜原咨婉覆折》《耆英又奏法人潜入内地传教兵头拉别耳驶往朝鲜已照会劝阻片》,齐思和等整理《筹办夷务始末·道光朝》,第2930、3100、3112、3121-3122页。

② 如吴义雄指出,对《海国图志》和《瀛环志略》的出版,西方传教士乐于褒扬后书而对前书多所批评,盖因西人认为《海国图志》传达出了好战姿态(参看吴义雄《西方人眼里的徐继畬及其著作》,《清史研究》2009年第1期,第24-25页)。

③ 徐继畬:《瀛环志略》,上海书店出版社,2001,第291页。

这些理性认知充分说明清人从未丧失这方面的能力,并且也进行了相应的实践。问题的关键在于这些实践何以未能成为清人认知活动的主流,更未能使清人意识到世界局势的巨大变化,进而主动接受和加入由西方列强主导的近代国际政治体系。

(五)错误知觉对反入城及晚清外交的影响

清人对于鸦片战争之后的中西关系特别是中英关系,在对若干问题持有一定程度正确认识的基础上,因错误认知而形成了诸多错误知觉,使清人形成了难以自察其非、自以为正确完备,在总体上以偏见、臆断和一厢情愿为主的非理性认知,尤其是对中西关系的总体形势和一些重大问题的判断认识不清。受此影响,清人在处理中英关系的一些重要方面,也相应表现出非理性的特征。

囿于认知,清廷在对英交涉时斤斤于无关宏旨的入城等类细琐事务,以为关系"体制"而事体甚大,相反对一些大干利害的政治经济利益却轻言放弃,使得在相当长的时间里,统治者的"出让"成为国家主权和民族利益流失的一个重要原因。① 即在《南京条约》及此后的谈判中,伊里布、耆英等在交涉中无疑也有着维护国家利权的主观意愿,但在其认知中协定关税和领事裁判权并未破坏"国体",因此未予足够重视。② 这两种主权的让渡,尤为

---

① 如茅海建指出,在《南京条约》《虎门条约》签订过程中,道光和耆英等对关税自主权、领事裁判权等"亲手出让的权益都没有丝毫的觉察。传统的'天朝'观念,遮挡了他们的视野,近代国际知识的缺乏,又使之看不见认不清真正的国家利益和民族利益之所在"(见茅海建《天朝的崩溃:鸦片战争再研究》,第517页)。而如徐广缙、叶名琛等在交涉中,也经常主动牺牲商业利益,以换取英人在入城问题上的让步。

② 蒋廷黻即指出:"应注意的有几点。第一,新海关税则并不低于旧税则。……第二,当时中国并不以协定关税为有害国权。……第四,各口岸的英国领事均参预中国的海关行政,担保英商纳税,负责约束英国水手。……在鸦片战争前,协助海关行政,担保英商约束外人等事,是行商的责任。所以我们可以说领事替代了行商。换句话说,中国官吏仍不与外人有直接关系。时人以此为便,实在是中国主权的丧失。第五,领事裁

四、错误知觉:认知缺陷与决策失误

后世所诟病。

其一,在关税问题上,耆英奏称:"奴才率同黄恩彤等与璞鼎查接见数次,将通商章程及输税事例,反复辩论,大局粗定。……茶叶每担增至二两五钱,较旧例税规计增倍蓰,棉花每担增至四钱,较旧例税规计增几及一倍。……其余各货税,减者固不能无,而增者亦复不少,且有旧例漏未征税新议增入者,通盘合算,实属有赢无绌。"① 即将关税谈判结果视作重要的外交成果进行汇报。

在具体谈判中,双方负责人黄恩彤与英方代表罗伯聃不是围绕商品税率,而是主要就税额问题展开商讨。黄恩彤采取了"增大宗减冷货"策略,即增加棉花和茶叶两项大宗商品税额而减少洋参、钟表等交易量极小商品税额的办法,与罗伯聃交涉。耆英到穗后,对此大加支持,并最终据此意见与璞鼎查定议。黄恩彤称:"粤海关税未定新章以前,岁入约在一百三十万两上下,最旺之年亦未过一百六十万两,……自更定新章以后,连年征收多至二百余万两,及二百三十余万两不等。而上海等口,尚未并计在内。"② 通过减浮费和增税额的办法,海关实际收入大有增加。从表面上看,耆英、黄恩彤也争取和维护了国家利益。

但《南京条约》涉关税一款内容是:"俾英国商民居住通商之广州等五处,应纳进口、出口货税、饷费,均宜秉公议定则例,由部颁发晓示,以便英商按例交纳。"③ 即英人之意主要在于颁示则例、有所遵循,以避免吏役讹

判权在耆英及穆彰阿的心目中是便易的办法,是极自然的。总之那时的中国人,在外交上,尚无主权的观念,不过求办事的便易而已。"(见蒋廷黻《近代中国外交史资料辑要》上卷,第110-111页)

① 《耆英奏与璞鼎查面定通商输税章程并换和约折》,齐思和等整理《筹办夷务始末·道光朝》,第2645页。

② 黄恩彤并称,罗伯聃即认为:"洋参等货,旧税固重,但进口本属无多,又精细易于怀挟,故百年来徒有重税之名,竟无一纳税之货。今大减其额,商人惮于走私,必有报关输税者,是昔无而今有也。至茶叶、棉花,均系大宗,物质尤重,难于夹带,但使每担酌加四钱一钱,积微成巨,岁增奚啻百万。如此办理,于天朝公帑,大有进益,此时且不必论,一年便见分晓。"且战前"茶叶每担税银一两三钱,棉花每担一钱五分,而行用陋规,浮于此数",耆英、璞鼎查则定为"茶叶每担增至二两五钱,棉花每担增至四钱,其余增减有差。于是更定通商章程十五条"(见黄恩彤《抚远纪略》,齐思和等编《中国近代史资料丛刊·鸦片战争》第五册,第421-422页)。

③ 王铁崖编:《中外旧约章汇编》第一册,第29页。

索。如据文本，耆英、黄恩彤本应于"秉公议定"四字上大做文章，实现本由自主的确定税率或税额之权，即由清官方自主自为地决定，而将税则颁示英人即可。但耆英、黄恩彤则以关税收入为重点，其认知中丝毫未意识到与罗伯聃协商关税，造成了关税须与英人协商议定的事实，确定了外人分享中国关税主权的经制，对国家的关税自主权和长远利益造成了严重伤害。

其二，领事裁判权对于中国的主权伤害极大，并在此后的晚清外交中持续给清方造成极为不利的被动。这一司法主权的丧失，尽管主要是由于侵略者的武力胁迫，但清统治者因认识不足而漫不经心地拱手相让，也惜乎失之太易。

英人对领事裁判权的干求在18世纪即已开始，其对中国主权的持续侵蚀，使其战前即已在事实上非法攫取了部分治外法权。① 需要指出的是，尽管清廷对民夷交往的防范极为重视，但其腐败的司法系统对西人却并无有力控制，违法犯罪的西人逍遥法外的情况比比皆是，广东官员实现缉凶的司法目标有赖于外交手段，即通过行商勒令事实上代表在华西商负责对华交涉的东印度公司大班、广州特选委员会、"广州总商会"或英国商务监督等"交凶"的方式才能实现。② 而大班或商务监督等，一方面出于维护正常贸易的

---

① 郭小东、吴义雄均讨论了19世纪二三十年代东印度公司特选委员会和在华外商组织的"广州总商会"等非法攫取部分治外法权，并对涉及命案的英国凶手进行司法庇护的情况（参看郭小东《打开"自由通商"之路——19世纪30年代在华西人对中国社会经济的探研》，第351-352、357-364页；吴义雄《条约口岸体制的酝酿——19世纪30年代中英关系研究》，第62-142页）。

② 吴义雄称："尽管英国大班或是特选委员会总是抱怨中国法律与司法制度，但从实际结果来看，广东当局的有关司法行政总体上以失败居多。当地居民与外国人语言不通，对于金发碧眼的西洋水手往往难以具体辨认，生事的水手经常是集体行动，事发后凶犯一般匿于船上，而航行于东西洋之间的西洋商船往往有能力抗拒缉捕，更不必说船坚炮利的英国皇家战船。这些，都给当地政府的执法带来极大困难。故在华夷命案发生后，广东当局只有运用西人所说的连带责任制，向可以初步确实的凶犯所属国的领事或大班、或英国商馆的特选委员会索要凶手，或命其缉凶。而一旦对方拒不合作，广东当局所能采取的极端措施包括停止贸易，或禁止航行（包括进港或离港），使渡越万里波涛而来的西洋商客集体为其桀骜不驯付出沉重的经济代价。……这种措施付诸实施之后，如果对方退让，则中国的司法权随之实现；如果对方抗拒到底，则可能的后果有二：或是广东当局妥协，寻找体面的借口下台阶；或者是彻底决裂。……在相当多的情况下，事件的结果是中国的司法权无法实施，遭受侵害。"（见吴义雄《条约口岸体制的酝酿——19世纪30年代中英关系研究》，第91-92页）

需要，一再对清人以"停贸"相威胁、将缉凶责任转嫁给英商的"连坐"方式表示不满，不断表示其并无相应司法权，因而拒绝缉凶；另一方面，无论是出于对中国司法制度"野蛮"的偏见，还是出于对同文同种、气类相通违法者的本能同情，又都会竭力维护因而无意缉捕。而在这样的司法实践中，西人事实上已部分地被清官方"授予"治外法权，即大班或商务监督既负缉凶之责，自即具有了其本不应具有的缉捕之权。至于"交凶"一事实现与否，则视乎双方态度坚决程度而进行此消彼长的博弈。进入 19 世纪后，英方优势日益明显。如道光元年（1821）阮元办理伶仃山英护航士兵伤毙民人一案，曾要求英方将逃逸回国的凶犯"押解来粤"①，迟至两年以后，英人仍以"该兵官礼知逊未曾回国，无从查问"推宕，阮元只得无奈声称："（该凶）既畏罪潜逃，粤东距英吉利数万里，风汛靡常，与其长途瘐毙，久稽显戮，或且顶凶塞责，不如即由该本国自行办理，尚得早为正名定罪。[朱批：'依议妥办。']。"② 即假装英人能够依照英国法律办理而了结此案。假使英人早获此奏折、朱批，实可据此认为此时即已获得清统治者"赠予"司法审判权，而无须再在鸦片战争之后百计谋求。此外，对于在华外人间的刑事案件，清人视作蛮触之争，战前即无意介入，往往听任外人自行捕犯聆讯，即在事实上也等于放弃了此类案件的司法主权。③ 因澳门葡人自治之例在先，清人在并无近代主权意识的情况下，对外人于境内执法甚至进行司法审判等

---

① 道光二年三月初七日上谕称："阮元奏，英吉利国护货兵船停泊外洋伶仃山，夷人赴山汲水，与民人斗殴，互有伤毙。饬谕该国大班及该国兵官交出凶夷，彼此互相推诿。当将货船封舱，禁止贸易。该夷兵狃于该国被伤后致死无须抵偿之例，延不交凶，旋即畏罪潜逃。该大班寄信本国奏知国主，照例办理。现仍着落交凶，并饬谕办理等语。天朝定例凡斗殴致死人命，无论先后动手，均应拟抵。该夷兵在内地犯事，应遵内地法律办理。至该国兵船系为保护货船之用，该大班承管买卖事务，其兵船伤毙民人，岂得藉词延诿。今兵船已扬帆驶逸，凶夷自必随往。着照所议准令各船开舱下货，仍饬该大班告知该国王查出凶夷，附搭货船押解来粤，按名交出，听候究办。"（见蒋廷黻《近代中国外交史资料辑要》上卷，第 6-7 页）

② 齐思和等编：《中国近代史资料丛刊·鸦片战争》第一册，第 72 页。

③ 马士称："中国官员在处理与中国人或其利益无关的案件时，曾企图接受欧洲大班的治外法权。"（见马士著、张汇文等译《中华帝国对外关系史：1834—1860 年冲突时期》第一卷，第 432 页）郭小东则认为此系"属人主义原则"，即"允许外人在司法上拥有一定的司法权"（参看郭小东《打开"自由通商"之路——19 世纪 30 年代在华西人对中国社会经济的探研》，第 342-344 页）。

严重侵犯国家主权的行为不以为然,而是认为外人肯于"交凶"或是服从对案犯进行审讯、惩治的指令,即已维护天朝体制。正因如此,对西人自行司法的战前故事习以为常的耆英等以其与"体制"无碍而不以为意,故在《虎门条约》中将《南京条约》并未涉及的领事裁判权轻易出让。

此外,1843年法使拉萼尼到华,除天主教弛禁外,拉萼尼还向耆英提出了诸多被认为严重威胁体制的如遣使进京、割据虎门代防英国诉求,以及可被视作交换条件的派遣法国天文人才为钦天监服务和提供造船铸炮技术等交涉条款,同时坚持以天主教弛禁为放弃其他诉求的条件。耆英显然受到讹诈,以开放教禁相允。① 对此蒋廷黻认为,"耆英有外交家的天才,可惜他的世界知识太纯幼稚了"。② 另如各租界的开辟,《虎门条约》虽确定英人有租地之权和领事裁判权,但丝毫未涉及租界区内的行政和司法主权问题。然经办其事的上海道等各口官员同样对此绝无意识,对此类权利毫不在意地拱手让出。③ 因此,有诸多论者批评了清人因世界知识的匮乏而在外交实务中造成国家利权流失的情形。④

也就是说,清人固执于维护体制的思维定式,为维护体制不惜代价,但对体制之外事务则无暇顾及,对一些与"体制"似无关碍的国家重大利权漠然不以为意,全然颠倒了外交中争弃取舍的重点。

---

① 耆英称:"伊请求各款,如使臣进京朝觐,或遣明习天文之人赴监当差,及中国使臣往伊国学习修船铸炮各事宜,并准伊等在虎门建楼居住,代防英夷,均系实有利益。至天主教弛禁一节,不过虚有体面,伊因各款均不能行,故专以此款为请。如各款可以俯准,伊情愿舍此就彼,不敢固求。倘一概驳斥,则伊实无颜面回国。"(见《耆英奏请将学习天主教之人稍宽禁令以示羁縻折》,齐思和等整理《筹办夷务始末·道光朝》,第2877页)
② 蒋廷黻:《近代中国外交史资料辑要》上卷,第124页。
③ 参看费成康《中国租界史》,第115–159页。
④ 如梁元生即称:"在条约口岸的制度下,像咸龄和麟桂这样的早期被认为是'夷务专家'或有'外交'经验的官员,实际上被证明是无能的外交官员。在一段长时期里,他们给中国造成的危害要大于所带来的益处。在麟桂的任职期间,即使法国人的贸易团体仅由'一个店主和几个传教士'组成,但他们还是获得了一块200多英亩的独立'租借地'。"(见梁元生著、陈同译《上海道台研究——转变社会中之联系人物:1843—1890》,第46–47页)

四、错误知觉：认知缺陷与决策失误

如前文所述，清统治者为回避中英国家间形式上的平等地位，有意限制双方官员交往的级别、将中英交涉事务单方面定性为地方性的商务事宜①，最终循战前旧制，构建起两广总督全权负责中西交涉的机制。②这种"以我为主"的一厢情愿，给战后的中外交往实务造成了极大危害。

其一，文翰、包令在入城、修约等外交活动中，曾多次北上投书时任领班军机大臣的穆彰阿和大学士耆英，即欲与清廷中枢直接交流，期以提升交往级别。尽管英人此举完全符合《南京条约》③，穆彰阿等却始终以"人臣无外交"为由拒绝与文翰等文书往来或做出外交回应。

---

① 如道光上谕"西洋各国以通商为性命，制驭之术，全在一切持平，务存大体"（见齐思和等编《中国近代史资料丛刊·第二次鸦片战争》第一册，第28页），实已明确划定中西交涉的范围。

② 1842年10月道光任命耆英为两江总督时，即谕令："所有江苏省通商善后事诸务，着会同程矞采、尤渤筹议办理。"（见齐思和等整理《筹办夷务始末·道光朝》，第2385页）并命其参与浙、闽两省善后，即已开始构建这一体制。伊里布赴粤后，对英交涉即限在广州开展。如道光二十三年二月伊里布病故后，璞鼎查欲北上与耆英面议善后条约，祁𡎚即以"惟各国通商输税一切例案均在粤省，非江、浙所能悬揣。若在江、浙定议，恐致窒碍难行"为由阻止。道光朱批称："所见甚是，所办俱好！"（见《革职留任两广总督祁𡎚奏报劝阻璞鼎查欲率船赴浙面见耆英情形折》，中国第一历史档案馆编《鸦片战争档案史料》第七册，第71页）。即自此已有阻止英使北上之举。1844年4月，道光帝谕称："耆英现已调任两广总督，各省通商善后事宜，均交该督办理。着仍颁给钦差大臣关防，遇有办理各省海口通商文移事件，均着准其钤用，以昭慎重。"（见齐思和等整理《筹办夷务始末·道光朝》，第2816页）明确了：其一，中英关系仅涉"通商"事务；其二，各省通商事务均由领钦差大臣关防的两广总督负责，实即限定处理中西关系事务的清方最高级别官员为两广总督；其三，以钦差大臣关防替代"御宝"，不涉国家关系；其四，钦差大臣具有临时性特征，喻指中英关系为临时体制。同年11月，道光正式设置"五口通商大臣"一职，由两广总督兼署，全权负责对西方各国交涉，其外交体制成形。关于这一机制的形成，茅海建和何新华也有所讨论（参看茅海建《近代的尺度：两次鸦片战争军事与外交》，第175—176页；何新华《夷夏之间：对1842—1856年清政府西方外交的研究》，暨南大学博士学位论文，2004，第84—85页）。

③ 对于江浙官员拒绝接收、转达文书的行为，文翰还曾专门申说："查华英条约内载：本国驻中国之总管大员，与大清国大臣无论京内京外者，有文书来往，用照会字样。……如有国书送达中国朝廷者，应由中国办理外务大臣，或两广、闽浙、两江总督大臣等，将原书代奏各等语。"（见《英使文翰为请转饬上海官员嗣后迅为传递公文给大学士耆英照会》，中华书局编辑部整理《筹办夷务始末·咸丰朝》，第10页）

就近代政治原则而言，国家外交权系为由中央政权所掌控的与他国建立外交关系以及制定外交大政方针等权力，各级政府官员仅能依照授权及既定方针政策处理涉外事务。在此意义上，"人臣"确实无"外交"的最高决策权，仅有处理外交事务的权力。然穆氏所谓"外交"，则系指臣民不得背弃专制君主与外人私相交通的春秋之义。① 此语混淆了外交权与外事权，即将本应由清廷中枢主持办理的外交事务，曲解为穆彰阿个人"背主私通"谋干外交大政。清廷藉穆氏之言实现了限制双方交往级别的政治意愿，但与此同时，也导致其在外交实践中取消了对英外交大政方针的拟定和决策，不仅未能对英人发展外交关系的各种诉求做出正确呼应，更无意主动从国家层面筹划对英交往的基本目标和路线、原则，以及顺应形势制定相应具体的外交政策和方针、策略。②

其二，如前文所述，两次鸦片战争期间的通商各口，除耆英等少数官员外，负有外事职责的大多数督抚多以不见外使、不办外务为上，其重要原因在于需要面对英人外交压力、内部舆论风潮，以及当事官员自身的道德理念等多重因素的困扰。而在当事官员处于两难境地的情况下，清廷中枢却并未制定和明确颁示具有可操作性的外交方略，一味坚持基于主观意愿的、理想化的抽象道德原则，将保持局面稳定的责任推给当事官员，使当事官员必须在"上意"、抽象原则、舆论压力和外务实际之间维持艰难的平衡。

这种荒诞的局面英人在战前就已清楚了解③，战后更是不断利用地方官员的尴尬处境，通过强力施压讹诈害怕局势破裂的地方官。如阿礼国在处理

---

① 另如鸦片战争前，两广总督卢坤在处理律劳卑事件时也称："天朝定制，人臣无外交，外夷不准私通书信……即使律劳卑实系夷目，亦安能与天朝命官径通书信，大乖体例。"（佐佐木正哉编《鸦片战争前中英交涉文书》，第8页）同样是将外交权与外事权混淆，以避免违反体制。

② 道光及咸丰帝虽均提出："制驭之术，全在一切持平，务存大体，尤宜筹及久远，勿得仅顾目前。"（见齐思和等整理《筹办夷务始末·道光朝》，第2719页）然其所谓"筹及久远"，非为顺应历史潮流筹划长久的变革之计，而是寻求维持体制不变基础上的中外相安之策。

③ 如林赛在1833年的航行中，与一个马姓官员（浙江提督的亲信）密切接触。马氏也不断将清官方的内情告诉林赛，称："福州等地的官员（包括陈显生），虽然由于林赛的船只进入内河而受到处分，但是'如果他们因抗御你们而引起争端，他们会受到更严厉的惩处'。"（参看郭小东《打开"自由通商"之路——19世纪30年代在华西人对中国社会经济的探研》，第275页）

青浦教案时，即通过威胁宣战、宣称将停止缴税、派巴夏礼乘军舰赴宁向两江总督李星沅抗议，以及封锁长江口阻止漕船北上等手段，要挟上海道咸龄和李星沅。阿礼国敢于如此的原因，在于他认定"一个中国官吏最不希望的事就是他的措施受到上级的复核，所以总督（李星沅）的心里一定总是想着'他们会在北京说些什么呢？'"① 由于缺乏务实、可操作和权职明晰的外交方针政策的指导，各口官员面对强硬西人只有两种选择，即要么无原则地妥协退让，要么像叶名琛那样，完全不切实际地僵化强硬，铁板一块。

其三，由于对英交涉被授予两广总督全权经办，中英外交在实际上被异化成为地方性甚至是两广总督的个人事务。各口官员除了本地常规事务外，一旦涉及制度变更或重大交涉立刻缩头，将之诿与粤督，京中大僚也多尽可能避吉，故而清廷中枢全然放弃了本应由其承担的总揽全局的职责。与此同时，粤督还在一定程度上将主办外事之权视同禁脔，如叶名琛即曾因担心江浙督抚的温和态度干扰其强硬路线，要求咸丰敕令江督等"谕令"西使返粤。② 因此，"亚罗战争"爆发后，清人与英人在广东兵戎相见，而江浙闽各省则继续与之相安如常③，清廷也将之视作广东一隅的地方事务④，从而形成

---

① 参看马士著、张汇文等译《中华帝国对外关系史：1834—1860年冲突时期》第一卷，第443页。

② 如咸丰三年美使马沙利赴沪投书，叶名琛因恐"该酋仍驻上海，现在是何情形，无从遥制，更恐相处日久，奸民因而怂恿，匪徒与之句［勾］结"，奏请敕令江督等"谕令马沙利速行回粤"（参看《叶名琛奏马沙利所递文书缘由请敕江督令其回粤折》，中华书局编辑部整理《筹办夷务始末·咸丰朝》，第222–223页）。

③ "亚罗战争"爆发不久，江督怡良、苏抚赵德辙即曾奏："英夷在粤滋事，领事罗伯逊赴苏松太道衙门呈递照会。……复据护理苏松太道蓝蔚雯禀呈该国公使包令照会臣等公文各一件，铺叙其在粤情形，又称：不附逆民之党，不准逆民傍船停泊。揆厥情形，似有悔过求和之意。"双方交涉频繁，往来如故。（参看《怡良等奏英使照会意图要挟已备文照覆折》，中华书局编辑部整理《筹办夷务始末·咸丰朝》，第511页）

④ 如"亚罗战争"期间，咸丰曾谕令："英夷在广东滋事，前经叶名琛奏到，已谕知沿海各督抚密为防范。并恐其赴各海口申诉广东构衅情事，亦谕令据理折服。……夷人惟利是图，重在贸易，怡良熟悉夷情，当饬该道等谕以从前万年和约，原为永息争端，今忽以细故称兵，一经入奏，必至查办，无论曲在何人，所有通商各口，不得不暂停贸易，恐于尔等未便，是以未敢入奏。至该夷与上海并无嫌怨，仍宜安静通商，方为正理。如此明白晓谕，或可杜其唛渎干求。"广州城陷、叶名琛被俘后，咸丰谕令："惟该夷与穆克德讷、柏贵等尚无宿怨，此时柏贵署理总督，着即以情理开导，看其有无悔祸之心。如果该夷退出省城，仍乞通商，该将军、署督等即可相机筹办，以示羁縻。"即将联军侵

了似乎是叶氏在以一己之力与英军抗衡的怪诞场景。①

其四，清廷将中英关系限于商贸，使得晚清外交在鸦片战争之后的相当长时间里，只是处于事务性阶段，对英交涉只是就事论事地处理具体事务，不能原则性地解决相互的矛盾纠葛，因此无力摆脱一般性冲突的敌意对抗。即清人受传统话语观念和主观意愿的制约，将国家间的外交活动"打包"给职司一般性外务的两广总督，使得本应由中央政府承担的关乎外交方针政策制定和重大外交事务处理、能够策略性地维护国家和民族利益的外交活动，陷于一般性事务的纠葛之中，也使得外交活动无法充分发挥其本身应有的作用，使中外关系在敌意和冲突的泥淖中越陷越深。

更为重要的是，此后清人将外交和涉外事务不加区分地打包成"洋务"这一概念，并以随后成立的"总理各国通商事务衙门"打包处理洋务，使得对中国近代国家、民族命运影响至深的洋务运动，因与一般性的涉外事务纠缠不清而饱受攻击，尤其是因受中外长期冲突对抗局面的拖累而举步维艰。

· · · ·

鸦片战争后，中西交往的基本背景是西方列强不断在华进行资本主义侵略扩张，如何运用外交手段进行反侵略斗争具有极为重要的意义。清统治者对列强抱有警惕毫无疑问是正确的，但其未能理性选择反侵略的目标、手段及策略，也就无法理性维护国家、民族利益，真正有效实现反侵略的目的。

战后英国等西方列强通过军事侵略和不平等条约获取了大量涉及主权的侵略权益，然如前文所言，清廷上下囿于认知，意不及此。与之相反，外人在华政治、经济等日常活动虽无不受益于侵略特权，但其本身并不具有侵略性质，与侵略战争、不平等条约判然有别，本不应成为反对和攻击的目标，

华视作叶名琛与包令、巴夏礼等人之间，与入城纠纷无异的私人恩怨（参看中华书局编辑部整理《筹办夷务始末·咸丰朝》，第505、624页）。

① 关于这种局面，黄宇和认为："当叶名琛竭尽全力抵御外侮的时候，偌大一个中国都不给他以必要的帮助和支持；当他失败之后，又把一切过错都推在他身上，这太不公正了。"茅海建也讨论了广州沦陷后江督何桂清为避免战火延及要求"粤事应归粤办"，而咸丰批准的情况（参看黄宇和著、区鉷译《两广总督叶名琛》，第148页；茅海建《近代的尺度：两次鸦片战争军事与外交》，第196页注3）。当然需要指出的是，因叶名琛在不断"报捷"，实也并未向咸丰提出各省驰援的要求，故咸丰理所当然地认为一切尽在掌握之中，还曾谕令："该督久任粤疆，熟悉夷情，必能设法驾驭，操纵得宜，勿贻后患，朕亦不为遥制。"（见中华书局编辑部整理《筹办夷务始末·咸丰朝》，第516页）

清人却因认知中的主观意愿及后文所要讨论的情绪、动机等因素，对诸如入城、游历，以及公使驻京等关乎国家或民众间正常交往的要求，大加反对或力求限制，使得其行动偏离了反侵略斗争所应指向的具体侵略行为，不加区分地反对一切外人和外人的一切举动，变为盲目排外。

同时，作为弱国的中国进行反侵略斗争，需要通过外交手段甚至一定条件下的军事手段修订、废弃不平等条约，尽最大可能维护国家利益，直至在根本上改变不平等的中外关系，而不应以无视条约或故意不遵守条约条款等消极手段来否定条约。但清统治者却因无法面对战后中西关系改变的现实，试图以漠视《南京条约》的方式恢复战前体制，甚至如后文所讨论的那样，通过纵容和利用民意对英人的条约权利加以抵制，意在使其不愿接受的中英关系失去基础，最终授人以柄，难有正当性可言。

此外，在国力悬殊而列强正以炮舰政策在全世界进行资本主义侵略扩张的国际形势下，反侵略斗争的策略选择尤为重要。许多时候，认清形势和通过一定程度的合作或让步来争取实现最大化的国家利益是十分必要的，这也正是弱国外交一项极为重要的任务。在入城问题上，英人不断进行武力威胁并最终出以军事占领，根本原因固然在其帝国主义的侵略本质，但外交手段始终无法解决也是一个极为重要的客观原因。对于此类不涉及国家根本利益的纷争，以外交谈判及一定的妥协让步加以解决，本是现实和最为有利的策略选择，然清统治者一味强硬对抗，不仅无法真正实现国家利益，反而激化矛盾，给国家和民族带来更大的损失和更加悲惨的命运。

五、压力与应激：情绪反应与行为失控[①]

现代心理学对于情绪一词，通常将其界定为由外界刺激引发的一种人的基本情感[②]，并主张将人们对应激生理反应的知觉和对所处情境的认知评估作为情绪的重要构成要素。[③] 如果将鸦片战争及此后英国在华各类活动视为外部刺激事件，则可以看到，在反入城斗争中，清人的应激反应主要表现为被过激的仇恨情绪所掩盖的焦虑和自欺、因攻击行为自我强化而造成仇恨情绪加深的恶性循环，以及因反入城群众运动性的组织方式而导致的群体思维极端情绪化倾向。

（一）应激反应与仇恨情绪

1842年8月，当耆英、伊里布等恳请道光帝同意英人在《南京条约》

[①] 关于"情绪"在人类行为中的影响和作用，汤姆金斯（S. Tomkins）主张："情绪不是驱力或欲望，而是行为的主要推动者。"（见韦纳著、孙煜明译《人类动机：比喻、理论和研究》，浙江教育出版社，1999，第363页）尽管对此主张存在争议，但情绪对个体或人群行为存在广泛影响则是被心理学普遍接受和加以研究的。

[②] 关于情绪（emotion）和情感（feeling）等概念的心理学定义，参看R. L. Atkinson等著、车文博审订、孙名之等译《心理学导论》上册，第521页。

[③] 刺激事件造成个体的应激生理反应包括面部表情变化及其他自主性唤起的身体变化，如血压增高、心跳加速等。詹姆斯—朗格理论（James-Lange theory）认为，"对自主性唤起（和对其他身体变化）的知觉构成了情绪体验"。而认知评估（cognitive appraisal）则指个体面对刺激事件，依据自身目标和利益对所处情境做出的解释，评估的结果即为关于情绪体验的信念。个体所体验到的情绪通常是由知觉到的唤起和情绪性信念共同作用的结果（参看R. L. Atkinson等著、车文博审订、孙名之等译《心理学导论》上册，第525、527页）。

上"钤盖御宝"的要求时,道光郁怒不已,愤愤而言:"何至受此逼迫?忿恨难言!"①此后,关于英人"可恶可恨之至"②一类的朱批不绝于书,给战后清人对待英人的情绪定下愤怒、仇恨的基调。在反入城斗争期间,如徐广缙等将"民夷实有不解之仇,……是以提及进城,无不立动公愤,群思食肉寝皮"③这样的情形视为理所当然。即使愿与英人欢洽酬酢的耆英,在内部讨论入城事宜时,也不得不声言:"况英夷虽则就抚,实为仇雠,此乃官民之不约而同心者。"④

然而,必须指出的是,在清人关乎愤怒和仇恨情绪的表达背后,实际上隐藏了被压抑着的对于英人的恐惧和忧虑。⑤也就是说,鸦片战争及战后英人在华的各种侵略扩张活动,给清人制造了极大的心理压力。清人在因应压力时出现恐惧等焦虑情绪,为消除焦虑而进行的自欺⑥,将情绪表达转化为仇恨,复因对情绪表达的认知评估激化了其情绪反应,使清人仇恨英人的情绪日趋激烈和极端。

● ● ● ● ●

对于《南京条约》的签订,道光喟叹道:"朕惟自恨自愧,何至事机一

---

① 《耆英等又奏请于所议条款内钤盖御宝以免决裂片》,齐思和等整理《筹办夷务始末·道光朝》,第2277页。

② 《耆英等奏连日与英人会议粗定条约并请钤用御宝折》,齐思和等整理《筹办夷务始末·道光朝》,第2276页。

③ 《徐广缙奏熟筹英人进城一事实属万不可行折》,齐思和等整理《筹办夷务始末·道光朝》,第3170页。

④ 《耆英等奏覆曹履泰所奏广东人民滋事各节折》,齐思和等整理《筹办夷务始末·道光朝》,第2992—2993页。

⑤ 现代心理学认为,人们所体验到的情绪,通常是由其对于情境的认知评估所产生的信念来决定的,因此阻止某些个体不愿意面对的情绪信念进入意识(压抑),可以使个体意识不到其正在经历的情绪的性质。心理学将这种个体无法体验到自己的情绪反应的现象称为"压抑"(repression)(参看 R. L. Atkinson 等著、车文博审订、孙名之等译《心理学导论》上册,第533页)。

⑥ 弗洛伊德(Sigmund Freud)认为人们面对压力情境时会进行自我防御,即以一种自欺(self-deception)的方式在某些方面歪曲现实,以实现免除内心焦虑感的潜意识过程(参看 R. L. Atkinson 等著、车文博审订、孙名之等译《心理学导论》下册,第746页)。

至于此？"① 这种愧恨情绪的产生，系因道光难以接受"天朝上国"被"蛮夷"打败，以及《南京条约》打破民夷交往樊篱、破坏"体制"等一系列严重后果。更为难堪的是，对道光帝而言，战败结果虽难以面对②，战事扩大可能带来政权动摇的后果则更加无法接受③，故而只能畏惧屈服。至此道光陷入两难：屈于武力将面临"体制"受损和英人可能的贪求无厌；有所抵制则又面临难以抗衡的武力威胁和损失扩大。这种困窘处境无疑给道光带来了极大的忧虑和焦灼感。

对于如何处理入城问题，清人将之与鸦片战争之后的中英关系紧密关联。故而在反入城斗争期间，可以看到道光在对英国武力的畏惧和对让步过

---

① 齐思和等整理《筹办夷务始末·道光朝》，第2307页。

② 道光帝最终接受战败结果，除因军事无能为力外，尚有耆英所指出的："该夷……虽系贪利无厌，而其意不过求赏马头，贸易通商而止，尚非潜蓄异谋。"（见《筹办夷务始末·道光朝》，第2262—2263页）即其意识到英人并无入主中国、推翻清王朝的野心。在此前提下，刘韵珂"十可虑"所描绘的兵连祸结、统治危机等后果，迫使道光接受现实。但考察道光本意，雅不欲屈辱求和而留后世议论。如奕经于浙东战败后奏派耆英帮同办理军务、示意弃剿为抚时，道光朱批："所奏与朕意大不相符，卿断不准稍有瞻顾。朕惟责卿以剿贼复地，卿无恤其他，若能速奏肤功，朕立颁懋赏。至耆英原因另有委用之处，果否施行，俟朕随时裁夺，无非备其一端而已也。如能勿用，朕所深愿。"及至英军突入长江、进逼江宁之际，道光仍颁上谕，要求："尔阃帅疆臣，身膺重寄，宜何如激发天良，申明纪律，凡奋勇争先者，赏不逾时，退缩不前者，诛之无赦，如此则何攻不克，何守不固耶？从前办理不善诸臣，除分别惩警外，余令戴罪图功，原冀其知感知奋，勉赎前愆。……至士民中果有谋勇出众之才，激于义愤，团练自卫，或助官军以复城邑，或扼要隘以遏贼锋，或焚击夷船，擒斩大憝，或声明大义，开启愚顽，能建不世之殊勋，定膺非常之懋赏。……朕宵旰思艰，兢兢业业，尔诸臣亦惟和衷共济，鼓励戎行，不憨不悚，以作士气，必能剪除夷孽，扫荡海氛。"（见齐思和等整理《筹办夷务始末·道光朝》，第1799、1849—1850页）在英军兵临江宁、和约将定之际，耆英奏报南京城守及"浙江拨解之大炮四十尊，苏州拨解之大炮十五尊，抬炮鸟枪数百杆，业已到齐。并臣牛鉴所调之在苏防守河南兵丁九百数十余名，亦陆续到省"等情况时，道光朱批："幸甚！兼喜或功成望外，天神怜佑我君臣，逆英恶贯满盈，应当授首，亦未可定。朕惟叩吁天恩，待诸卿寸建殊勋也。"（见《耆英等奏英船大帮聚集江面现拟设法羁縻折》，齐思和等整理《筹办夷务始末·道光朝》，第2259页）可见道光对军事尚未完全绝望时，实不欲认谈和了结。

③ 刘韵珂"十可虑"的奏折之所以打动道光，因其"不逞之徒乘机而起"等焦虑均涉清王朝政权的稳定。茅海建在分析道光帝对英由"剿"转"抚"的态度改变时，即指出刘折的重要影响（参看茅海建《天朝的崩溃：鸦片战争再研究》，第427页）。

甚的担忧之间，一再表现出态度游移。新败未久，道光因担心入城摩擦重启争端，反复叮嘱耆英："妥为料理，万勿别生事端。"①1846年初，局势稍稍稳定，道光转而重视谋求民夷间的平衡，要求耆英"详晰开导（英夷），谕以即使准其进城，而民情究难相安，倘因事争竞，或致互有伤损，……地方官断难查办。如此豫为明白定约，或该夷知其无益有害，妄念顿消。……务令民夷两不相扰，庶不致别生枝节"②。但至1847年4月，德庇时为推动入城，藉口佛山民众攻击英人出兵广州，道光立刻软化，对耆英"宽其（入城）日期，徐图控驭"的措施表示"所办甚属妥速"，并要求："该督惟当晓谕居民，自相保卫，断不可因境内偶有夷人，辄即聚众殴逐，致令该夷藉口细故称兵入境，殊非守约相安之道。"③到了1849年3月，因徐广缙峻拒文翰入城请求，道光心存畏惧，谕令："该督若再三阻止，反失含容之度。自宜酌量日期，暂令（文翰）入城瞻仰。"④并恐徐广缙、叶名琛等"贪功启衅"，特意严令广东文武："各将所辖兵民加意抚戢，务要处处周匝，不令多事。……设有疏虞，兵民或有滋扰（英夷），朕必将何人所辖之地，所司之事，查明致衅之由，严行惩治。"⑤在徐广缙、叶名琛一再解释入城不可行，并说明相应的军事部署之后，道光稍感放心，但仍再三叮嘱："所办尚合机宜，倘或豕突狼贪，必能制其死命方好。"⑥至反入城"胜利"后又喜不自禁，大加封赏。道光这种反复跳跃的态度变化，深刻地反映出埋藏其内心中深重的恐惧和忧虑。

● ○ ● ●

有论者在分析鸦片战争期间各地官员常由主"剿"而转为主"抚"时指出："所有的主'抚'官员无不从主'剿'转变而来。……在粤、闽、浙、苏战区四省中，负有实际责任的官员都变成了主'抚'者，……这一时期的主'抚'者与主'剿'者的区别，仅在于他是否在战区，是否负有抵御英军

---

① 齐思和等整理：《筹办夷务始末·道光朝》，第2685页。
② 齐思和等整理：《筹办夷务始末·道光朝》，第2957页。
③ 齐思和等整理：《筹办夷务始末·道光朝》，第3084页。
④ 齐思和等整理：《筹办夷务始末·道光朝》，第3166页。
⑤ 齐思和等整理：《筹办夷务始末·道光朝》，第3167-3168页。
⑥ 齐思和等整理：《筹办夷务始末·道光朝》，第3177页。

的实际责任。"① 即局外论者往往依照理想化的观念意识判断是非，而当事官员则主要根据如何规避责任，偶或在一定程度上亦能从大局出发、诚恳面对真实事态决定应对之策。战后情形亦复相类。在通常情况下，各口负责对英交涉的地方官员或许同样抱有鄙视英人的文化心态，然因迫于现实压力及与英人交往增多而对其认识加深，在外交上多趋于理性务实而主张"款夷"。且如前文所述，在咄咄逼人的西人面前，除非如叶名琛那样极度僵化强硬的态度，地方官也通常只有步步退让一途。

但对英妥协退让的道德和舆论压力是显而易见的。特别是在形势稳定、清廷中枢对英政策明显转为强硬后，各地官员又因政治压力，多极为自然地转向为固结民心、抵御英人出谋划策。问题是，对英人强硬和维持大局稳定之间，是一种极难把握有时甚至是无法控制的平衡，各口官员因此面临着与道光帝极为类似的两难境地，即如因主张强硬导致局势决裂崩溃，则必须承担责任，将被议罪拿问；如主张妥协而向英人屈服，则又将面对难以应付的舆论风潮和内心的不安。

因此，在晚清相当长的时间里，各口官员多以避免涉足夷务为要，即令理论上负有外务职责的官员亦复如此。如祁埧在鸦片战争末期受命督粤时，即称："枢廷方以我熟悉夷务，非善辞则早来久矣。此次半道接旨，不得不勉肩艰巨也。"② 此语可视作此后一众涉事官员内心的生动写照。如1854年英使包令、美使麦莲等就修约和入城等问题与叶名琛交涉不得要领，北赴上海、天津试图打开外交通道时，沿海官员不约而同地选择推诿避让，包括两江总督怡良、闽浙总督王懿德、江苏巡抚吉尔杭阿、直隶总督桂良，以及奉旨交涉的时任长芦盐政文谦、前任长芦盐政崇纶等人，均以如出一辙的两面手段处理此事：其一面是温和地接待各国公使。除桂良奉旨不见西使外，各省督抚均以与条约相符为由与英美公使会晤，接受其呈递的国书③，以阅看

---

① 茅海建：《天朝的崩溃：鸦片战争再研究》，第424页。最能解释这情形的即为刘韵珂在强硬主剿碰壁后，以"十可虑"表达其内心的焦灼不安。

② 梁廷枏：《夷氛闻记》，第65页。

③ 1853年怡良在接见马沙利时即称："亚美理驾合众国公使马沙利请递国书，欲求见面。查与条约所载相符，业已允其所请。"至1854年时在包令、麦莲求晤时则称："窃奴才前赴昆山，饬传米酋麦勒勒毕奋进见。及英酋包玲嘱吴健彰代为求见，因与条约不符，未经批准。"（见《两江总督怡良奏在昆山接见美使并将所递国书呈览折》《两江总督怡良奏英美投递公文办理情形折》，齐思和等编《中国近代史资料丛刊·第二次鸦片战

五、压力与应激：情绪反应与行为失控

副本的方式获悉各国要求并将之奏报咸丰，同时又以交涉事务归叶名琛负责为由，拒绝公使代向清帝具奏的请求。其另一面则是在咸丰帝面前伪装强硬，如吉尔杭阿称："当经奴才将节略掷还，遵旨饬令（公使）回粤听候两广督臣叶名琛查办。"① 王懿德甚至向咸丰表示："臣以该酋向来有事均向广东钦差大臣商明办理，即在闽之领事翻译官，亦不晋谒。"② 这种做法的目的是既无须经办交涉，又避免因应对失当激化中外矛盾而招致严谴。怡良对此明确声言："奴才以五口通商事务向归广东钦差大臣总理，奴才既非钦差大臣，该酋又未将国书正本呈出，是以不便具奏，系照条约办理并无错误。"③ 一面将交涉责任推给叶名琛，一面力证个人此举并无错舛，完美地置身事外。同时，怡良、吉尔杭阿等人对叶名琛绝不与公使会晤，以致"祸事"北延的做法深感不满，在奏折中均加攻击。④ 其间，颇有责任感的吉尔杭阿和文谦等因意识到事态严重，且对叶名琛的决绝态度不以为然，均曾建议咸丰帝另简大员与英美公使面议，并委婉地暗示在一定程度上向西使妥协谋求解决之道，但咸丰未能领会这一态度背后隐藏的实情，以为吉尔杭阿出以推搪，怒不可遏地斥责道："该抚身任封圻，安内攘外，责无旁贷，独不可折之以理，而必待钦派重臣，朕又安用汝等督抚为耶？"并责备文谦等"词穷气馁，任其恫喝。至所称令江省督抚查办，未免意存推诿，希图迁就了事，愞怯无能"⑤。

在这种怎么做都吃力不讨好的情形之下，各口官员不仅力避涉及夷务，

争》第三册，第5、10页）。

① 此处"节略"系指各国公使诉呈要求遣使谈判的文本（参看《江苏巡抚吉尔杭阿奏英美法公使坚欲赴津议约折》暨附录，齐思和等编《中国近代史资料丛刊·第二次鸦片战争》第三册，第13—20页）。

② 《闽浙总督王懿德奏接见英使包玲情形片》，齐思和等编《中国近代史资料丛刊·第二次鸦片战争》第三册，第12页。

③ 《两江总督怡良奏英美投递公文办理情形折》，齐思和等编《中国近代史资料丛刊·第二次鸦片战争》第三册，第10页。

④ 如吉尔杭阿对"叶总督未与相见，且布酋（布尔布隆）处亦未接有回文"的处理方式极为不满，建议"钦派重臣会同两广督臣妥为查办"，并称："若但令其（公使）仍回广东，致任跋涉风涛，久无成议，该夷心未惬服，终恐别滋事端。"（参看《江苏巡抚吉尔杭阿奏英美法公使坚欲赴津议约折》，齐思和等编《中国近代史资料丛刊·第二次鸦片战争》第三册，第14、15页）

⑤ 中华书局编辑部整理：《筹办夷务始末·咸丰朝》，第307、322页。

有时甚至逃避与外人会面。如1846年钦差大臣、户部尚书赛尚阿等奉旨赴沪查勘海防，为避免可能出现而无法回绝的英人求见，竟不敢前往应勘但英人经常出没的野鸡墩、闵行镇二处。① 赛尚阿还解释称："伏思夷性贪而多诈，每见钦差，必格外要求一事，闻从前抚臣孙善宝及尤渤到上海时，皆有求见之意，均经婉言回覆。故臣等熟思，惟有豫绝其求见之路，庶足以杜觊觎而省枝节。"② 显然赛尚阿和孙善宝、尤渤等并非是真的以为切断外交通道，即可使英人因申说无门而放弃外交诉求，其目的实只求自己脱身而已。因此，连本身职司对外交涉的叶名琛也同出此策，虽现在看来极为不妥，但在当时的政治语境和官场风气之下，对此有着"了解之同情"的官场大吏们实在也没有多少人以之为大谬不然。当然，叶氏在拒不会晤外使的同时，对各国公使屡次北上津沪可能引发朝议不满也有所担心，故而一再向咸丰表示，"请敕下直隶总督仍令该夷酋等速行回粤，臣自当相机开导，设法羁縻，以期仰慰圣廑"③，但在实际的交涉中，却以文书往来代替与各国公使的会晤谈判。这种"斩脚趾，避沙虫"的外交手法，真切反映了潜藏于清官员内心深处对于英人武力及咄咄逼人的外交攻势的极度恐惧和无奈。

• • • • •

刘韵珂在战争末期慈溪兵败时致道光奏折及在条约初定后致牛鉴函中，以两个"十可虑"总结了战争失利给清统治集团所带来的军事、经济、社会和政治等各方面危机，以及战后英人活动可能造成的严重危害，也非常真切地反映了清统治者在面对战败及战后可能局势失控时的焦灼心情。兹详录如下。

---

① 赛尚阿称："窃以夷性多疑而贪利，巴富尔闻有使臣外出，即向该道探问，必非无因。查野鸡墩、闵行镇二处，距通商之地匪遥，为该夷曾经往来之所。臣等到时必来求见，求见之仪节体统，原不妨落落大方，示以包容之意，所虑者，彼既求见，必有希冀，倘竟作无厌之请，臣等拒之不便，许之不可，易生事端，关系甚巨。"（见《赛尚阿等奏已向尤渤询知野鸡墩闵行镇情形恐英人来见不拟前往该二处折》，齐思和等整理《筹办夷务始末·道光朝》，第2985页）

② 《赛尚阿等又奏英人每见钦差必多要求惟有绝其求见之路片》，齐思和等整理《筹办夷务始末·道光朝》，第2986页。

③ 《两广总督叶名琛奏英美二使闻将赴津请仍令回粤设法羁縻折》，齐思和等编《中国近代史资料丛刊·第二次鸦片战争》第三册，第65页。

《刘韵珂奏大兵在慈溪失利事势深可危虑折》：

浙省自去秋以后，官绅士庶无不企望捷音，乃延颈数月，复闻败衄，人心涣散，愈甚于前。窃恐此后之用兵，更为不易，而目前之大局，深属可危。臣焦虑私衷，难以枚举，谨为我皇上胪陈其概：查此次调集之各省兵勇，两遭挫衄，锐气全消，即防守他处未经接仗之兵，亦皆闻败中馁，若复欲鼓而用之，其势必难再振。臣所焦虑者一也；现在各兵既难深恃，似宜另调，然西北省距浙窎远，非四五月之后不能到齐。……况各省额兵类皆强弱参半，即如浙省初次所调之寿春兵，极为精勇，及第二次复行调派，其膂力材技，与初次迥不相同，他省情形谅亦如是，是即续行添调，亦恐无济于用。臣所焦虑者二也；该逆火器之精，不独大炮一项，其火箭火弹，亦无不猛烈异常，无可抵御。我兵以血肉之躯，安能抵此毒焰？……臣所焦虑者三也；论者本谓该逆不长陆战，而两年之中，该逆略地攻城，皆在陆路，……其阴谋诡计，复在在出我所备之外，使我万难防闲。臣所焦虑者四也；水战尤为该逆所习，我欲制其死命，必当筹海洋制胜之策，若仅攻之陆路，无论现在师徒挠败，未能取胜，即使日后幸获胜仗，而该逆登舟遁去，我既无精练之水师，又无坚大之战舰，只能望洋而叹，逆焰未息，后患难穷。臣所焦虑者五也；该逆前此在定海半载有余，兹在宁波等处又经数月，以小信小惠要结人心，……是民间已鲜有同仇敌忾之心。……迟之又久，恐为该逆之耳目者，将不独在汉奸。臣所焦虑者六也；大兵屡败，敌骄我馁，不唯攻剿綦难，防守亦极为不易。……倘有逆船数只，突然内窜，必致全城鼎沸，不战自溃。且臣闻近来无业游民，希图抢掠，竟有以该逆之内犯为可喜者。……人心如此，又何望共谋保卫？臣所焦虑者七也；浙省上年秋成，固属歉薄，然未经成灾之处，仍属有收，乃有漕各属，收纳漕粮业已数月，多未完竣，且有收不及半之处。……不特收粮多有掣肘，并恐船行不无阻滞。臣所焦虑者八也；去冬杭州、湖州、绍兴等府所属各县，匪徒聚众抢掠，势甚鸱张。……实则因该逆滋事，各匪明知地方官不能兼顾，故遂藐法逞凶。……即使前此各奸民未能复集，安保此外不另有不逞之徒乘机而起。臣所焦虑者九也；自该逆犯顺以来，沿海七省，警备已将两载，而逆势转益骄横，不惟浙省之防剿皆难，即他省亦在在吃重。……设令再有失事，实属大亏国体。……计七省一月之防费，为数甚钜，防无已时，即费难数计，糜饷劳师，伊于胡底？臣所焦虑者十也。①

《刘韵珂上牛伊耆书》：

抚局既定，后患颇多。伏念计出万全，定必预防流弊。而鄙人鳃鳃过计，有不能不即管蠡所见为执事陈之者：查英夷船只散处粤闽浙苏，为数较多，其中称有他国纠约前来者，又闻粤东近时尚有新到夷船数十只。倘该夷退兵之后，或有他国出而效尤，或即该夷托名复出，别肆要求，变幻莫测。我未深知夷情，又安能尽服丑类？此不可不虑者一也；该夷在粤，曾经给予银两，仍尔滋扰不休，反复性成，前车可鉴。此次议定后，或又称国主之言，谓仆郭（按：指璞鼎查、郭士力）等首办理不善，撤回本国，别生枝节，此不可不虑者二也；该夷屡有前赴天津之谣，去年来投书之再镐，今年诱获之郭逆义子陈禄，皆云虽给银割地，决不肯不往天津。而现索通市马头，恰又不及天津，殊为可疑。能杜其北上之心方可免事后之悔，此不可不虑者三也；该夷通商既定，自必明定章程，各有关口应输税课。万一该夷仍向商船阻勒，势必不能听其病商让课，一经禁止，必启事端，此不可不虑者四也；该夷通商之后，各省均照澳门定制，民人与该夷狱讼，须听有司讯断。万一案涉夷民，执不交出凶犯，又如粤东林维喜之案，何以戢夷暴而定民心？此不可不虑者五也；该夷罢兵之后，各省海口仍须设防，如修造炮台、战船，添设兵伍、营卡，本以防海，非以剿夷。倘该夷情疑阻挠，以致海口不能整顿，此不可不虑者六也；今日汉奸尽为夷用，一经通商，须治奸民，所有内地民人现授该夷处者，应令全数交出，听候定地安插，否则介乎夷汉之间，势必恃夷犯法，从此不逞之徒，又将陆续投夷。匪徒有害良民，该夷万一护庇，官法难施，必寻衅隙，此不可不虑者七也；该夷既定马头，则除通商马头地面，余皆不容停泊上岸。倘有任意闯入，以致民众惊惶，或取牲畜，或抢妇女，民人不平，纠合抗拒，夷必归罪于官，即兴问罪之师，此不可不虑者八也；名曰通商，本非割地，而现在定海已将城垣拆毁，建造夷楼，绵远数里，夷兵携眷居住，大有据邑之

---

① 齐思和等整理：《筹办夷务始末·道光朝》，第1678—1682页。

意。倘各省均如定海，恐非通商体制。腹内之地举以与夷，转瞬之间，即非我有，此不可不虑者九也；中国凋弊之故，由于漏银出洋。今各省内有夷船，漏银较前愈易，大利之源，势将立涸，会于、交子之弊政将行，国用、民用之生机已绝。嗣后虽准以货易货，较前更须严禁漏银，分毫出洋，杀必无赦。而衅隙之开，即以乎此，此不可不虑者十也。①

刘韵珂奏折所言主要忧虑除了军事方面的无望外，还有着英人要结人心、经费难支、内乱将作和不逞之徒可能乘机而起的担忧。其函中关于战后他国效尤，英人肆意提出侵略要求、藉治外法权为祸和干涉中国行政司法，以及民夷冲突增加而官方难以调处等担忧，更是极有预见性地成为事实。

● ● ● ● ●

反入城斗争中，广东地方绅民表现出了极为强烈的反抗意志和对英人的仇恨敌意，但在这些抗争和敌意的背后，也同样隐藏着大量因英军制造的挫折感所带来的焦灼和恐惧。

鸦片战争期间，除了英军军事行动直接制造的破坏和恐慌外②，各省绿营"客兵"驻穗所带来的扰乱扰动③、草木皆兵的查拿汉奸等活动所制造的

---

① 无碍老人辑：《烟海庚辛录》，第 396–397 页。

② 如梁信芳所作《重阳前四日山响楼凭眺书怀》诗中的一首言："侏僥队队上碉楼，万户升高见面愁。"梁氏自注道："夷兵踞炮台，城内人家登高望见，无不悚然。"陈澧《炮子谣》则称："请君莫畏大炮子，百炮才闻几人死；请君莫畏火箭烧，彻夜才烧二三里。我所畏者鸦片烟，杀人不计亿万千！……呜呼！太平无事吃鸦片，有事何必怕炮怕火箭？"（见广东省文史研究馆编《三元里人民抗英斗争史料》，第 296、307 页）均反映出英军犀利的炮火、火箭给围城之中的粤人造成的心理伤害。

③ 如对赴粤湖南兵，除奕山称在乌涌之战中表现英勇外（参看《奕山等又奏察看粤省并筹防情形片》，齐思和等整理《筹办夷务始末·道光朝》，第 994 页），《英夷入粤经略》却称，"讵料湖南兵心怀忮嫉，从后杀我水勇，先断其辫，伪作汉奸以邀赏"，"湖南之兵怯懦而淫暴，……群诱挟疯女，肆行淫辱……未几而传染疾发。湖南兵怀羞忿，闻粤人云，'童子肉已疯疾'，于是相率要孩童于路，杀而烹食"，"我粤义勇水勇与民人死于逆夷者十之一二，而死于湖南兵者十之八九"。《平夷录》称，"闻湖南兵与两县所募壮勇争斗，各有伤毙十余人"。《广东商民呈诉冤词》同称，"惟是湖南之兵，自二月到广，徒有剿夷之名，反有害民之实，动辄欺良害善，滥冒邀功，种种罪恶，发数难堪。……当居民仓皇奔走时，或乘机抢夺者有之，或乘势奸淫者有之，甚至以壮勇为汉奸，不容审讯私自杀戮"（见广东省文史研究馆编《三元里人民抗英斗争史料》，第 61、62、63、71、84 页）。

社会骚动①，同样在不断拉紧珠三角一带社会各阶层本已紧绷的神经。至反入城斗争期间，不断出入珠江英舰的肆虐滋扰和团练乡勇组织活动所必需的经费开支和社会资源消耗等②，也在持续给紧张焦灼的社会气氛火上浇油。众多反英长红、揭帖，其妄传妄信、夸张武断、虚骄自大和辱蔑外人等种种虚张声势言辞的背后，其实是对英人潜在的深刻畏惧。兹再录《粤省河南地方合保绅耆公启》《番禺鹿步司石冈书院报警通传飞柬》如下。

《粤省河南地方合保绅耆公启》：

> 英夷于二月间驾驶兵船直抵粤省，声称打仗。并要上游为其专折奏请六事：一要二年后进粤省城中；二要在河之南岸建立夷楼；三要在十三行开河截断；四要设立天主教堂；五要建立夷衙；六要在天津盖屋通商。一日在河之南岸勘地分界，触怒粤民，即时在省城厢内外议以按铺户捐租一月，凑得经费银三百余万两，齐集壮勇十余万人，并与议书一封。逆夷见书即鼠窜而去。③

《番禺鹿步司石冈书院报警通传飞柬》：

> 逆夷于　日　刻由　乡登岸滋扰，敬请贵处绅耆义勇携带军火器械粮食，速为救护，是祷！其粮食□后□官准给回，其赏格恤典官有给发。鹿步司石冈书院公启。④

分析《粤省河南地方合保绅耆公启》所述如入城、建"夷楼"等，本属无害；如建"夷衙"、勘地分界等，则纯属谬传。但如前文所言，粤人所声

---

① 关于鸦片战争期间清统治者大张旗鼓地查拿汉奸，不仅收效甚微，抑且造成了严重社会扰乱的情形（参看拙文《鸦片战争时期清政府处理汉奸问题措施研究》，《广州大学学报：社会科学版》2011年第12期，第82–88页）。

② 如《升平社学防守城北条例》所列诸款，除针对英人军事行动的斗争外，其大量日常防备活动也不断消费资源和经费，包括构筑陷坑、木栅，三户出一丁及按亩募捐，采购军械和救火等各类物资等（参看广东省文史研究馆编《三元里人民抗英斗争史料》，第274–277页）。

③ 无碍老人辑：《烟海庚辛录》，第431页。

④ 广东省文史研究馆编：《三元里人民抗英斗争史料》，第283页。

称的反对英人的理由，多系此类毫不切实的传言甚或是编造的藉口。而粤人之所以罔顾事实甚至依据信口雌黄的理由反对英人，反映出地方绅民对英人活动的破坏性抱有极大的担忧，对其任何活动都心怀疑虑和恐惧。而如石冈书院飞柬一类文书，显系各村常备，唯时间、地点留空，以便即时填写。这种举动潜意识里所透露出的，同样是对英人可能随时来犯的风声鹤唳的焦虑和紧张。

· · · · ·

但对清人而言，作为"天朝上国"的天子、臣民而对"夷人"抱有恐惧和忧虑，是难以宣诸于口的。因此尽管真实存在着此种情绪，清人在语言上和意识中均加摒除，而使用前文所述的充满讳饰的话语体系进行重构。即如签订《南京条约》这一城下之盟时，道光不得不以"轸念民生"作为委曲求全的理由，耆英等则复称英人"貌甚恭谨，……似知感戴"① 来强加文饰。在表达对于英人的情绪时，道光上谕、朱批中一再表示"实堪愤懑"！而群臣则多借助"忿恨""愤激"一类的言辞，既显正当，亦易被共同接受。

但这种对焦虑情绪加以压抑、将恐惧感转而表达为愤怒和仇恨的后果是，关乎仇恨的话语掩盖了恐惧，对于中英关系真实的认知也因自欺而变得歪曲，使得清人既无法理性判断自身的情绪体验，也不能依据正确的情绪体验调整现行政策，即能够直面恐惧，知耻而后勇进行文化反省和社会变革。相反却走上了为仇恨情绪所主导，一味强调对立、对抗的非理性道路。主要表现在以下方面。

首先，鸦片战争和反入城期间清廷上下对英人特别是"英酋"遭遇无妄之灾表现出异乎寻常的兴趣。如奕山奏报三元里抗英战果时，即专门提及："现在内外乡民，众口一辞，远近传播，声称所杀系属伯唛，共为心快。"道光朱批道："览奏欣悦之至！"② 稍后奕山又有关于香港英人遭遇飓风的"喜报"③。至道光二十八年（1848），刘韵珂还曾就英船在福州近海触

---

① 《耆英等奏详陈议和情形折》，齐思和等整理《筹办夷务始末·道光朝》，第 2305 页。
② 《奕山等奏焚烧英船斩获英军头目折》，齐思和等整理《筹办夷务始末·道光朝》，第 1059 页。
③ 奕山称："奴才等闻报之下，人人称快，此皆我皇上至诚感神，海灵助顺，鲸吞鳌掷，蒯此幺魔，该夷虽幸延残息，定皆震慑天威，心寒胆裂。"（参看《奕山等奏飓

礁沉没一事，奏称："查此次该夷兵船碰礁复沉，虽有损坏，唯未将全船击碎，致丑类悉数淹没，犹属憾事。"道光朱批则曰："虽未足大快人心，其败象可知矣。卿其处处留心，固我疆圉，以待其败坏可也。卿同仇气概深堪嘉尚！"① 咸丰初，上海官员也有关于西人教堂遭雷击受损的奏报②。这些幸灾乐祸的言辞，反映出清君臣百无聊赖地将意味着"天谴"的自然灾害，用作排遣内心郁怒极为重要的手段。

此外，清帝还不断表达出希望"屈抑""折服"英人，以期泄愤出气的意愿。如在第二次鸦片战争初起时，咸丰帝的着眼点即在于"叶名琛久任海疆，谅能操纵得宜，稍释朕之愤懑"③，而丝毫未及其他。特别值得注意的是，当徐广缙等奏报文翰放弃入城、反入城取得"胜利"时，道光大喜过望，称："所办可嘉之至！朕心甚慰，如此棘手之事，卿不动声色，使彼自屈，较之军功，尤堪嘉尚！"④ 随后又颁有一份极能反映其内心情感的上谕：

夷务之兴，将十年矣，沿海扰累，糜饷劳师，近年虽略臻静谧，而驭之之法，刚柔不得其平，流弊愈出愈奇，朕深恐沿海居民有踩蹦之虞，故一切隐忍待之，盖小屈必有大伸，理固然也。昨因英夷复申粤东入城之请，督臣徐广缙等连次奏报，办理悉合机宜。本日又由驿驰奏，该处商民，深明大义，捐资御侮，绅士实力助勷，入城之议已寝，该夷照旧通商，中外绥靖。不折一兵，不发一矢，该督抚安民抚夷，处处皆抉根源，令该夷驯服，无丝毫勉强，可以历久相安。朕嘉悦之忱，难以

风打碎英人房寮马头并漂没船只折》，齐思和等整理《筹办夷务始末·道光朝》，第1120页）

① 《闽浙总督刘韵珂等奏报拿获假冒洋人通事各犯折》，中国第一历史档案馆编《鸦片战争档案史料》第七册，第896页。

② 道光三十年（1850），两江总督陆建瀛奏报咸丰帝："上海洋泾滨地方，有该夷所建天主堂一所，为群夷聚居之处。中有十字大梁，梁下有一高台，上供十字架及耶稣木偶，每逢礼拜之日，各国夷人俱齐集听经。五月十四日未时，疾雨迅雷，将十字大梁及高台十字架、木偶全行击毁，并其所存火药全行漂失。……其所尊礼者惟此十字架与木偶，甚欲诱我愚民，援入彼教，其居心大不可问。今天威震怒，诛其所尊，洵足褫奸夷之魄而破愚民之惑。"（见《陆建瀛又奏上海洋泾滨天主堂为雷雨击毁片》，中华书局编辑部整理《筹办夷务始末·咸丰朝》，第32页）

③ 齐思和等编：《中国近代史资料丛刊·第二次鸦片战争》第三册，第90页。

④ 齐思和等整理：《筹办夷务始末·道光朝》，第3180页。

尽述，允宜懋赏，以奖殊勋。……至我粤东百姓，素称骁勇，乃近年深明大义，有勇知方，固由化导之神，亦系天性之厚，难得十万之众，利不夺而势不移，朕念其翊戴之功，能无恻然有动于中乎！著……宣布朕言，俾家喻户晓，益励急公向上之心，共享乐业安居之福……第其劳勋，锡以光荣，毋稍屯膏，以慰朕意。①

即道光对战后将近十年间的中英关系状况极为不满，认为耆英等对英人怀柔过甚而使积弊加深，其个人对英人的愤恨不满也一直在蓄积，只为担心影响民众福祉而加隐忍。反入城的"胜利"，使其积郁已久的怨恨得以"大伸"，故心中喜悦，难以自禁。

以上问题也反映出清统治者乐于满足或追求个人情绪的宣泄，却明显地忽略了对国家、民族乃至统治阶层切实利益的理性追求，使得对英外交和政策基调日益强调仇恨和"报仇雪恨"，进而引导整个社会形成了与英人为仇、为与之对抗而罔顾现实利益和行为正当性的偏执情绪。

（二）攻击行为的自我强化和敌意的加深

尽管清廷上下将对英人的情绪主要表达为仇恨，并且在很大程度上将仇恨情绪带入到战后对英外交以及外交政策的拟定之中，但在交涉实务中，不仅如理性务实的耆英等颇有妥协退让的姿态动作，即令素主强硬的徐广缙、叶名琛等虽言辞严厉，但也从不敢"轻启边衅"，主动通过军事或其他暴力手段慑服或压制英人。但是，在整个反入城斗争期间，广州士绅民众却并无顾虑，多乐于将仇恨情绪直接表达为与英人的对立对抗，在抗御英人时常采用暴力攻击手段，并且经常因冲突激化致使暴力攻击趋于极端。

反入城时诸多公开传播的揭帖、长红等宣传材料中，粤人不仅乐于对英人进行人格侮辱等言语攻击，更多有对英人进行暴力攻击的舆论煽动。如《两城绅士公启》中要求："凡两城铺户，瓦面上撒去板篷，……预备灰煲砖石等物，一见夷人入城，在上擂打，不使一名漏网。"②另有揭帖则呼吁：

---

① 齐思和等整理：《筹办夷务始末·道光朝》，第3189-3190页。
② 佐佐木正哉编：《鸦片战争后の中英抗争·资料篇稿》，第287页。按："两城"系指广州、佛山。

"省垣全体居民、店主在各自屋顶上备放大量滚水热粥,在英夷进城后,封闭其向导及夷兵之退路。当锣声一响,即将滚水及热粥向夷匪泼去。"① 如前文所述,其时广州不断围绕入城发生民夷暴力冲突,且与入城无关的闲游英人遭遇围观羞辱或人身袭击的情况也屡见不鲜,而十三行一带的街头争闹更往往扩大成针对西商栈行的纵火和对西人人身的严重攻击,并引发大规模骚乱。

更重要的是,一方面,清人关乎英人的愤怒、仇恨的情绪表达强化了其情绪体验②,并影响其认知评估,使得清统治者在认知和表达对英情绪时,形成以"愤怒"和"仇恨"为主的循环自证,对英政策即以敌意为基调,强调"钤制"和"防范"。绅士民众亦复屏蔽恐惧心理,而是仅根据其体验到的愤怒和仇恨,选择以暴力攻击手段与英人对抗。另一方面,由于攻击行为所具有的自我强化功能③,使得反入城时暴力攻击一旦出现,在此后的斗争浪潮中即一再出现,即绅民强烈的情绪表达和攻击行为,又反过来强化其情绪反应和攻击意愿,使之呈日趋强化的态势。④ 故只要中英就入城问题展开

---

① 《一个举人的建议》,广东省文史研究馆译《鸦片战争史料选译》,第476页。

② "情绪表达"(emotional expression)又称情绪表现,"不仅具有表达的功能,而且和唤起反应与评估一样影响情绪的主观体验"(见 R. L. Atkinson 等著、车文博审订、孙名之等译《心理学导论》上册,第536页)。关于情绪体验的"面部反馈假说"(facial feedback hypothesis)则认为,面部表情这种情绪表达方式会将情绪体验反馈给主体,使之产生更加强烈的体验,尤其是愤怒的表情能够显著地增强主体体验到的愤怒情绪的强度(参看孙绍邦、孟昭兰《"面部反馈假设"的检验研究》,《心理学报》1993年第3期,第280页)。

③ 有关攻击行为的心理学实验表明,某些攻击行为在一定程度上有助于情绪宣泄,但更常见的情况是攻击行为诱使情绪更加极端,造成"攻击似乎助长了攻击而并非使消解"的结果(参看 R. L. Atkinson 等著、车文博审订、孙名之等译《心理学导论》上册,第556页)。

④ 黄宇和注意到了徐广缙和叶名琛统治广东时期,民众攻击和杀戮外人的行为受到控制的情况。但他做出的这是一个"外交相对安定的时期"(见黄宇和《包令爵士与广州入城问题》,第47页)的判断则并不恰当。在耆英督粤期间,确如粤人所称:"即如本年佛山殴打英人一案,官即治杖号,而殴打者愈多。茶头村、洲头嘴等处凌辱英人之犯,官即示以枷号,而凌辱者不止。专事刑驱势逼,而结怨日深,闹事日甚。"(见《合省绅士公启稿》,佐佐木正哉编《鸦片战争后の中英抗争·资料篇稿》,第100页)这也反映出因民众认为耆英"曲民从洋"而使攻击行为加剧的逆反心理。然至徐广缙、叶名琛督粤期间,民众对英攻击行为减少的主要原因在于:其一,太平天国起义后广东地区的社会动荡和治安恶化的形势,使得英人在穗活动受到限制,并加强武装以保护自身安全。如1849年2月文翰至徐广缙照会即指出:"查近日本英人散步,只在十三行近地,

交涉，广州绅民即以愈演愈烈的暴力活动表达意见，使得广东地方官员面临着极为沉重的民意压力，外交回旋的空间极为狭小。

也就是说，在清官方主导下，官绅民众对英人的敌意日益增长，并造成了绅民以暴力手段对抗英人、敌意和对抗愈演愈烈的恶性循环的趋势。地方官员又反受民意反制，难以选择妥协、合作的方式解决纷争，甚至在对英交涉之前就必须表明立场以争取民众支持，使得入城纠葛通过谈判、以妥协方式解决的可能性几乎不复存在。

（三）群体思维的非理性倾向

社会心理学的诸多理论均已指出，当人们组成群体[①]进行社会活动时，群体将会人格化，并表现出一定的集体心理特征。[②]在社会剧烈变动的历史时期，参与社会运动的群体极易出现非理性的群体思维倾向。[③]因士绅的组织发动，

并不远离，故凌辱之案不多。"（见佐佐木正哉编《鸦片战争后の中英抗争·资料篇稿》，129页）其二，太平天国起义及洪兵起义后，社会注意力和攻击目标均发生转移。其三，在徐广缙、叶名琛的主动操控下，广州的排外活动更有"组织纪律"，且目标更为明确，因此其对抗英人的态度更为强硬，难以将这种僵局视为"安定"的或正常有利的局面。特别是，僵局之下攻击英人的行动仍时有发生且颇为激烈，如1854年3月广州领事翻译一行在西樵山遇袭案等（参看《文翰照会》去文第3号，佐佐木正哉编《鸦片战争后の中英抗争·资料篇稿》，第180-181页）。

[①] 心理学涉及与集体心理有关的概念包括"群体"（group）、"集体"（collective）、"群众"（或"大众"）（crowd）等。本文将之视为核心内涵相同的不同表达，但使用"群体"一词及相关定义以利表述。按照巴朗和伯恩（Baron & Byrne）有关理论，群体系"由具有社会相互作用的两个或多个个体组成的，这些个体之间具有稳定的、结构性的关系，群体成员相互依赖，享有共同的目标，相互承认"（见吴江霖、戴健林等著《社会心理学》，广东高等教育出版社，2000，第283页）。

[②] 关于集体心理的形成，勒庞认为："集体心理在瞬间就可以形成，它表现为一种非常特殊的集合，其主要特征在于它完全受一些无意识的因素控制，并且服从于一种独特的集体逻辑。"（见勒庞著，佟德志、刘训练译《革命心理学》，吉林人民出版社，2004，第76页）现代心理学则从社会影响（interpersonal influence）、社会促进（social facilitation）等多方面因素考察了个体对社会规范、权威的服从和认同的作用，说明了集体心理形成机制及特点（参看 R. L. Atkinson 等著、车文博审订、孙名之等译《心理学导论》下册，第946-987页；吴江霖、戴健林等《社会心理学》，第231页）。

[③] 勒庞在分析法国大革命时期的群众恐怖行为时，提出人的行为"除了理性逻辑（rational logic）这一向来被我们视为行为之惟一指南的逻辑之外，还存在着与之截然

反入城斗争显著地具有社会运动的特点，在各种抗英活动尤其是一些街头骚乱中可以看到，广州民众行为表现出诸多非理性的群体思维特征，主要有：

其一，士绅民众的反英行为受情绪主导，并且在群体思维的影响下，情绪表达走向极端。①特别是反入城时的团练、社学，多以村社为基本单位组织而成，其高度的内聚性极易催生极为暴戾的非理性情绪和行为表现。②

如前文所述，耆英指出在入城问题上"官则驭之以术，民则直行其意，其间微有不同"。徐广缙照会文翰时也声称，"诚恐该民理性不足，血性有余，倘藉此辄生衅隙，祸实无底"。虽系恫吓之词，也在一定程度上描述了广州民众抗拒英人非理性的情绪特征。即当广州绅民参加反入城斗争这样的激烈社会运动时，其群体思维的理性成分降低，行为受情绪驱动，民众不仅无计其行为给清廷当局外交活动所带来的不利影响，并且也无计对地方、个人可能造成的破坏和伤害。民众的斗争情感受到激发和鼓舞③，甚至还表现出类似于集体狂欢的情绪状态。④

其二，受极端情绪左右的粤人在选择攻击范围和目标时极为宽泛随意，几乎不见理性思考和逻辑判断。

自鸦片战争开始，相对于法、美及其他欧洲小国，作为侵华急先锋的英国往往一马当先，率先提出各种侵略要求⑤，带头使用武力，从而使中外

不同的其他表达式的逻辑：情感逻辑（affective logic）、集体逻辑（collective logic）和神秘主义逻辑（mystic logic）。这三种逻辑常常能够颠覆理性，成为我们行为的深层动机。"（参看勒庞著，佟德志、刘训练译《革命心理学》，导论第4页）即直接将集体心理归为"非理性"的思维类型。

① 关于群体思维的极端化倾向，有研究者称之为"群体极化效应"（group-polarization effects），即"在群体讨论中，个人所做的决定，往往比他们原先所持的意见更加极端"（见吴江霖、戴健林等《社会心理学》，第313页）。

② 詹尼斯（Janis）有关集体行为的理论认为："一个集体内聚性越高，就越容易导致群体思维的错误。"（见吴江霖、戴健林等著《社会心理学》，第312页）

③ 勒庞称："事实上，群众是很难服从理性的；惟一能够对他们产生影响的就是以想象的形式激发的情感。"（见勒庞著，佟德志、刘训练译《革命心理学》，第83页）。

④ 如在1849年的反入城斗争中，英人称："义勇每晚宁静地和兴致勃勃地列队巡逻，为期约有两周之久，给予街上观看热闹的人以不少的欢乐。"（见广东省文史研究馆译《鸦片战争史料选译》，第483页）

⑤ 对此情形清人极为熟稔。如针对1856年美使伯驾单独北上的修约活动，咸丰即谕称："况通商以英夷为首，米、佛皆后来推及，不应米酋先出讲话。"（见中华书局编辑部整理《筹办夷务始末·咸丰朝》，第482页）

对抗首先表现为中英之间的冲突,粤人对西人的仇恨也集中指向英人。如粤人曾指出,"米利坚、佛兰西……诸国,各安分经营,交道接礼,宾和主合"①,且有人提出,"英人以后如果安静,我中国亦断无人欺藐之理,请看米利坚、佛兰西等国,人人皆敬爱他,不忍加害,由其素来安静贸易,我中国虽三尺童子,亦知其为善人君子也,可不鉴诸?"②将他国商人与英人"素行强悍"的表现加以区分,在舆论中策略性地将斗争矛头直指英国。但在斗争实践中,粤人对各国侨商从未有意区分,如1846年的十三行骚乱及1847年佛山民众对出游英商的攻击,各国商馆、外侨和与英人同行的美国商人,无不同遭无妄。另如1845年9月,美国医士地凡欲于太平门附近租屋开设医院,正热火朝天开展反租地斗争的粤人也丝毫未能体其善意,在明知其系美国人的情况下仍群起而逐之。③

清人反入城时的攻击行为还不分内外地指向包括清地方官员在内、所有可能使英人入城成为现实的人员。如1846年初耆英出示试探广州士绅民众对允许英人入城一事的反应时,立即"有人标贴红白字帖,语多忿激,群情汹汹",随即"有人"利用广州知府刘浔责打挑夫的事端,"假以该府私带夷人入署,欲行搜翻为由,鼓众逞凶"。④另如1849年徐广缙与文翰交涉之际,同样有揭帖发出号召:"所有带领英夷入城之兵勇,俱乃卖国贼,应千方百计予以全歼。"⑤反映出清人在极端情绪下,已无意区分当事人的立场、利益及其真实意图,而是仅仅根据其同意或反对入城来决定是否对其进行攻击。

其三,针对英人的仇恨和恐惧情绪受到极度渲染⑥,相应的暴力反抗也

---

① 《广东全省商学两界共同声明》,广东省文史研究馆译《鸦片战争史料选译》,第330-331页。

② 《告谕英商大略》,广东省文史研究馆编《三元里人民抗英斗争史料》,第97页。

③ 美领事福士(Paul S. Forbes)向耆英申陈:"太平门外晓珠里赁铺设堂训古,医症送药,被七约坊众驱逐,不许租赁,申请查察示禁。"耆英札覆:"有民人黄晓峰向陈遂龙、梁瑞经二人租得晓珠里铺屋各一间,言明自开茶叶店生理。诶黄晓峰贪得多租,复又转将该铺租与合众国医士地凡,街众人等是以阻。兹该医士情愿挪移另觅。"(见刘志伟、陈玉环主编《叶名琛档案》第四册,第160、171-172页)

④ 齐思和等整理:《筹办夷务始末·道光朝》,第2970页。

⑤ 《一个举人的建议》,广东省文史研究馆译《鸦片战争史料选译》,第476页。

⑥ 勒庞将大革命时期的集体心理的特征总结为仇恨、恐惧、野心、嫉妒、虚荣和热情等要素,并将处于革命暴怒中的群体称为"一个精神上的统一体(mental unity)",

被认为是符合正义和道德的唯一正确选择。①

如前文所述，反入城斗争中，广州士绅民众对英人危害夸大其词，并大力宣扬对于英人的仇恨和敌意，从而将其对抗英人的暴力行为营造成为不言自明属于正义的、在道德上是无懈可击的正当反应。尽管如福州反入城时士绅公白也提出："缘神光寺乃我阖城士人读书会课之所，现有夷人强租硬占，违背原议。我同人约赴该寺与之讲理，诚大公至正之举，自不可稍有退缩。但本意止于驱逐出城，并不肯为已甚，倘有外来凶狠之人乘势滋闹，我辈亦须保全夷人性命，勿致戕害其生，以存厚道。"② 但与此同时，"定取夷人首级"的揭帖正大肆传播。由于道德正义感的确立激发了清人暴力抗争的热情，使之更加无意对自身行为进行理性反思。③ 如在黄竹岐案中，村民袭杀英人的过程极为血腥残酷，但时人则多目为理所当然，且颇有大加赞誉者④，即令儒学精湛的梁廷枏亦未论以不当。另如两次十三行骚乱发生时，其间虽也有混乱状态下难以避免的劫掠行为，但清人观察到的更多是"夷货迁出，尽为百姓推掷地上，无丝毫夺归己者"，"掷物火中，虽贵玩丝毫不取"⑤的情况。马士更明确指出，在1842年的骚乱刚发生时，"这群暴民的祸首象是要把这次攻击作成一种纯粹爱国义举的样子，确做到了对于一切掠劫行为的防止"⑥。即因民众赋予自身行为道德正义，而有意排斥劫掠等不道

他认为，这一统一体之所以形成，"其主要原因就在于群体中的态度和行为都是极富感染力的，仇恨、狂怒或是热爱之类的情感在叫嚣声中很快就会得到支持，并反复强化"（见勒庞著，佟德志、刘训练译《革命心理学》，第78页）。

① 詹尼斯的群体思维模式理论所描述的群体思维的征兆包括：思维封闭合理化；压制异议；正义感和无懈可击感；不检查冒险因素和偶然因素；信息收集不全面等。其中，对自我行为价值和道德上的肯定是一个重要征兆（参看吴江霖、戴健林等《社会心理学》，第312页）。

② 刘志伟、陈玉环主编：《叶名琛档案》第二册，第377页。

③ 对于个体在群体活动中极端暴力的行为表现，心理学还以"匿名"因素加以解释，即个体在群体中都是匿名的，因而减少了自身对于冲动行为的道德约束，行为的暴力倾向不再受到控制（参看R. L. Atkinson等著、车文博审订、孙名之等译《心理学导论》下册，第950—951页）。

④ 如1849年的反入城斗争中的《阖省铺户公议》称之曰"黄竹岐杀入乡残物杀人之夷"（见广东省文史研究馆译《鸦片战争史料选译》，第480页）。

⑤ 梁廷枏：《夷氛闻记》，第138、144页。

⑥ 马士著，张汇文等译：《中华帝国对外关系史：1834—1860年冲突时期》第一卷，第417页。

德行为。对于一般民众来说，参与反入城斗争、收获社会赞誉的幸福感是不言而喻的。

其四，处于群体中的个体，其人格易于出现同质化现象，使得个体意识消融于集体意识之中①，并使其非理性的行为和意识更趋于极端和一致。②

反入城斗争中同样可见个体融于群体后的思维封闭和同质化的现象。其最为突出的表现，是士绅民众的意见仅以仇恨、报复等对抗性语言和行为来进行表达，而这些对抗性的话语自1842年11月《全粤义士义民公檄》等类文件开始形成，至1857年12月联军入据，十余年间，其言辞、逻辑绝无变化，反映出由于思维的自我封闭，广州绅民实已在某种程度上摒弃了对反入城行为进行理性反思的可能。

（四）在仇恨情绪之外

当本书在讨论广州的中英矛盾和冲突斗争时，笔者检索和罗列了不少时人表达仇恨、愤怒和对英人进行羞辱、丑詈的言辞，以及如黄竹岐等凶残、暴戾的仇杀案件。特别是在入城问题上，出现了许多反映广州地方形成高度社会动员、绅民广泛参与的激烈反对和对抗英人的社会组织活动和舆论氛围的文献材料。但与此同时，笔者无法忽视同样大量存在的、与仇恨和敌意不相一致甚至截然相反的、反映清人与外人友好和睦相处的史料。这些史料描

---

① 勒庞认为："个人的特性在群体中很快就会消失，……在集体的影响下，作为集体组成部分的个人将发生一系列的变化，其中最为突出的后果之一就在于他们的感情和意志的同质化。"（见勒庞著，佟德志、刘训练译《革命心理学》，第77页）现代心理学以"去个性化"（deindividuation）一词来描述个体"某种丧失个人身份，匿名地与群体合为一体的情感"的状态（参看 R. L. Atkinson 等著、车文博审订、孙名之等译《心理学导论》下册，第950页）。而诸多心理学实验也研究指出个体在群体中自我意识减弱，"顺从"（compliance）于群体的现象，并提供了若干解释。例如有关"从众"（conformity）现象研究的著名"阿希实验"，以及对于权威"服从"（obedience）现象研究的斯坦利·米尔格拉姆（Stamley Milgram）实验等。心理学家指出："要理解在特定情境中的服从，我们就需要理解迫使个体减少其自主性，自愿成为系统中一分子的一些因素。在米尔格拉姆实验中，清楚地例证了这样4种因素：社会规范、监视、缓冲和意识形态上的辩解。"（见 R. L. Atkinson 等著、车文博审订、孙名之等译《心理学导论》下册，第966页）

② 关于加入群体后的个体"去个性化"的后果，心理学的基本意见是：对于冲动行为的约束减弱；对情境及情绪状态的敏感增加；理性计划能力减弱等（参看 R. L. Atkinson 等著、车文博审订、孙名之等译《心理学导论》下册，第951页，图19-2）。

绘的不仅是鸦片战争前外人在广州惬意生活[①],即令在战后甚至就在反入城斗争如火如荼开展的同时,穗人对待英人也多有温和、友善之举。

如施美夫称,"罗孝全牧师到广州(按:1844年)后,马上在中国人中安下家来"[②],其居所靠近靖海门。施美夫在拜访罗孝全(Issachar Jacob Roberts)期间,有一次在城南附近进行传教活动,"有100人左右一直伴我们走到河边。若是他们对外国人心存恶意、蓄意复仇,河边有的是鹅卵石。然而,四周的人们显然是心地善良之辈。"[③]还有研究者指出,"额尔金曾遇到一位布(B.)先生,是当时在中国的著名传教士之一。他告诉额尔金,他在广州人中间住了十五年,从未受到侮辱;他常常独自出去,手杖也不要拿。包令任广州领事时,常在周围二三十英里内走来走去,还常常独自一人访问居民,同他们交谈,而从未遇到哪怕是最轻微的不礼貌或阻挠。因此,对于中国人的军事大检阅、执行死刑、露天演戏、一切宗教的政治的和社会的典礼,包令都可以做一个毫无拘束的参观者。达几纳(D'Aguilar)将军也常在商馆周围的街上走,有时还走近城门,遇到的只是礼貌问候而没有别的。早在1846年的一天,海军军官柯克兰(Cochrane)穿着便服,走了整整6小时,到过广州的各个角落;入商店购物时,许多人拥到门口看,谁也没有表现一点儿不礼貌。'总之',这位军人说,'我能肯定地宣告,我和我的同伴都很自由而毫无阻碍地通过那些街道,正如在伦敦的任何一条街上一样'"[④]。即无论是个体接触还是处在人群之中,西人经常能感受到的,是与反入城长红揭帖所宣扬的那种仇恨和敌意截然相反的体验。也就是说,历史在此呈现出了复杂的、多面目的,或者说是相互矛盾、极为悖谬的景象。对此法人伊凡(Dr. Yvan)称:"广州的民众是世界上最暴力、最愚蠢、最不和谐的。我正准备证明这一点。当中国人在美国花园,或者在商馆狭窄的小巷,遇到长着赤褐色头发和蓝眼睛的漂亮的撒克逊小孩子,或穿着华托式服装的如丘比特一样粉红色的漂亮小孩时,他们会和善而好奇地站在这些可爱的小孩子周围;他们会抱起这些孩子,如果允许,还会亲吻他们,把他们抱走。这些人,基于对这些漂亮小天使的热烈情感,滋生了对他们父母最强烈

---

① 参看《外商在广州生活之迹》《外国水手的游散日》,亨特著、沈正邦译《旧中国杂记》,第1—7页。
② 施美夫著,温时幸译:《五口通商城市游记》,第44—45、46页。
③ 施美夫著,温时幸译:《五口通商城市游记》,第46页。
④ 蒋孟引:《第二次鸦片战争》,第26页。

的憎恨。他们几乎不能容忍欧洲人在他们的郊区出现。"①

这种怪诞矛盾局面的形成,原因在于以下几个方面。

其一,中英现实矛盾与清人所表达的仇恨之间并不相称。清廷上下不断提及的"君父之仇",系指英国发动战争对华进行军事侵略,而所谓民夷之间的"不解之仇",则是指英军在广州的战争罪行所激起的仇恨的敌意。然须指出的是,战争期间英军在广州的军事攻击主要针对军事设施,虽发生有三元里"伤我田禾,坏我祖坟,强奸妇女"一类伤害居民的恶行,但其发生频率和影响均颇为有限。英军并未长期占领,亦未针对广州军民进行大规模的人身、财产的侵犯或掠夺。甚如在"亚罗战争"中,英军造成破坏的波及面也十分狭小。②理论上粤人即使产生仇怨,也不应当是这样广泛、深切的"不解之仇"。此时中英间的对立矛盾,并未发展到如反入城话语所描述的那样你死我活的境地。因此尽管鸦片战争制造和激发清人的民族情绪和仇恨情感是十分自然的事情,但长红揭帖所表述出的滔天仇恨,则并非是其时中外矛盾的真实反映,而主要如前文所述,是清人应对压力情境,为消除焦虑进行自欺,将畏惧、紧张等情绪表达为仇恨的结果。

其二,清人对中外矛盾的认知和体验错位。在很大程度上,鸦片战争所激发的仇恨近乎本能,即使清人将之表述为国仇家恨,也并不意味着其已能够抽象、理性地认知中英间的深刻矛盾。从诸多上谕、奏折及长红、揭帖等官民材料均可看出,清人对于割地赔款有切肤之痛,对鸦片贸易及英军一些具体的战争罪行也多痛恨不已,此外则更集中于反对现在看来根本不能被认为是侵略行径的中英民众之间的治安或刑事案件、英商租地建屋,以及入城等切身而细琐的冲突纠纷。但对英人通过战争获取的治外法权、协定关税等真正对国家和民族利益造成极大伤害的侵略权益,因其并未触及普通民众的切身利益,君臣官民等均不以为意。即清人主要针对入城、租地等其能够体验到的具体矛盾,强调此类矛盾冲突对其所造成的感情伤害,尤其是清廷上下多从个体或统治集团利益出发,夸张渲染仇恨情绪,而未能认识到这些冲

---

① 伊凡著,张小贵、杨向艳译:《广州城内》,广东人民出版社,2008,第70页。
② 一个额外的证据是,传为康有为祖父康赞修所建"小蓬仙馆"位于芳村上市路新隆沙东,与十三行隔江,直线距离不到1.5公里。其馆名则为时任"体仁阁大学士两广总督叶名琛"所题,题名时间在"咸丰七年丁巳孟春",亦即1857年2月,正是"亚罗战争"激战方酣、英国驻东印度区舰队司令西马縻各厘刚刚纵火焚烧西关和撤离十三行之际。

突系属不涉根本利害、无关宏旨的枝节琐事。对于中英间最重要、最核心的根本矛盾，清人并无清醒认识，更不要说上升到对帝国主义与中华民族之间矛盾产生抽象认知，进而从国家、民族总体利益出发，对反帝斗争的目的要旨，以及策略手段等做出恰当的理性判断。

其三，中外交流的正面影响。如黄宇和所称："既然广州有着对外贸易的长期历史，它也就有相当数量的两个民族摩擦事件的记录。"① 在中外交往接触的实践中，民众间发生民事、刑事纠纷，乃至国家间产生利益冲突极为寻常，但互利合作的正面交流无疑应系主流。鸦片战争后的广州，尽管不断发生如前文所述英人恃强作恶、凭籍炮舰强求入城，以及清人攻击、伤害西人的诸多冲突，但这绝非中西交流的全部。更为常见和频繁发生的中外交往，是传教和商业活动。西方传教士传教和在传教之外所积极从事的传播西方文化和科学知识，以及施医赠药等慈善活动，其善意及其带给清人的现实实惠和长远利益，显然都能为当事清人所认知和感受。特别是不断发展且为中外交流主要内容的中西贸易，毫无疑问会给双方主要带来财富收入等重大利益，绝非如清人所主张的单方有利于"外夷"。因此如施美夫所指出的，罗孝全在广州租屋居住时，"房东也十分乐意，因为他想扩展贸易，有心结识外国人"，并且"常常有一些当地小商贩来拜访他，进行友好的交谈"。② 1845年铁商潘悟源、张恒泰还曾在十三行商馆附近张贴"花红单"，以期垄断洋铁进口③，显示商民对经营外贸的渴望。而广州外贸港口的重要地位尽管在战后逐渐拱手让渡于上海，但"新的口岸只是创造了新的市场，并没有造成广州贸易的衰退"④，即虽因丝茶运输受阻等原因，战后广州的商品出口受到一定限制⑤，但广州的商品进口与上海不分轩轾，而来自印度的棉花则"悉在粤埠进口"。⑥ 总体而言，因地理区位、外贸传统等因素影响，

---

① 黄宇和:《包令爵士与广州入城问题》，第34页。
② 施美夫著，温时幸译:《五口通商城市游记》，第44页。
③ 参看刘志伟、陈玉环主编《叶名琛档案》第四册，第139-140页。
④ 马士著，张汇文等译:《中华帝国对外关系史：1834—1860年冲突时期》第一卷，第410页。
⑤ Williams, S W. *The Chinese commercial guide, containing treaties, tariffs, regulations, tables, etc: useful in the trade to China and Eastern Asia*, BiblioBazzar, 2010, p159.
⑥ 参看姚贤镐编《中国近代对外贸易史资料：1840—1895》第一册，第516、514页。

广州的外贸发展别具优势,在两次鸦片战争期间,尽管受到反入城、洪兵起义等严重社会动乱的影响,但仍能有持续稳定的发展,驻穗外商的人数也不断增加[①]。问题只不过是,在清人主流的话语中,中西间这种情况更加普通、日常,实际上也更为融洽友好和互利的交流接触不容易被"看到"和"书写"下来,因也未能得到全面恰当的反映而已。

其四,粤民的务实选择。前文已指出,清人对英人极端情绪的表达,在很大程度上有赖于极为特殊的内聚情境之下产生的群体思维。即在一片"打番鬼"的喧嚣声浪中,作为个体的粤民人人都倾向于表现出激烈冲动的抗击外人的姿态,但一旦脱离这种情境,亢奋情绪随之消退,其行为选择也往往趋于务实。如战后香港的迅速繁荣特别是华人人口的爆炸性增长[②],就充分反映出粤人根本不像长红揭帖所声张的那样仇恨和敌视英人。大量普通民众为谋生计,丝毫不排斥为英人提供服务和获取报酬,小商贩活跃的此来彼往也是香港繁荣的重要保证。尽管在反入城趋于激烈特别是在"亚罗战争"期间,在港粤人出现零星袭击英人和相当规模的离港之举,但显然系受抗英风潮特殊情境的影响而旋起旋灭。此外,清人曾一再指出团练乡勇流而为匪及充当"汉奸"的情形[③],而一些参加洪兵起义的乡民如王亚兴等在流落香港后,又会转为英军雇佣并在"亚罗战争"中为其服役[④]。这些稍显极端的案例足以说明粤民出于谋生等现实需要,完全可以在"义民""叛贼"和"汉

---

① 参看马士著、张汇文等译《中华帝国对外关系史:1834—1860年冲突时期》第一卷,第410-412页。

② 如道光二十三年(1843)六月,距英人盘踞仅两年许,耆英所奏即称:"香港,……从前本系洋盗出没之所,绝少居民,只有贫穷渔户数十家……并有粤东无业贫民蛋户,在该处搭盖棚寮,贩卖食物,约计夷商不满数百,而内民之贸易及佣力者已不止数千人。"(见《耆英奏与璞鼎查面定通商输税章程并换和约折》,齐思和等整理《筹办夷务始末·道光朝》,第2644-2645页)

③ 参看金峰《鸦片战争时期"汉奸"人员构成问题研究》,《广州大学学报:社会科学版》2006年第6期,第86页。

④ 如叶名琛所俘"汉奸"新宁县人王亚兴供:"咸丰四年六月初八日在佛山琼花会馆拜会,……投入佛山伪帅陈开伙内。……十二月内被官兵打败散伙,十二月十七逃往香港挑担度活,至本年六月初六回省,……在红毛鬼哈颠利士船上佣工。……十月初三日在香港随同哈颠利士坐驾兵船入省河攻城。"花县人汤逢吉供:"咸丰四年六月十二日在本村汤家祠拜会,……后来逃散,于去年十月内逃往香港,与红毛夷人煮饭。"(见刘志伟、陈玉环主编《叶名琛档案》第八册,第299、302页)

奸"之间自由切换其身份。① 充任"汉奸"的事实，并不排除某人在反入城时慷慨激昂甚至英勇献身的可能。

广州沦陷后，居民与联军间建立了极为"融洽"的关系②，使得咸丰帝对号称"犷悍"的粤人如此悄无声息极感诧异③，不得不透过于叶名琛④。对于此种情形，英人曾嘲讽道："我兵未到，尔绅士有奇谋异勇，大兵到境，未见一人。"⑤徐继畲更是喟叹道："而一二粗通文墨、不安本分、不晓事体、不知谁何之人，徒欲假忠义之名，自快一时之笔舌，今日标红单，明日出白帖，刊刻张贴，欲以空言慑黠虏之心。不知区区伎俩，早被他族窥破，扬之则百万雄兵，按之实乌有先生，何益之有哉！"⑥这种言行的反差，与前文所论清官员的"剿""抚"态度取决于其是否在战区及是否负有御敌职责的情形如出一辙，即广州及近郊民众的抵抗活动在未罹烽火时往往狂热喧嚣，而一旦与联军发生接触即必须面对现实时，就很快归于沉寂。如广州沦陷不久，前户部侍郎罗惇衍、前太常侍龙元禧、前工部给事中苏廷魁等乡绅在花县组织团练抗英，气势一时颇盛。然联军一旦靠近，随即发生了"英国巡逻兵一出现，乡中长者就在村边排列成行，极为有礼地欢迎他们"的景象。三年后，联军控制下的广州近郊，曾经严重排外的南海、番禺乡绅还主动谋

---

① 关于这种情况，茅海建在分析团练、社学成员组成时也指出："'义勇'也罢，'社学'也罢，其主要成员为农民（或下层群众）。当'义勇'、'社学'、'会党'三方都在发展时，一个农民就有可能同时兼有三种身份。"（参看茅海建《天朝的崩溃：鸦片战争再研究》，第308页）

② 广州将军穆克德讷奏报联军入居广州后的情形称："该夷带兵分踞省城东北及粤秀山一带，并派兵巡查各门街道。……至西关为省城殷富之区，商民云集，时有夷兵数十人出入其间，并无滋扰，民情不致惊惶。"（见《穆克德讷等奏广州被占英法照覆称俟商定和约后始能撤兵折》，中华书局编辑部整理《筹办夷务始末·咸丰朝》，第635页）

③ 华廷杰称，联军即将攻入广州时，他曾"急出辕至街道，令人传谕街坊，速闭栅门，呼数十街无一应者，皆逃避或闭户不出也"（见齐思和等编《中国近代史资料丛刊·第二次鸦片战争》第一册，第182页）。

④ 联军占据广州后，咸丰初曰："道光二十九年，英夷不敢进城，实赖绅民之力。今叶名琛即不能驾驭夷人，复不能激励乡团，动其公愤，以致大伤国体，实堪痛恨！"后又强自解释道："从前英夷欲入省城，因粤民公愤禁止，柏贵岂不知之？今省城失守，而粤民并不纠众援救，谅因叶名琛刚愎自用，以致人心散慢。"（见中华书局编辑部整理《筹办夷务始末·咸丰朝》，第627、638页）

⑤ 齐思和等编：《中国近代史资料丛刊·鸦片战争》第四册，第6页。

⑥ 齐思和等编：《中国近代史资料丛刊·第二次鸦片战争》第一册，第145页。

求与联军合作,组建团练以防盗匪。① 这种情况与浙抚梁宝常奏报鸦片战争后英人盘踞定海情形时称"定海现在华夷并处,……其黑兵有时操演,夷众照料货物,均属静谧,居民亦极相安"② 以及英军交还鼓浪屿时刘韵珂担心民众"怀仇图报之心"③、有所举动而影响交收,但民众安静无事等情形如出一辙。

清人言行之际极端的矛盾参差,反映出的正是个体非理性的极端行为,通常只发生在其处于集体意识之中,理性思维受到抑制的情况之下。而当个体脱离特定群体而处于相对开放的情境之中时,即往往能够面对现实和恢复理性,其行止也往往与此前大相径庭。

(五)攻击和攻击目标转移

反入城斗争中,广州士绅民众表现出的激烈抗争态势,与现实的中英矛盾状况并不相称;中英间的"仇怨"或者说英人所造成的情感伤害,也并不如清人所体验和描述的那样深切。然而,广东绅民却激烈地反对英人并对之开展狂热的暴力攻击,其主要原因,是由于鸦片战争以来的社会动荡,给社会各阶层的粤人都造成了紧张压抑的心情和严重的挫折感,由此造成一系列攻击行为。④ 而选择英人作为攻击目标,则系攻击行为中目标转移、将之作为替代物的结果。⑤

---

① 参看魏斐德著、王小荷译《大门口的陌生人:1839—1861 年间华南的社会动乱》,第 198、202 页。

② 《浙江巡抚梁宝常奏为派员筹办定海善后事宜并宁波通商情形折》,宁波市社会科学界联合会、中国第一历史档案馆编《浙江鸦片战争史料》下册,宁波出版社,1997,第 470 页。

③ 《刘韵珂等奏福州厦门英人已有住处鼓浪屿英兵已退折》,齐思和等整理《筹办夷务始末·道光朝》,第 2925 页。

④ 约翰·多拉德(John Dollard)等明确指出,尽管与挫折相关的攻击行为"可以暂时被压抑、延迟、掩盖、转移,或者从此时此刻的目标偏离,但是它们并没有被摧毁","攻击行为的出现总是说明有挫折存在,同时,挫折的存在也总会导致某种形式的攻击"。(参看多拉德等著、邢雷雷译《挫折与攻击》,中国人民大学出版社,2018,第 1-2 页)

⑤ 解释攻击行为的挫折—攻击假说(frustration-aggression hypothesis)认为,人们在遭受挫折(本文即指因各种社会矛盾而造成的清人的紧张和压抑)时,会引起指向挫折来源的攻击性行为。但是,对于挫折来源进行直接攻击并非总是可能的或明智的,有

∙ ○ ○ ○ ∙

显而易见的是，与英人存在日常交往、在密切合作的同时事实上也不断发生利益冲突的，是与外贸活动相关的洋商、通事、买办等这一人群，也是理论上对如何反对英人应当是最具有发言权的群体。但恰是此一人群因与英人存在共同利益，被视为"仰利外人"而处汉奸嫌疑，在反入城斗争中不仅不居主导地位，甚至往往在交涉中是被最先损害，或者说是被当作牺牲的群体。①

清人对于与外贸有关的商人及买办、通事等人群的态度，除了出于传统儒家文化对商业、商人的一般性鄙视外，还有另外两方面的原因使其对之更

些挫折来源是模糊的或者是无形的，有些则是强有力或是不可侵犯的，因此人们在无法明确攻击对象或者意识到攻击对象极度危险时，会出现攻击转移（替代，displaced）的现象，亦即"攻击活动可能被指向一个无辜的人或物而不是指向挫折的实际原因"（参看 R. L. Atkinson 等著、车文博审订、孙名之等译《心理学导论》下册，第 731 页）。当我们考察与反入城斗争同时代的、面临同样内忧外患的复杂时局的日本明治维新时期的社会反抗运动，同样可以发现其目标的背后往往隐藏着另一个更为真实的目标。如诺曼·赫伯特指出的："初看之下，许多反抗运动似乎只是对现代化的许多方面所表示不满。对于举凡公布改革历法、废止结发……等项事宜的法令而报之以动乱或骚扰的事，是不胜枚举的。农民往往为无稽的谣言所煽动，……但是如果作深一层的观察，则我们便看到这种老婆婆似的无稽之谈和对政府的国内现代化的健全的天真的误解只不过是点燃动乱的火花罢了，而火焰总是蔓延到最富有的高利贷者、霸占土地的村长和旧封建领主的蛮横役吏身上。"（参看赫伯特著、姚曾廙译《日本维新史》，吉林出版集团有限责任公司，2008，第 62 页）

① 魏斐德在讨论行商、沙船商及茶、布等外贸商人参与反入城斗争的问题时，分析了外贸波动对于这一群体的影响，并指出："是商业的衰落而非排外主义，激起了抵制。"（参看魏斐德著、王小荷译《大门口的陌生人：1839—1861 年间华南的社会动乱》，第 108-112 页）即认为外贸商人这一群体在反入城斗争中也曾积极主动地发挥作用并且有一定影响。此外，德庇时认为："富人和与广州贸易有关的人，也许认为，中英两国政府对于两国贸易上悬而未决的问题，一旦达成协议，就会影响到他们旧的特权和专利，因此他们就采取上述办法以表示不满。在两国达成协议后，他们的贸易必然遭受损失，是无可怀疑的。"（见 G. F. Davidson, *Trade and Travel in the Far East*，转引自姚贤镐编《中国近代对外贸易史资料：1840—1895》第一册，第 546-547 页）意指行商对战后打破十三行垄断外贸机制表示不满，但其反对意见在战后外贸机制构建过程中的作用，德庇时却未能明确阐述。因与外人存在共同利益，外贸商人不可能成为反入城斗争的坚定支持者，但这一群体与外人之间的矛盾冲突，及其在地方政治中的作用发挥，无论如何都是一个值得深入研究的问题。

"青眼有加":

其一,清人对于外贸必要性的怀疑。就商品出口而言,战后清人固然消除了茶叶、大黄为外夷所必需的误解,但对一般商品出口对于国计民生和社会经济发展的重要意义,仍未有正确认识。就进口而言,除鸦片毫无疑问应遭社会唾弃外,一般商品的输入也未被认为有裨时世。其时广东官员包括叶名琛等虽时或虑及民生及海关收入,但在反入城或与英人发生各类冲突时,总是轻于以断绝外贸为手段,丝毫无视外贸商人的利益。其最重要的原因在于清人认为由外贸引发的麻烦瓜葛更为棘手,远非贸易带来的"蝇头小利"所能弥补。对与外贸无涉即不能从外贸中直接获益的普通民众而言,更认为与西人的交往有害无益。如陈澧《炮子谣》曰:"炮子来,打羊城,城里城外皆炮声。炮声一响子到地,打墙墙穿打瓦碎,轻者受伤重者毙。老夫中夜起长叹,寻思炮子何由至。炮子之来在外洋,外洋人至由通商。通商皆由好洋货,钟表绒羽争辉煌。钟表绒羽人人喜,谁知引出大炮子。……中国无人好洋货,外洋炮子何由来?"① 即仍从边市羁縻外夷的视角,将战事爆发归咎于外贸。

其二,对于外贸商人汉奸行为的怀疑。鸦片战争期间清人即存在从利害关系着手,将此类人群归为汉奸的倾向。② 至反入城时,清人此种草率态度丝毫未变。如徐广缙即称:"广东为诸夷聚集之地,客民土著,向赖通商贸易以求衣食者,实繁有徒,其始不过谋利营生,继则因专利之故,暗通外夷,挟制官长,以遂其把持垄断之私,其中为鬼为蜮者,多系旧洋商行店中散出之人,本与该夷素相熟悉。究其营谋实据,皆在夷人处所,行踪最为诡秘。……复访闻有……应惠涝,向在夷人处所专教华言,贪其微利,甘为指使。"③ 即如善办夷务的黄恩彤亦称:"贪利之徒,如蚁附膻……为通商也,实通洋也,即通夷也。"④ 即凡是与外贸相关、与外人存在实际交往的人群,都会被认为具有"通夷"的可能。

在此情形之下,不仅赖通商求衣食的一般外贸商人的利益毫无保障,即

---

① 广东省文史研究馆编:《三元里人民抗英斗争史料》,第 307 页。
② 参看拙文《鸦片战争时期"汉奸"人员构成问题研究》,人大复印报刊资料《中国近代史》2007 年第 1 期,第 45 页。
③ 《徐广缙等奏遵旨分饬文武严查汉奸情形折》,齐思和等整理《筹办夷务始末·道光朝》,第 3155 页。
④ 黄恩彤:《知止堂集》,上海古籍出版社,2010,第 80-81 页。

使家赀巨万如十三行行商伍崇曜、潘仕成等，在反入城的浪潮中亦须付出身不由己的代价。不论其平时的捐输，仅在鸦片战争中，伍氏即须为英军勒索广州"赎城费"而"垫付"巨资①；在 1842 年十三行骚乱造成巨大的中外财产损失时，伍氏不仅自家商栈被焚毁无处诉冤，尚须为祁墳等善后"擦屁股"而筹款三十余万两银赔偿外商损失②；1849 年的反入城中，伍崇曜还须为"停贸牵制"立下头功。另如 1847 年反租地斗争中河南潘氏宗族向英公使提交抗议请愿书时，潘仕成也不敢不列名其中③。也就是说，潘仕成、伍崇曜等行商因外贸获利，即被认定理所当然应为对外交涉所产生的开支"埋单"。两人的"二品布政使衔"，丝毫不能保护其家产不受盘剥。

不仅如此，这些与外人交往密切的洋商、通事，以及少量如梁发等教会人士，因事实上对中外形势和国家利益有着更加切实和清醒认识，其爱国情怀更加理性深切，却又往往因提出更符合国家民族利益的爱国主张，但这些主张超越时代、不被时人所接受而被目为汉奸。如施美夫言及梁发及其子梁进德（阿德）时称："阿德特别谈到警察和欧洲人怎样傲慢地对待中国居民……阿发虽然对阿德的评论总的持赞同的态度，但语气较为谦和。……阿发虽然与外国传教士渊源颇深，但他亦是个坚定的爱国者。"④此外，梁发还有翻译《新加坡栽种会敬告中国务农之人书》、编写散发《鸦片速改文》、敦请马儒翰阻止英人发动鸦片战争等诸番举动⑤，但其此时的遭遇却是一再因布道活动而受绅民驱逐凌辱和被官方通缉。另如潘仕成在鸦片战争期间出资仿制西式舰船⑥，战后又捐款造舰，并筹划充实和改造水师⑦。而羊城传播

---

① 参看姚薇元《鸦片战争史实考》，人民出版社，1984，第 97 页。
② 道光二十三年（1843）五月，祁墳致璞鼎查照会称："照得上年十一月内十三洋行被火抢失银物，洋商承认赔还一案，现据洋商伍怡和等禀称，遵于四月二十七日，将前项银两全数交给，共计赔银三十一万四千零七十七元七毫五。"（见佐佐木正哉编《鸦片战争之研究·资料篇》，第 239 页）
③ 参看广东省文史研究馆译《鸦片战争史料选译》，第 373 页。
④ 施美夫著，温时幸译：《五口通商城市游记》，第 42-43 页。
⑤ 参看关汉华、胡波《梁发及岭南基督教的传播》，《学术研究》1993 年第 1 期，第 122-123 页。
⑥ 参看赵春晨《论鸦片战争期间以岭南为中心的"借取"西关武器浪潮》，赵春晨《岭南近代史事与文化》，第 6 页。
⑦ 梁廷枏称："番禺绅士潘仕成、许祥光及鹺官，皆尝出赀造船甚固，而未可出洋，于是有四省合巡之议。"（见梁廷枏《夷氛闻记》，第 143 页）

的揭帖则号称:"若要享太平,先杀潘仕成!"更曾因潘延聘法人试制西式火炮、水雷,民众怀疑其与英人私相交通而堵门詈骂①。伍崇曜不仅在鸦片战争中多方筹维,至第二次鸦片战争英法联军盘踞羊城期间,广东官员对英法交涉也多依赖伍氏②,为维护地方出钱出力。然而并非无识乡民的乡党骆秉章则称:"广东英夷恃洋商为护符,非将伍洋商严加治罪,籍抄其家财,则夷情断难摄(慑)服。逆夷恃该商为护符,官欲绝其饮食,而该商为之源源接济;民欲绝其鸦片,而该商为之陆续运送。"③至伍氏去世,时任户部尚书的粤人罗惇衍还攻击道:"前工科掌印给事中苏廷魁,于咸丰八年奉旨办理洋务,以伍崇曜袒护英吉利各国,且泄漏军情,附折参案。……咸丰八年,臣等方督办团练,与洋人接仗,乃该绅于未定和约三载以前,公然有人臣外交之迹……今该绅果伏冥诛,……粤人佥以死一大汉奸为幸!"④

· · · · ·

与之形成鲜明对照的,是有论者所指出的,除广州城内的绅民外,"居住于城外的各社学、团练等组织,反而在这场斗争中扮演了更加重要的角色"⑤。且如前文所称,包括佛山,甚至远至东莞、增城一带的地方士绅和社学团练也积极卷入或对反入城表示支持⑥。长期以来,后人因赋予反入城斗争以保家卫国的反侵略意义,较少对涉事各阶层、各类人群与英人之间真实

---

① 梁廷枏称:"夷氛已靖,复修武备,沿海议造战舰,诏派仕成监。仕成因佛兰西国人雷士壬,造洋炮水雷以进。粤人怨英夷甚,见仕成家或饮诸夷,不能辨何国也,则哄于其门,从容解譬而后已。"(见梁廷枏《夷氛闻记》,第144页)

② 参看梁嘉彬《广东十三行考》,广东人民出版社,2009,第349-356页;章文钦《从封建官商到买办官僚——吴健彰析论》,章文钦《广东十三行与早期中西关系》,第73-76页。

③ 广东省文史研究馆编:《三元里人民抗英斗争史料》,第76页。

④ 《罗惇衍奏伍崇曜挟美国勒还钜款请收回印票以杜后患折》,李书源整理《筹办夷务始末·同治朝》第三册,中华书局,2008,第997-998页。

⑤ 茅海建:《近代的尺度:两次鸦片战争军事与外交》,第122页。

⑥ 华廷杰称,叶名琛被俘后广州地方官员筹划联络士绅抗英,所涉人员包括"顺德在籍户部侍郎罗惇衍、太常寺卿龙元僖(其时尚未奉旨团练),香山、新会原办团练之局绅东莞之孝廉何仁山、增城之在籍主事陈维岳,番禺则沙湾、茭塘绅士,南海则大沥、佛山、九江、江浦绅士,以及十四县凡有时望绅衿,俱列于纸。设局于石井墟以内之某村。"(见齐思和等编《中国近代史资料丛刊·第二次鸦片战争》第一册,第187页)

的矛盾冲突做具体细致的分析。① 但如细加考察，即可发现这些人多与英人并无直接交往接触、极少关系切身利害的矛盾。相互之间可能发生的冲突，多为前文所言偶发的街头争闹，或是英人出游时言语口角等琐事细故。考虑到英人活动范围及规模均属有限，这些冲突的社会波及面并不广泛，根本不足以导致如此大规模的社会各阶层全面参与的反对活动，即现实的中英矛盾在当时并不足以造成如此尖锐对立的中英对抗。故如前文一再指出的，当事时人在言及的反英入城的理由时，多出以"民夷实有不解之仇"一类空泛言辞。也就是说，广州民众激烈的抗英活动，既非出于深刻的中英民族矛盾，也非由清人所能够感受或认知到的切身的中外利益冲突所导致，而是因国内各种阶级矛盾、社会矛盾酝酿积累，在此形成矛盾爆发的突破口，是当事人群进行情绪宣泄的攻击行为攻击目标转移的结果。

在此，我们必须将反入城斗争置于 19 世纪 40 年代以后华南地区社会动荡、阶级和社会矛盾激化的背景之下，联系此后太平天国运动在广东地区所引发的骚动及洪兵起义在珠三角所掀起的波澜，来寻找造成其时广州及附近地区士绅民众焦虑紧张情绪的真正缘由。而时人在言及"粤东民情犷悍"、江浙为"柔脆之地"时，虽或在某种程度上说明了因亚文化不同而造成的区域民众性格差异，然而更应引起关注的则为其时广东地区频繁发生的土客冲突、宗族械斗、海盗猖獗，以及邪教和会党极为活跃的暴乱和反叛清廷的活动，以及由此反映出的此际存在着尖锐激烈的阶级或社会矛盾。②

---

① 陈锡祺曾详细讨论了反入城斗争所涉及的社会阶层的情况，并认为："这里面的基本群众是农民、手工业者、城市贫民、渔民、船户、艇工、小商贩和中小商人。开明官僚和爱国士绅在人民群众的影响和鼓舞下参加了斗争，……在这许多反抗侵略的力量中，农民群众始终是主力军。"但陈锡祺主要分析了涉事各阶层反入城斗争的表现，对其原因，除英人军事侵略和鸦片贸易而外，仅提及英国棉布、棉纱输入对广州手工纺织业的影响，实仍未能细致分析各类人群与英人现实矛盾所在（参看陈锡祺《鸦片战争时期广东人民的反侵略斗争》，宁靖编《鸦片战争史论文专集续编》，人民出版社，1984，第 157–163 页）。

② 如徐广缙致文翰照会称："查近来各处，贼抢劫甚多，人所皆知。本月初旬，竟有大伙图劫西关当店之事，谣言鼓惑，以致人心慌惧，从议团练，以资防御。"《粤省绅士（致文翰）公启》则称："城内居民稠密，良莠不齐，每见外人之人，易于动疑，间人之积愤生事者有之、匪徒之乘机抢夺者有之。"虽系交涉之辞，但也并非纯系造言，实际上鸦片战争后广东一带官员被劫、白莲教造反、"瑶人"抢掠财物等案层出不穷，地方官员鼓励绅民团练御盗也势所必然。此外，广州附近还出现有"[道光二十七年（1847）

五、压力与应激：情绪反应与行为失控

对于身处其间的广州绅民而言，因各类矛盾和社会压力所制造的焦虑情绪亟须缓释。然而，针对清政权的暴乱、反叛或其他暴力冲突仍是十分危险的，往往意味着大量难以得到弥补的生命或财产的损失。正是三元里反英斗争恰逢其时地提供了一个良好的范例，提供了一种以暴力方式进行情绪宣泄的安全途径。① 即当事士绅民众因与外贸无涉，自然地占据了不仰赖外人的道德高地，故能以其道德上的"纯洁性"把持对外关系话语权，坚决主张反入城或者说一切仇视、攻击英人的行为。这些行为一方面以其道德正当使参与者得到广泛的社会支持和收获社会赞誉②，另一方面又因政治正确而能与统治者抗衡，甚至能够迫使地方官员做出让步或提供扶持，成为一种"合法"的暴力反抗活动。③ 虽然存在着英人报复及地方官员为维护"大局"祭为牺牲、严加制裁的风险，但在政治或道德方面的荣誉收获，刺激民众勇于投身反英活动，并使之成为社会情绪释放的重要管道。士绅也利用其为提升个人政治影响力及与地方官员争权夺利的有力工具。④

十二月〕十二日，西门外荷溪地方，有二百余人为争口角事，各执刀棍鸟枪，欲互相斗，后得该处乡勇衿耆劝开"，"广州府增城县主堂，因事被百姓杀，并伤弓役十余人"等情况（参看佐佐木正哉编《鸦片战争后の中英抗争·资料篇稿》，第134、144、368、386、390–391、400、372页）。

① 三元里神话的现实喻义，即如魏斐德所言"是一个意识上的分水岭，它标志着反对官府和激烈的反洋人主义的开始"（见魏斐德著、王小荷译《大门口的陌生人：1839—1861年间华南的社会动乱》，第61页）。也就是说，民众在赞美三元里斗争的时候，实际上包含了赋予其自身行为道德正义和政治正确的潜在用意，亦即反洋人和反对与洋人妥协合作的官员天然正确。这一话语逻辑，也自然使三元里斗争具有了中国近代爱国主义、民族主义发源的意义。

② 如在广州绅民因反入城"胜利"而给徐广缙、叶名琛立碑时即夸耀："独我广东灭之于三元里，诛之于黄竹岐。"（转引自魏斐德著、王小荷译《大门口的陌生人：1839—1861年间华南的社会动乱》，第115页）可以认为，对因攻击行为而受制裁的民众如黄竹岐村民来说，流芳千古的精神慰藉足以给其精神上的强力支持，使之无惧牺牲。

③ 如参加府试的生员掀起反对余保纯的风潮时，魏斐德即认为："这是一次完全合法的骚乱行动，（针对余的）指责是符合儒家观念的。考生们是在一切公认的准则都在他们一边的条件下闹事的。"（见魏斐德著、王小荷译《大门口的陌生人：1839—1861年间华南的社会动乱》，第79页）这里所谓的"合法"，并非合乎法律，而是合乎道德和政治伦理。关键问题是，受到攻击的耆英、余保纯等虽不无委屈，但同样认可这种政治正确，而无法寻找道德支点为自己辩护。

④ 在清地方政治中，绅权与官权被魏斐德称为"总是在跷跷板上不断地平衡"（见魏斐德著、王小荷译《大门口的陌生人：1839—1861年间华南的社会动乱》，第27页）

特别是，当与英人的冲突一旦得到渲染，仇恨与敌意即得到了全社会的普遍接受，当事诸人群均信以为真地将中英冲突视为双方深刻矛盾的结果，不再去思考矛盾对抗的本来缘由了。① 也就是说，以反入城斗争为代表的抗英活动尽管表现激烈，但却并非是英人与广州地方民众真实矛盾的客观反映，而只是因其更加"合法"和"安全"，故而成为国内矛盾所引发的社会焦虑情绪进行暴力宣泄时，被普遍选择和接受的一条路径。

（六）晚清中西交往中情绪化的非理性倾向

在极端情绪的作用下，晚清的中西交往也在一些重要方面呈现出严重的非理性倾向。

其一，夸张和主动激化中外矛盾。

首先需要说明的是，尽管英国通过鸦片战争和《南京条约》已经危害了清廷统治，也开始对中华民族的民族利益造成很大程度的损害，其后帝国主义列强不断侵犯中国主权，如同扩大的对华政治、经济和文化侵略那样，给清廷制造出了严重的统治危机，并且给中华民族带来沉重的民族灾难和生存危机。毛泽东关于"帝国主义与中华民族的矛盾是近代中国社会主要矛盾"

的两种力量。鸦片战争结束后，广东官员对地方的控制力显著削弱，即使最初对广东地方势力抱有敌意的奕山也转向支持团练的活动，以利用士绅势力维护统治。祁埴向道光奏明升平社学团练情况，不仅是一个官方态度的表白，也是"跷跷板"向地方士绅倾斜的标志。需要指出的是，在这种抗衡中，士绅主要利用团练、社学掌握民众力量。正因士绅的掌控，反抗活动被限制为反地方官而不反皇帝的斗争。突破这一限制的行动是不合法的。如钱江等人试图以明伦堂为发言场所，与地方官争夺话语控制权，即被时人目为"有如陈胜、项籍、田横等辈"（见陈胜燊《林则徐与鸦片战争论稿》，第359页），祁埴、耆英等对之十分警惕，并毫不犹豫加以镇压。但绅民进行"真正"的反英活动，甚至不断攻击耆英本人时，因其在话语中被视为"民心"而具有合法性，耆英等对之显然就难以措手了。

① 在民众的抗英或抗击外敌的行为天然正确的话语背后，实际上隐藏着一个从未被认真思考但却被普遍接受的假说：民众与外人是天然对立的。需要指出的是，虽然民众往往有着更为坚定的反侵略立场、更为强烈的反抗精神，然而其反侵略行动难以出于"本能"而"自发"地产生，而总是与具体现实的矛盾冲突联系在一起。问题是，民众的反抗活动虽不能总是与反侵略相提并论，但却总是假其旗号以便立足，后世论者如果以当事人的话语为话语，则民众"天然抗英"和"抗英天然"合理的这一未经思考的假说也就天然正确了。

这一精辟论断，应当理解为描述了一种趋势性的和全局性的状态，即中外矛盾作为近代社会的主要矛盾，存在着一个渐进的发展过程，而且是就整体而言，并非是指在任何时间、任何局部地方都居于决定和主导性地位。换句话说，帝国主义与中华民族之间的矛盾，并非是自鸦片战争一爆发即已确立其作为近代中国社会主要矛盾的地位。在反入城时期，这一矛盾应尚处于萌生和发展阶段。这一时期中英之间的主要矛盾，多由英人努力按照由其主导的条约体制构建中英关系而清人竭力抗拒所引发。在此期间，英人尽管不乏使用武力迫使清人接受现实和有扩大权益的冲动，但也有颇多节制的沟通、理性的讨论和自我反省，且除鸦片贸易外，总体上英人所追求的商业利益并不危害中国主权和民族利权，或者说在很大程度上对两国均属有利。英人更无意通过全面征服的方式压榨和掠夺中国，而是不断在谋求与清人建立更加融洽的关系以期扩大在华贸易。故如前文所言，英人所提出的一些诉求，虽是出于其自身利益的考虑，但对于中国来说并非有害，甚至可能会带来两利。

但是，由于清统治者不愿接受中英平等往来和中英关系已经改变的现实，因恐惧感、危机感和仇恨情绪相互驱动，在颟顸无知地忽视了一些国家民族重大利权的同时，又将入城等类细琐或本非属于对抗性的矛盾无限扩大，甚至夸大到动摇"国体"的程度，使得中英间一些常规的事务性纠纷不仅不能就事论事，在受控制的范围内得到有效解决，反而往往会被上纲上线，冲突的性质无限扩大，并往往发展成为严重的外交事件和导致激烈的对抗和冲突，使得晚清外交处于极为难堪和难以自处的局面之中。

与此同时，士绅民众因战败屈辱而产生的仇外情绪，复因诸多复杂的社会矛盾难以疏解而被激发和异化，形成了严重的排外潮流。绅民皆以反对外人为正义，一些普通的中外矛盾和一般性利益冲突，也被提升至国仇家恨的高度。而在反入城的长红揭帖中，绅民更是刻意地频繁使用"犬羊""畜类"等人格羞辱，甚至具有种族歧视色彩的语言，以突出种族和文化差别的方式来继续维护自身文化优越感，从而形成了更加强调中外矛盾对立的语境，使得民众与外人之间也形成了毫无必要的尖锐对立状态。

其二，强调仇恨，倾向于选择对抗性或暴力手段解决中外争端。

鸦片战争爆发后，在一般民众朴素的民族情感中自然地会产生对于英人侵略行径的仇恨和愤怒，这种情感毫无疑问是正当和合理的。但在战争结束以后，对这些情感则须进行有效的疏导。在中英国家及民众间的正常交往中，双方均应着力培养善意和消除敌意，以利于长期和平关系的确立。

但如前文所言,这些关乎民族仇恨的情感并未随着战争的结束而消解,相反却酝酿发酵,成为战后中英矛盾冲突的催化剂。广州绅民不仅未能摆脱战事所带来的敌意和仇恨,反而将之与战后同英人日常交往中一般性的矛盾冲突,以及清人出于误解或文化优越感而蔑视外人的情感交织在一起,形成反入城一类非理性的反英活动。并因尖锐社会矛盾引发的焦虑情绪受到压抑后,民众宣泄情绪的攻击目标转向英人。更因群体心理作用,反英活动为非理性情绪所主导,攻击英人的行为甚至出现极端暴力化的倾向。最为重要的是,清统治者也无法从战败的挫折感中解脱出来,不仅不能有效疏导民众情绪,反而推波助澜,放纵民众及自身的情绪宣泄,更营造了强调战败的耻辱和仇恨,期以反入城一类"胜利"来"雪耻"的语境。在此语境之下,许多完全可以通过协商解决的事务性矛盾得不到舒缓,反而经常被加剧激化。

以此为背景,晚清外交活动的重点不是表现为谋求妥协合作,而是一味强调对抗和斗争,即通常将合作视为"投降卖国",而抗争手段即使不能为国家民族谋利,也被认为正当有益。在晚清相当长的时间里,清人在讨论中外关系时,正视现实、要求建立正常中外关系的理性主张长时间地受到抑制,而宣扬敌意和仇恨的话语占据主流,强调敌意和对抗的非理性情绪贯穿于整个晚清外交。

其三,将自身非理性行为"合理化"而难以自察自省。

徐广缙在向道光报告反入城"胜利"的消息时,在想象中对文翰所遭遇的尴尬和困窘大加揶揄,称:"臣等备文照会,宣布皇仁,外国商人,一体保护。感夷商之心,正所以寒文酋之胆。是以照会以来,夷示先出,罢议进城,止求通商,其急于安抚夷商惟恐内溃者,历历如绘。臣等周谘博访,证以往事,察以今情,凡此种种,皆属实在情形。"[1] 叶名琛的对英交涉,也是经常出现用以己度人的忖测代替对实际情况进行深入了解和分析的情况。[2] 此外如士绅以宗族、行会等各种名义发给英公使、领事的函启中,也同样多见这种在旁观者或今人看来不可理喻,而当事人在当时自以为合情合理、义正词严的情况。

---

[1] 《徐广缙等奏英人进城之议已寝折》,齐思和等整理《筹办夷务始末·道光朝》,第3186页。

[2] 关于叶氏在广州城陷前产生自信的原因,茅海建以"不确的情报与错误的分析思路"为题进行了细致分析(参看茅海建《近代的尺度:两次鸦片战争军事与外交》,第161—169页)。

这一现象被心理学称为"合理化"①。即清人为极端情绪所左右、对抗外人而进行非理性的攻击时,无论其举止多么怪诞、暴戾,都会以被扭曲的认知和话语,或以通过赋予自身行为道德正义和政治正确的方式,将之合理化。晚清外交政策受到仇恨等极端情绪的控制,形成以强调敌意和对抗为主而偏离了理性基调。但清统治者在进行"合理化"的自省之后,却将之目为理所当然而难以自察其非。

　　特别需要说明的是,三元里抗英斗争虽然在很大程度上仅系"保家"而并不具有其所宣扬的"卫国"意义②,但这种自发抗敌行为所包含的不畏强暴、追求正义和勇敢献身的精神,无疑值得代代传扬。然而,徐广缙将三元里抗英与反入城相关联,并以"民夷实有不解之仇"来说明同一群体开展的反入城的正当性则并不妥当,盖因正义的三元里抗英并不必然赋予反入城斗争以同样性质。问题的关键是,英人行为的非正义性在于其以战争手段谋求利益,而并不是说其提出的所有诉求均属不义,更不应如清统治者所主张的只要英人提出利益诉求即属冒犯"天朝"的"晓渎"和"桀骜"。三元里抗英之所以在今天仍能被认为具有反侵略意义,系因其直接针对外敌非正义的军事侵略行动,而不是因为其反抗英人。如反入城一类抗英活动,所反对的英人诉求并不具有侵略性质,姑且勿论其从策略方面是否有助于实现反侵略的效果,即仅就其正当性而言也颇难立论。今人不能因其与民族情感相关联,即认为其具有了反帝、反侵略的意义和价值因而天然合理。

---

①　人们在做出行为之后通常都会进行自省即判断自身行为的合理性。自省的结果有两种,一是理性的自省即能够判断自身行为正确或改正错误,一是非理性自省,即对自身错误行为进行合理化(rationalization)。合理化的概念是指:"为我们所做的事赋予符合逻辑的或为社会所欢迎的动机,以使看起来我们做过的事是合情合理的。"也就是说,个体的行为绝非总是正当理性的,但行为人总是寻找正当的理由为自己辩护,以使其行为看起来合乎理性。这样做一方面可以在行为达不到目的时,减轻行为人的内心焦虑;另一方面可以保护行为人,使其在社会关系中居于有利位置(参看 R. L. Atkinson 等著、车文博审订、孙名之等译《心理学导论》下册,第 747 页)。合理化现象是由个体面临压力情境时自我防御机制造成的,是应激的情绪反应影响认知或行为的显著例证。合理化具有显著自欺的成分,即个体总是判定自我的行为是合乎理性的,是经过逻辑推理的理性分析的正确抉择,尽管事实往往并非如此。

②　关于如何判断三元里抗英斗争所包含民族主义、爱国主义的精神问题,茅海建做了较为全面的讨论,并主张:"三元里等处民众进行的是一次保卫家园的战斗,而不是投身于一场保卫祖国的战争。"(参看茅海建《天朝的崩溃:鸦片战争再研究》,第 309—313 页)

六、控制与权欲：动机的作用和影响①

对于人的行为而言，动机发挥着激发和指引的重要作用。②不仅如此，动机还会对人的认知和判断等心理活动产生影响③，从而在很大程度上左右人的行为方式。④特别是人的社会动机，是人们进行社会活动、选择行为方式的决定性因素，故而现代心理学将社会动机视作人们行为的"社会化了的内驱力"⑤。

在入城问题上，清最高统治者道光、咸丰二帝的基本政治出发点是稳定清王朝统治秩序。在这一出发点之下，清帝的主要政治意愿是禁西人入城，以期防范民夷杂处和维护"体制"。但在英人采取强硬、有可能造成难以预见的破坏时，清帝也会迫于现实同意做出让步；广东地方官员或许不乏出于成就动机以保持中外相安造福一方的政治理想，但通常更多是想名留青史，特别是维护和提升个人权位的私心，其要则在仰体上意、固位为本；地方士

---

① 现代心理学在讨论动机（motivation）问题时，区分了人的基本动机（fundamental motivation）和社会动机（social motivation），前者系为生物性的、非习得的动机，包括：其一，基于生存需求的动机，如饥渴等；其二，基于社会需求的动机，如性的需求等；其三为与生存无关的好奇心等（参看 R. L. Atkinson 等著、车文博审订、孙名之等译《心理学导论》下册，第471页）。本文所讨论的动机以社会动机为主，即人在社会生活中习得成就动机（achievement motivation）和权力动机（power motivation）等。

② 参看 R. L. Atkinson 等著、车文博审订、孙名之等译《心理学导论》下册，第471页。

③ 参看郑全全《社会认知心理学》，浙江教育出版社，2008，第292页。

④ 韦纳认为："动机是研究思想和行为的决定因素——它说明为什么行为受到发动、维持、制止，以及对行为作出选择。"（见韦纳著、孙煜明译《人类动机：比喻、理论和研究》，第20页）

⑤ 吴江霖、戴健林等：《社会心理学》，第143页。

绅通过反入城维护"华夷尊卑"的卫道之举的背后，同样也不乏追求自身政治利益和文化话语权的目的。总之，清帝对战后局势的控制需求[①]、广东官员的权力动机[②]，与地方士绅基于权力或成就动机的各种诉求交织在一起，使得官民上下在对英交涉时形成了各不相同的政治目标和行为选择，对反入城斗争的形势发展乃至战后中英关系的态势，都产生了各不相同的影响。

（一）平衡局面：清帝掌控政权的需要

如前文所言，道光帝对《南京条约》的签订表示愧恨交加，盖因战败和条约的签订，不仅冲击和破坏了长期以来中外相安的局面，更已危及清王朝统治的稳定：首先，割地赔款、五口通商、终结行商制度，以及双方官员平等往来等条款，均对"体制"造成破坏。观者仿效，更将难以收拾。其次，对于作乱的"逆夷"无力征剿，反而屈辱求和，使得"天子"颜面扫地，除难以面对祖宗和后世外，更可能会引发"不逞之徒"对帝位的觊觎。再次，作为因汉奸引导而入主中原的少数民族，清统治者对汉人的民族猜疑和防范从未消除[③]，限制中外交往、杜绝汉族与其他异族"勾串"始终是清朝统治

[①] 弗里茨·海德（Fritz Heider）在总结人的社会动机的形成机制时认为："人们有两种强烈的基本需要：一是形成对周围环境一贯性的理解的需要；一是控制环境的需要。"（见郑全全《社会认知心理学》，第283页）这一表述可以用以解释人的控制动机的基本内涵。

[②] 权力动机的一般定义是指"个体在某些方面取得一定的支配地位的需要"（见吴江霖、戴健林等《社会心理学》，第179页）。本文所讨论的"权力欲望"系指权力动机外化的具体表现，即指耆英等清官员维护和争夺政治权力的动机，意义同于通俗语言中的"争权夺势"。

[③] 鸦片战争期间的满汉猜疑较为彰显，如海龄案。耆英查海龄案后称："（海）将拿获形迹可疑之十三人，概予骈诛，办理殊属草率失当。"实已说明真相（参看《耆英等又奏海龄自缢被焚并非被人戕害王志元亦无虚报冒支情弊折》，齐思和等整理《筹办夷务始末·道光朝》，第2347—2350页）。总体而言，这是一个禁忌的话题。然而道光藉查拿汉奸隔绝中外的用意则十分明显，如裕谦曾误会道光查拿汉奸的用意，提出："清字清文，非旗人不能谙习，该逆何竟有之？实堪骇异！……抑或广东驻防中，竟有习教通夷之人，均未可定。奴才伏念旗人世受国恩，至优极渥，如果竟有此等败类，不但辜负朝廷，抑且玷辱宗祖。"主张要查拿"满奸"。道光即忙加宽解，称："过虑必无之事，朕断不之信。……所见固是，然二百余年以来，内地汉人能习清文者，自必有之。……决非我八旗之所为，信而有征。"（参看齐思和等整理《筹办夷务始末·道光朝》，第914页）

者一项重要的、不能明言的基本政策。《南京条约》打破了民夷交往的制度樊篱，使道光内心深处的隐忧日渐深重。因此，对于战败一事如何向世人做出交代，以及如何处理中英关系重新掌控局势，成为战后郁结于道光内心的两件大事。在入城问题上，重新掌握事态、恢复传统格局成为道光的基本动机。基于这一动机，道光帝确定了"以诚实结民情，以羁縻办夷务"①的政策方针。而其对英交涉基本目标，则是道光十四年（1834）处理律劳卑事件即已明确的"不可于国体有妨，稍事迁就，亦不准令边疆启衅，稍涉张皇"②，亦即要求一方面尽力维护或恢复战前体制，另一方面也不得破坏抚局，引发新的纷争。

其一，为维护"体制"，道光竭力争取对英人已获得的条约权利进行限制，同时防止其扩大诉求以避免体制遭受更大破坏。如前文所述，道光在限制中英官员接触的级别、淡化双方关系的政治色彩而将之限于商贸往来、循战前旧制构建两广总督负责中西交涉机制等方面付出了诸多努力。反入城事虽琐屑，但因有着维护体制的重要意义，故道光特加重视。虽然前文指出，道光对是否准许英人入城态度反复游移，但更须明确的是，道光反对入城的意愿始终如一。并且在入城等对英关系问题上，道光态度还存在着一个显著的从强调和缓稳定到逐步强硬的转变。战争新败，道光帝主要担心因摩擦引发新的战事，先后任命主张"抚夷"的伊里布、耆英任两广总督负责对英交涉，并将参与《南京条约》签订的江宁布政使黄恩彤擢为广东巡抚以为辅佐，对入城纠纷也一再强调"妥为料理，万勿别生事端"③，以期安抚英人。局势稳定后，道光于1846年9月假细故将"声名狼藉"的黄恩彤罢官④，复于1847年内招耆英而任命对外强硬的徐广缙为两广总督，并辅以声气相投的叶名琛，其口气也变为"惟疆寄重在安民，民心不失，则外侮可弭，嗣后遇有民夷交涉事件，不可瞻徇迁就，有失民心"，"天朝外则礼重怀柔，内

---

① 齐思和等整理：《筹办夷务始末·道光朝》，第3126页。
② 齐思和等编：《中国近代史资料丛刊·鸦片战争》第一册，第339页。
③ 齐思和等整理：《筹办夷务始末·道光朝》，第2685页。
④ 黄恩彤被罢官的原因是奏请道光"仿耆民恩例，给予年逾八十之武生符成梅千把总虚衔"，故论者指出："黄恩彤遭此罢斥，原因并不在于替年龄大的武生申请虚衔，根源在于《南京条约》以及后来一系列条约的签订，让道光帝心中充满怒火，黄恩彤替高龄武生申请虚衔只是借口而已。"（见周绍华《黄恩彤生平思想研究》，上海师范大学博士学位论文，2017，第33页）

则允孚舆论"①。其中所传达出的政治信号,正是徐广缙、叶名琛等不惜伪造圣旨坚决反对英人入城的精神动力所在。

其二,对于战争失败使天子颜面遭到羞辱,以及如何向世人交代战败责任的问题,道光虽未放弃"轸念民生"、夷人"就我范围"一类粉饰之词,但也未一味回避,而是表现出了一定的道德勇气,能够面对战败的现实表示"愧恨",对于战败责任也表示:"从前办理不善,总由朕无知人之明,以致琦善、奕经、文蔚诸人,丧师失律,迄无成功。朕惟有返躬自责,愧悔匀深,何肯诿罪臣工,以自宽解。"②但其"无知人之明"一语,实也隐藏着对臣僚办理不善的责备,和在某程度上诿过于臣下的心机。③

更为重要的是,道光在战争后期开始不断向诸臣说明其或剿或抚的缘由,其用意实已在为战局可以预见的结果准备说词。至1842年6月,战事基本无望,道光曾颁有一则长篇明发上谕谕示中外,试图激发臣工百僚和士民建立不世之功的勇气,其中对禁烟以来诸般举措及其不得已的苦衷详加解释。

《上谕(谕中外办理洋务前后情形)》:

> 朕以鸦片烟流毒中国,贻害生民,前岁特降谕旨,饬令各省上严禁,再三剀切申戒。因广东为外夷通商之所,特命林则徐前往查办。……英吉利逆夷义律,以烧毁烟土之故,藉口滋事,因林则徐办理不善,旋亦罢斥遣戍。乃该逆……潜窜浙洋,窃据定海,继复于天津海口,呈递禀词。朕惟中外一体,念切怀柔,不以其侵犯在先,诉辩在后,遽加屏绝。复命琦善前往广东,确切核办,……乃该逆夷狡诈反

---

① 齐思和等整理:《筹办夷务始末·道光朝》,第3126、3151页。
② 齐思和等整理:《筹办夷务始末·道光朝》,第2613页。从战后处理涉事官员的情况看,道光虽处分了一批官员,并处决了牛鉴、余步云等人,但其用意只在整肃纲纪,而非转移战败责任,表现出道光愿做"明主"、有所担当的意愿。
③ 此外如对奕山掩饰战况的行为,道光慨叹:"逆夷奸计,发则中,将军等之谋勇,迄今无一应。……朕之忧愤苦衷,将谁言之?"此后更怒斥奕山:"朕只恨世道人心,何至如是之不诚不实,朕以重任付诸臣,诸臣无非还朕一'欺'字,再不解是何存心也?"但对奕经浙东的挫败,道光心态已趋于平和,称:"总因朕未能先示机宜,即将汝等治以重罪,又与事何益?"(参看齐思和等整理《筹办夷务始末·道光朝》,第1838、1881、1898页)这些言论既反映出道光对于臣僚的失望,也表明其在一定程度上的反省,同样亦可视作其对于后世言在意外的某种交代。

覆,要求无厌,……竟尔称兵首祸,叠犯大角、沙角各炮台,伤我提镇大员,扰我海疆黎庶,是逆夷因私贩烟土而肇起衅端,复阳为乞请而阴施诡计,背信负恩,神人共愤。朕之命将出师,实由于此也。及至靖逆将军奕山等到粤,逆夷已窜入内港,窥伺省垣。彼时带兵守土大吏,佥以该逆贪利性成,希冀通市,恳将商欠该夷银两,准令给还。朕至诚待物,从不以逆亿〔臆〕为怀,如果得利相安,不致别图滋扰,区区之施,实非所吝,蠢尔丑类,何足为仇?此又朕轸念薄海民生,不得已之权宜也。孰意逆夷包藏祸心,欺天灭理,粤东甫经敛迹,闽、浙又复扬波,……以致督臣殉节,镇将捐躯,荼毒生灵,罪难擢数。爰命扬威将军奕经等帅师攻剿。数月以来,贼退宁波、旋陷乍浦,……察其凶狡情状,实已罪恶贯盈,上天降监,必加诛夷,下民何辜?罹兹惨酷。朕抚躬循省,五内焦劳,每念毒孽(之)未除,颠连莫拯;痛心自责,恨才德之未逮,夙夜难安。将军参赞督抚及内外文武诸臣,亦宜仰体朕怀,亟苏民困,勿存苟安之见,狃于目前,勿怀幸免之私,贻臭于后。……朕为天下生民主,若止顾目前苟安无事,不思大者远者,一听烟毒横流,不行禁止,是朕上负皇考付托之重恩,下不能保吾民之生命,思及此,曷肯不竭力禁之,更曷敢不竭力禁之也。……总之,禁烟所以恤民命,御寇所以卫民生,朕宵旰思艰,兢兢业业,尔诸臣亦惟和衷共济,鼓励戎行,不懈不竦,以作士气。必能剪除夷孽,扫荡海氛,……兹将办理夷务前后情形,及朕为民除害之本意,特谕中外知之。"①

另外,在英军兵临江宁、两江总督牛鉴以"与民休息"为由奏请议和时,道光朱批复言:"朕之用兵,实出于万不得已。"②一再解释其剿英非为夸耀武功。此后道光指示耆英力成和局,又强调指出:"两载以来,沿海生民,突遭蹂躏,朕心实有所不忍。与其兵连祸结,何如息事安民?是以叠经密谕该大臣等,设法羁縻以全民命。此朕万不得已之苦衷,谅该大臣等必能善体朕意,期于有成。"③即无论是剿是抚,道光均以因"民命"所系、迫不得已

---

① 齐思和等整理:《筹办夷务始末·道光朝》,第 1848–1850 页。
② 见《牛鉴奏英军鸱张与前不同仰求怀柔与民休息折》,齐思和等整理《筹办夷务始末·道光朝》,第 2040 页。
③ 齐思和等整理:《筹办夷务始末·道光朝》,第 2231 页。

为由来表明心迹,目的在于获得臣民对其出兵剿办及接受战败结果的同情和谅解,实亦期望以此得到后世的谅解。在此过程中,道光希望臣僚分担谤怨①,以及回避主剿官员道德压力的举止②,反映出其对"徐图恢复"失去信心,实即对控制局势产生力不从心的感觉。

在反入城斗争中,道光帝开始逃避责任。其主要表现是,当耆英对英做出让步时,道光常加支持,对其所受舆论攻击表示理解,并且经常私语抚慰。③但当耆英就同意英人入城一事提出"惟有奏恳天恩,谕令臣等体察情形,酌量办理"④时,道光则不置一词,实即拒绝了耆英"遍贴誊黄"、假皇

---

① 刘韵珂得与道光莫逆与心,系因他看出道光对剿夷已不抱希望而又骑虎难下,故在"十可虑"奏折代为拟出了诸多可向世人交代的理由,为道光转向抚夷提供了一个台阶。但当战后刘韵珂为浙江涉事人员请功时,道光对刘韵珂不为其分谤,反而借机讨好下属的行径极为愤慨,斥责道:"些须小惠,朕何所吝惜?实难于降旨,亦何心降旨?汝虽掉弄笔锋,巧言触动,朕能任怨,不似汝动辄邀誉于人也。"(见齐思和等整理《筹办夷务始末·道光朝》,第 2603 页)

② 当耆英奏称:"此时抚局已成,固不可不防其狡诈,尤不可不示以诚信。是以臣先已出示晓谕滨海地方,如此之筹办善后,系为营伍废弛,变通整顿,并非乘时修明武备,重起兵端。以期破夷而解民惑,庶可杜该夷酋之藉词,塞好事者之多口。"道光朱批道:"与朕意相合……"(见《耆英奏接准闽浙送照会办理情形折》,齐思和等整理《筹办夷务始末·道光朝》,第 2501-2502 页)可以看出,战后虽无官员倡言继续剿夷,但曹履泰等人对战后局势表示担忧,同样给予道光精神压力。即在道光眼中,此类官员均系"好事者"。

③ 如曹履泰以"强民从英"为辞攻击耆英,而耆英上奏折为自己辩护时,道光即予认可,称其:"覆奏逐条明晰,随时相机妥办可也。"在耆英奏报与英人约期两年入城一事时,道光也称:"所办原好,朕之忿懑,与卿同耳,非卿不可问矣。"(参看《曹履泰奏英人欲进粤城人心不服不宜强民从英折》《耆英等奏覆奏曹履泰所奏广东人民滋事各节折》《耆英等奏已杖责佛山抗英民人并英使请为明定进城日期折》,齐思和等整理《筹办夷务始末·道光朝》,第 2971-2972、2991-2996、3083 页)此外道光对耆英尚多褒奖之辞,如 1843 年耆英赴香港办理关税章程,道光慰之曰:"随时珍重,务保康强。……所办甚属正大公诚。"后又对耆英先期在广州开市通商的举措表示赞同,称:"所办可嘉,何冒昧之有?深得大臣之体。"(见齐思和等整理《筹办夷务始末·道光朝》,第 2648、2650 页)即不断对耆英所受委屈加以宽慰。当然,这些即时的理解和支持不代表事后不可以"欺罔"之罪而加构陷。

④ 《耆英等又奏英使请进省城立意甚坚恳谕酌量办理片》,齐思和等整理《筹办夷务始末·道光朝》,第 2948 页。耆英这一要求,实即包含着由道光帝颁发谕旨并由广东督抚贴出"誊黄",以镇抚广州绅民反英活动的请求。而这一要求的提出,也是因为他与黄恩彤的联衔告示在街头被撕毁,迫不得已须借助皇权。

权镇抚绅民的请求。而当徐广缙等人坚决反英入城与文翰对抗时，道光心中虽抱期望，却又连降谕旨，要求徐广缙等"将只准暂入，不准常住［往］实情遍告绅民，出以至诚劝勉，……该督妥为晓谕，可令安堵无虞"，"各将所辖兵民加意抚戢，务要处处周匝，不令多事"①，要求徐广缙、叶名琛限制反英活动的态势不使失控。这种隐于幕后由臣僚出面解决纷争，并且不明确给予终极支持的做法，系因道光一方面担心此举会令天子尊严受损而失去"人心"，故而力避本身成为道德批评的对象，另一方面为保留以"办理不善"为名惩治臣僚的权力，需要置身事外以便诿过于人。道光在反入城斗争中采用这种"驭下"的权谋之术，反映出其着眼点已不在于君臣和衷共济应对时艰，而是出于对环境控制的无力感，更为注重逃避自身的政治和道德责任，以及为个人辩解留下余地，使得清廷对英交涉为其个人自利的动机所左右，而不能实事求是地谋干国家和民族公利。这也是当事臣僚各怀私心、行为偏离理性而无视现实，使得入城问题无法在理性、适宜的基础上得以解决的最为重要的原因。

其三，对于加强中外防范，道光着力尤多。除前文所讨论的限制西人活动范围等维护"体制"的努力外，道光还有意通过查拿汉奸即将与西人来往密切者定性为汉奸的做法，以政治藩篱隔绝中外。

鸦片战争期间，一些前线将领常以汉奸为借口掩饰其无能，道光帝同样也要求沿海各省大张旗鼓地严查汉奸，除军事目的外，更可藉此迫使汉人因恐居汉奸嫌疑而主动断绝与英人的往来，避免民夷间因交往增加而结成情感和利益共同体。②战后道光仍丝毫未放松对汉奸勾结外人的警惕，多次发出"福建、厦门等处，即须开关通市，华夷杂处，一切抚驭防维，益宜筹划尽善。该督等务当严饬所属，随时认真稽查，以杜奸民勾串之弊，是为至要！"③"夷情反覆，固由犬羊性成，亦由不肖之徒从中唆耸，……倘有匪徒肆其诡谲，勾串夷人，播弄是非，彼不过藉此渔利，而夷人受其愚弄，顿起波澜，是即汉奸之尤，实堪痛恨！"④等谕令，要求各省严查汉奸，冀以阻隔中外。反入城时，这一政策更发展为以"民心"为辞，鼓励中外对立。

---

① 齐思和等整理：《筹办夷务始末·道光朝》，第3167页。
② 参看拙文《鸦片战争时期清政府处理汉奸问题措施研究》，《广州大学学报：社会科学版》2011年第12期，第82—88页。
③ 齐思和等整理：《筹办夷务始末·道光朝》，第2625页。
④ 齐思和等整理：《筹办夷务始末·道光朝》，第3152—3153页。

如前文所述，1842年末十三行骚乱发生后，祁𡎴立刻以将民夷冲突描述为彼曲我直，即将冲突发生原因归咎英人的方式，表明其维护"民心"，即支持与英人对抗的立场和态度，并称："连日以来，察看中外情形，民心极为固结，……边衅未可再开，而内地民心，尤不可失。"①问题在于，祁𡎴所谓"民心"并非全面、真实的民意，而是特指绅民片面的敌视和仇恨英人的情绪。但此后各当事官员在对英交涉时均受此话语裹胁，无法绕开这一"民心"来处理入城问题。道光对之加以利用，将"固结民心"作为处理中外关系的要点，一再声称："内地民心，尤关紧要，必须固结勿失。"②其内召耆英而命徐广缙署理粤督的上谕中同样明确指示："惟疆寄重在安民，民心不失，则外侮可弭，嗣后遇有民夷交涉事件，不可瞻徇迁就，有失民心。"使得反对"曲就外洋"、要求"俯顺舆情"一类话语不仅占据道德高地，更具政治正确的意义。正因道光的支持和强调，反对、敌视外人的情绪被塑造成正当的"民情""民心"，绅民的反英活动因而具有了当然的合法性，不仅耆英等"强民从英"的政策受到贬抑，"民心"还成为清统治者在中外民众间构筑樊篱的法宝，使民众与外人的正常往来也往往受到道德、舆论的多重抑制，中外经济、文化交流受到了无形障碍的重重阻遏。

○ ○ ● ○ ○

政治经历和政局形势的差别造成咸丰在处理对英关系时，其心理状态与道光有着很大的不同。首先，咸丰继位后，其注意力主要被太平天国运动所吸引，对于如何处理与西人关系无暇深思，亦未给予充分重视；其次，咸丰未经战事挫衄，故既无乃父那样沉重的心理负担，也缺乏对英军武力难制的真切体验。故而咸丰对局面控制的要求，以剿灭心腹之患的太平天国为重中之重，在中英关系问题上，一方面不希望发生新的冲突，以免影响大局，另一方面则对英人极为轻视，对英人突破"体制"的努力则表现出更为明确和决绝的态度，甚至对剿灭"发匪"后以武力全面"制服"英夷抱有信心。③

---

① 《祁𡎴等奏英人欺侮粤民致起争闹及洋楼失火折》，齐思和等整理《筹办夷务始末·道光朝》，第2516页。

② 齐思和等整理：《筹办夷务始末·道光朝》，第2516页。

③ 如叶名琛上奏反对其同意向英美等使通融"广东茶税"等三事，咸丰朱批即明言："览卿所奏各夷情状，实属明晰，亦能善体朕意，示以镇静，不但杜其无厌之求，并免另生不测，以致扰乱大局。卿其永励斯志，忍待军务悉平，彼时饷裕气复，朕断不任

因此，咸丰所确立的关于入城等中英外交的基本方针，即是"总宜事事镇定，勿任其要求，尤在驭之以严，拒之以礼，彼夷人伎俩安所施耶？"① 实即要求以适当的方式杜绝英人一切"任意妄求"！这一方针对叶名琛僵化强硬外交政策的形成，乃至对于第二次鸦片战争的爆发，都产生了极为重要的潜在影响。

其一，咸丰帝即位后罢斥穆彰阿、耆英，这一人事变动明确地宣示了对外政策风向的转变。②

咸丰在罢穆彰阿、耆英的上谕中称："穆彰阿身任大学士，受累朝知遇之恩，……乃保位贪荣，妨贤病国；……从前夷务之兴，穆彰阿倾排异己，深堪痛恨。如达洪阿、姚莹之尽忠宣力，有碍于己，必欲陷之；耆英之无耻丧良，同恶相济，尽力全之。……潘世恩等保林则徐，伊屡言林则徐柔弱病躯，不堪录用，及朕派林则徐驰往粤西剿办土匪，穆彰阿又屡言林则徐未知能去否。伪言荧惑，使朕不知外事，其罪实在于此。至若耆英之自外生成，畏葸无能，殊堪诧异。伊前在广东时惟抑民以奉夷，罔顾国家。"③ 即以穆彰阿排斥力主抗英的达洪阿、姚莹、林则徐等为"倾排异己"、陷害忠良，而耆英抚款英人则系"抑民奉夷"。此言是否仅系罢免穆彰阿、耆英的借口，即咸丰此次权力倾轧的内因无足深论，唯其将对英妥协视同"罔顾国家"、以采取强硬为正当的态度则至为明显。在次年福州反入城的神光寺案中，咸丰又将并无明显错舛的闽浙总督刘韵珂开缺、福建巡抚徐继畬罢官，显然也是出于认为刘韵珂、徐继畬的务实态度系为善待英人、"曲抑民心"，因此对二人表现出强烈的不满。

其二，咸丰对中西关系的轻视和对西使诉求的漠视。

前文指出，鸦片战争后一些清人对西方的认知和了解已颇为全面真切，

其狡狯尝试，时存窥测。"（见《叶名琛奏覆英美要求三款实为无厌之求及法使来津意在庇护教士折》，中华书局编辑部整理《筹办夷务始末·咸丰朝》，第413页）

① 《两江总督怡良等奏英使等到沪日期及接见情形折》，齐思和等编《中国近代史资料丛刊·第二次鸦片战争》第三册，第68页。

② 如蒋廷黻即明确指出："用徐广缙来替耆英不是普通官吏的迁调，是道光帝对外政策的大变更。咸丰帝（文宗显皇帝）即位的初年，政策的变更始彻底了。时人主张复用林则徐来办外交的颇不少，咸丰帝也为他们的议论所动。同时又革穆彰阿，降耆英。"（见蒋廷黻《近代中国外交史资料辑要》上卷，第148页）

③ 蒋廷黻：《近代中国外交史资料辑要》上卷，第150-151页。

如魏源、徐继畬等已明确提出"师夷长技"的主张和对西方文化表示仰慕,特别是受太平天国运动困扰的江浙官员,已颇能容让西人以求合作和争取支持。问题是,这些重要的了解和认知并未触动深宫之中的咸丰,使其对中外关系的变局心生警惕,并且慎重地思考如何调整相待夷人之道。相反,咸丰帝在倾注全力平定"发匪"之际,对西人活动并未给予足够重视。其最为突出的表现,是在西使不断北上的过程中,对其诉求丝毫不加深思,只是一味地要求沿海督抚"饬令"西使返粤,以及要求叶名琛等"正言拒绝"西使。如1853年美使马沙利面晤怡良要求入觐,咸丰谕令:"总以正论婉言,使其心服,该酋自不致别生枝节。倘或另有要求,不能理谕,即仍遵前旨,告以钦差大臣,现在广东,令其静候查办。……务使该酋知奉旨不准之件,无论何省督抚皆不敢再为陈奏,则无从要挟觊觎,自必安静贸易。"①1856年怡良奏称美使伯驾欲北上天津,咸丰仍复令怡良"正言开导",甚至要求山东、天津等沿途督抚禁止民众与之贸易,以为如此即可"杜其北来之念"。②

可以看出,在很大程度上,对于包括入城在内的中西关系问题,咸丰的认知似乎停留在1849年反入城"胜利"的阶段。换句话说,1849年反入城的"胜利"产生了极为恶劣的历史影响,使得诸多不经外事但自负正义的清人产生"只要官民同心,区区丑夷何难制服"的信念。故对入城等问题,咸丰已极少言及"体制",盖在其心目中,西人只不过是为谋通商之利而百计干求的蕞尔蛮夷,以言语抚慰不使生乱最好。如其妄言扰乱,"置之不理"亦无须担心癣疥之患。最重要的是,中西关系所有问题在"万年和约"中业经解决,西人再有他谋即属"谬妄"与"哓渎",且系"背约而来"③,拒之理固宜然,只要坚持正言清楚解释即可,根本无须上升到夷人可能听不懂的

---

① 《军机大臣寄两江总督怡良杜绝美国人入觐上谕》,齐思和等编《中国近代史资料丛刊·第二次鸦片战争》第三册,第7页。

② 咸丰谕称:"前据王懿德具奏,业经将该夷所递国书发还,谕令折回广东。今复至上海,求请钦差至江、浙会议等语。皆系违背从前和约,谬妄已极!该督等业已正言开导,如再哓哓,只可置之不理。本日已谕知桂良,如果该夷酋(驶)抵天津,不必派大员与之接见,但严禁沿海奸民与之私相贸易。并谕知崇恩,于山东海口一体查禁,使其无利可图,以杜其北来之念。怡良等但当告以通商事宜,非广东不能奏办,别省不敢上闻。如其仍前狡执,必欲驶至天津,亦不必过于阻止,恐该酋疑我畏其北来,益复藉词挟制,谅怡良等必能体会此意,妥为驾驭也。"(见中华书局编辑部整理《筹办夷务始末·咸丰朝》,第482页)

③ 中华书局编辑部整理:《筹办夷务始末·咸丰朝》,第17页。

"体制"诸端。唯为避免不必要的边衅,咸丰还不断要求各督出以"婉言",所谓"拒之以礼",算是仁至义尽了。执于此念,咸丰不仅未能意会西使诸般诉求的内涵,实也根本无意稍加深思,而且完全不认为中西关系需要重新构建。特别是在1856年英法美三使联袂北上的行动中,江浙、天津官员深有所见,对咸丰不断明言暗示,但咸丰始终不悟,丝毫不以吉尔杭阿等人言语为然。深体咸丰之意的叶名琛即使乐见外使,又能出以何言?

其三,文翰北上"投书"及此后几次西使联袂北上的修约活动,为咸丰帝处理外事提供了"经验"和"信心"。

1850年,英使文翰亲赴上海并派翻译麦华陀北驶天津。咸丰如临大敌,除对其"以进城一事,复来晓渎",及"不向广东等省督抚投递"而径直照会穆彰阿、耆英表示不可接受外①,更担心其在沿海"种种寻衅。……惊扰地方。……各弁兵,……首先开炮,致酿事端。……土著游民,藉端聚众抢掠"②,对仅乘火轮船一只、携百余英军的麦氏一行严阵以待,一再谕令各省督抚调兵防堵,严密防范。在麦氏南返途中仍谕令,"惟夷情叵测,倘驾驭稍失机宜,即难保不藉端扰及沿海。……惟在该督(按:指两江总督陆建瀛)通盘筹画,务令江海各口,防堵悉臻严密,仍示以镇静,不致顾此失彼,方臻妥善。惟山东奏报,该夷火轮船,仍往东北一带行走。已谕令盛京将军严防矣"③。因文翰在交涉无果的情况下,后续并无强力手段,初经外事的咸丰似乎轻易即获得了一场外交"大胜",无疑培养出其以类似方法处理外事的信心。与文翰一样,此后西使数次北上,均系和平的外交活动,均未携重兵随行,但清廷无不如临大敌般盛兵以待。由此一再取得的外交"胜利",更是不断强化咸丰关于西人只是"虚声恫喝""实无能为"的认知,使其对西人采取强硬态度毫无顾忌。

其四,咸丰帝与叶名琛之间形成了闭锁的相互负面影响,即咸丰强硬的态度决定了叶氏的政策取向,同时影响其态度的信息来源和决策咨询又主要依赖叶名琛;叶名琛坚决贯彻咸丰意旨,而其政策和信息的选择与判断亦复不得不仅以强硬为绳墨。二者对其他信息和意见均无意深思或视而不见。这种闭锁的结构没有强大外力几乎无法打破。

---

① 中华书局编辑部整理:《筹办夷务始末·咸丰朝》,第12—13页。
② 中华书局编辑部整理:《筹办夷务始末·咸丰朝》,第17页。
③ 中华书局编辑部整理:《筹办夷务始末·咸丰朝》,第29页。

如前文所述,叶名琛将包令等西使围绕修约开展的诸般交涉,误会为但求入城,即认为西使对华诸番外交活动和诉求的提出,仅系围绕入城目的施展的计谋手段。咸丰无疑深受叶氏影响,同样坚执此念,对于西使北上活动坚持先入为主的应对之道。如1850年麦华陀赴津,咸丰谕令直督讷尔经额:"此次来递文书,亦不过重叙入城之语,倘能领悟,自不必多费唇舌。若询明此次所递文书,并非入城之说,或坚劝不肯回帆,该督即接收由驿驰递,静候谕旨。"①至1856年伯驾北上修约,咸丰谕令仍是:"着叶名琛体察情形,妥为驾驭,如该夷所欲更改之事,实止细故,不妨酌量奏闻,稍事通变;如仍似前年(按:指1854年英法美三使修约活动)之妄事要求,即行正言拒绝。"②意中西人北上系为入城,此一"妄求"拒之何妨?其他无关紧要的琐细,倒可允有变通。

此外,对于广东的中西交涉特别是"亚罗战争"的战况,咸丰的反应也建立在全盘采信叶名琛奏报的基础之上,即认为叶氏可以控制局势而英人无能为力。如战事初起,咸丰据叶氏奏报,在对中原未靖、边衅再开表示可虑,要求叶氏如英人"悔祸"求和不妨通融的同时,又指令叶氏,如英人别有要求则绝对不准迁就。③同时为叶氏站台,饬令沿海督抚,如西人前来"投诉"叶氏,"亦着据理折服"。④当然,为避免夷难无端发作,咸丰最初对叶名琛的决绝做法也稍觉不妥,要求叶名琛"体察情形,妥为驾驭,……

---

① 中华书局编辑部整理:《筹办夷务始末·咸丰朝》,第17页。
② 中华书局编辑部整理:《筹办夷务始末·咸丰朝》,第452页。
③ 咸丰谕称:"此次已开兵衅,不胜固属可忧,亦伤国体;胜则该夷必来报复,或先驶往各口诉冤,皆系逆夷惯技。当此中原未靖,岂可沿海再起风波,宽猛两难之间,叶名琛久任海疆,谅能操纵得宜,稍释朕之愤懑。倘该酋因连败之后,自知悔祸,来求息事,该督自可设法驾驭,以泯争端。如其仍肆鸱张,亦不可迁就议和,致起要求之患。"(见中华书局编辑部整理《筹办夷务始末·咸丰朝》,第499—500页)
④ 咸丰谕称:"叶名琛奏,英夷藉端起衅,我军两战获胜一折。……英国夷酋巴夏礼欲藉此为词,复作进城之想,竟敢放炮攻击城垣,焚烧铺户,……我兵接战,两获胜仗,夷匪伤亡四百余名,并将该夷水师大兵头歼毙,粤省绅团同深义愤,夷胆已寒。……本日已谕叶名琛,如果英夷自为转圜,不必疾之已甚;倘仍顽梗如故,势难迁就议和,复起要求之渐。……着怡良、赵德辙、王懿德、何桂清,密饬所属地方官吏,如遇有夷船驶至,不动声色,妥为防范。或来诉粤东构衅情事,亦着据理折服,俾知无隙可乘,废然思返,仍不可稍涉张皇,以至民心惶惑。"(见中华书局编辑部整理《筹办夷务始末·咸丰朝》,第500页)

务宜恩威并用,绝其北驶之念,勿峻拒不见,转致该夷有所借口。"① 对叶氏成竹在胸的态度,咸丰也略感担心,以林则徐"轻启兵端"的教训提醒叶氏加意防范英人扩大侵略。② 特别是在战事持续数月之后,咸丰帝多次要求叶氏"及早定议""速为了结",尽快结束边事,唯其理由则是:"日久相持,迄无成议,设或别生枝节,办理又形棘手。广东民情物力,固不难与之久抗,倘又如从前故事,任ówi驶赴上海、天津,则广东虽能自顾,而大势总未了结。……且海关停市交及一年,各省军饷种种支绌,该督岂不筹及?"③ 意即希望有实力制服外夷的叶氏顾及他省困窘及兵饷难支等隐患,不要过于摧抑英人,适可而止给予机会让其"转圜"求和,以保"剿匪"大局。也就是说,为叶氏描绘出的粤省坚不可摧画面所迷惑的咸丰帝,丝毫未能意识到中英国力的差距,而将英人"悔罪求和"这样的话语当成事实,将局面败坏仅归咎于前方办理不善。基于这种认知,咸丰对英强硬的态度始终如一,在联军入城后仍不断发出根本不具有实践可能性的、令广东官员联络士绅"逐出"夷人的要求。④

(二)"抚夷":耆英的内外周旋

耆英作为《南京条约》的签订者,其政治生命与"抚夷"政策的成败紧

---

① 中华书局编辑部整理:《筹办夷务始末·咸丰朝》,第 452 页。
② 咸丰谕称:"谕军机大臣等:本日据叶名琛奏,防剿夷水陆获胜,现在夷情穷蹙一折。……该夷屡经挫衄,各国俱知其计穷,又因延烧货物,欲令赔偿,不肯助逆,其势似亦穷蹙。此时若专利攻剿,原不难尽歼丑类,惟控制外夷,究非剿办内地匪徒可比。所称:该国有孟加剌等国与之构衅,不能添兵来援。无论传闻未可尽信,即使实有其事,而事平之后,岂不虑其称兵报复?从前林则徐误听人言,谓英吉利无能为役,不妨憖以兵威,致开衅端。迨定海失后,即束手无策,前车之鉴,不可不知。"(见中华书局编辑部整理《筹办夷务始末·咸丰朝》,第 516 页)
③ 中华书局编辑部整理:《筹办夷务始末·咸丰朝》,第 583-584 页。
④ 咸丰谕称:"若竟不肯退出省城,仍肆猖獗,亦惟有调集兵勇与之战斗,勿使久踞城中。况广东绅士咸知大义,其民亦勇敢可用,柏贵等当联络绅民,激其公忿,使之同仇敌忾,将该夷逐出内河,再与讲理。""该夷烧毁城外民房,又率众攻城,首先背约,其罪显然。即谓叶名琛办理不善,朕已将该督革职,可见一秉大公,该夷当知感悔。若复不自认罪,肆意要求,岂能任其无理,仍与通商。柏贵……即可据理剖辩;一面调集兵勇,联络绅团,以壮声威而尊国体。"(见中华书局编辑部整理《筹办夷务始末·咸丰朝》,第 624、631-632 页)

密相关。也就是说，尽管"抚夷"是由清帝决策、别无他途的选择，但如此一政策失败，集权专制的责任追究仍将祭以执行者。因此，强调"民夷相安"、对英妥协退让以维持"抚局"不使决裂，就成为耆英办理外交的基本立足点。

其一，为掌握抚夷政策的导向，耆英表现出迥不同于其他官员回避夷务的态度，多次主动提出处理交涉事务的要求。如 1842 年 10 月，《南京条约》签订、英舰退出长江后，耆英即据道光二十二年四月十六日（1842 年 5 月 25 日）上谕①，奏称："前与夷酋朴鼎查面议，所有税饷一切事宜，俟十月内到粤再行妥议。现在夷船均已入海，陆续驶抵粤东，奴才自当起身前赴广州，筹办税饷事宜。"② 此后道光改耆英任江督，命伊里布为钦差大臣、广州将军赴粤善后③，但在璞鼎查因达洪阿杀俘一案要求清廷处置时，耆英又奏请"可否迅赐简员署理两江总督，俾臣得以放心前往查办。"④ 耆英主动要求负责夷务的目的，在于通过控制外事经办权，既避免主张强硬的官员经办夷务破坏抚局，也便于为其让步妥协的政策主动进行弥缝和提供解释。⑤1848

---

① 参看齐思和等整理《筹办夷务始末·道光朝》，第 1806 页。
② 《耆英又奏请赴粤东筹办税饷折》，齐思和等整理《筹办夷务始末·道光朝》，第 2378 页。
③ 参看齐思和等整理《筹办夷务始末·道光朝》，第 2381 页。
④ 《耆英又奏请将达洪阿解部审办并简员署理两江总督以便赴粤查办折》，齐思和等整理《筹办夷务始末·道光朝》，第 2487—2488 页。
⑤ 抚夷政策虽为道光决策，然在抛弃该政策时，仍将祭以执行者，因此弥缝和维持抚夷政策，系为耆英的不二选择。故在 1849 年徐广缙与文翰的交涉过程中，支持耆英的穆章阿即持异议，称："窃查粤省民夷杂处，于兹二百余年，入城、租地二款，前经前任督臣耆所应允，该夷固请行，亦属理之常情，原无关于紧要。若谓该夷贪性无厌，入城租地后势必复行滋事，致启衅端，独不思城外犹之城内也，十三行之地犹之长州之地也。城内可以滋事，城外岂不能滋事耶。长州可以启衅，十三行独不可以启衅耶？且福州、厦门等口，任随该夷人城租地，然亦未见其有生事之端，岂广州一口，又独能生事耶？由此论之，亦因该省无知小民，每恃血气之勇，惑于一片讹言，一倡而百和，故有此事耳。若因此小款，酿成疆场之大忧，无论粤省民人难以抵御，以致国辱家亡，即使战必胜，攻必克，自可保守粤省无虞，抑或该夷不骚扰于粤，而骚扰于闽，于浙，又将何以御之？况该夷诡诈多端，善于战斗，粤民未经训练，罔识兵械，决非英夷所敌手也。"（见《穆彰阿等奏稿》，佐佐木正哉编《鸦片战争后の中英抗争·资料篇稿》，第 138—139 页。按：茅海建认为此折及该书所收徐广缙、叶名琛等相关四折一咨系为徐广缙出于情报战的需要而伪造。但茅海建又称："文件伪造得……如此逼真，又如此系统。"（见茅海建《近代的尺度：两次鸦片战争军事与外交》，第 137—138 页）因此即使系属伪

年末耆英内调，系其处于英人催逼入城和道光政策转向夹缝之中的无奈之举，而非对经办外事主动权的放弃。

其二，对于战后如何与西人相处及如何看待中西关系等问题，耆英表现更为积极，采用了许多迥非寻常的"款夷"措施，并提出了一些务实且颇具远见的建议和主张。如1844年11月，针对战后美法接连迫签"商约"的形势，耆英曾向道光详奏其政策意见。

《耆英又奏体察洋情不得不济以权变片》：

> 惟念英夷自二十二年七月就抚，米、佛二夷又于本年夏秋接踵而至，先后三年之间，夷情变幻多端，非出一致，其所以抚绥羁縻之法，亦不得不移步换形。固在格之以诚，尤须驭之以术，有可使由不可使知者，有示以不疑方可消其反侧者，有加以款接方可生其欣感者，并有付之包荒不必深与计较方能于事有济者。
>
> 缘夷人生长外番，其于天朝制度多不谙悉，而又往往强作解事，难以理晓。即如纶音下逮，均由军机大臣承行，而夷人则尊为朱批，若必晓以并非御笔，转无以坚其信，此则不宜明示者也。夷人会食，名曰大餐，率以广筵聚集多人，相与宴饮为乐。奴才在虎门、澳门等处犒赏诸夷，其酋长头目来者，自十余人至二三十人不等，迨奴才偶至夷楼夷船，渠等亦环列侍坐，争进饮食，不得不与共杯勺以结其心。且夷俗重女，每有尊客，必以妇女出见，如米夷伯驾、佛夷剌萼尼，均携有番妇随行，奴才于赴夷楼议事之际，该番妇忽出拜见，奴才踧踖不安，而彼乃深为荣幸。此实西洋各国风俗，不能律以中国之礼，倘骤加诃斥，无从破其愚蒙，适以启其猜嫌。
>
> 又诸夷均为和好而来，不能不略为款接，往来亲热，尤应防闲。是以奴才于各国条约将次议定之时，均饬藩司黄恩彤晓谕各该夷使，以中国大臣办理诸国公事，并非越境私交，如致送礼物，惟有坚却弗受，若含混收受，天朝功令森严，不独有乖体制，实亦难逃宪典。该夷使等尚

造，也系徐广缙模拟穆章阿、耆英语气，足以代表其见解。需要指出的是，上述文件中还有徐广缙、叶名琛二人向道光称"奴才"的舛误，系徐氏为预留开脱余地而故示破绽，还是别有原委，尚待考证，但仍无力阻止强硬政策的推行，说明其对道光影响力已趋减弱。

知听从。但于接晤时，或小有所赠，如洋酒花露之类，所值甚微，其意颇诚，未便概行当面掷还，惟给予随身所带烟壶荷包等物，以示薄来厚往之义。又意大里亚、英吉利、米利坚、佛兰西四国，请领奴才小照，均经绘予。

至各国虽有君长，而男女不齐，久暂不一，迥出法度之外。……彼为自尊其主，于我无与。若绳以藩属之礼，则彼又以不奉正朔，不受册封，断不肯退居越南、琉球之列。此等化外之人，于称谓体裁，昧然莫觉，若执公文之格式，与之权衡高下，即使舌敝唇焦，仍未免裹如充耳，不惟无从领悟，亦且立见龃龉，实于抚绥要务甚无裨益，与其争虚名而无实效，不若略小节而就大谋。"①

耆英能够在对西方文化习俗表示尊重的基础上，乐与各国外交人员酬酢交游，互赠礼物，以致一时世人侧目。对于中英平等往来的"体制"问题，耆英也以"彼为自尊其主，于我无与。……与其争虚名而无实效，不若略小节而就大谋"为辞，主张置而不论地承认现实。尽管耆英系以"权变"立论而未能触及"剿抚"话语系统，但其外交实践无疑已初具遵守新型中西关系原则的内涵。

特别是在对英的根本政策问题上，耆英力主维持和平。战事初定，耆英即强调指出："自古御夷，不外剿抚二字，而剿必确有把握，抚必待以至诚。方剿未尝不可用抚，既抚未便轻易言剿。……历年各省办理情形，歧途百出，事至于今，不容再误。"②认为在毫无把握的情况下放言剿夷，系属误国殃民。至主粤期间，面对德庇时多次小规模的武装威胁，耆英均立刻妥协。这并非是耆英心中胆怯或执行"投降外交"而不敢反抗，而是因其认为在国防力量未有根本性改造之前，不应试以军事手段解决中外争端，更因其并不认为与英人对抗对国家有利。对于民可制夷的见解，耆英更是始终不以为然。

为解决实践中的民夷冲突问题、减少民间往来纠纷，耆英除了不断"劝

---

① 齐思和等整理：《筹办夷务始末·道光朝》，第2891–2892页。对于耆英的意见，道光朱批："只可如此处之，朕已俱悉。"

② 《耆英又奏请将达洪阿解部审办并简员署理两江总督以便赴粤查办折》，齐思和等整理《筹办夷务始末·道光朝》，第2487页。

谕"士绅民众外，还采取了许多体恤、关照英人的措施。如 1844 年 11 月，耆英即札行英领事马额峨和美领事福士，同意了西人战前就多次提出的在新荳栏街筑墙、围蔽商馆区，以限制清人随意进入的请求。① 1846 年的骚乱发生后，耆英又筹划在十三行附近设置专汛、增派绿营兵，以加强商馆区的治安防护及对外商的保护。② 1845 年巴夏礼在榕遇袭案发生后，耆英一面与德庇时交涉，一面咨请闽浙总督刘韵珂派兵随时弹压、保护外人。③ 黄竹岐村案后，耆英还拟订了派遣差役陪同英人出游、以策安全的章程。④ 此外，对于英人租地建栈等正常的商务诉求，耆英也无不竭力争取予以满足。⑤

---

① 耆英札行《新定章程》，计有以防火为名准西商将商馆区"三面围墙"，以及"东自新荳栏口起，西自靖远街口起，均南至河边止，所有旧设木栅，均应改为坚固墙垣"，"同文、靖远、新荳栏三街之北头洋行后身，亦准外国住行商人……接筑高墙"，"中外杂处，易滋事端，嗣后三街六栅，应分设兵房差馆，常川驻守弹压"，"各行门前路不通行，两头木栅由领事管锁，每于日落时及礼拜日即行关锁"等八款（参看刘志伟、陈玉环主编《叶名琛档案》第四册，第 70-72 页）。

② 耆英称："十三行地方民夷错处，各国夷人不谙中国法度，而粤省民情浮动，遇事生风。……与其周章于事后，不如防范于事前。查该处本有旧设卡房，拨兵驻巡，但为数无多，未足以资弹压，而地方文武衙署相离较远，耳目益觉难周。兹臣等督同司道等酌议，拟于十三行洋行会馆及附近扼要处所，移驻弁兵，作为专汛，……其弁兵除旧设之二十二名，再于广州协抽拨七十八名，作为一百名，遴委武职都守一员管带，并委文职正印官一员会同稽察。"（参看《耆英等又奏拟于十三行附近移驻弁兵巡防片》，齐思和等整理《筹办夷务始末·道光朝》，第 3049 页）

③ 耆英咨称："闽浙督部堂刘咨开。以南台地方街道窄狭，人烟凑集，每遇英商初到及英人出入，该处民人争先观看。其间拥挤喧哗，在所不免，业经出示严禁，并饬县营派拨兵差弹压。"（见刘志伟、陈玉环主编《叶名琛档案》第四册，第 206 页）

④ 耆英称："复以村民虽经劝谕，而夷人出外游行，言语不通，举动各别，仍难保不滋生他事，必有人跟同前往，阳为防范，暗加钤束，方不致他虞。随饬南、番二县，派老成干练差役十名，发交十三行附近之靖远汛委员管带，并饬通事派拨通晓夷言之人，轮流在汛听候差遣。遇有夷人出外游行，由该夷目通知该汛委员，每起酌派通事一名，差役二名，跟同前往。"（参看《耆英等奏抚驭村民与英人情形折》，齐思和等整理《筹办夷务始末·道光朝》，第 3128 页）

⑤ 参看《耆英等奏缕陈近日办理洋务体察情形折》，齐思和等整理《筹办夷务始末·道光朝》，第 3098-3099 页。按：此折中耆英所称夷人租新荳栏"铺户六间"以便筑墙一事，显有官方逼勒民人内情；英人租河南、石围塘建栈房等事虽未遂，但耆英显为英人提供诸多帮助；至黄埔猪腰岗租作英人墓地，耆英则指令广州地方官员协助完成（参看《耆英奏办理英人租赁猪腰岗坟地情形折》，齐思和等整理《筹办夷务始末·道光朝》，第 3107-3108 页）。

在入城问题上，耆英力持退让，主张满足英方要求。为此耆英百般譬喻以求道光支持。如 1845 年末德庇时提出入城要求，耆英一面假称"谕阻"，一面称"臣惟属遵历奉谕旨，坚守条约。如约者即为应允，违约者概行驳斥"，并要求德庇时"嗣后惟宜属遵条约，安分贸易"①，实即含沙射影地提醒道光遵守条约。此外，耆英还有意淡化入城的政治寓意，称"英夷求进粤城，不过游览都市，拜见官长，以为光荣"②，以期消除道光的疑虑。对于地方士绅组织团练开展的反入城斗争，耆英不以为然，在做出"窃思欲靖外侮，先防内变，未有不得民心而可以杜黠夷之窥伺者。……且屈民就夷，万万无此办法，正不止进城一事为然"这类表态的同时，仍明确指出："民足御夷，究亦未可深恃！"③ 甚至还恐吓道光道："撤退壮勇流为匪类，动辄藉报复英夷为名，结党横行，官不能制。"④ 指出纵容民众抗英的潜在危险，力图说服道光放弃支持民夷对抗的政策。

其三，耆英对英妥协的主要障碍在于地方士绅。因在话语中居道德劣势，耆英力避就准许入城等退让举措的正当性展开讨论。除寻求道光的政治支持外，他还千方百计逼勒士绅，令其为实现"民夷相安"出力。如 1847 年德庇时藉佛山抗英事件进行武力威吓，耆英即采用了一个釜底抽薪的策略，以"省城民情本与夷人不协，又有匪徒从中构煽，遇事辄向夷人构衅寻仇，积习相沿，牢不可破。夷人即因此为由，藉口生事，办理殊为费手。臣等与委员等再四熟商，欲息内外之争，必先弭民夷之隙，地方绅士与民人较为亲切，开导劝谕，易于信从"为由，提出"此次夷船驶入省河，并在口岸租赁房屋地址，其时民情颇形浮动，所有侦探筹画一切事宜，即系地方绅士随同襄办，颇为得力。今拟责成绅士，纠合良民，互相保卫，于民夷冰炭之处，设法排解，遇有匪徒挑拨，勿为摇动，免致藉端构衅。仍于绅士中择其品望素著通达事体者，酌派数人，于民夷交涉事件，随时襄办，以收指臂

---

① 《耆英等奏接见英使申明要约英人危言挟制欲进广东省城业经峻拒折》，齐思和等整理《筹办夷务始末·道光朝》，第 2942 页。
② 《耆英奏覆曹履泰所奏广东人民滋事各节折》，齐思和等整理《筹办夷务始末·道光朝》，第 2993 页。
③ 《耆英奏覆曹履泰所奏广东人民滋事各节折》，齐思和等整理《筹办夷务始末·道光朝》，第 2992、2994 页。
④ 齐思和等整理：《筹办夷务始末·道光朝》，第 2969 页。

之助，似于夷务有裨"①，赋予本为反英而组织起来的社学团练以排解中外矛盾、维护民夷关系的职能，更以遴选士绅"襄办"交涉事件，即将士绅牵连入局的办法，迫使其为抚夷政策服务。②办理黄竹岐村案善后时，耆英又"督同委员黄恩彤暨各司道及绅士许祥光等，……分投前往省河一带乡村，均传集绅耆人等，面加劝诲，令其约束子弟。……并由省城绅士人等传谕各乡，务与夷人解释嫌怨。……均经刊刻刷印，沿村散给"，并且还借用绅民反入城斗争遍贴长红告示的办法，令"省城众绅士议与夷商公立条约，大致以夷人不得妄为生事，民人不得挟忿相仇，以为永久相安之计"③，一面将公约函送德庇时，一面又四处张贴。④

尽管祁墳丝毫不惜以"无赖匪徒"为名惩办骚乱中乘火行劫者，但对哄闹、围攻夷人和纵火的粤人，在其口中则是蓄怒而发的"义民"。而为控制反英局势及与绅民争夺话语权，耆英则往往将参与抗英活动的粤民视作"游棍""烂崽"。如其甫抵广州即称："上年十一月间焚抢洋行之事（按：指

---

① 《耆英等又奏请于虎门并省城添兵又拟请地方绅士襄办华洋交涉事件片》，齐思和等整理《筹办夷务始末·道光朝》，第3093—3094页。

② 耆英称："省城越华书院山长右春坊右庶子骆秉章、粤秀书院山长兵部主事加员外郎衔何文绮、羊城书院山长礼部主事陈其锟、户部员外郎加捐道衔许祥光、候选员外郎鲍俊、候选郎中伍崇曜，非品望素著，即通达夷情，前经奴才会同抚臣邀集到署，将夷民不协之处，嘱令从中排解，该绅士等颇为乐从。"（参看《耆英奏英人钉炮乃故为陷害之计华洋不协已责成绅士排解襄办折》，齐思和等整理《筹办夷务始末·道光朝》，第3103—3104页）其中除骆秉章显系反对抚夷外，另如许祥光、伍崇曜、鲍俊等，此后均积极参加了1849年反入城斗争（参看梁廷枏《夷氛闻记》，第158—159页）。这种显属矛盾的表现，反映出士绅在地方官政策摇摆之际，所处从属而身不由己的状况。

③ 齐思和等整理：《筹办夷务始末·道光朝》，第3128页。

④ 亲历其事的梁廷枏称："夷酋犹悻悻不服，照会耆英，以彼国商人不能不出游，倘他村亦复如是，将何以处，非焚其庐会，不足以息众怨……耆英寻以省绅已自为公函，约诸村毋许妄杀，后此永保无事，复之。随令府县集省绅于大佛寺，合拟函词，刻而遍贴，以慰夷心。[当时绅众咸集，彼此推让，无肯执笔起草者。自巳至西，耆制府以人来催，府县亦促之至再。予乃起入丈堂，率拟一稿，言：黄竹岐杀夷抵法事，毋庸议。此后诸村落，遇夷人至村口，彼不犯民但止放枪捕鸟，父老当各约束子弟，勿令出与见面，听其自来自去。万一夷人率众入栅，以捕鸟为名，或至调戏妇女，枪伤平人者，宜即将夷用绳捆缚，就近送官讯办。勿骤加诛杀，俾有藉口，事后索多人抵命，牵及无辜，致官棘手。遍约诸村一律知照云云]。"（见梁廷枏《夷氛闻记》，第146—147页）

1842年十三行骚乱），其实皆系无赖游棍，及俗名烂崽等辈所为。"① 在处理"定风铜箭"案时，其致美使顾盛照会甚至称："粤民风气劲悍，烂匪尤多。游手好闲之辈动以数千计。以前各国太平无事，烂匪亦不过赌博鼠窃藉以糊口而已。自上年英国搆兵，而各烂勾结□□成群，趁势抢夺财物者有之，……宦民之害，而烂匪之利也。……自英国议和罢兵，而二十二年即有焚抢公司馆之案，二十三年又有焚烧吕宋楼之案，各烂匪均以报复英国为名，而于贵国商民则无从寻衅。至本年三月，忽因定风箭事，烂匪藉口生端，纠众滋扰。"②1846年十三行骚乱发生后，耆英致德庇时照会虽称："其致毙之人（华民），又均有生意正业，并非烂崽。"③唯此系交涉之语，意在要求德庇时尽法惩凶，以减轻自身政治压力，并不意味着耆英对抗英者态度改善。如在1847年耆英向道光奏报华夷情形时又称："广东城外十三行洋楼，为夷商栖身储货之所，而近年以来，粤省匪徒往往纠众前往构衅，以致该夷藉为口实。"④ 即耆英完全无视反入城的抗英内涵，而是仅从冲突中民众的劫掠行为着手，以"贼匪"罪名镇压开展抗英活动的民众。就耆英为保"和局"不惜牺牲人民的举措而言，时人议之为"曲民奉夷"，似乎并没有冤枉他。但耆英无法正言立论而只能指鹿为马，所欲保全的又系真正利国利民的"和局"，其背后的委屈和心酸，岂能不发今人之感慨！

其四，前文指出，在对英交涉过程中，耆英不乏因认知缺陷，及因以抚局为重而让步过甚的举措，但也同样不乏有理有据的折冲樽俎。特别需要指出的是，耆英同意入城，及其进行的一些有助于推动中外友好往来的努力，尽管被时人目为"曲民奉夷"，但在今天看来则并无不当。随着对外认知加深，耆英已渐具与外人平等、友好相处的意愿。其提出的"欲息内外之争，必先弭民夷之隙"主张，使其"民夷相安"的政策内涵迥别于一般的"羁縻"手段，表现出相当程度上的建立中外友好往来和正常交往秩序的诚意。⑤问题在于，这种务实主张无法得到主流话语，尤其是清帝的全力支持，

---

① 《耆英奏行抵粤东现在会议税饷折》，齐思和等整理《筹办夷务始末·道光朝》，第2641页。
② 刘志伟、陈玉环主编：《叶名琛档案》第三册，第639页。
③ 佐佐木正哉编：《鸦片战争后の中英抗争·资料篇稿》，第69页。
④ 《耆英等奏缕陈近日办理洋务体察情形折》，齐思和等整理《筹办夷务始末·道光朝》，第3098页。
⑤ 如耆英在给德庇时的照会中还表白道："是以议俟民情彼此相安，如有应行入城

因而只能在躲躲闪闪的话语中、在耆英有限的权力范围内得到实施。随着道光态度的转变，耆英推动中外关系正常发展的努力也全然付之东流。

（三）"制夷"：徐广缙、叶名琛的因应之道

对于徐广缙、叶名琛而言，二人非如耆英出身满洲贵族，能够大胆"款夷"而较少顾虑，又因主剿可取得道德制高点和话语权，有利于其在官场及同士绅的权力争斗中占据主动，更因徐、叶并无主抚的政策背景，其出任粤督本已蕴含着强烈的政策转向的喻意。① 故徐广缙明确声称："江南议抚，特出一时权宜之计，……急则治其标，缓则培其本。"② 即在形势和缓的今时今日，固结民心以培其本、改变议抚的权宜之计系属当然。叶氏也同称："官民合心，方称同志，无怫百姓以顺夷理。"③ 也就是说，贯彻道光对英强硬的政策意图，假民心为辞抗拒英人，成为徐广缙、叶名琛外交政策的基本立足点。

其一，徐广缙、叶名琛坚决执行道光意旨，欲剔除耆英外交中"刚柔不得其平"的"流弊"，其"羁縻"英夷的政策是立足于培本固元压制英人，与耆英"民夷相安"的主张，意味大不相同。

徐广缙在首次会晤文翰后曾宣称："臣惟有处以公平，示以限制，无事则固结民心，有事则激扬士气，以修内为捍外，庶几稍慰圣主安民抚夷之至意。"④ 即所谓"安民抚夷"。然实究其意，则只在"限制"英人和"固结民心"，似乎无惧"有事"发生。在徐广缙、文翰会晤后，道光还特颁上谕

相商之件，再行会商。是进城一事，并非率然应承。"（见佐佐木正哉编《鸦片战争后の中英抗争·资料篇稿》，第46页）

① 值得注意的是，道光在任命徐广缙署理粤督的上谕中，还特别提及对黄恩彤的使用，称："黄恩彤曾任广东巡抚，于抚夷等事，办理尚能圆通，自获咎以来，仍留粤省，经朕特赏六品顶带，交耆英差遣委用。该员身受重恩，指顾擢用，宜如何感激思效，始终出力。兹已有旨将该员仍交徐广缙差委，俾该署督遇事藉资指挥，可以收指臂之助。"（见齐思和等整理《筹办夷务始末·道光朝》，第3126页）显然是希望让黄恩彤在适当的时候发挥润滑剂的作用，不使徐广缙转向过快致使局面破裂。

② 齐思和等编：《中国近代史资料丛刊·鸦片战争》第三册，第518页。

③ 梁廷枏：《夷氛闻记》，第154页。

④ 《徐广缙奏接见新任英使文翰并与之同登其大船折》，齐思和等整理《筹办夷务始末·道光朝》，第3142页。

提醒:"至前此英夷求进广州城,经耆英与该酋以二年后为约,来春计已届期,现在耆英业已留京供职,该酋亦换文翰,与从前情形不同。该督现膺重寄,此事谅必朝夕在念,断无先期往问无故示弱之理。"①深谙其意的徐广缙、叶名琛在此后的对英交涉中,表现一味强硬,显著地缺乏友善交往的诚意。如文翰就租地建房等一些商务琐事寻求徐广缙的帮助时,徐广缙往往也出以搪塞甚至制造障碍②,与耆英的积极态度大相径庭。而叶名琛对待包令提出的各项交涉要求态度更是极为敷衍③,甚如对1854年英使馆翻译在西樵山遇劫一案,叶名琛也是毫不在意,"迟至两旬,……赃匪俱无一获",仅以"该翻译官既不候该县回音,即行前往,本属自误"为由而加搪塞,并且吹毛求疵,转移话题,称英人所报失物价值过昂,"其中显有虚报等情"。④此外,徐广缙还故意贬低英公使文翰等外交人员的身份。对与中英官员品级对等会晤的惯例,徐广缙也别出心裁,以布政使不办外事为由,代以同品级的副将与英领事会面,意在抬高中方人员的身份。熟悉中国政情的文翰指出:"贵国文武官僚品秩虽同,若在位分尊荣,多有区别,是所共知者。"但徐广缙仍以"文武并无区分,总以品秩之大小为准"⑤为由拒绝恢复。至叶名琛更是变本加厉,不仅个人绝不与英人面晤交往,且其属官也多以无事不

---

① 《着两广总督徐广缙查奏英法因何构衅及英人请求进城各节事上谕》,中国第一历史档案馆编《鸦片战争档案史料》第七册,第870–871页。

② 如1848年6月,文翰就租地事宜照会徐广缙:"又涉要租新屋新地,恒有碍难。言及此案,来文称,河南地,非民情所愿,自可毋庸再议等语。……此次外国商民年增,所居之地,断不足以散步,并不合便,是贵大臣所知矣。故烦请另定他处,致英人可安居,又妥贮其货物。查在长洲地方,居民罕少,且远离粤省,小民决不能滋端、地方官所严怨者。在该处亦有停泊之好港,而又可以附近抛锚、搬货入栈房也。"徐广缙覆照则推称:"租地一款,长洲地方,如有相当地址,业主情愿出租,地方官并不禁止。若业主不愿,如何能代为勒令出租?"(参看佐佐木正哉编《鸦片战争后的中英抗争·资料篇稿》,第118、123页)

③ 如针对文翰取消类似于战前行用的茶叶每担二钱"抽用"的要求,叶名琛复称:"因茶栈历来本有此款,该茶商将此款代完旧欠,出于各商之自相情愿,并非中国官员必欲照此办理。……前大臣徐屡次与文前公使往来照会,甚为明晰,无庸再说。近年以来外国茶叶贸易其为兴旺,可见有益无损,大有效验也。"(见佐佐木正哉编《鸦片战争后的中英抗争·资料篇稿》,第188–189页)即叶名琛以商人自愿和茶叶贸易兴旺作为增收"抽用"的理由,看似言之成理,实则敷衍、无礼。

④ 佐佐木正哉编:《鸦片战争后的中英抗争·资料篇稿》,第184、181、182页。

⑤ 佐佐木正哉编:《鸦片战争后的中英抗争·资料篇稿》,第161、162页。

见英人为妙。① 两广总督职司对外交涉,本应与英人密切交往,遇事沟通协商,叶名琛则使之成为抗拒英人最为有力的机构。实际上,从徐广缙开始所执行的,即是一条与英人不合作的外交方针。叶名琛则更为激进,以一种视之蔑如的态度处理外交事务,即不仅不与外使接触往来,而且不响应其外交要求②,不分析这些要求是否合理,也完全不去深思其外交活动背后的目的所在③。

其二,与道光虽转向强硬,但却无意引发新的中英冲突的心态不同,徐广缙、叶名琛二人与英人对抗的态度更为坚决,意在毫不退缩地将英人限制在既定框架之内。如针对徐广缙、叶名琛坚拒英人的态度,道光曾谕令:"该督尤当随时开谕,事事务协公平,固不可任听华民纠殴启衅,亦未便纵令该夷忿争,时来滋扰。总期民夷两安,怨讟悉泯,以定民情而消夷衅,是为至要!""若将只准暂入,不准常住实情遍告绅民,出以至诚劝勉,谅绅

---

① 对于叶名琛拒不晤面,以及广州地方官员也遇事推诿的局面,包令啧有烦言,称:"两国官宪平时拜会一款,按照和约而行,总须两国官员,随意遇时往来会晤。若礼仪节文为次,则尚有公务要件,所关匪轻。各港中幸有会晤者,多非出于自然,必由催逼,乃始获晤。至福州、广州,若非仅派委员代办之谬,即竟至不肯觌面。若以广州言之,至今绝无晤会大吏之事矣。"(见佐佐木正哉编《鸦片战争后の中英抗争·资料篇稿》,第187页)

② 茅海建总结叶氏的"外交风格"是:"一、对于各国的照会,每次都以尽可能快的速度答复;二、对于各国的要求,每次都用最和缓的语气予以拒绝;三、对于各国使节会晤要求,每次都以公务繁忙予以回绝。"(见茅海建《近代的尺度:两次鸦片战争军事与外交》,第145—146页)

③ 如对三使北上的外交目的,咸丰既未明示叶名琛,叶名琛也无意与三使面晤交流,而是一面"面谕密探,许以重赏,务将该夷酋等,前在天津所陈求各事,逐一确切查明",一面分析道:"此次该夷所以复申前议者,无非复欲逞其骄横之势,得以遂其狡黠之心,无论是非屈直,总欲地方官勉强俯就,……势必欲官与民相为间离,从此庶得任其所欲为而后快。……总由数年以来,走私漏税,未能尽遂其欲,该夷酋(按:包令)借口狡执,希图牵混,……庶可饱厌所求也。……佛夷在粤通商,每年夷船往来本属无多。……臣以意揣之,佛夷所重者,惟在天主教一事。……且闻米夷麦莲、佛夷哥士耆来至天津,皆英夷包玲预相约定。佛夷抵津,忆在英、米两夷之后,其为英、米两夷伎俩已穷,遂不复置辨,确凿可信!"(见《两广总督叶名琛复密查英美法各使来华意图折》,齐思和等编《中国近代史资料丛刊·第二次鸦片战争》第三册,第68—74页)即叶氏对各使北上诉求并无正面了解,而仅从以己度人的揣测着手,其中充斥着错误甚或荒诞不经的信息。唯咸丰朱批则曰:"览卿所奏各夷情状,实属明晰!"

民必无异说"①,要求徐广缙、叶名琛稍作让步,并在说服民众方面做些文章。但徐广缙则坚称:"纵以至诚劝说,断难望其曲从!"②丝毫无意做出退让和疏导绅民。

为防止清帝态度动摇,徐广缙、叶名琛也想方设法争取道光、咸丰的支持。如在1849年的反入城斗争中,面对道光帝的犹疑态度,徐广缙一方面夸大入城的危害,假称:"该夷必欲进城,非但为饰外观,实欲藉此以震耀诸夷,意欲抽纳各国税饷。"③后又张大其词称:"且夷性叵测,必欲进城,其居心实有不可问者。……近复明察暗访,始知该夷听信传言,谓藩署存银二十四大库,进城后即可据为己有,竖立旗号,广东即为其所得。"④叶名琛更称:"英夷之欲入城,并非仅为偶饰观瞻,藉图夸耀,其包藏祸心,实有不堪设想者。两载以来,明知入城一事万民不愿,何以百计要求?原思使官与民强为逼勒之势,致民与官顿起离畔之心,该夷从此收买人心,庶几唾手可得。"⑤另一方面,徐广缙又极力淡化英人的实际威胁,对英军武力故作不屑,称:"夷情素好矜张,动辄倚仗兵船,有挟而来〔求〕,乃其惯技。"⑥并如前文所言,徐广缙故意矮化文翰,称其"不过内地盐当店司事之流",意以说明文翰并不具有操控英统治集团及在华英商、从而发动大规模军事行动的能力。另如在1850年文翰北上活动时,徐广缙又强调英人"穷蹙"之状,称:"英夷轻浮躁妄,恃其火轮船驾驶便捷,于海外各国动辄肆意游行,无端窥伺。二十九年,曾出没于孟卡拉、孟美拉、俄罗斯各边境,……各国静与相持,遂尔废然思返。……其实为鬼为蜮,不但臣等悉其情伪,即广东商民亦多知其虚词诓语。"⑦对咸丰轻忽英使产生了重要影响。此外,徐广缙、

---

① 齐思和等整理:《筹办夷务始末·道光朝》,第3084、3167页。
② 《徐广缙奏熟筹英人进城一事实属万不可行折》,齐思和等整理《筹办夷务始末·道光朝》,第3170页。
③ 《徐广缙奏英使文翰坚请入城折》,齐思和等整理《筹办夷务始末·道光朝》,第3164页。
④ 《徐广缙奏熟筹英人进城一事实属万不可行折》,齐思和等整理《筹办夷务始末·道光朝》,第3170-3171页。
⑤ 《叶名琛又奏进城有害无利断难隐忍坐视片》,齐思和等整理《筹办夷务始末·道光朝》,第3173页。
⑥ 《徐广缙奏侦探香港英人情形外示怀柔内存防范折》,齐思和等整理《筹办夷务始末·道光朝》,第3158页。
⑦ 《徐广缙等奏英使文翰三月去上海察看贸易刻尚未回香港折》,中华书局编辑部

叶名琛还一唱一和，借"民心"鼓舞道光反对入城。如徐广缙称"且阻其进城而有事，则众志成城，尚有爪牙之可恃，许其进城而有事，则人心瓦解，必致内外之交讧"①。叶名琛则称："现在城厢内外，……已有十万之众，均皆良善，并非匪徒，本系各顾身家，非官所能操纵。"②徐广缙、叶名琛最终获得道光"操纵之法，朕绝不为遥制"的表态③，成为其反入城"胜利"最重要的保证。作为与英人直接交往的一线外交人员，徐广缙、叶名琛这些言论绝非囿于认知，而是更主要出于对主流话语的响应，既以表明立场，又以说服清帝。但在这种故作其辞的话语中，事实真相被扭曲得何其光怪陆离！

其三，徐广缙、叶名琛强硬反英的立场，并非全因受士绅民众的鼓动，相反却主要是二人的主动选择。④

从徐广缙与英使文翰的往来文书中，可以看出徐广缙以"民情"为交涉手段时，对"民情"的主动操控。另如徐广缙因反入城的"胜利"而请求道光褒奖"练勇设防"的许祥光和"停贸牵制"的伍崇曜时，也称："以上两端，虽由臣等默授以意，实属该员等各奏其能。"⑤虽有邀功之意，却非一味自伐。⑥实际上，徐广缙、叶名琛的对英强硬对抗政策，使之既保政治正确，又据道德高地，故而在与士绅的权力争斗中更具主动，更易操纵团练武装为其内外政策服务，因此也就导致了魏斐德所谓"那些'忠义的'绅士最

整理《筹办夷务始末·咸丰朝》，第37页。

① 《徐广缙奏熟筹英人进城一事实属万不可行折》，齐思和等整理《筹办夷务始末·道光朝》，第3171页。

② 《叶名琛又奏进城有害无利断难隐忍坐视片》，齐思和等整理《筹办夷务始末·道光朝》，第3173页。

③ 齐思和等整理：《筹办夷务始末·道光朝》，第3175页。

④ 梁廷枏描述徐广缙、叶名琛协商，主动定议抗英的情形称："及商于名琛，更谓：'官民合心，方称同志，无怫百姓以顺夷理。且民情若是其坚且众，夷一动则民顷刻生变，势难终日，官转无立身之地。惟有拒诸城外，纵有他故，亦官与城为终始。……今我两人和衷一志，顺民心以行之，复何疑之有。'商既定，广缙乃先备内防，……召近城社学绅士，假捕盗名，令各归勋械聚勇候拨。……布置既毕，乃揭牌于辕，以某日出阅虎门舟师。"（见梁廷枏《夷氛闻记》，第154-156页）

⑤ 齐思和等整理：《筹办夷务始末·道光朝》，第3188页。

⑥ 又如骆秉章针对广州城陷后团练武装未发挥作用的情形也称："广东士绅向畏官吏，事无巨细，非经官司谕令，不敢举行。"（见齐思和等编《中国近代史资料丛刊·第二次鸦片战争》第三册，第207页）虽系为团练开解，但也在一定程度上反映出士绅在为叶氏强硬政策绑架后的顺从姿态。

终也感到厌烦"①的局面。也就是说，民意虽主张强硬抗英，然而一旦徐广缙、叶名琛主动操控民意，绅民活动即为其毫无弹性的、僵化的强硬政策所绑架，官意与民意相互牵制，都陷入了身不由己的境地。

其四，在入城问题上，徐广缙、叶名琛与英人的对抗更为僵化、决绝，这不仅体现在二人拒绝入城的毫不妥协的态度，更在于二人完全不理会英方不同官员在不同时期提出了各种不同的入城理由，只是自行其是地一再重复反对入城，以及反对讨论入城问题的原因。②这种刻板僵硬的外交不仅不利于具体外交事务的解决，不能使外交人员间建立友好互信的关系，也使得中英国家间正常的关系根本无法建立起来。

尤其是在叶氏与包令的对抗中，其态度之顽固已非常态。其关键原因，在于叶氏以反入城为"制夷"，亦即拒绝英人一切"妄求"的枢要所在。从其在联军兵临城下时所发的长折，可以清晰地看到叶氏的思维脉络。

《叶名琛奏英法二使递来照会已据理回覆折》：

> 探闻额尔金当七月内在孟加拉败仗之际，由陆路奔逃，……据葛酋（按：指法使葛罗）云：……看来中国兵力非微，必有成算深谋，豫占地步，……非比前十余年之烟案，……我由本国开行时，屡奉国王明示，英国与中国现有争战之事，派尔往广东只在守约通和，不准助势附敌，……额酋闻之，亦颇以为然，……适值米利坚国亦复更换公使，该国备知上年英夷滋事，实由于伯驾之暗助唆使，先已撤回。此次列卫廉在国，即公同议定，照常通商，毋得另生枝节。前于九月十九日到粤后，英夷恐其照会先行上省，多方阻挠，列酋不听。遂于十月初八

---

① 魏斐德著，王小荷译：《大门口的陌生人：1839—1861年间华南的社会动乱》，第182页。长时间地维持团练即意味着持续不断的经费开支。使"最忠义"的绅士也感到厌烦的是，这些经费必须由其"捐输"或剥削地方来提供。

② 徐广缙、叶名琛与英人交涉时一再重复的反对入城的理由主要是：其一，耆英与德庇时的两年为期入城的约定，只是当时两人的权宜之计，新官不应理旧账。如徐广缙覆文翰照会即称："且进城之事，果可行，二十七年二月，何以不行？前大臣明知不能，姑以权宜许之；前公使亦明知不行能，姑以权宜听之。与本大臣、贵公使，均无涉也。何失信关系之有？"（见佐佐木正哉编《鸦片战争后の中英抗争·资料篇稿》，第142页）。其二，广州百姓不欲英人进城，民心坚定，官不能制。其三，文翰已声明放弃入城要求。其四，英人应为贸易、非为入城而来，不入城更有利于外贸发展及英人生命财产安全。

日,将照会由澳门同知转送前来,旋于初九日照覆。列茵接阅之下,甚为欣感,即将照覆之文刊刻分送各国。并言:可见我国与中国和好无嫌,粤省大宪如此相待,予以体面,较之从前接见者尤有光荣。米国各商民,无不欢呼载道。英国各官闻之,大为神惊气沮,英商遂皆归怨于额茵。……大抵额茵照会内称:中国五港口,独广东何以不准进城;并欲请中国特派平仪大员,与之另行商议条约;上年起事,所有英民及英属受累,皆当照数赔补;并欲河南地方及各炮台,驻扎英国军士。以上数条,如能允准,即可将附近兵船全行退去,中外通商照常各等语。臣当即逐一照覆:……查贵国来粤通商,……盖始起于广州一口,原有旧日成规,本与四口不同。至于广东进城一节,前道光二十二年、二十四年两次条约内,皆无此款。……前已钦奉上谕:设城所以卫民,卫民方能保国,民心之所向,即天命之所归。今广东百姓既心齐志定,不愿外国人进城,岂能遍帖誉黄,勉强晓谕。……并闻贵国一千八百五十年新闻纸内载:君主有国书到香港交与文翰,内云:……文翰尚知国体,深晓中国规矩,……办事妥好,断无意外之虞,甚属可爱!文翰赏"加威鳌吧"号等语。并另赏奖功牌一件在身,甚为美耀,当时英官、英商在香港者,皆穿礼服道贺。是贵国商民皆以文公使为然,不以德公使为然也。……大皇帝又因罢议进城之事,已奉有先皇帝谕旨在前,即万年和约,亦钦奉先皇帝所定,俱未便更易。……此次米国新公使列茵来粤,缘该国与中国偶有此隙,恐生芥蒂,实与通商有碍。……至于佛国葛茵,既已力劝英国额茵自酌息事,何以转为其所用?实因包令尚在香港,再三央恳,……从旁怂恿,……惟英佛米各国自立条约以后,犹复贪得无厌,狼狈为奸,其要挟固结之心,几于牢不可破,……幸而该女主国书,已于十月中旬,由火轮船递到香港。探闻内载:所陈中国事宜,务使好释嫌疑,以图永久相安,毋得任仗威力,恃强行事。……断不准妄动干戈。……近日英国新闻纸愈加秘密,编列号数,封锁在箧,非当议事之期,各夷官皆不能取阅,外间更无从购觅。因密派向在夷楼交涉熟习相信不疑之人,能通夷语,兼谙夷文,每值议事时,作为无心相遇,左右其间,旁视侧听,始得备悉其详。虽额茵此次照会仍有要求各款,前已屡经驳斥,彼未尝不明知其势有难行,闻得尚有寓意在乎其中:一则新到粤省,若将前各公使所求未允条一概置若罔闻,恐彼国中必有议其后者,莫若再行渎请,无论准驳,姑为尝试;二则上年该夷三次城厢内外放火，延烧房屋千家，中国商民受害，较之该夷尤重，何曾不知，若皆反唇相稽，索令赔偿，彼更无可置辩；三则该国穷乏已极，现经孟加拉之变，饷项无出。倘即各款未能允行，或可比照前次许给银两，亦可稍济眉急。其鬼蜮伎俩，饕餮潜谋，谅亦不过如此。业经臣于十月二十九日，将所求各款逐一剖析照覆去后，至今尚无续有照会前来。溯查从前许以两年后进城，十二年后更换条约，原不过一时权宜之计，讵料包藏祸胎，贻患至今。若再不乘此罪恶贯盈之际，适值计穷力竭之余，备将节次要求各款，一律斩断葛藤，以为一劳永逸之举，则得陇望蜀，伊于胡底？不独当前之锢忧莫解，更恐此后之流毒方长。……总俟其附近兵船全行退出，各国贸易开舱有期，即行飞速奏报，以期早慰圣廑。①

此折中除有大量的错误情报、以己度人的揣测，以及对形势南辕北辙的判断外，叶氏还极有信心地指出清军已强大到西人不敢贸然挑起边衅、稍予西人礼遇会令其大感荣光，同时坚定地认为反入城为正当，更且是"斩断葛藤"即杜绝英人不断干求的重要手段。叶名琛持此意见，系因其在咸丰帝的配合下给自己刨了一个大坑，即在叶氏反入城合理妥切的话语系统中，英人已日趋穷蹇，那么理论上叶氏既然能够"制服"英人，就应当能够在杜绝其妄念的基础上，遵咸丰指令与之讲和。但问题是，英人前来"求和"的条件，正是咸丰要求叶名琛严词峻拒的诸般"妄求"。叶名琛又何敢"迁就"？至此叶名琛作茧自缚，只能是罔顾事实，按照话语要求虚构场景，一条道走到黑了！

（四）"民心"：清统治者的理论与愿望

在中国传统的政治伦理中，"民心"是统治者政治行为正当性的立足点。反入城斗争中广东官员对英人即不时抛出"民情不愿"而"官不能制"作为反对英人入城的理由，清廷上下讨论此事时，更不断强调"固结民心"的重要意义。② 甚如徐广缙还提醒道光如果同意入城，有可能导致民心瓦解、"众

---

① 中华书局编辑部整理：《筹办夷务始末·咸丰朝》，第 611–619 页。
② 另如在道光三十年（1850）的福州神光寺案中，咸丰帝也是反复谕令，"至民

畔亲离"的严重后果。① 然而，清廷上下所强调的"固结民心"，并无从民意出发制定外交政策的现代意义，更非出于对民情民意的尊重和敬畏，而只是为维护其统治利益、保证中外隔绝局面，对于"民心"的操控和利用。此外，"民心"在表面上众口一词地反入城和反对英人，但这绝非民意全面、真实的反映，而是仅因其占据主流或为主流话语所认可，"音量"大到让人无法听到其他声音而已。如前文所述，在"反英"的口号之下，复杂的社会矛盾的当事各方实际上无不各假其名而自行其私。

第一，需要说明的是，本书尽管将"绅""民"视为一体而合称"绅民"，但在反入城斗争中十分活跃的民众，事实上附丽于士绅，并无独立的意见表达。即如有论者在分析晚清官绅权力争斗中的民众地位时指出："'民'在这一权力角逐之中始终是缺席者，是被代表、被利用和被操控的沉默多数。"② 反入城中无论是长红、揭帖的传播，还是乡勇团练的组织，背后无疑都可以清楚地看到士绅活跃的身影。今人在史料中能够观察到大量民众在斗争中行为积极且不时付出重大牺牲，其重要原因在于这些积极的行为意味着收获赞誉和社会认可，并且被由士绅所主导的书写活动记载下来和加以颂扬。但如前文所述，西人所观察到的与反入城迥不相同的社会态度，并未被目为正常的民意而加考量，并且在史料中也并未得到充分反映。

第二，清廷上下所谓的"民心"，只是片面地意指蕴藏于广州民众心中的对于英人的仇恨和敌意。③ 这种民意系为战后需加疏导和消除的情绪，既非完整意义上的民情民意，也非民心真实和正当的表达。然而清统治者操控话语，使此一"民心"占据道德制高点，并隐赋其政治表态的寓意，实际上是绑架民意，引导民众与外人长期的敌意对抗。特别是，如果说与"民意"

气民情，尤须固结""固结民心，实为制夷之本"（见中华书局编辑部整理《筹办夷务始末・咸丰朝》，第55、58页）

① 《徐广缙等奏英人进城之议已寝折》，齐思和等整理《筹办夷务始末・道光朝》，第3186页。

② 李世众：《晚清士绅与地方政治：以温州为中心的考察》，序言第7页。

③ 如道光称："粤东民情犷悍，设舆情未协，稍有争执，必致滋生事端，该酋岂无虑及之理？该督等仍当详晰开导，谕以即使准其进城，而民情究难相安，倘因事争竞，或致互有伤损，民数众多，非官兵向有额数者可以稽查，彼时若代为约束，地方官断难查办。"（见齐思和等整理《筹办夷务始末・道光朝》，第2956-2957页）对道光而言，能够接受的"民情"即为民众与外人排斥和对抗，并且只有这样的"民情"才是应当受到鼓励和保护的。

对立的耆英表现出了无法左右民意的无奈的话，顺从"民意"的官员假民意为辞开展交涉，不仅轻侮外人，更是对民意的随意操控和践踏。

第三，道光虽也注意到"官好方能得民心"①，然此语并不代表清统治者希望与民众结为一体、能够维护民众利益，而是恰恰相反，清统治者仅着眼于维护其专制统治。清廷上下对所谓"民心"的内涵有着明确的界定，即不得因抗英活动过激而引发新的中外冲突，也不使民众因抗英活动组织起来，以致尾大不掉，甚或流而为匪，仅在保持民众与英人间的敌意对抗而不发生激烈冲突，即所谓"操纵由我"的理想状态。"民心"限于服务清统治者的内外政策，不能突破限制，更不得危害统治秩序。如祁墳组织发展抗英团练时即明确指出："令附省乡村互相团练，自为保护，晓谕首事人等，严为约束，勿许轻举妄动，滋生事端。俾内外相安，地方静谧。"②假使民众行为突破界限、"滋生事端"，祁墳亦将毫不犹豫目之为贼匪而加镇压，牺牲民众而换取自身安全。

第四，特别需要指出的是，在社会动荡时期，民众以一定形式武装起来自卫身家，既有助于统治者稳定社会秩序，也有利于民众保护自身的生命财产安全，是封建统治者应对乱世极为常用的非常手段。但是，这种武装并不能与作为国家机器的正规军队相提并论。尽管叶名琛主导反入城之际，起于团练的湘军正以主力身份与太平军浴血搏杀，叶氏也曾借助团练剿灭洪兵起义，并在"亚罗战争"中取得不俗的战果。但湘军显然已正规军化③，绝非一般意义上的团练可比。而广东乡勇团练虽能够在与装备、训练和组织等各方面条件旗鼓相当的洪兵，以及与小队英军的对抗中发挥作用，但绝对没有可能抵御近代化武装的大规模英军。在战争中，民众所进行的投毒和暗杀等类活动，可以构成袭扰，但不可能对大规模的正规军队造成实质性的威胁。④

---

① 齐思和等整理：《筹办夷务始末·道光朝》，第 1905 页。

② 《祁墳等奏英人欺侮粤民致起争闹及洋楼失火折》，齐思和等整理《筹办夷务始末·道光朝》，第 2516 页。

③ 罗尔纲称："曾国藩……一开始就认为团练不足办，撇开团练不谈，而坚决地立刻就创立新军。"即认为湘军一开始就是军队而非团练（参看罗尔纲《湘军非团练辨》，《湘军兵志》，中华书局，1984，第 43—44 页）。

④ 毛泽东的人民战争思想，其要点在于：第一，兵民为胜利之本；第二，人民战争是克敌制胜的法宝；第三，人民群众是战争胜负的决定性力量。其中人民群众对于战争的决定性意义，在于其为战争提供决定性的物质和精神支持，并在获得一定武装的基础上，选择适当的方式支持抗敌，而绝非系指未获武装或武装不充分的民众正面抗击敌军并战而胜之。悬赏民众杀敌而不能为其提供保护，实系置民于危地。

事实上，清帝及各级官员鼓动民夷对抗，用意只在隔绝中外并以之作为抗拒英人的藉口，并不意味着其真正相信民众团练武装可以克敌制胜。如耆英即指出："窃恐有事之秋，未得御敌之利，无事之时，先受骚扰之害。……［道光朱批：是极！］……但事急可以不令而行，事缓恐虽令不从，缘经费不赀，能暂而不能久，亦仅能自御其侮，不能驱之使战也。［朱批：所见甚是，要在实力行之，方收其效，勉益加勉！］"① 从道光所表赞成的态度可以看出其对团练御敌的真实态度，唯其因恐打击士气无法明言而已。如果团练武装真的可以抵御清军所无法抗衡的英军，则势将引起道光更大的担心。

徐广缙、叶名琛二人无惧衅端发作、对外强硬，虽或在一定程度上出于对团练抱有幻想，但更主要的原因，是二人所设想的中英冲突局限于由英国在华外交人员主导的小规模的军事行动。在这种冲突中，团练武装的骚扰与断绝贸易等手段可以发挥作用，即能够造成长期不合作的局面，使得小股英军无法有效地实施军事占领，英商也无法稳定地获取商业利益。徐广缙、叶名琛所希望的，是英人在一无所获的情况之下被迫妥协退让。这实际上是一种无恤国计民生、不计代价的抗敌政策。因此，二人大张旗鼓地扶持、褒奖社学团练武装抗英，其用意止在驱令民众与外敌进行无休止的消耗，而并非是由于他们真正相信团练可以真正令英军"片帆不得下海"。事实上，徐广缙得以"成功"的重要外在条件在于其对手文翰采取了温和的外交手段。叶名琛在"亚罗战争"中则以埋伏、偷袭、暗杀为主要手段，但从未有效组织大规模的正面对抗，并且对军民在正面对抗中的挫败不以为意，几可视为另一种形式的"以空间换时间"。这也充分证明叶氏对中英武装的实力差距有着清醒认识。②

在晚清反对外敌军事入侵的斗争中，当民众因抗敌活动而遭受生命财产

---

① 《耆英奏议造炮架炮位设守当水陆并重团练只可劝民自为折》，齐思和等整理《筹办夷务始末·道光朝》，第2597页。

② 广州民众在第二次鸦片战争中抗击英军的英勇表现是不容否认的（关于此一问题，夏笠已有切实讨论，可参看夏笠《第二次鸦片战争史》，第190-204页），然就其战果及此后咸丰令罗惇衍组织团练抗敌的情况来看，其作用仍属有限（参看魏斐德著、王小荷译《大门口的陌生人：1839—1861年间华南的社会动乱》，第187-198页）。故梁廷枏针对鸦片战争前后团练活动的情形称："当时设勇未试，而内贼以是少，及勇一散而贼即四起，实见过不见功。"（见梁廷枏《夷氛闻记》，第79页）这一评价在此仍然适用。

的重大损失时,清廷既不能组织有效的军事抵抗,也未给民众提供必要的保护和帮助,反而一再以"兵之卫民,不如民之自卫"为由,要求民众起而"保家卫国",反映出的正是清统治者因无力控制局势而逃避现实,只能假民众抗敌来掩饰其自身的无能的困窘。所谓民众抗英,其实质是统治者以"民心"为遁词、假民众的血肉之躯来掩盖其放弃职责的无能和胆怯之举。当然,从民众事实上的行为反应来看,喧嚣和狂热消散之后,趋利避害的务实顺从仍系上上之选。即官民对民众武装抗敌的虚幻色彩无不心照不宣,只是言辞不脱樊篱而已。换句话说,民能制夷不仅是一个民间的神话,同样也是清廷上下心照不宣精心营造和维护的一个骗局。

第五,统治者愚弄民意,也同样招致"民心"的报复。如鸦片战争中英人占据宁波城居民大书"顺民"时那样①,至英法联军占据广州城后,许多"折冲御侮之士"也转瞬间变成"汉奸""贼匪"。当清统治者对此大感苦恼和困惑不解时,实不知祸根本由其自身种下:没有共同利益为基础的"民心",终究只不过是镜花水月。尤其反讽的是,清统治者以民心为辞制造中外对抗,其外交政策本身又受到民心的裹胁而以对抗为基调,不仅如耆英等人相对务实的政策主张得不到应有的支持,如徐广缙、叶名琛等类对抗性外交也变日益强硬和僵化,失去自我调整的可能。这就使得晚清外交出现了一方面官方话语中充斥着抗敌、复仇的语言,另一方面统治者依靠出卖国家主权和民族利益维护其统治的奇特格局。

(五)处境立场、权力争斗与观念冲突

因清帝及地方官绅各自地位处境的不同,其对待英人的立场态度也各有等差,兼以出于权力斗争、争夺话语权或实现政治理想等不同目的、动机,清人又往往须为各自立场寻找理据。由此在如何对待西人和西方文化以及如何处理中西关系问题上,不仅出现了立场态度和政策主张方面的严重对立,在观念认识领域也产生了激烈的冲突。兹再以通商各口入城纷争中官员、士绅的表现,略加分析说明。

---

① 见广东省文史研究馆编译《鸦片战争与林则徐史料选译》,广东人民出版社,1986,第274页。

如前文所称,1850年的福州反入城是在英官民均已实现入城、福建地方官员与英外交人员并未发生激烈争执的情况下,由士绅主持的反抗活动。其风暴眼不在中英之间的交涉,而在以林则徐为首的士绅联合闽籍言官发动的针对闽省督抚刘韵珂、徐继畬的攻击。

其一,对于民夷关系的状况,林则徐与刘韵珂、徐继畬的判断存在巨大分歧。神光寺案发生的同时,文翰正北上"投书"。如前文所言,尽管对文翰的外交诉求一拒了之,但清廷对英使船只在沿海游弋却极为关注,要求各省督抚严密防范。对此刘韵珂奏称:"臣等于奉谕之后,即分别咨行水师提镇及各该道府,随时查探,设有夷船驶至,务当示以镇静,妥为理谕,使之无端可藉,废然而返。"但对福州的中外形势,刘韵珂奏则称:"至两口夷情均极静谧,从前福口民人与夷人初到时,尚不免有口角争竞之事,近则华夷相安。即日前讲经英夷租赁城内神光寺房屋一事,始因在城绅士缮写公启公白,促令搬移,彼此不无猜疑。迨臣徐继畬令该夷暂行借住,并密谕绅士从缓设法,该夷疑团已释,该绅士等亦无异词。"① 即并不认为福州民夷处于出现重大矛盾纷争而紧张对立的状态。但林则徐则认为:"夷人愈进愈多,并无搬移之意。且每日辎重入城,络绎不绝,有八人共抬一长箱者,有十六人共抬一大箱者。市中人人目击,明指为炮位军械,民心倍切惊惶。……连日夷人又往各寺观常川踩看,随处议租。又闻闽县前一带民房,亦有几种人欲来占住,口称系为英吉利等国办事,要将房屋作衙门等语,无非以神光寺等为效尤。……既欲硬占强租,势必往香港请数只兵船前来福州海口,以张强梁之凶焰而吓积怯之恒情。"② 显然林则徐将其在广州的经验带到福州,将本系平民的蔗枕、委里董视同鸦片战争前为扩张侵略权益不惜武力相争的英大班盼师或英使律劳卑、义律,故而张大其词,认为准许英人居于神光寺将给榕城带来极大的现实危害,而英人"强占"神光寺案即已意味着对中国利益的严重侵犯,中英间因此正处在与鸦片战争前广州局面类似,双方正着手进行战争准备的、严重对立的紧张状态。

其二,对于如何处理神光寺案,刘韵珂、徐继畬与林则徐的主张也全然

---

① 赵增越编选:《道光三十年英人租住福州神光寺事件档案》,《历史档案》2016年第3期,第31—32页。

② 林则徐全集编辑委员会编:《林则徐全集》第八册,第453—454页。

不同。刘韵珂、徐继畬显然不认为英人入城系属对抗性矛盾，因此力主缓和。刘韵珂称，"讲经夷人现尚未得住处，岂忍逼令迁移，致使露处。但省中绅民既不甘愿，必难日久相安，只好在神光寺内暂行借住，不准租赁，一俟城外觅有妥善房屋，即行退还"，并提出"从缓设法，使之心愿情服，自行搬迁，方为正办，断不宜操之过急，致令别生枝节"。① 事实上刘韵珂、徐继畬所采取的，也是阻挠民众前往就医、禁止工匠修缮房屋等措施，即暗中使力、间接地迫使英人自动迁出的做法。但林氏则不仅欲"硬行驱逐"即逼令英人即刻搬迁，抑且"乘扁舟阅看"闽江沿岸炮台，同时函询徐继畬："辰下如何择要，如何密防；省中大中小各炮位现有若干尊，斤重若干，分安何处，所配药子斤两各若干，曾于何时派令何官何兵演放，能打及若干丈尺；其官兵可以派往海口防堵熟悉点放大炮者约有若干，精习鸟枪者约有若干，是否能保临事不致脱逃，并此外有何可为省垣保障，俾比户均获安全之处，统祈明赐谕知。"② 亦即要求徐继畬整军备武，以防英人为入城而采取军事攻击，甚至主张为反入城不惜一战。

其三，对于以民制夷，林则徐与刘韵珂、徐继畬的态度更是截然相反。如林则徐向徐继畬建议为与英人进行军事对抗做好准备的同时，还表态称："如须绅民守助相资，以成掎角之势，亦必恭候切谕，自当迅速遵行。"③ 显然是受到徐广缙领导的广州反入城斗争"胜利"的鼓舞，对组织乡勇团练、鼓舞民心颇有信心，希望再复制一场反入城的胜利。但徐继畬则声称："臣……一面与臣刘韵珂往返密商，均以福州民气孱弱，重利轻义，心志不齐，与广东情形迥不相埒。若但以文人恐喝之词，为胁制夷人之计，非为无益，实恐有损。"④ 刘韵珂更针对林则徐激励民众和咸丰固结民心的要求，明称："伏思夷人不畏绅而畏民，诚如圣训：驭夷之要，莫先于固结民心。如果民知大义，志切同仇，地方官正乐于激励，以为防御之资。无如福州民气散弱，心志不齐，与粤民迥殊，臣等在闽多年，知之最悉。在该绅士等忠愤

---

① 《刘韵珂等奏办理英人租住神光寺一案情形及英使照会购买台湾煤炭已加拒绝折》，中华书局编辑部整理《筹办夷务始末·咸丰朝》，第48页。
② 林则徐全集编辑委员会编：《林则徐全集》第八册，454页。
③ 林则徐全集编辑委员会编：《林则徐全集》第八册，454页。
④ 《刘韵珂等奏办理英人租住神光寺一案情形及英使照会购买台湾煤炭已加拒绝折》，中华书局编辑部整理《筹办夷务始末·咸丰朝》，第48页。

所积，洵足令人钦重，然以目前之小事，不顾日后之隐忧，究属失计。"① 鸦片战争显然给了刘韵珂一个深刻的教训，使其对团练御侮不抱期望，奏称："回忆从前军兴时，各省招募水陆乡勇不下十余万人，帑金之耗于口粮者不下数百万两，然卒不闻何处得一乡勇之力。"并苦口规诫咸丰："论功罪者，或各矜事后之明；讲韬略者，或不少剿袭之论；喜事者，或思各逞其才能；偾事者，或欲再贾其忠勇。群言淆惑，衷诸圣人。伏愿我皇上神谋内断，坚定不移，以群备刍荛之采，勿以群言乱安危之计，天下幸甚！"② 希望说服咸丰帝放弃民可制夷的念头。

林则徐与刘韵珂、徐继畬对神光寺案的态度差别，反映出时人对中西关系认知、立场的巨大差异：首先，在如何看待中西关系问题上，1845年，正谪戍新疆的林则徐针对英使入城居乌石山一事认为："闻英夷占住福州城内之乌石山，拆祠庙为兵房，炮火军器近入城者无算，官不能禁。"③ 亦即尽管战事结束，但林则徐意中英人仍在为扩大侵略进行军事准备，中英仍处于敌对而非和平状态。而徐继畬就神光寺案的中英形势则称："惟英夷此时并未露蠢动形迹。"④ 即认为英人并未出以武力，中英间处于和平而非军事对峙的状态。而面对文翰北上、咸丰谕令各省戒备的紧张局面，刘韵珂也指出："英夷举动，与倭寇本不相同，此番之恫吓，与前事又不相同。不特偏僻之海口城邑无混行杀掠之事，即滨海著名城邑不足以牵制全局者，亦未必无端攻扰。今若以防堵二字，处处张皇，甚或调兵募勇，洗炮购船，无论一经试办即须糜帑，而我树疑敌之形，即难保其不生尝敌之计。"⑤ 更是强烈反对以对抗姿态激化中英矛盾。其次，对于能否与西人平等和友好相处的问题，林则徐在1850年归藉途中致友人信曾称："弟蔽乡卧榻之侧，有人鼾睡，能否

---

① 《刘韵珂等又奏交涉英人租住神光寺情形片》，中华书局编辑部整理《筹办夷务始末·咸丰朝》，第84页。

② 《刘韵珂等又奏碍难如绅士所请演炮募勇并不可仿效粤省禁英人入城片》《刘韵珂等奏请妥筹豫防英人攻扰折》，中华书局编辑部整理《筹办夷务始末·咸丰朝》，第86、82页。

③ 来新夏主编：《林则徐年谱长编》下卷，第594页。

④ 《徐继畬奏福州厦门等口岸筹防情形折》，中华书局编辑部整理《筹办夷务始末·咸丰朝》，第41页。

⑤ 《刘韵珂等奏请妥筹豫防英人攻扰折》，中华书局编辑部整理《筹办夷务始末·咸丰朝》，第82页。

常住尚未可知"，故而兴"瞻乌爰止之叹"①，显然是基于敌意，对英人入居省城感到不安。刘韵珂、徐继畲则迥然不同，姑且勿论徐继畲对西人主动接触和频密来往，即刘韵珂除能见西使外，对在华西商也颇乐于面晤。如道光二十六年（1846）年末，刘韵珂巡视厦门，"英吉利国夷人施阿栗、施约翰、花旗国夷人卢一、甘明、波罗满……面求该道转恳叩谒"，徐继畲也当即"谕令该道带至行寓传见"。②对西人入城，刘韵珂、徐继畲丝毫未感到紧张甚或如林则徐那样如临大敌。再次，对于如何处理神光寺案即如何逐英人出城，从表面上看，如徐继畲所称，其与林则徐"虽有缓急之分，然皆坚意驱逐，并无歧意不同之处"③，即仅手段方式小有不同。但如刘韵珂所指出，林则徐强驱英人的主张，"以目前之小事，不顾日后之隐忧，究属失计"④。林则徐与刘韵珂、徐继畲的态度差别实际上所蕴含的是清人能否区分中西间根本性对立和一般性矛盾，以及是否愿以谈判和妥协合作的方式解决一般性纷争，这样一种重要的立场态度的根本对立。

总体而言，以林则徐为代表的官绅及知识分子未能消除战事所带来的敌意和仇恨情绪，而将战后中英关系仍定性为严重对立的矛盾状态，并将一切中外分歧都视同尖锐对立的原则性矛盾，主张以强硬手段"制夷"而反对丝毫的让步妥协，甚至将对英妥协与否视同奸忠之辨。相反，一些在实践中负有外事责任的地方官员，基于务实或对西人了解加深等各方面原因，能够客观看待和区分中外矛盾的性质，主张"抚夷"，即愿以谈判妥协解决与西人间事务性的一般矛盾，有些甚至还隐晦地提出了虽无法明言，但意颇明晰的与西人建立平等、友好关系的主张。故如林扬祖所指出的，林则徐与徐继畲之间处于"今该抚既恐绅民逞一时之忿，各绅民又疑大吏偷旦夕之安"⑤这样一种矛盾状态。即因立场态度的不同，双方在如何处理中西关系的政策

---

① 林则徐全集编辑委员会编：《林则徐全集》第八册，第437页。
② 《刘韵珂奏西班牙派领事德滴驻厦并英兵船格勒幅来厦更代折》，齐思和等整理《筹办夷务始末·道光朝》，第3060页。
③ 《刘韵珂等又奏碍难如绅士所请演炮募勇并不可仿效粤省禁英人入城片》，中华书局编辑部整理《筹办夷务始末·咸丰朝》，第86页。
④ 《闽浙总督刘韵珂等为敬陈英人租住神光寺原委并筹办侦查谣言事奏折》，赵增越编选《道光三十年英人租住福州神光寺事件档案》，《历史档案》2016年第3期，第44页。
⑤ 《林扬祖奏英人租住福州神光寺绅民反对而官方不为办理折》，中华书局编辑部整理《筹办夷务始末·咸丰朝》，第54页。

主张方面产生意见对立,并围绕这种对立展开舆论或权力争斗。因居话语优势,主剿者往往将争斗上升到观念意识领域,不是根据现实利害,而是从华夷尊卑或民心等抽象的观念或政治原则出发①,以务实为投降,以妥协为奸佞,对抚夷官员进行道德和政治攻击。

· · · · ·

两次鸦片战争期间,清廷中枢及沿海各省均曾不断就组织团练抗敌问题展开讨论。如道光二十三年(1843)三月,御史田润奏请各省团练乡兵,期以御敌、节饷,道光即谕令沿海将军、督抚"体察情形,详筹妥议"②。至咸丰八年(1858)四月西使北上,翰林院学士潘祖荫亦复奏称"用兵不如用民",要求鼓舞津民御敌。③而各省督抚在不同情势之下,反应也各不相同。

如就天津情形,道光二十三年(1843),未经战事的时任直督讷尔经额表态称,"直隶地方前年筹办防堵,节奉谕旨,饬令沿海村庄团练乡勇。……章程亦复相同"④,表示遵旨完成任务。但至咸丰八年(1858),与英法联军实际接触的直督谭廷襄则称:"责成绅富,激励民团……臣等早已行之。……无如天津民气之壮,皆系外面虚声,……城内外团勇、铺勇,系商人张锦文统率,稽查防守,极为得力,若用以接仗,仍未能操制胜之权。"⑤钦差大臣桂良更是明称:"现在津郡兵民,两不足恃。"⑥

---

① 如孙铭恩、何冠英等攻击刘韵珂、徐继畲,俱未言及英人入居神光寺的具体危害,而是以"臣思抚夷必先安民,……该县……强民从夷,是何肺腑?""该抚一味畏葸,平时既委曲以顺夷情,有事复不能振作以作腾疆寄"为辞。(见《孙铭恩奏英人租住福州神光寺传教请饬督抚惩办措置不善之地方官折》《何冠英奏英人租住神光寺案士民反对而巡抚徐继畲一味畏葸折》,中华书局编辑部整理《筹办夷务始末·咸丰朝》,第46、56页)

② 见《着沿海各省将军督抚议奏御史田润所奏团练乡兵一折是否可行事上谕》,中国第一历史档案馆编《鸦片战争档案史料》第七册,第121-122页。

③ 参看《潘祖荫奏议抚不如议战用兵不如用民折》,中华书局编辑部整理《筹办夷务始末·咸丰朝》,第826-828页。

④ 《讷尔经额奏遵旨劝民团练折》,齐思和等整理《筹办夷务始末·道光朝》,第2651-2652页。

⑤ 《谭廷襄等又奏民团水手不尽可恃并饬员在潮白河上游泄水片》,中华书局编辑部整理《筹办夷务始末·咸丰朝》,第837-838页。

⑥ 《钦差大学士桂良等奏英国要求内地通商游历等款折》,齐思和等编《中国近代史资料丛刊·第二次鸦片战争》第三册,第402页。

就福建形势，鸦片战争期间力主抗英的闽浙总督颜伯焘曾奏称，"（厦门）中后两路绅民，团练一百三十余乡，声势联络，众志成城。凡有逆夷水陆栖止处所，昼则寻杀无时，夜则乱石向掷，该逆被扰不堪"，对团练抗英充满信心，且颇有夸张之辞。① 但至道光二十三年（1843）初，时任福建巡抚刘鸿翱则对田润的主张明确表示反对，称："查下游兴、泉、漳各府，风气素强，恃其膂力，好勇斗很，往往因口角细故，纠众械斗，地方官平日诚信相孚，尚可以解散谕止，否则酿成重案。是强梁之习，平日已然，若再加以团练，其势必更不可遏。上游延、建、邵、汀各府，人本柔弱，安守本业，强使之团练，则无赖之徒混迹其间，借端扰累。总之，当有事之日，不得不借资民力，至无事之时，民以安静为福。"②

特别是对于广东形势，祁埙、程矞采响应田润的意见，奏称团练乡兵"于粤省情形相宜"③。但鸦片战争初期力主抚夷的琦善则认为："查粤省民风，浇薄而贪，除业为汉奸者更无庸议外，其余亦华夷杂处，习见为常，且率多与夷浃洽。……此民情之不坚也。"④ 耆英的态度更是截然相反，称："若寓兵于农，团练乡民，令其各自为守，诚为目前善策。若一经官为处置，不能不假手吏胥，弊端即由此而生。且安分者各有恒业，当此生齿日繁之际，小民终岁勤动，犹恐事育无资，似难于无事时，强令耗财费力，舍其本而讲求武备。好事者本无恒心，一闻团练之令，必将攘臂而起，藉为口实，派饭食于殷富之家，习拳棒为斗很之计，若再加以司炮之权，其弊更不可胜言。即使设立团长以约束之，申明纪律以经制之，须知官为设立之团长，非无赖不肯当，非无赖之尤者不敢当，一无赖已足为害，聚集无数之无赖而假之事权，遍布于沿江沿海地方，窃恐有事之秋，未得御敌之利，无事之时，

---

① 如颜伯焘后还称："正拟廿一夜进剿，适据探报，岸上夷众闻我兵勇毕集，悉数搬移下船。于二十一日黎明，开去船三十余只，未知何向。……本欲乘势攻击，灭此朝食，以泄众愤。唯思近水市肆，半已被焚，一经交锋，将无余烬，商贾畏战之心，与乡民敢战之情，两不相谋，事在两难。"（见《颜伯焘奏英船离岸开去多只并筹攻剿折》，齐思和等整理《筹办夷务始末·道光朝》，第 1191–1192 页）

② 《刘鸿翱奏闽省不宜团练乡兵及各海口后路布置情形折》，齐思和等整理《筹办夷务始末·道光朝》，第 2722–2723 页。

③ 《祁埙等又奏团练乡兵于粤省情形相宜折》，齐思和等整理《筹办夷务始末·道光朝》，第 2672–2674 页。

④ 《琦善奏义律缴还炮台船只并沥陈不堪作战情形折》，齐思和等整理《筹办夷务始末·道光朝》，第 777 页。

先受骚扰之害。臣身任封疆，不敢不熟筹利害，务求先避其害，不必专趋其利（按：着重号为道光朱点）。[朱批：是极！]"①此后耆英执政广东，始终坚执此念，对田润之议不以为然。

他如鸦片战争中刘韵珂针对裕谦奏调安徽、河南乡勇赴浙一事称："惟查招募邻省乡勇，必须本省有精兵劲旅，控制钤束，庶可以收该乡勇协助之力，而不致为非。今浙省兵本柔脆，且当节次挠败之余，士气尤为不振，而凤、颍、徐三府习俗犷悍，棍徒捻匪，数倍他处。……倘再招集邻省凶徒，则引盗入室。"②又如浙江道御史殷德泰称："海疆多一水勇，即英夷少一汉奸。"③此类视乡勇与盗贼为一体，如林则徐视募水勇为"以奸治奸，以毒攻毒"④的手段者，也不在少数。

各省督抚对团练抗敌歧议纷出，反映出团练乡勇是否真正御敌有资，并不在于士绅组织能力和乡勇战斗力的实际状况，而在于当事官员所面临的中英对抗的实际态势、其对待英人的态度及其与士绅在地方事权或话语权争夺中的微妙关系。也就是说，各省官员对于能否倚民心御侮的相互对立的表面主张背后，实际上存在着的，是基于不同立场而产生的对待中英关系的不同态度，以及由此产生相应不同的政策主张。故此各省"民气"是"强悍"还是"浇薄"，只不过是官员们"各取所需"的说辞而已！

（六）经济理性：动机的利益内涵和后果

通过考察清帝及各涉事官员的心理动机与其在入城乃至中英关系问题上的态度主张和政策措施，极易发现在反入城斗争中，诸多非理性的行为表现并非简单地出于当事人的认知缺陷或过激的情绪反应，而是与其个人意愿和利益诉求存在着莫大关系，一些就国家、民族甚至当事人利益而言显著的不

---

① 《耆英奏议造炮架炮位设守当水陆并重团练只可劝民自为折》，齐思和等整理《筹办夷务始末·道光朝》，第2597页。

② 《刘韵珂又奏招集邻省乡勇恐致勾结土匪片》，齐思和等整理《筹办夷务始末·道光朝》，第1310页。

③ 《殷德泰奏请招集渔户团练水勇折》，齐思和等整理《筹办夷务始末·道光朝》，第1315页。

④ 陈锡祺等编：《林则徐集·奏稿》中，中山大学出版社，1965，第762页。

合情理的怪诞举止背后，往往隐藏着当事人的经济理性的考量。① 问题在于，因专制集权的权力运作机制，统治者往往各隐其私而又有条件追求实现私欲的最大化，从而给晚清外交的政策形成和实践等都造成严重不利的后果。

其一，在君主操控下各官僚派系间的争权夺利，是封建官场极为常见的现象。但围绕剿抚意见的对立，晚清官场却产生了严重分裂，一些主剿官员虽非出于权力斗争，但也不是基于现实利弊和政策措施的策略或效率要求，而是仅基于观念认识的分歧，对主抚官员立场态度的正当性提出质疑，进而对其政策主张展开攻讦。一些即使洁身自好、不卷入派系角逐的官僚，也因观念主张的对立而自觉站队，相互之间激烈辩诘，或者说形成对抚夷派的激烈攻击。问题在于，这种辩诘既非基于事实和理性，对无论是主张剿夷还是抚夷官员的外交实践都有害无益。即如耆英所称："若即令主剿者剿之，主抚者抚之，临事之际，亦皆一筹莫展。"② 与耆英费力地周旋于清帝、地方士绅和外人之间，但仍被时人讥为"一味悃愊，任意欺朦，上辜国恩，下失民望"③一样，一味强硬的叶名琛同受世人讥讽，收获"不战不和不守，不死不降不走"的恶评。两人同遭悲剧命运，原因并不在于其政策、措施正确与否，而在于两人事实上根本无法按照清人所界定的"剿抚"话语完成剿抚使命，同以"失败"而告终！而在耆英、叶名琛之后，清官场更是逐渐形成了洋务派与顽固派的严重对峙，洋务派的任何外务举措都不得全力应对外人，而是须以极大精力应付内部顽固势力的掣肘，使得清廷对外政策的制定和执行都处在动荡飘摇的不稳定状态，对洋务运动及各类近现代化革新事业，形成了严重内耗。

其二，如前文所述，为在话语系统中维护虚骄之气，清人以一套讳饰之辞描述中英关系。而抚夷官员为避免道德和政治压力，亦须服从此一话语系统，使其在讨论中西关系时，无法实事求是地说明问题和提供意见。为避免掣肘，抚夷派往往不能开诚布公，甚至在一些关键事实上闪烁其词，一方面

---

① 作为经济人的个体，其理性行为的前提条件被归结为：自利、追求最大化利益、对利益追求的有序偏好、充分运用个体能力和所掌握的信息实现利益追求（参看徐加根《经济学中的理性概念及其演变》，《学术月刊》2005年第9期，第36页）。也就是说，具有经济理性的个体在进行决策、判断时，总是以个体利益为中心选择行为目标和手段。

② 齐思和等编：《中国近代史资料丛刊·鸦片战争》第三册，第471页。

③ 《曹履泰奏请敕江南等省毋许英人越境并只准在衙署递禀折》，齐思和等整理《筹办夷务始末·道光朝》，第3193页。

使一些理性务实的意见无法充分表达和难以得到正视,另一方面则令到局外人只能捕风捉影,而主剿派更乐于根据道路传闻来进行攻讦。特别是一些当事官员在与西人的外交实务中,尚须为如何解决此种话语与现实中英关系的凿枘而大伤脑筋。满洲官员固可因出身而较少顾忌①,但汉族官员一涉此端无不惕惕。在很大程度上,虚伪、矫饰和教条的话语不仅影响了对真相的描述,更妨碍了清人对客观事实的认知和理性应对。

更重要的是,由于缺乏道德话语的支持,相对理性务实而主张抚夷的官员成为官场的另类,除不断遭受投降卖国的舆论抨击外,还极易受到官场倾轧而身处危地。甚至清帝也乐于牺牲当事人来争取民众,使其稍不留神即会坠入政治深渊。如曹履泰就刘浔案攻击耆英称:"窃维民和而政成,……民从欲究不若欲从民,未有上下不和而能相与以有成者也。粤东官民上下,其相为冰炭也已非一日。……粤民与英夷为仇雠,即与地方官为仇雠。"②将耆英不能顺从民意视作与民为仇。而张芾攻击上海道咸龄,则称其"以纵容夷人为事,且其眷属竟与夷妇往来,损国体而指舆情,隳军威而长寇志"③,甚至认为咸龄与外人交往有伤国体。抚夷官员当然存在着为追求权欲和私利而卖国求荣的可能,但从其所受政治、舆论攻击来看,事实上多从道德和政治立场着手,而从未能言及具体实际的卖国罪行。换句话说,"投降卖国"的罪名从来不是查有实据,而仅是现成特制、用于捕风捉影攻击抚夷派的大帽子,只须其言语、态度、主张稍微不遂"主流话语"之意,即可随时扣上去

---

① 如何桂清赞吉尔杭阿对待英人方法道:"英夷于咸丰三年,见我内地多故,即起戎心。经吉雨山折之以理,慑之以气,而又推诚以结之,故能转为我用。其推诚之法,必先破其疑团。该夷之最疑者,中华大吏不将其苦衷据实具奏。因凡有关涉夷务事件,止奉寄谕,不奉明发。而准行事件,亦作为承办之员意见,代为乞恩,非由该夷求请,故不感激,而转疑中华大吏,一味朦蔽圣听也。吉雨山廉得其故,遇有可行之事,即告以据实代奏。其不可行之事,则告以尔等欲我代奏,不能不奏,然一经代奏,大皇帝必将我革职治罪。我等相好,将此顶纱帽结交朋友,无甚紧要,但不知尔等安否。设有出言悖谬之处,直告以头可断,事不能为。该夷以为不欺,尊之曰吉大人,而中心诚服矣。"(见《何桂清致钱炘和函》,中华书局编辑部整理《筹办夷务始末·咸丰朝》,第905页)即吉尔杭阿以"兄弟义气"为辞而敢于交代实话,但汉官僚又如何能出此言?

② 《曹履泰奏英人欲进粤城人心不服不宜强民从英折》,齐思和等整理《筹办夷务始末·道光朝》,第2971页。

③ 《张芾奏请严禁鸦片讲求海防并咸龄劣迹折》,中华书局编辑部整理《筹办夷务始末·咸丰朝》,第25–26页。

肆意攻击而使对手毫无还手之力。特别是如咸丰对刘浔的政治清查，显系憎其"曲奉外人"而有意构陷，用心更是十分险恶。① 故如费正清所指出的："这些人因为与外国人办交涉的特殊才能而被选用，他们在通商口岸处于调解人的地位，就象参加南京谈判的清方谈判者那样。他们是两姑之间难为妇，要冒着很大的风险和外国人打交道，所以多次为此最后吃了苦头。"② 即由于抚夷官员背负着道德和政治"不正确"的包袱，在谋干国事时，姑毋论其本意及政策措施是否有当，因须首先要解决与外人对话合作是否即属"通夷"的诛心之论，使其不仅须面对来自外敌的压力，还有背后的明枪暗箭。

其三，集权体制下的官场权力运作机制，造成当事官员在其控制的一片天空下，往往任性妄为，不受制约。如"亚罗战争"爆发后，叶名琛的应对措施显著地不合情理，地方官绅民众对之早已怨声载道，南海知县华廷杰即明言："时官民皆怨叶相办理乖方。"③ 但如前文所述，由于叶氏的强硬态度得到了咸丰帝的支持，官民无法将意味着否定这种僵化强硬政策的广东军政事务实情呈报咸丰，从而通过咸丰帝迫令叶氏有所更张，不令局势恶化至不可收拾，而是必待叶氏身败名裂成为定局之后，实情和不满方能曲折上达。亦即由于专制集权缺乏自下而上的纠错机制，极易导致执政当事一切私欲或个人错误转化为极端的观念认识或政策措施，从而在最大限度上放大其错误的后果。

其四，严重的官民两心。自清帝至官绅民众因处境、立场和利益需求不同，在中外关系问题上存在不同的动机和意见主张，本是极为正常的事情。关键在于，在面临国家危难但同时也是社会进步、发展重大契机的情势之下，社会各阶层首先须谋求就如何处理对外关系达成内部的一致，以期在共同利益的基础上争取实现国家民族利益的最大化。但是，在这一关键问题上负有重大责任的清统治者却并未发挥应有的作用，积极谋求与广大民众结

---

① 咸丰令全庆查究刘浔的上谕称："有人奏潮州府知府刘浔素有贪酷之名，前任广州府任内，有民人放火焚烧府署之案，撤任后无人租与房屋。嗣经调任潮州，该处百姓不令进城等语。似此不得民心之员，其平日官声舆论，自难逃人耳目。着全庆接奉此旨，即将该员居官行事如何贪酷，以致众怨沸腾之处，密访详查，务使款迹明确，据实具奏，断不准稍涉瞻徇。"（见刘志伟、陈玉环主编《叶名琛档案》第二册，第396页）

② 费正清编，中国社会科学院历史研究所编译室译：《剑桥中国晚清史：1800—1911》上卷，第248页。

③ 齐思和等编：《中国近代史资料丛刊·第二次鸦片战争》第一册，第183页。

成对外的利益共同体,而是恰恰相反,在对外交往中往往罔计国家和民族的整体利益,以维护和实现统治阶层甚至个人利益为首要目标。更有甚者,清统治者出于狭隘的民族防范心理,以与外人为仇为"忠君爱国",鼓动民众与外人对立、对抗,假民心掩盖极端自利的政策本质。就民众而言,被战争激发的仇视外人的质朴民族情感不仅未能得到有效疏解和理性引导,相反经官绅鼓动越来越趋向极端甚至近乎本能。但如前文所指出的,绅民在与仇外的道路上越走越远的同时,也同样在其反抗外夷的筐子里塞进了许多"私货",即以之为各类复杂社会、阶级矛盾展开冲突的"安全阀",假抗夷之名以暴力手段进行利益争斗甚或是纯粹的情绪宣泄。换句话说,清人对"制夷"的正当性众口一词,无不以民众抗敌为爱国义举,但在这种表面一致的意见背后,不仅君臣上下各私其私,士绅民众也从未如长红、揭帖或狂热的抗敌活动所表现出的那样"民心似铁",而是无不夹带私欲。在此情形之下,国家和民族的公利又有谁曾稍加顾及?

需要反复强调的是,近代以来随着交往增多,中外之间发生利益等各类冲突的可能性无处不在,绝不能认为在任何情况下以对抗性手段解决任何矛盾冲突,都具有反侵略的正当性,更不能认为任何反抗手段均无过当之处。清人无法区分中外矛盾的主次,一味强调对抗,清统治者复以对抗外人为唯一正当的民心而丝毫无计民众利益,最终造成人民离心离德,理固宜然!

七、一脉相承：从反入城到反洋教

　　第二次鸦片战争中京师沦陷和圆明园被焚毁，使得部分清统治者痛定思痛，愿意重新审视与西方国家的关系，因有总理衙门之设和西使驻京，所谓"条约体制"下的近代中西关系开始慢慢形成。与此同时，一些士大夫和知识分子俯身西向，逐渐接纳西方枪炮、机器和近代文明，故有洋务运动的勃兴。但西人所到之处，中西关系的态势似乎与反入城如出一辙，仍始终处于激烈的对立和对抗之中：一方面，在国家层面，西方列强不断通过发动侵略战争和逼迫清廷签订不平等条约，扩张侵略权益，使帝国主义与中华民族的矛盾从根源上日趋尖锐。与此同时，在中外民众事务性的民事刑事冲突发生后，西人也往往凭藉领事裁判权等侵略特权，甚或仅仅是其外交人员的肆意不法而单方得利，为矛盾冲突的激化火上浇油；另一方面，各地绅民持续以激烈的斗争行动反对西人，地方官员在维护国家、地方权益和避免破坏"和局"之间依违两难，清廷中枢则始终无法实现既能维护"民心"，又不致令与西人"决裂"之间的艰难平衡。

　　在此情势之下，西方教会与中国社会各阶层发生了频密接触且冲突不断，如搅拌机一般扰动着本已纷繁复杂的社会矛盾，其本身也当仁不让地成为众矢之的，使"反洋教"替代了"反入城"，成为晚清群众性排外斗争运动中最具政治正确和道德正当性的"大IP"。

（一）"原罪"：基督教在华活动的侵略性质

基督教①在晚清进入中国之前，历史上已三度入华。②基督教在华传播的适应性问题不在本书讨论范围，但首先必须明确的是，基督教本身并非邪教，教会谋求在华"传播福音"主观上并无恶意，并且毫无疑问有相当部分教会人士在传教事业中展示出了其宗教虔诚和善意。在此基础上，教会在传播西方近代科学文化，以及开办教育、医疗、社会救济等各项社会事业方面，对推动中国近代化的文明进步做出了卓越贡献。即使就其与一般民众的接触而言，基督教所宣扬的戒恶劝善等教义教规，以及引导规范民众道德行为的社会功能，与中国传统的佛、道等宗教并无二致。也就是说，理论上教会的传教活动本不应激起如此强烈的敌意和反对。然而反讽的是，本以扬善为旗号的基督教在近代却被目为引发大量中外冲突的恶之根源。这种局面的形成，有着深刻的社会历史原因。

其一，教会与西方列强侵略活动的紧密关联及其活动的侵略性质。

晚清基督教传教活动的最大障碍在于，其第四度入华与鸦片战争及此后西方列强对华的多次军事、政治侵略活动关系密切。鸦片战争前即有大量传教士鼓吹"只有战争能开放中国给基督"，而如郭士立（Charles Gutzlaff，又译郭实腊）和马儒翰等传教士在鸦片战争期间的活跃表现更令世人侧目。通过中法《黄埔条约》、中美《望厦条约》，教会取得在通商五口建立教堂的权利。第二次鸦片战争中，丁韪良（William Alexander Parsons Martin）、卫三畏（Samuel Wells Williams）等传教士善假于物，以"狐假虎威"自譬，借炮舰之威将"传教宽容条款"塞入俄美英法等各国与中国签订的《天津条约》中，掠得传教权。③另有法国传教士德拉马（Louis Delmarre，又译艾嘉

---

① 关于基督教中天主教、基督教新教和东正教三大教派，晚清在华传播的传教方式、影响力及其所激起社会反应的巨大差异，无论是时人、今人均有明晰分辨，即东正教几无传教活动，新教传教方式较为温和且对华表现出较多善意，唯天主教才是大量引发教案和激化社会矛盾的罪魁祸首。但本书为便于表述，多以"基督教"或"（西方）教会"加以统称，唯需要区分时，也称以"天主教"或"（基督教）新教"。

② 朱维铮称之为"基督教在华梅开三度"，即指唐代景教、元代也里可温教的传入和明末清初耶稣会士的在华活动（参看朱维铮《基督教与近代文化——代前言》，《基督教与近代文化》，上海人民出版社，1994，第6-8页）。

③ 参看顾长声《传教士与近代中国》，上海人民出版社，2013，第55-59页。

略)、美理登(Baron de Meritens)利用翻译身份,将传教士"在各省租买田地,建造自便"的条款强塞入中法《北京条约》中文本中①,为此后大量置地争产教案的发生埋下伏笔。至于在中法战争、庚子国难中,诸多教方人士与侵略军沆瀣一气,其本身更完美地由"福音"传播者直接化身为侵略者。甚至到抗日战争期间,教廷还有损害中国主权和国家利益、与侵略者密切合作的举措。②此外,列强以"武力护教"为名,利用教案为契机扩大侵华权益的例子,更是不胜枚举。其尤为严重者除法国以"马神甫事件"为借口发动第二次鸦片战争外,如德国借"巨野教案"强占胶州湾,更成为义和团运动兴起和庚子国难的潜在根由。③帝国主义侵华的时代背景,使得教会活动与"侵略"二字始终紧密联系在一起。故如英人宓克(A. Michie)所言:"细思耶稣一教,其实有何可憎,而中国臣民,仇之如此?推原其故,实与教中理实,毫不相干。其所以然者,特坐二故而已:一则传教之人,乃是西洋种族,中国目为异类,且系昔日困我之人;一则此教之来,不以好合而以干戈,且护法之邦,眈眈坐守也。"④

由于基督教入华得益于西方的军事侵略,传教首先面临着关乎民族感情的障碍。即对清人来说,教会首先是以冒犯"天朝上国"的蛮夷形象出现,传教士所具有的第一重身份是侵略者,反对教会显然就具有了反对外敌、维护民族尊严的意味。这种情感极易导致对于传教活动动机的恶意揣测,将之

---

① 关于两名传教士欺诈手段的施用,以及1865年"柏尔德密协议"、1895年"施阿兰协议"确立天主教在中国内地置产权的经过,参看王中茂《晚清天主教会在内地的置产权述论》,《清史研究》2007年第3期,第87–94页。

② 参看顾长声《传教士与近代中国》,第167–177、322–336页。

③ 义和团运动兴起的社会历史原因当然绝不是单一线性而是错综复杂的,但民教矛盾及德人侵略所造成的关键性刺激作用不容忽视。已有众多研究讨论了自巨野教案到德人强占胶州湾再到瓜分危机和义和团运动发生的历史脉络,对此时人也有一定认识。如清人称:"推原祸首谁欤? ……德人……也!"德人也称:"反对所仇恨的外国人的人民战争,将使被称为怯弱的中国人,表现为另外一种光彩的好战士。……毫无疑问,中国人民运动的爆发,是几年以前宣布的对中国的'铁拳'政策所引起的。……义和团运动发生的时期应从德国强占胶州湾算起。"[见若虚《胶州事件》;廖道约、于深合译《铁拳》(1900年6月19日《前进报》社论),中国社会科学院近代史研究所、《近代史资料》编译室主编《近代史资料专刊·义和团史料(上)》,知识产权出版社,2013,第273、28页]。

④ 宓克撰,严复译:《支那教案论·调辑篇》,《严复全集》卷五,福建教育出版社,2014,第532–533页。

与列强的殖民侵略活动联系起来。①而教会采取利诱民众扩大影响的方式传教，更激发了清人对其争夺"人心"的疑惧，将之判断为具有险恶用心。②教会与西方列强在印度和东南亚等地互为表里、所谓"剑和十字架"相互协作的征服活动，也为这种亡国亡种的担忧提供了鲜活的例证③，使得清人中一些即使对西方文化多有了解、抱开明态度者如丁日昌、郑观应、薛福成、王韬等，也对教会服务于西方列强的侵略活动心怀疑惧。④至"非基"运动及此后的革命运动中，基督教往往又被目为帝国主义侵华行动的帮凶，除了西方宗教本身所蕴含的心理征服的喻义外，教会与列强侵略活动的勾连无疑正是其难以摆脱嫌疑的重要原因。⑤

在传教活动中，传教士以利用乃至放大侵略特权的办法扩张教会势力

---

① 对于基督教服务于西方侵略可能性的担忧，无疑是康熙、雍正二帝禁教的重要原因。如康熙五十六年（1717）广东碣石镇总兵陈昂奏请禁教及康熙帝的支持态度（参看李鹏《陈昂奏疏中的西方形象及传教士的自我辩护》，《关东学刊》2017年第6期，第5-11页），以及雍正帝对传教士多巴明所称："汝等欲中国人为天主教徒，此为汝教之宗旨，朕所稔知。果尔，朕等将为何种人？将为汝国君臣之属耶？汝等劝化之教徒，目中唯有汝等，一旦有事，彼等唯汝是听。朕知今日无所惧，然洋船千百沓至，必将生事。"（转引自冯佐哲《清代康雍乾三帝对西方传教士态度的若干考察》，朱维铮主编《基督教与近代文化》，第72页）均反映出二帝对基督教潜在威胁的隐忧。

② 时人反教言论中对此多有反映，吕实强即指出："故凡此类士大夫对基督教之排斥，基于分析利害得失成分较少，由于民族情况的原因居多。……而一般士大夫，则并非对外情完全陌生，其反对基督教，均重视外人来华传教的用心。"（见吕实强《中国官绅反教的原因：1860—1874》，台北"中研院史语所"，1973，第17页）

③ 如有清人称："（西人）有事即以教民为兵，……使我中国人自相残杀。即以此术占据印度、暹罗、缅甸、金边等国，而越南为近年之事。征兵索饷，残害生灵，据其疆土，人所共见共闻。"（见台北"中研院近代史研究所"编《教务教案档》第五辑第一册，1977，第415页）

④ 关于洋务派、维新派官员和知识分子对教会的疑忌态度，已有诸多研究，可参看赵春晨等著《基督教与近代岭南文化》，上海人民出版社，2002，第230-261页；董丛林《晚清教案危机与政府应对》，中华书局，2018，第77-83页。

⑤ 对此陈旭麓称："资本帝国主义要变中国为它们的殖民地半殖民地，就必然要利用富有欺骗性的传教士作为侵略爪牙；这些国家的统治阶级不但需要利用宗教统治本国人民，而且需要把这种统治方式向国外延伸，决不是传教士发什么'善心'所能改变的。如果说在中世纪的欧洲，哲学是神学的婢女，那末到了近代中国，他们的神学就成了殖民主义的警探和麻药。"（见顾长声《传教士与近代中国》，陈旭麓《序言》，第1页）

的现象比比皆是,无疑更坐实了教会活动的侵略性质。① 尽管有相当数量的新教传教士摒弃了这种"仗势欺人"的做法而采用更加友善的传教手段,但也并不能从根本上否定传教活动"天然"的侵略属性和特权意味。② 由于传教活动与不平等条约和侵略特权的紧密关联,特别是由于传教士与侵略者同一来源而教方对此形同一体的关系从未主动切割,甚或不时有意强调,欲将教会的善行善举与西人的侵略活动剥离开来,即使对今天摆脱了情感障碍、有条件汇集诸番史料进行客观细致分析的研究者来说,也是件极其困难的事情。对于身处其中、切身利益受损的清人来说,显然更是难以达成。

此外,中国礼仪之争后,教会放弃了罗明坚、利玛窦等人所奉行的尊重中国传统文化、将基督教教义与中国文化相融合的"适应"政策,不再接受以儒学的"名词"、概念或思想观念来翻译或解释基督教教义,同时禁止教民遵守祭祖、祭孔等不符合教规的中国传统习俗。鸦片战争后传教士再入中国,军事征服所赋予的文化心理优势,使之更有信心"开导这个半开化的异教国家",实现更加全面彻底的宗教征服,亦即对中国传统文化采取与西方殖民地"未开化"民族相同的"彻底摧毁"的政策③。这种非此即彼、强力

---

① 对此有关教案问题的研究揭露良多。如吕实强曾以"传教事业的侵略特质"为题进行了专门讨论(参看吕实强《中国官绅反教的原因:1860—1874》,第61—129页)。

② 朱维铮即指出:"应该说,晚清入华的欧美传教士,多半都是既有相当的文化教养,又有一定的献身精神的宗教人士,心怀叵测的殖民主义者只占极少数。就整体的素养而言,新教教士较高于旧教教士。在数量庞大的英美德等国新教传教士中间,热衷于传播西学并参与政治活动的所谓自由派的比重很小,最大多数是坚持传教即'救灵'的传统宗旨的基要主义者,其次数量较多的是把'救身'看作'救灵'前提的社会福音派;后两类都对帝国政治抱着不过问或不参与的态度。所谓基要派在传教方面的保守性,还表现在有相当一部分教士,甚至拒绝利用'传教宽容条款',赋予的治外法权,内地会便是显例。可是传教士活动的效应似乎适得其反……个中缘由很复杂,士绅恼怒他们侵权,官吏嫉视他们亲民,医巫妒恨他们攘利,愚氓怀疑他们用心,以及语言障碍、风俗不明等造成的传教士与平民的沟通困难等。但不可忽视的一点,便是所谓传教宽容条款,使传教与信教,都成为受到条约特权庇佑的活动。"(见朱维铮《基督教与近代文化——代前言》,《基督教与近代文化》,第12—13页)

③ 参看耿昇《法国汉学界对于中西文化首次撞击的研究(代重版序)》,谢和耐著、耿昇译《中国与基督教——中西文化的首次撞击》,上海古籍出版社,2003,增补本,第6页。

以西方文化"置换"中国传统文化的举动①，显然更具有真正意义上的"文化侵略"意味，由此激发士绅阶层和知识分子"崇正黜邪"的反教活动和大范围的民教间基于习俗、信仰等方面的冲突②，可谓顺理成章。

其二，教会与中国社会各阶层的现实利益冲突。

除了西人恃强凌弱对清人所造成的关乎民族尊严的感情伤害，以及后文还将着重讨论的中西文化间的矛盾冲突外，教会活动从不同层面，对晚清社会各阶层的现实利益也在不同程度上造成侵害。如教方侵夺社会财富或社会资源的"还堂案"等对普通民众利益造成的损害③，教士庇护教民对士绅传统权威的侵削④，教士干涉司法和教民恃教脱管对地方官行政、司法权力的侵害⑤，以及重大教案发生后列强对清廷官员任免或惩处等内政大权的干涉⑥，等等。即在宏观方面，教会加剧了中国国家利权的丧失，并且对儒学

---

① 需要说明的是，更重以"文化传教"为手段的新教传教士，在如何吸纳儒家思想和看待教民遵守祭祖等传统习俗方面颇为宽容。但在思想保守的知识分子和一般民众心目中，新教传教士所传播的新思想、新文化，无疑也属于异端。

② 对此有论者指出，基督教对世俗社会生活的支配和控制，对清人兼有祭祀和娱乐性质的迎神赛会活动、民俗信仰和民间崇拜活动，以及关乎伦理的祭祖、修谱等社会习俗，都构成严重冲击，成为晚清教案发生的重要"文化起因"（参看程啸、张鸣《晚清教案中的习俗冲突》，《历史档案》1996年第12期，第99-106页）。

③ 大量研究指出，民教间的利益冲突主要集中在"还堂""迁堂"等案造成的社会财富转移，教会庇护教民造成的赋役不公、教民拒绝承担迎神赛会、文庙修缮等费用造成的社会摊派负担不公，以及教会干预司法造成的司法不公等。

④ 关于地方士绅，张仲礼称："功名只是一种被接受的理想形式。教育作为工具的最终目的是使有才能的男子获得道德和智力上的优势，这种优势使他们有资格担任负责的和领导的职务。"即士绅在地方的角色，主要体现拥有特殊的政治地位和话语权，具有维护社会秩序和（相对于地方官员）维护地方利益的功能。同时其特权身份也能够使之获得相应的经济利益（参看张仲礼著、李荣昌译《中国绅士研究》，上海人民出版社，2008，导言二第1页、第26-56页）。教会势力的进入不仅引起地方权力结构的失衡和导致士绅话语权的丧失，其对社会秩序的破坏也给士绅造成压力。

⑤ 对于地方官员来说，教会势力不仅直接影响其在地方权力版图中的权威地位，办理教案因涉及外交还给官员带来与反入城一样的心理压力。此外，教案的发生和办理还会对当事官员带来直接的政治权益、经济权益的损害，如有论者指出的晚清有二百余位官员因教案被惩处，并承担了二十余万两白银的赔款（参看赵树好《论晚清教案对官员权益的冲击》，《广东社会科学》2017年第6期，第123-134页），更遑论对涉事官员"职业发展"所构成的潜在影响。

⑥ 对于清廷而言，基督教与太平天国显著的联系和区别令其几番欲言又止，但对

"正道"等传统观念和清人的文化自信心构成冲击;在影响社会生活的微观方面,教会对传统社会的权力结构和社会秩序直接造成破坏,激发起了社会各阶层对教会的反感和敌意。教会在晚清成为怨薮,不仅是遭到了清人众口一词的反对,甚至不少当事西人也不时对教方的恶劣表现啧有烦言。①

其三,与反入城一样,晚清反洋教斗争形成了官方隐于其后②、士绅主导③、民众广泛参与的态势④。换句话来形容,晚清数十年间,清人像沉湎于游戏"打怪"一样乐此不疲地持续打教,形成一种表面上每一教案都是偶发,但实际上每一桩教案的起因、过程、结果、场景面貌,甚至话语对白都像是经过复制、粘贴一样,只是不同时间在全国各地简单地"复制"了近两

基督教最大的潜在担忧则是民心的争夺。如章太炎所言:"政府之排教,……其意本不在异种异教,而惟集众倡乱之为惧。……人民之排教也,以其藉权而侮民,……今日亦有以彼教为无君父而视之如洪水猛兽矣,然人民之愤起排教者,其意乃绝不在是。浸假而基督教人之在中国循法蹈义、动无逾轨,则人民因不以异教而排斥之。"(见章太炎《〈社会通诠〉商兑》,《章太炎全集》第四册,上海人民出版社,1985,第328—329页)当然基督教事实上并不"聚众倡乱",因此清廷对其最现实的忌惮,仍在主权受到侵削。

① 时人批评天主教的言论极伙,如就巨野教案发生的原因,不仅以"卫民"为己任的山东巡抚李秉衡称:"愚民敢于为乱,不啻教民有以驱之也。"(见《奏民教相仇情形请旨饬议预弭后患片》,戚其章编《李秉衡集》,第374页),时威县法国神父范迪吉给主教的信也称:"很明显地,依我看来——我敢说我看得大致不错——依大部分传教士看来,德国人对胶州的侵略行径在中国官员和易变的民众的思想中,产生了恼火的反感。洋人的大炮所轰不到的内地传教区,就难免不遭受到这股恼火的反感情绪的反击。"(河北省博物馆编《法国传教士关于威县地区义和拳运动的信札》,《文物春秋》1989年第10期,第70页)英国公使阿礼国甚至称:"基督教会在中国的最大敌人就是传教士自己和自称为保教者的西方强国。"(转引自董丛林《晚清教案危机与政府应对》,第260页)

② 关于清地方官员在反洋教斗争中的作用,时人及诸多研究者都有讨论分析。需要说明的是,地方官员在不同阶段,所扮演的角色稍有不同,但对民众打教的支持态度从未改变(可参看张力、刘鉴唐《中国教案史》,四川省社会科学院出版社,1987,第447—464页;董丛林《晚清教案危机与政府应对》,第54—719页)。

③ 关于士绅在教案中的关键作用,不仅时人观察颇有定论,今人研究更有充分论证(可参看陶飞亚《边缘的历史——基督教与近代中国》,上海古籍出版社,2005,第13—19页;吕实强《中国官绅反教的原因(1860—1874)》,绪言第1—7页)。董丛林更明言:"这种上承官下启民的特殊地位和条件,使士绅在反教抗争中能够发挥显著作用。在相当长的时间里,甚至一直到义和团运动以后,他们都是反洋教阵线中的组织领导力量。"(见董丛林《晚清教案危机与政府应对》,第309页)

④ 关于官绅民在反教活动中的"分工合作"已有大量研究(可参看董丛林《晚清教案危机与政府应对》,第305—312页)。

千次而已①，这也反映出社会各阶层对民教矛盾近乎固化的认知，以及由此形成的固定话语模式构建全社会定式思维的深刻影响。

（二）"蒙昧"：反洋教运动中的非理性表现

但即便基于这样的社会历史条件，也并不能因此认为打教顺理成章或各种打教手段天然地合理合法。与反入城一样，清人的反洋教斗争在目标、策略和手段等诸多方面都严重地偏离理性。尤其是民众情绪化的宣泄，更是民教双方矛盾激化、仇恨和敌意深种乃至不可开解的重要原因。

· · · · ·

虽然教会与清人间存在矛盾冲突并且给中国社会各阶层带来广泛的实际利益的损害，但双方矛盾的尖锐程度和教会造成危害的严重程度，却并未如时人所认为的及其话语中所描述的那样夸张，本不应招致清人必欲"除之尽净"的严重对立和对抗。

其一，尽管传教有赖于西方列强的军事、政治侵略，但与入城一样，传教活动本身并不等同于侵略；尽管教会在一些特殊时期与西方侵略者密切合作，有时传教士甚至直接参与到列强的军事、政治侵略活动当中，唯其用意应在利于传教，教方事实上并无在华进行政治颠覆的计划或举动②；尽管传教士存在干预地方行政、司法的举动，但其目的通常只在实现所干预事件本身的利益，以及争取在与地方官员的对话中形成有利态势，而绝对不应视作教方有意侵寻朘削地方政权甚或取而代之③；尽管教案不断被列强用作扩大

---

① 因资料来源及对教案定性不同等统计口径原因，研究者所统计晚清教案数量不一。对此赵树好在明确定性和统计标准的基础上，提供了1998起教案的统计数量（参看赵树好《教案与晚清社会》，中国文联出版社，2001，第2-7页）。

② 明末时耶稣会传教士金尼阁（Nicolas Trigault）即称："这里的关键问题是，中国人承认我们完全不会策划革命事件，我们也不追求任何物质利益，而是前来传播独一无二的教法，这种教法与帝国的利益在任何方面都不会对立。……我们害怕举行人数众多的集会，以便不至于在一夜之间就丧失了数年来的成果。"（转引自谢和耐著、耿昇译《中国与基督教——中西文化的首次撞击》，第28页）事实上晚清时清人对教会尽管心怀猜疑，但从未在教案中提出明确具体的此类指控。

③ 需要强调的是，理论上传教士本身并不能直接干涉地方司法、行政。即就条约权利而言，列强行使"保教权"基于"领事裁判权"，系由外交人员对传教士进行人身

侵略权益的借口，但施加此种侵害的主体显系列强而非教方。虽然教方从中获益，但多系被动的因应而非主动的"配合"。①因此，如有论者分析指出的，晚清教案"加深"了民族危机和政治危机，"发酵"了文化和信仰危机，并对清人造成了综合而言的生存危机。②但又必须强调指出，制造这些危机的主体是西方列强，教会所扮演的，其实只是"触媒"的角色。关键是身为"触媒"的教会总是不可避免地"高光"现身于矛盾冲突现场，并因其总是能从中获益，且其本身又总被目为心怀叵测，因此总是能够遮蔽"幕后大佬"的光芒而成为斗争的"主角"。

其二，尽管教会活动不时损害清人的现实利益、引发民教矛盾冲突，但并非时时触及清人的根本利益，令双方始终处于你死我活的斗争状态。且除大量谣言外，清人所描述的教士、教民的具体恶行，多系一般性社会矛盾，绝非极恶难赦。③也就是说，即使教方在所有民教冲突中都恃强得利，但就其给民众造成实际利益损失和对士绅权威的侵蚀而言，大多数都并非不可调

保护，对于教案办理系属中国内政，外方并无异议。光绪二年（1876）《烟台条约》签订后，外方外交人员取得"观审"地方官同处理涉外案件的权利，但传教士并无此项权利。故清官方在对外交涉时也屡屡强调教士、教民皆在中国法律管辖之内。如光绪二十八年（1902）张之洞拟"约束教士、教民十条"并致函盛宣怀、刘坤一、袁世凯等督抚及英美外国公使，也是首次明确："一、洋教士与地方官往来拜晤、函牍酬答，地方官应以客礼相待，以示优异而通中外之情。但洋教士既非职官，不得用公文照会，面谈不得及公事，词讼不得私函请托。……二、教民必须照例呈诉地方官，到案听审，不得径诉教士，请领事照会上司。"（见苑书义等主编《张之洞全集》第十一册，河北人民出版社，1998，第8737-8738页）传教士对中国司法、行政的干涉，在于其能够利用外交威胁"势压"地方官员，即问题的关键在于清官方行政和外交能力。

① "非基"运动中将基督教目为"帝国主义文化侵略的工具"。对于基督教是"有意"主动地帮助帝国主义侵略，还是被动地被用作"工具"，简又文曾明加辨析（参看赵春晨等著《基督教与近代岭南文化》，第282页）。

② 对此张力、刘鉴唐和董丛林等都有细致分析。（可参看张力、刘鉴唐《中国教案史》，第465-475页；董丛林《晚清教案危机与政府应对》，第72-121页）

③ 另如同治八年（1869）遵义教案中，《遵义绅民公禀》所称教士教民"欺凌孤弱、磕诈乡愚，出入公门，包揽词讼。……霸种……田土，侵吞……产业，……毁坏神庙"，以及《遵义城乡合议》称其有"破人婚姻""视人命如草营""谋我国江山"，以及淫乱、私胎生子、毁庙立经堂、采补阴阳、城内葬坟破坏风水、男女混杂、欺官藐法等"十大恶"（参看王明伦选编《反洋教书文揭帖选》，齐鲁书社，1984，第43-48页），除空泛之辞外，所列教会恶行无非侵占田财、教民仗教欺人，以及口角争殴等治安或刑事冲突等细故。

和、需要性命相搏的对立矛盾。与反入城一样，清人在打教时虽言之凿凿，但所述理由多系琐屑细故，或系绝非事实的夸张想象。如同治十年（1871）南昌府地方官员阻止传教士入城、次年英领事贝德禄（E. Colborne Baber）前往调查复被殴辱一案①，南昌官绅民众所反对和攻击的，显然只是一个假设的、事实上尚不存在的"巨大"威胁。② 有研究者在分析晚清直隶教案的成因问题时也指出，完全因教士教民不法引发的教案数量极少，大量教案系由民教争产、迎神赛会等社会负担摊派不公、细故口角、教方遭窃等刑事案

---

① 关于此案，英人称，"教士因遣从人一名携持执照及条约一则，随从官役赴县。据从人回船，面称在衙门查验时见有府县等官七位，将执照看讫，经伊指与约内有持照前往内地各处游历之文，按照此款，教士自可于此间行止，迟速悉听其便。即或入城，亦不得拦阻等词。至所陈进城一节，该官等意甚不允，并嘱转劝教士作速归去"。"二十一日早晨随带官役上岸，前过广润门关厢，意欲入城。……门外集有数百人伺候，敝职留心阅看，俱虽系小民，或肩负卖物，或工作为生，亦有饥民乞丐，均尚驯良，又无他意。……先至书街，次至萃花街，……百姓聚观人虽众多，均无拥挤。向各铺商人随事问谈，亦俱以礼相对。……比至原处时，将九点钟，瞥见多人在岸团聚，中有丽服多人，首先作难。盖敝职上船顷刻，即有抛掷土石各块向船击打不绝。……南昌、新建二令带同属官数员。敝职随取执照递与观看，特指照尾所有引约并请大清文武员弁见此执照，务准听便游历，不得留难拦阻，如遇事故，妥望随时保护帮助之明文。二令答以，此确系约之理，惜人烟甚众，我等无计可施。……敝职听其言词，无从设法，只以前往抚辕。二令切言断不接见，劝其莫往。敝职仍守前意，遂告辞而去。拜别之际，人众复向前追逐掷打，以致面受砖伤，背后忽被重击，几乎扑倒。……少时抚宪亦即出来相见，礼貌颇周。敝职当将执照呈阅，并将今早追逐被击情由陈明。抚宪答以，现值收考生童，各州县人多聚在此，伊等不知实情，或误认为法国教士……立言法国教士许多过处。……回思彼日敝职自入衙署以来，抚宪无非尽礼相待，临行亦预备肩舆，另派衙役十余特加护送。讵仪门开启，瞥见大门内诸人丛聚，其中颇有衣冠齐整者，复有哄挤骚扰，无庸细述。一路人众跟追嚷诟，扔掷石块，致将轿左打坏，轿夫护卫间有受伤。"（见《英教士高学海在南昌被逐详情节略》《英贝领事往南昌查办教案复行被殴各节节略》，中国第一历史档案馆、福建师范大学历史系合编《中国近代史资料丛刊续编·清末教案》第二册，第8-9、13-15页）

② 此类对反传教士入境的案例极多。罗志田称："政府和一般人民之排教主要均由于实际利益的冲突，而士人则更加注意其文化层面的冲击，且主要还不仅是视其为'外教'，而是更重视其异端性质中隐含的威胁，即可能颠覆中国的传统伦理。……比如，戊戌之前以排外和反教著称的湖南，由于当地几乎没有定居的传教士，教民数量不多，其反洋教活动以基于传闻的想象为主，体现出一种强烈的防患于未然的文化忧患意识。"（见罗志田《社会分野与思想竞争：传教士与义和团的微妙互动关系》，《清史研究》2002年第1期，第49页）

件、反教谣言,甚或仅仅是民众对教方挟嫌猜疑等缘由所引发。①另有研究者对1860至1899年间811起教案起因的量化分析显示出,由民众主动发起的案件有709起,占87.42%,教方主动的案件仅为68起。②亦即尽管在清人话语中教会作恶多端,但事实上绝大多数教案并非是由教方主动的恶行所引发,而是由一些绝非深刻激烈的细琐社会矛盾,经过敌意和仇恨情绪的酝酿发酵所造成的尖锐对立。

其三,更重要的是,清人在民教冲突发生后,往往被教方不法所制造的"不公"所激怒,并不追求就事论事的公平,而是多声称"彼以禽兽之教,化良民为莠民……至于欺压农商,鱼肉乡里,尤为常事。间阎负屈含冤,无所控告。易种可虑,滋蔓难图"③,不断上纲上线,称教会"推其用心,直欲尽愚我海内人民,假其教以斩绝之","视人命如草菅,……想谋我国江山"④,将本属琐屑的民教矛盾夸大为不共戴天的深仇大恨,并由此发出"杀了鬼子发洋财,一声喊起大家来","凡我同人,……必须同心协力,听委员将林、布、赵三鬼子,并杨希伯及郑小明等恶党,杀得干干净净,以雪公冤,方消众恨。永不许在我遵城设立天主堂,……以除祸根,永享太平之乐"⑤等号召,求以灭绝对手为己任。在全国各地广泛传播的反洋教揭帖、檄文,与前列公禀、公呈话语都极为类似。其中即使如《辟邪实录》《辟邪教义》等表面以"崇教(按:指尊崇儒教)"为名、自称循正道反对教会者,也从未心平气和明辨是非和检讨反洋教的切实理由,而是极尽能事夸大民教矛盾,同时宣扬仇恨和仇杀。他如贵州候补道缪焕章所撰《救劫宝训》,周汉所撰反教文书,以及天津、武清民间所刊印的颂扬天津教案的版画⑥等无不如此,一味同质化地渲染仇恨和杀戮。

---

① 参看樊孝东《晚清直隶教案诱因分析》,《史学月刊》2005年第6期,第39–43页。
② 参看陈银昆《清季民教冲突的量化分析:1860—1899》,台湾商务印书馆,1991,第13页。
③ 《南阳绅民公呈》,王明伦选编《反洋教书文揭帖选》,第18页。
④ 《遵义城乡合议》《天主邪教集说》,王明伦选编《反洋教书文揭帖选》,第9–10、47页。
⑤ 王明伦选编:《反洋教书文揭帖选》,第16、48页。
⑥ 对此,法国公使热福理和英使威妥玛均曾照会奕䜣,要求禁止(参看中国第一历史档案馆、福建师范大学历史系合编《中国近代史资料丛刊续编·清末教案》第二册,第46–49页)。

也就是说，与反入城一样，民教矛盾和教案是在双方的仇恨和敌意中发生、发展的①，这种敌意决定了清人对矛盾冲突的具体情况无意理性分析，对教方一些诉求的正当性、合理性，以及在今人看来合乎情理的化解冲突、解决矛盾的方案不屑一顾，一味强调己方的绝对正义，追求毫不退让、毫不妥协的结果。一旦教案发生，绅民往往以"平夷灭番"②为己任，而无意细审其打教的理据或分寸。③在此情形之下，尽管在整个晚清时期，清廷上下反复强调对于民教矛盾的"持平办理"④，亦即要求根据民教冲突本身的是非曲直、将冲突控制在有限的范围之内消解矛盾，但却始终无法实现"民教相安"。⑤数十年间，各省教案不断地此起彼伏的问题根源在于，一方面强势

---

① 仍须强调的是，这种仇恨、敌意以及决绝的对待矛盾的态度是民教双方都共同持有和相互激发的。如光绪四年（1878），成都将军恒训咨报《民教善后章程》即称："凡遇民间词讼，一有教民在内，咸自知理屈讼不能胜，投入彼教，即向该主教处捏诉，该主教、司铎即出头抗church，因而遂谓之教案，务期必胜而后已。"（见台北"中研院近代史所"编《教务教案档》第三辑第二册，第1358页）

② 参看《平夷灭番局告示》，王明伦选编《反洋教书文揭帖选》，第130页。

③ 即如光绪十七年（1891）"殄灭洋鬼"揭帖所称："殄灭洋鬼，分内所当为之事，何必多费辞说。凡我人在绅〔伸〕壮志，见此丑类尽剪除。展此日屠龙之手移扫犬羊，效当年猛兽之驱韬虎豹，事业千秋，勋名万（世）。"（见王明伦选编《反洋教书文揭帖选》，第112-113页）

④ 关于清廷针对教案所持"持平办理"方针的形成和内涵及其所追求的"民教相安"目标和政策实施情况等，董丛林已有所讨论（参看董丛林《晚清政府办理教案方针论说》，《河北师范大学学报》2017年第2期，第5-14页）。值得注意的是，咸丰元年（1851）苏松太道麟桂即已针对西人干涉民教讼案的危害，提出了"持平办理"的原则，称："至该夷在上海传教，妄托神道无稽之说以惑下愚。……刻下惟以干讼护庇教内之人，为结纳众心之计，应请谕敕各该督抚转饬地方官，……如有习教之人与民人争讼之案，亦即秉公讯断，使该夷无可藉口。"（见《麟桂奏办理洋务宜严禁鸦片重用粤人厚积经费持平讯断民教讼案折》，中华书局编辑部整理《筹办夷务始末·咸丰朝》，第129页）

⑤ 清廷对教案"持平办理"的努力，一方面在于要求地方官"修政"，即通过善政"固结民心"，同时倡导"非攻教"即限制地方官绅纵民打教的活动；另一方面则重点在于争取与教方达成《法使为传教士不得干预公私事件之谕单》《传教章程八条》《传教规条十条》等协议，以及在中外条约中纳入针对教会行为的规范。有论者指出，清廷此类外交努力从咸丰十一年（1861）持续至光绪二十九年（1903）以后，其要在保证传教权的基础上，规范教会购地建堂、收养幼童等行为，特别是强调传教士不得干预地方政务及清官方对华人教士、教民的管辖权（参看董丛林《晚清教案危机与政府应对》，第164-243页）。

的教方从来不会"吃亏",另一方面即使不考虑外部压力,面对态度决绝、"气愤难平",除非完全顺遂其意否则即会声称受到"屈抑"的绅民,地方官员无论如何努力,都不可能做到令其满意的"持平"。① 这又反过来致使绅民对通过常规的行政或司法手段,即以妥协或协商化解民教矛盾的做法不抱期待,而更乐于进行激烈的对抗性斗争。

与对反洋教理据无暇深思相对应的,是清人对于教会的丑诋和诸般谣言的盛传。兹略撷数文如下。

《湖南合省公檄》:

> 慨自邪说日炽,正道浸微,异类横行,人心共愤。有如逆夷英吉利者,僻处海澨,其主或女而或男,其种半人而半畜,山书所谓倮虫,汉译所谓鲲人者也。……诅意狼心巨测,欲壑难填,不念覆载之恩,反肆猖狂之志,所至传教,诱赚愚氓。②

《揭帖(江西省刊布)》:

> 耶稣猪精,西洋之主。流传臭教,不分男女。既父定夫,那有定父。……童子割肾,妇女切乳。剜眼取胎,婴孩同煮。说他猪公,非此不捕。其贪如狼,其暴如虎。其淫如狐,其诡如鼠……莫贪洋银,甜中有苦。莫吃迷药,吃则中蛊。③

《德平县李家楼反洋教匿名揭帖告白》:

> 列位乡亲,信听好言。我中人用心为好,名正言顺。天朝国衰败,

---

① 因此如沈葆桢所称:"从来办民教之案者,无不曰持平,然持平易,得情难,不得情则语持平者,欺人之语耳。"(见《两江总督沈葆桢奏报研讯皖南教堂滋事确情分别示惩折》,中国第一历史档案馆、福建师范大学历史系合编《中国近代史资料丛刊续编·清末教案》第二册,第139页)所谓"得情",即欲令绅民心平气和。
② 王明伦选编:《反洋教书文揭帖选》,第1页。
③ 王明伦选编:《反洋教书文揭帖选》,第21页。

> 洋鬼子来者不少,奸淫坏事太多。鬼子其形,于中大有不同,羊眼、猴面、淫心、兽行,非人也。行事不敬神,不敬先人,不学孔孟,不知礼议,丙无人论。嘴说传上天善道,心内不然,一味奸淫妇女。小孩子用蒙乐迷心,用小孩子眼心配蒙乐迷人。见鬼子面蒙乐如心,男女不古羞耻以为美事。口说如教行善,嘴说邪礼,心里淫坏,脸面无耻,身穿人衣行狗事,人仁可恨。自言使先生,心里图财,全使无耻狗也。如教之家当先生之家,妇女小孩子全备洋鬼子奸淫坏事,不可说也。听此言愧悔改过者,好人也。如若不然,必大祸难免灭门。下边大家商量,在说在说。李家楼东头收事人告白。①

此类文书数量极伙,且与反入城时的揭帖、传单一样,重在对教方进行人格贬低或道德羞辱,以及对其可能造成深不可测祸患的警示。如蔑称其为"鬼叫""天猪叫",以及污蔑性地描述教方的淫乱活动等。而关于教方"采生折割""剜眼合药"②,以及迷拐儿童、投放毒饵诱杀儿童③等恶行的谣言,显在制造教会的邪恶、恐怖形象。关于教会造成劫难和"入教(按:指加入义和团)渡劫"的谣言,还意在营造末世的危机感。④甚至还出现了打教者

---

① 中国第一历史档案馆、福建师范大学历史系合编:《中国近代史资料丛刊续编·清末教案》第二册,第22页。

② 关于此类谣言的成因和传播情况,可参看王宏超《巫术、技术与污名:晚清教案中"挖眼用于照相"谣言的形成与传播》,《学术月刊》,2017年第12期,第162-171页。

③ 对此《广东揭阳揭帖》称:"番鬼使人放药,毒藏饼馃糕糖。路上使孩拾取,食后必定凶亡。"(见王明伦选编《反洋教书文揭帖选》,第21-22页)关于此类谣言,清人称:"是年春,畿南诸邑村井起沫如沸。拳众造言谓教士阴投药于井,以毒村人。又以糖和毒弃道上,诳村童食之以死,证其言非妄。乡村人家晓起,往往于门外见纸人,盖亦拳众乘夜置之,诬为教徒邪术。虫顽无识多为所惑,仇教乃益深。"(见龙顾山人《庚子诗鉴》,中国社会科学院近代史研究所、《近代史资料》编译室主编《近代史资料专刊·义和团史料》上,第39页)

④ 如有义和团揭帖称:"兹因天主耶稣教,欺神灭圣,忘却人伦,怒恼天地,收住之雨,降下八百万神兵,扫平洋人,才有下雨之欺[期];不久刀兵滚滚,急速退教,速进佛门。……见帖速传,传一张,免家之灾,传十张,[免]村之灾,如不下传者,即有吊头之苦。"(见王火选辑《义和团杂记》,中国社会科学院近代史研究所、《近代史资料》编译室主编《近代史资料专刊·义和团史料上》,第10页)

冒教方之名发布语言"猖獗"的告示,借以激怒不明真相清人的情况。① 这些谣言的主要作用,就是以"污名化"的方式抹黑教方,从而占据道德高地,以期不言而明地强调打教的正当性。

自明万历年间反教案起至晚清,此类谣言与教案如影随形,如明人徐昌治《破邪集》、清初杨光先《辟邪论》,与晚清天下第一伤心人所撰《辟邪纪实》等,三百余年间内容一成不变,且其传播范围也与传教士的身影一样遍及其所到之处。这些反教谣言的荒诞性显而易见,但晚清官僚在办理诸多教案,及至如张之洞号召"非攻教"时,尚须严肃地为之辩解②。问题的关键并非是谣言本身具有多强烈的迷惑性,而是在于其符合了清人的反教情绪及其能够满足绅民关于教会邪恶、淫荡的社会心理预期。③ 简而言之,清人相信的并非谣言,而是其心目中坚执的教会的邪恶属性;质而言之,清人也并非如此懵懂粗疏、轻信易欺,而是谣言能够赋予其打教行为政治正确和道德正当性!

· · · · ·

在反洋教斗争实践中,绅民往往为情绪所左右,轻于采用杀人、纵火或毁坏财物等极端暴力手段,并形成了情绪与暴力之间相互刺激,共同走向极端的情形。

无数的打教活动都伴随着焚烧教堂、屠杀教士教民的现象。不仅一般性的聚众争闹轻易地升级为杀人、纵火大案,反教绅民的杀人、纵火行为刺

---

① 此类由清人"代拟"的外方告示,在全国各地都有传播。如同治十二年(1873)法使热福理即曾照会奕䜣,要求查办四川黔江冒名法使发布告示一事。其告示曰:"大法国使臣示:照得天下,原属公器,并非一朝之私业。兹以天下纷纷,英雄共兴义举,清朝薄德,已失各省。我国奉天承命,分遣使臣乘时图治。清朝再三讲和,请其先行传教,随后择吉禅位。……不料黔邑绅民,愚顽已极,也与我国抗衡。……是盖孩童气习,若卵与石斗,自取灭亡耳!"(参看《法使热福理为请严重黔江县冒名法使告示事致奕䜣照会》,中国第一历史档案馆、福建师范大学历史系合编《中国近代史资料丛刊续编·清末教案》第二册,第36—38页)

② 参看张之洞《劝学篇》,广西师范大学出版社,2008,第137—138页。

③ 关于反教谣言通过影响群众心理发挥操纵性社会功能,区分敌我的整合功能;谣言产生的生理、心理基础和社会原因,尤其是满足个体的情感需求和社会存在的普遍焦虑情绪;反教者为攻击教会和推动反教活动有意捏造和传播谣言等问题(参看苏萍《谣言与近代教案》,远东出版社,2001,第15—28页)。

激其情绪，又激发暴力变成毫无节制的肆虐。① 在义和团运动中，大规模纵火和残酷虐杀教士、教民的现象更是司空见惯，不仅一般性的描述极为恐怖②，一些具体场景的记录更令人毛骨悚然③。

极端情绪还经常导致攻击行为的泛化。正如天津教案中不仅身处局中的望海楼教堂和法人命中注定、本来毫不相干的英美俄西等多国教堂和神职人员包括妇孺儿童也无端遭祸的一样，在局面平和之际颇能与清人友善相处的教会人士，在义和团运动中也同样在劫难逃。④ 这种不分对象的攻击不仅针

---

① 如1873年的黔江教案，绅民杀法国主教余克林、传教士戴明卿，"将二人剥成赤体，刀棒砖石如雨，……由狮子坝打至河边，打破头颅而毙，尸抛入河"（见中国第一历史档案馆、福建师范大学历史系合编《中国近代史资料丛刊续编·清末教案》第二册，第35页），与黄竹岐村案极为相似。

② 对此大量记载都有所反映。如有清人称，义和团"每杀人，众拳竞剁之，至烂如肉糜始止"（见龙顾山人《庚子诗鉴》，第37页）。

③ 此类记载数量极多。如就义和团在北京城中的破坏，西人称："杉山彬准备前往马家堡火车站，当行至天坛和先农坛的开阔地带时，这位矮小的日本人被人以一种可怕的方式杀害。'甘勇'的士兵们……砍掉了他的四肢，剁下了他的头，接着分解了他的尸体。""在我们的面前，熊熊燃烧的罗马天主教堂的火焰越窜越高，高呼声和吼叫声越来越激烈。……一个法国人不知被什么东西绊倒在地，……几个人就着火炬的光亮一看，原来这位法国人的脚下正躺着一位中国妇女，身上被绳索捆绑，一半身躯已经被烧焦，空气中弥漫着油臭的味道，但这位妇女气息尚存，仍在痛苦地微微呻吟着。这些'拳匪'真是残忍至极，他们捆绑了这位妇女，然后用火把她点着并抛到路上作照明之用。……一位看门人的经历尤其悲惨。除了家里的一切物什被毁坏一空之外，他的父母、妻子、六个孩子和亲戚共十三个人都在刀枪的威逼下被投到火里活活烧死了。""'拳匪'和土匪们或成群结派，或单独行动，总是把这些进行教民挖出来并施以极刑，砍头剁脚。……男女老幼的尸体不加区分地堆放在一起，有的被剁成了块，有的嘴巴被割裂到耳朵根，有的还微微颤动，有的则纹丝不动。""登上壮观的内城墙往下一望，只见原来繁华热闹的前门外变成了一片瓦砾，到处是废墟，满地是烧焦的木椽。人们几乎不敢相信自己的眼睛，原来的千万座房屋现已荡然无存，只有焚烧后留下的一片片屋墙似乎在显示着过去的一切。前几天晚上被烧毁的大城楼仍然有一半屹立不倒，……它残余的肢体伸向空中，好像在向世人展示着不屑之情，似乎又在声讨今天的那些妖魔，鄙视他们离昔日的英雄们相差甚远。"（见威尔著、张启耀译《庚子使馆被围记》，电子工业出版社，2012，第33、42-44、50、65页）

④ 虽然有论者指出了山东义和团对于天主教和新教传教士有意识的区别和态度差别（参看陶飞亚《边缘的历史——基督教与近代中国》，第64-66页），但在义和团运动中，更常见的仍是奉善行而不能免厄者。此类例子比比皆是，如清人称："王占魁之处死则以不救穆姑娘为罪。穆为奉教西女，居保阳，久行惠施药，人咸德之。拳匪攻教堂，

对外人，也针对清人中的异己。如同治十二年（1873）的南阳教案中的反教绅民即声称："今有夷人居住鼓楼街店中，希图设教，混乱豫省，遗害商民。若不协力同心，早为殄灭，其害更不知伊于胡底！兹拟逐日暗听，伊在某处设教，即将某处烧焚。有不向前者，决非人类。凡赁房与夷人居住者，定抄洗其家，不与干休。"① 即如反入城时针对主张妥协、让步者的攻击一样，清人在反洋教斗争中，也无意区分一切与教会发生关联者的主观立场、用意及其行为、主张是否具有危害性，而是仅根据其是否服从打教来分别敌我是非，营造出黑白分明、非此即彼的对立，并对对立面进行不加区分的攻击。② 斗争中随处可见的，是绅民通过标签化的手段，在自居"义民"之余，对不遂己意者随意扣上"汉奸""二毛子""三毛子"③ 等帽子，将之判定为敌方而进行无差别的残酷攻击。

到了义和团运动中，这种攻击泛化发展到极致，出现针对铁路、电杆，

穆逸出诣王营乞庇，王不顾，且执付拳众，戮于市。将死，呼号于众曰：'吾所为皆有益华人之事，为诸君称许，今遭奇祸，受惠者忍不我救耶！'……观者堵立，莫敢应，须臾遇害。"（见龙顾山人《庚子诗鉴》，第106页）关键是民众在处于群体思维之中时，思维和行为都为形势所"胁迫"而身不由己。

① 中国第一历史档案馆、福建师范大学历史系合编：《中国近代史资料丛刊续编·清末教案》第二册，第28页。

② 如光绪十三年（1888）的《兖州士民揭帖》称："斩杀汉奸，以靖内乱，驱逐洋教，以靖外忧。谨列其条约于左：一、愚民有卖给洋鬼暨汉奸房屋田地者，我绅民即率众将该民寸磔，继将房屋烧毁，田地抠成数十丈深坑。一、愚民有卖给洋鬼食物者，即割耳示众。一、愚民有容留洋鬼住宿者，即割耳示众，并将房屋烧坏。一、愚民有为洋鬼役使者，即截其右手一指示众。一、跟随洋鬼之中国人，明系汉奸，为洋鬼耳目，即将此等汉奸拴住挖眼割耳，再与议处。一、洋鬼入境，除拿其跟随汉奸外，即率众将洋鬼逐出境外。如该鬼抗拒，即将该鬼殴死，同伸义愤。"（见王明伦选编《反洋教书文揭帖选》，第159页）

③ 对此英人称："现在，甚至当我们游荡于自己的使馆大街的时候，耳朵里又听到了中国人刚给我们起的一个新绰号——'大毛子'，之前我们被称为'洋鬼子'——外国魔鬼。'毛'就是动物的德性，'毛子'是中国人对外国人的蔑称，意思是我们这些野蛮人的头发从来没有剃过。令人骄傲的是，我们的身份已经升格到'毛子'里面的第一阶层，因为除了'大毛子'外，还有'二毛子'、'三毛子'等，它们都是些下等粗俗的有长发的第二阶层和第三阶层。'二毛子'实际上指的是信奉耶稣的人，'三毛子'则指直接或间接与洋人和洋务有瓜葛的人。人们在茶馆里的闲聊中甚至提到，家里面有几件欧洲家具的官员们也是'三毛子'。"（见威尔著、张启耀译《庚子使馆被围记》，第23页）

以及使用或携带眼镜、铅笔、卷烟等一应"洋货"者的摧毁和屠杀。即拳民判断敌我的标准简单化和绝对化，将一切具有西方文化隐喻的器物或人物视作攻击对象，反映出情绪和行为完全不受理性控制的可怕后果。

○ ○ ● ○ ○

由于反洋教集体运动的斗争方式，历当教案爆发，群体思维总能主导和控制清人，导致极端情绪和暴力行为一次又一次地反复发作。

打教活动往往因极端化的舆论煽动和情绪刺激形成暴发性的群众运动，导致群体思维极化现象。如不少记载都反映的一些民众受现场气氛感染而突然行为失控的现象；民众在打教时有意展示其行为的道德正当性①；在巫术程式之外、义和团拳民日常行为举止和服饰装扮夸张的仪式化和表演化②；特别是大量行为和认知能力较低的妇女、儿童被卷入义和团运动③；等等。

---

① 如同治十二年（1873）成都将军魁玉等奏报黔江教案情形时称："该司铎（按：指被殴毙法国传教士余克林）等衣物银钱丝毫未动，所置房屋亦未拆毁等情。"（见中国第一历史档案馆、福建师范大学历史系合编《中国近代史资料丛刊续编·清末教案》第二册，第44页）

② 对于民众在义和团运动中行为的表演化现象，时人记载极多。如英人称："现在北京城的景象不可想象，有满大街佩剑呐喊的人，有因小事而让人感觉可怜的人。这些戏剧般的场景让人激动甚至毛骨悚然，都与北京城本来的面目极不协调。……这位大使（按：指德使克林德）顿感诧异。诧异的原因不在于骡车，不在于马车夫，也不在于那头骡子，而在于那位坐在车上的人。男爵恍惚间看到那位坐车的人头上裹有红巾，腰上缠有红布，手腕和腿上也都绑着一色的红布，手上的钢刀在靴子上磨着。男爵不相信眼前的景象，使劲揉了揉眼睛再去看，确实如此，并非幻影。……光天化日之下竟然有'拳匪'胆敢穿着如此奇异的服饰。"清人则称，"（红灯照）每出行，数十为群，左手执帕右执扇，拦街舞蹈，若跑秧歌状"，"（天津）拳众中有披发而金箍者，有戴五佛冠者，有背插四旗如剧中战将者，捉刀腾踔，塞衢充路"。吴永也称大师兄在公开场合走路都模仿戏剧台步，互相对话"装腔弄态，全是戏场科白"（参看威尔著、张启耀译《庚子使馆被围记》，第25、34页；龙顾山人《庚子诗鉴》，第37、70页；吴永口述、刘治襄记《庚子西狩丛谈》，岳麓书社，1985，第32页）。

③ 不仅义和团的揭帖中充斥着"满地红灯夜烛天，小家儿女尽神仙"（见乔志强编《义和团在山西地区史料》，山西人民出版社，1980，第143页）一类话语，实际妇女、儿童参加抗敌活动并且勇于牺牲的场面也为时人所关注。如英人观察到，"'拳匪'中最勇敢的成员就是这样的小孩子，他们毫不畏惧，径直奔向日本防线，手里面也不拿任何武器，只拿着引火的东西和一瓶燃油，打算放火烧掉我们的房屋"（见威尔著、张启耀译《庚子使馆被围记》，第151页）。清人也称："团与洋人战，伤毙者以童子最多，年壮者

七、一脉相承：从反入城到反洋教

最为显著的群体思维现象，是义和团对"神术"现象的营造和普通群众的追捧迷信。① 由于"神术"的荒诞性显而易见，清人对拳民打教活动中的虚张声势更非毫无觉察②，为剥夺普通民众提出质疑的可能，拳民一方面以教方使用"邪术"或存在"污秽"等禁忌为神术失灵诡辩，另一方面则采用纵火、屠杀等恐怖手段来进行威慑③，甚至以拍额焚香辨别"二毛子"，亦即诬人"通教"，或诬人为白莲教匪、假称民众纸牌博戏"上犯神怒"必加严惩等手段④，来营造人人自危的气氛，即通过恐怖手段制造群体性的服从。

次之，所谓老师、师兄者，受伤甚少。……有观其后者归语人曰，临阵以童子为前队，年壮者居中，老师、师兄在后督战，见前队倒毙，即反奔。"（见佚名《天津一月记》，翦伯赞等编《中国近代史资料丛刊·义和团》第一册，第148页）关于妇女、儿童的非理性迷信和暴力行为，清人还称，"乱中有红灯照者，皆未笄女子，衣裳带履尽红，云入夜则飞升云际，有一点红灯如小星者也。婢媪辈多云见之。时余在宣南，固未之睹"，"童子十余龄以上甫能执刀者，皆入匪，即皆津津以杀人为快。民彝泯灭，开辟未有"（见龙顾山人《庚子诗鉴》，第35页；李超琼《庚子传信录》，中国社会科学院近代史研究所、《近代史资料》编译室主编《近代史资料专刊·义和团史料上》，第210页）。

① 值得注意的还有大量官员和知识分子对"神术"抱有或可一试的念头。如清人记启秀曰："使臣不除，必为后患。五台僧普济有六甲神兵，请召之会攻。"稍有"理性"者也寄希望于"义民"，如左绍佐称："盖皆未尽乎战之分，而非战之不可胜也。三元里则民兵胜之矣，镇南关则官兵胜之矣。往者丁日昌、郭松焘敢于著书以夸大洋人，曰船坚，曰炮利，天下习而风靡，士大夫以能诵言洋人之强，自号为知时务。……用兵在作气，气胜则胜，气馁则败。今以义民之不畏炮，则已胜之矣。"（见中国社会科学院近代史研究所、《近代史资料》编译室主编《近代史资料专刊·义和团史料上》，第212、231页）

② 如对于义和团巫术的欺骗性，清人称："所云率荒诞可笑，而愚民多信之，以仇教之说得人心故也。"（见刘福姚《庚子纪闻》，中国社会科学院近代史研究所、《近代史资料》编译室主编《近代史资料专刊·义和团史料上》，第222页）

③ 清人称："城中日焚杀，火光连十余昼夜，烟焰涨天，出行市中，人无敢正视者。自官僚及商民争输金钱，晨夕焚香门首，冀免其祸。凤所不快者，立歼之，不曰教民，则曰汉奸。其杀人刀矛齐下，肌体分裂，或攫其心肝以嬉，小儿未匝月者亦杀之，惨酷无人理。"（见李超琼《庚子传信录》，第210页）

④ 清人称："（拳民）谓凡入教者额有十字，其表不升，香亦不爇。实则死生一发，听其宰制而已。""初拳众之诬杀良善，曰通教而已。自伪拳说起，于是展转仇杀，辄以伪拳目之，又目为伪白莲教，久之则直曰捉白莲教。以良民而蒙白莲教之名，捉之者乃为白莲教同源之拳匪。邪正混淆至是极矣。""既而（法术）不验，则迁怒民间博纸牌者，谓以上犯神怒，将按户搜查，私藏纸牌者与教民汉奸同罪。"（见龙顾山人《庚子诗鉴补》，第36、52、138页）

因此，在形势所迫时普通民众不得不虚与委蛇，但在拳民风流云散后，群体极化的思维现象消除、家家户户刮除红纸符咒时①，民众对义和团认可和支持的可靠性也就真正显露出来。

已有诸多研究者分析了义和团利用"神术"，即借助民俗信仰中的神道观念或请神附体、避枪炮等巫术作为抗敌手段的蒙昧性质②；一些研究者还指出，由于中西科技，尤其是武器装备等方面的巨大差距，使得清人不得不转向传统文化中的神秘主义求助③；有人则注意到民俗信仰和巫术等在反洋教斗争的组织发动中能够发挥催眠、精神鼓舞等作用，是义和团取得广泛支持的重要原因④；也有人认为满洲贵族对义和团"神术"既有利用，也有一定的信仰成分⑤；等等。

这些研究提供了义和团蒙昧主义抗敌手段之所以出现的历史原因，但是却并不能解释其成为主流话语的合理性。即清人在中西关系问题上，原本不乏理性⑥，何以清人不能在此基础上走向更加理性，而是转向显而易见的

---

① 西人称："北京连同她的老百姓们已受到'拳匪'和满洲极端分子的烧杀抢掠的迫害，财物损失不少，每日担惊受怕，可以说是身心俱疲，因此，他们并不是真正附和于这些骚乱者，这一点到现在我们才明白……以前与我们做买卖的一些中国商铺现在仍然私下里与我们进行交易。""从远处还可以听到刮擦的声音，这真是奇怪。我心里面感觉十分好奇，决定看个究竟，……捉到了一位老年人，一问才知道各家都在刮着门上的红字条，究其原因，是因为好几个星期以来，'拳匪'气焰嚣张、横行霸道，整个北京城都处于他们的掌控之中，老百姓为了避免惹祸上身，只有在门上贴上红字条，写着信奉、支持'拳匪'之类的话。"（见威尔著、张启耀译《庚子使馆被围记》，第69、219页）

② 参看王致中《封建蒙昧主义与义和团运动》，《历史研究》1980年第1期，第41-54页。

③ 如张鸣即指出，降神附体、魇胜术、符咒、禁忌等，"恰是由于中西之间巨大的武器因素的差距，才迫使农民向古老的巫风求助"（见张鸣《华北农村的巫觋风习与义和团运动》，《清史研究》1998年第4期，第85页）。

④ 参看张九洲《试谈义和团与宗教迷信》，《史学月刊》1981年第1期，第59-62页；刘宏《义和团迷信的行为动机分析》，《河北师范大学学报：哲学社会科学版》2010年第1期，第112-116页。

⑤ 参看杨天宏《义和团"神术"论略》，《近代史研究》1993年第5期，第189-204页。

⑥ 在义和团运动之前的洋务运动和维新变法等，代表了清人对于近代危机的理性应对。毫无疑问，在义和团运动中清人也展示出了大量理性。即使不考虑东南互保中的地方督抚，以及局外一些知识分子对义和团行为的反省（参看赵泉民《试析晚清新知识分子对义和团运动的心理》，《华东师范大学学报：哲学社会科学版》2005年第3期，第

"暗黑",使得蒙昧主导了清人的话语和思维,形成所谓"愚者嚣嚣,智者墨墨"①的局面?除了庙堂执政的操控和利用,问题的关键则如有论者所言:"西潮冲击迫使无力退虏送穷的既存主流文化退居二线,……传统文化中属于'子不语'的怪力乱神怎样以一种诡论性(paradoxical)方式从异端走入正统。"②亦即蒙昧的根源在于,即使"主流文化"也始终以"退虏送穷"为宗旨,以与"西潮"对立为正当。即如慈禧发出的终极之问:"术不可恃,人心亦不可恃乎?失人心何以立国?"③在反对西方代表"人心"的情势之下,特定时候"非主流"成为主流,就变得如此顺理成章!

● ○ ○ ○ ●

晚清基督教的在华传播,似乎有"天定"之数:不借助侵略,则毫无传教之机;借助侵略,教会又成为众怒之丛。如前所述,教会在晚清的中西冲突中,实际上只是"触媒"。但这一"触媒"角色却众怨所集,被清人视作冤家债主。其中真切缘由,系因西方侵略造成了中国传统社会矛盾发生变异,使得社会矛盾视线和清人攻击目标发生转移的结果。也就是说,与反入城一样,晚清数十年间广大绅民持续激烈地反教,并不是因为教会能够给清人造成多么深切的利益伤害,或是民教矛盾确已成为中外矛盾中最尖锐、最主要的矛盾,而是因为"卫道""灭洋"所具有的政治正确和道德正当性④,使得广大民众能够将打教用作各类社会矛盾的释放口,通过"合法"地使用

50—55页),仅在京师如袁昶、许景澄等在御前会议中将生死置之度外的抗言力争,也足以让后人看到先贤在坚持理性时所绽放出的灿烂光芒!此外,大量身在局中的普通官员、民众虽格于形势而口不能言,但对义和团"神术"的怀疑无处不在。但问题在于,何以清人始终将与西人对抗目为正当,并逐渐"养成"极端非理性的"主流",以及对非理性的抗敌行为的持续讴歌赞美。如有清人称:"此次津门之祸起于义和团,固也。然非京中士大夫之主张,武卫诸军之助虐,直隶官长之养奸,其流毒决不能如是之大且重也。徐(桐)、李(秉衡)、裕(禄)、刚(毅)已成鸿毛,而北人犹美其称曰殉节,闻之令人欲呕。"(见龙顾山人《庚子诗鉴补》,第193页)

① 龙顾山人:《庚子诗鉴》,第44页。
② 罗志田:《社会分野与思想竞争:传教士与义和团的微妙互动关系》,第48—49页。
③ 龙顾山人:《庚子诗鉴》,第47页。
④ 对此陶飞亚就明确指出:"农民使用'扶清灭洋'的口号,正是这个群体中的地方精英对局势的一种洞察,不仅不是什么愚昧与落后,反倒是长期与洋教较量的农民一种顺理成章的有局限的精明。"(见陶飞亚《边缘的历史——基督教与近代中国》,自序第2页)

生杀予夺的暴力，藉以缓释极端焦虑和进行情绪宣泄而已。

如前文所述，大量教案系民众主动攻击教方，这些教案并非基于重大的中外矛盾，而主要是琐事细故在敌意和仇恨情绪的作用下所引发；就教民引发的教案而言，此类民教冲突无疑本属中国国内原有的社会矛盾，只是因教会势力的介入，矛盾性质才发生变化；就教方凭藉侵略特权欺凌民众所引发的民教冲突而言，问题的关键在于地方官员能否在条约范围内抵制外方压力，尽可能维持民教之间的利益平衡，避免局面破裂而给国家、地方和民众带来更大的损失。最为核心的问题，是清廷上下能否理性务实地接受中外关系的现实，明定向西方学习的宗旨，有计划和有系统地吸纳西方文明，并为追求实现这一目标有意控制而不是放纵中外矛盾。

但事实恰恰相反，清统治者为达到"人心"不被教会或外方笼络的目的，有意营造中外对立，企图从民教冲突中火中取栗。大量地方官或出于秉承上意，或出于邀誉，在民教冲突中明里暗里支持绅民①，使得大量本应被消解的一般性中外矛盾，经过敌意和仇恨的酝酿发酵，不断膨胀甚至爆燃出熊熊之火。吊诡的是，为避免中外矛盾激化危及统治，清廷又曾多次发布保护教民、制止民教相仇，甚至要求地方官着力保护教会的谕令②；在民教冲突发生后，诸多地方官员或是仅仅由于行政能力低下，"只求事之速了"③而轻易屈从外方，或是如天津教案中自称"内疚神明，外惭清议"的曾国藩那样，为求最大限度维护国家利益而不得不向外方做出让步，最终只能"屈民从夷"来办理教案，这就使得清统治者反又收获了"媚夷"的声誉。即清统治者既鼓动中外对立，又始终选择以牺牲民众利益来维护统治，使本质上

---

① 关于地方官员纵民抑教的心态，英使威妥玛致奕䜣照会中即曾多次言及，称："盖中华与各国先后定约，其中新议殊多，中国百官多不乐意"，"各国议论，只以华民恶待远人时，大宪匪但不训导诲，反似专思将原情之凶重而向百姓"（见《英使威妥玛为请将江省官宪殴逐英教士入奏事致奕䜣照会》《英使威妥玛为请示禁刻卖天津教案板画事致奕䜣照会》，中国第一历史档案馆、福建师范大学历史系合编《中国近代史资料丛刊续编·清末教案》第二册，第1、47页）。此外，19世纪70年代后地方官员在教案中退出主导地位，但在民教冲突的偏向性并未改变。

② 关于清统治者护教的政策措施已有极多研究，如王中茂即讨论了清廷保教问责政策的基本情况和阶段性特点（参看王中茂《清政府保教问责政策述论》，《史学月刊》2012年第12期，第64—68页）。

③ 中国第一历史档案馆、福建师范大学历史系合编：《中国近代史资料丛刊续编·清末教案》第二册，第6页。

坚持排外的清廷上下，一直无法摆脱"媚外"的骂名。① 问题的关键仍在于，以反教或反对西人为正当的主流话语没有任何改变。在清统治者内部讨论中西关系的谕旨奏折中，大量并存着一方面出于务实要维持中西关系的稳定，一方面又必须维护与西人对立"民心"的话语，充分暴露出清统治者内心的矛盾冲突和面对现实的手足无措。

正因清统治者的潜台词中始终以反对外人为正当，大量复杂的社会矛盾被"包装"成中外矛盾呈现出来。如在义和团运动中，除了大量乘乱行劫者外②，一些普通民众与教民间相互仇杀背后，有着诸多个人嫌隙藉端发作③，以及因产业变动引发社会不同阶层间的误解和矛盾④。此外，浙江因响应"东南互保"，在义和团运动中总体较为安静，但也发生衢州教案。其原因则系与具有维新倾向的西安县令吴德潚挟嫌的保守士绅罗楠、衢州知府洪思亮、金衢严道鲍祖等乘机构陷，利用浙抚刘树棠不慎转发清廷宣战灭教上谕之机⑤，诬称吴德潚"通番"将其灭门，并纵令绅民杀教士、焚教堂⑥，这又

---

① 关于清统治者坚持排外的事实与媚外形象的形成，参看杨雄威《舆论与外交——晚清政府媚外形象的形成》，《近代史研究》2016年第6期，第84–103页。

② 义和团发布了诸多如"毋贪财、毋好色"等团规，一些组织严密的义和团在运动初起时也能够维持纪律。但民众很快即发现许多拳民借机作乱的现实，如仲芳氏即称："前闻炸子桥义和团，因折卖教民之空房木料，与安南营义和团彼此争执，互相械斗。……各街巷传作笑谈。可见团民假公济私，非实在尚义也。"华学澜称有童谣云："大师兄，大师兄，你拿表，我拿钟，师兄师兄快下体，我抢麦子你抢米。"（见仲芳氏《庚子记事》；华学澜《庚子日记》，中国社会科学院近代研究所主编《近代史资料专刊·庚子记事》，知识产权出版社，2013，第21–22、105页）

③ 如清人称："天津城守千总某，静海人，以捕盗严，结怨群小。拳匪起，诸怨家入党，婪其里舍，父母兄弟及妻子等一门俱尽。某挈一子居津，仅免。后天津陷，某导联军至静海，假手以报前仇，杀戮尤惨。"（见龙顾山人《庚子诗鉴》，第108页）

④ 如清人称："拳匪不过贫民乌合耳。彼等多属天津工人，因设铁路而绝其生业，而铁道工役又多属教民，彼等蓄怨于衷，久思报复，遂至联群结党，酿成大变。"（见龙顾山人《庚子诗鉴补》，第143页）

⑤ 对此清人称："仇外矫诏，东南诸省皆寝不行。浙抚刘景韩中丞误用臬司荣铨言，遽通行各属。先王父按察公时以道员待次，偕恽崧耘方伯入谒，力争之。刘犹迟疑。先王父复出京邸家书示之，始信，亟分电撤回。讵衢州先已宣示，电阻不及，衢俗僿而悍，城市暴民揭竿群起，毁教堂，杀教士教民，汹汹不已。"（见龙顾山人《庚子诗鉴》，第113页）

⑥ 参看王兴文、兰军《清末教案中地方官绅应对策略探析——以衢州教案为例》，《浙江海洋学院学报：人文科学版》2012年第3期，第47–49页。

是清官场内部保守派与开明派争斗、地方官绅之间角力,假民教矛盾肆虐的一个案例。较为极端的,还有砀山豪强庞三杰、刘苣臣为与争夺耕地分别加入大刀会和天主教,从而引发1896年鲁西南大刀会的打教活动。① 事态激化后,身为大刀会首领的庞三杰被官方通缉。为避免家族利益受损,整个庞氏家族决定加入教会,转而向教会寻求庇护,庞三杰也实现了"土匪与教民的身份切换",后来还"与当地神父成为朋友"。② 这种身份切换尤其能够说明一些打教活动的荒诞性和随机性。③ 另一与之近乎相同的例证是1895年的古田教案,斋教徒们在起事之前甚至还须通过抓阄来决定是攻打县城(按:指清官府和县城绅富)还是攻打华山(按:指教会)。而主持其事的斋教首领通过作弊选择打教,并打出"除番救主"的旗号,目的显在转移视线和规避惩处④,更加凸显了在打教正当的话语之下,当事人对于民教矛盾的有意夸张和利用。义和团打教活动在山东的消沉和山西的滋蔓,显然基于主政地方官员的政治态度而非现实中的民教矛盾。⑤ 至于义和团运动中,在清廷中枢近乎"精神分裂"的表现之外⑥,围攻使馆区的甘军士兵与西人在鏖战之余,

---

① 参看宋桂英《十九世纪末鲁西南地方权力结构与民教冲突》,《史学月刊》2004年第3期,第105页。

② 参看邢超《义和团和八国联军真相》,中国青年出版社,2015,第11–15页。

③ 对此,许多曾参与大刀会打教活动的当事人都声称,"大刀会初兴原因"系由于地方不宁,绅富武装自卫,矛盾视线转移后才开始打教(参看路遥编《山东义和团调查资料选编》,齐鲁书社,1980,第19–22页)。

④ 对此谢必震明确指出:"概而言之,以下层贫民为主体的斋教组织,其利益与封建统治者根本对立,两者的矛盾是不可调和的。古田教案的发生乃是这一矛盾引发的一个事件。而斋教与外国教会之间的矛盾,并非是引发古田教案的真正原因。"(参看谢必震《古田教案起因新探》,《近代史研究》1998年第1期,第161–170页)

⑤ 对此清人称,"劳玉初(乃宣)京卿时为吴桥令,博稽旧闻,证为邪教,作《拳匪源流考》,戒绅民勿附匪取祸。其捕禁亦特严,故是时匪氛蔓滋,独吴桥境内无扰","山右本称乐土,素无拳民,晋抚毓贤从直隶招之使来,民间遂乐仿效之"(见龙顾山人《庚子诗鉴》《庚子诗鉴补》,第38、181页)。

⑥ 对此西人形容为,"在中国政府中,人员的组成十分复杂,互相间斗争十分激烈,就好比是一个人的身体,有时忽然间手舞足蹈而头脑却一片麻木、毫无知觉,有时大脑又能发挥作用,临时管住手脚,整个身体便可得到暂时的平静与安宁"(见威尔著、张启耀译《庚子使馆被围记》,第173页)。

私底下也进行"友好"的"交流"①,同样反映出清人在攻击西人时漫不经心而又身不由己的状态。更勿论在八国联军攻入北京城后,原本慷慨激昂、气势汹汹的数十万拳民霎时烟消云散,实在难以让人相信其"真的"对西人怀有何等切齿的仇恨。

在社会矛盾错综复杂而清统治者未能有效处理甚至无意正视的情况下,当事各方无不假仇教为名各谋其利,使得各类教案中普遍存在着如反入城一模一样、当事人各私其私而国家民族利益严重受损的情形。尤其是义和团运动,在"灭洋"的旗号下,慈禧欲假手拳民"维权",载漪觊觎大位而满洲权贵纷纷攀附,一些朝官、士人欲谋干进②,一些北方的督抚重臣为求自保而见风使舵③,"拳民"则乘乱行劫,诸端扰攘后一地鸡毛,惨罹蹂躏的无非是民众百姓!

● ● ● ●

如周汉近乎革命话语的口号所称:"每逢一宗教案起,丧权辱国输到底!"④晚清教案的基本发展态势是,由一般的民事纠纷或治安冲突激化为杀人、纵火的刑事案件到地方官员不能妥善、及时处理此类涉外案件并控制局势,外部势力乘机强力卷入,横加干预,使冲突上升为外交事件到与外方

---

① 对此西人称:"不时有敌人愿意和我们交谈,但他们所说的话出乎我们的预料。从他们的话语中可以知道,山西的勤王军和董福祥的军队都不知道为什么要攻打各个使馆,只是奉命被差遣到这里。""我们最后又从中国士兵的手中以大价钱买进了许多鸡蛋。……有一名法国志愿兵,十分胆大,下午的时候,他忽然想跨过防线到中国的军队中去看一看,……两个小时后,这个志愿兵忽然回来了,而且还带回来一份消息,声称他在荣禄的军队里得到很好的待遇。……中国人拿出糕点让他吃,并且以好茶相待。""鸡蛋和弹药等物资的交易仍然在秘密地进行着,这都是董福祥军队中的奸诈士兵所做的事。""我们在好几处地方与中国的士兵秘密往来,主要是从中国军队里的奸细手中偷偷购买粮食、军火等物资,所得不菲。"(见威尔著、张启耀译《庚子使馆被围记》,第145、146、153、169页)

② 清人称:"有世家子弟困于场屋,欲入团自效。叶鞠裳以为斯文之厄。然京朝官正不乏附拳干进者。"(见龙顾山人《庚子诗鉴补》,第139页)

③ 如对义和团运动中直隶总督裕禄、河南巡抚裕长等人的表现,清人称,"裕(禄)知朝贵主拳,遂纵拳以自固矣","河南巡抚裕长,先请赴河北驻防拿匪,及是遂奏言:'臣始以拳民妖言惑众,今乃知神灵效顺也。'"(见龙顾山人《庚子诗鉴》,李超琼《庚子传信录》,第40、214页)

④ 对此龙顾山人诗亦云:"教案如山总不平。"(见龙顾山人《庚子诗鉴》,第36页)

的争执冲突导致中外关系紧张，招致外国威胁甚至军事行动到清廷在压力下妥协，"惩凶赔款"。不仅民众付出不可胜计的生命、财产损失，国家利权也因之受损。最重要的是，教案不仅造成直接的利益损失，更对清人向西方学习的近代化之路造成重重阻碍。即如曾国藩所言："但使教案就绪，则洋务当永久安帖矣。"[①]晚清教案的持续发生，使得"洋务"也从无安帖之时！

[①] 台北"中研院近代史研究所"编《教务教案档》第三辑第一册，第38页。此外，庚子后严复还称："使教案不塞其流，吾国且无宁岁。"（见严复《续论教案及耶稣军天主教之历史》，《严复全集》卷七，第200页）

八、心因成疾:晚清中西交往的困境

两次鸦片战争期间,入城问题横亘于中英之间,成为中英交往一大梗阻。1857年12月29日英法联军攻陷广州,入城问题不解而解,中西关系也随着西方侵略加深而进入较此前大为不同的新阶段。但在现实的中西交往中,反入城所折射出的诸般困窘依然如故,即清统治者为控制外人而一味强调"制夷",并且乐见民众与外人之间相互仇视和对立对抗;民众在敌意驱动下进行的诸如反洋教一类的抗敌运动,与其所欲维护的利益之间,始终存在着效率、策略以及实际结果截然相悖的情况。影响清人正确认知和判断中外关系、梗阻中外正常交流,造成反入城之类对抗性活动的社会心理等诸般肇因并未消除。

(一)文化冲突?文化优越感与文化自信[①]

从鸦片战争爆发开始,西方人就热衷于将中西间的冲突描述为文化冲突。[②]不少自认代表文明进步的基督徒甚至将义和团运动理解为"文明

---

① 关于"文化"(culture)一词,本书采用《辞海》所定义的广义文化的概念,即"指人类在社会实践过程中所获得的物质、精神的生产能力和创造的物质、精神财富的总和"(见夏征农、陈至立主编《辞海》,上海辞书出版社,2009,第2379页)。而"文明"(civilization)则采用与"文化"相对应的概念,即指特定状态的文化。

② 最早持此主张者无疑是传教士,更将战争视作为基督教打开中国大门的必要手段。英国政府在发动鸦片战争时,也避谈鸦片而声称其目的是为了让中国打开自由贸易的大门。西方研究者在讨论这一问题时,除了将战争解释为商务冲突外,围绕"文化冲突"的观点主要包括:西方民族国家的政治制度与中国传统天子治万民的伦理政治的矛盾,如其中尤为突出的关乎平等的礼仪问题;中西方经济学说中对待贸易和商业行为的矛盾;中西法制观念的矛盾等(参看李书源《评西方学者的鸦片战争"文化冲突"论》,

与野蛮、进步与反动之间的冲突"①。清人也同样从一开始就强调"夷夏之辨""崇正辟邪",特别是在反洋教斗争中一再声称"自古中国最称盛,教宗圣贤道至正。……惟有西洋绝人理,妖物耶稣把教起","窃思人之异于禽兽者,以其有纲纪伦常廉耻礼义也。……厥后其徒遂创立邪教,名曰天主,……持其教者,妖言诐行,蛊惑奸淫"②,将儒耶对立,以捍卫儒学正道为己任。其本质同样是自认处于更高级别的文明状态,赋予对抗西人具有防止"以夷变夏"的重要意义,无疑更强化了中西冲突中文化因素的重要性。因此华人研究者在强调中西冲突中西方侵略性质的同时,通常也会关注到中西文化观念、思想和意识形态、文化习俗等方面的差异及其重要影响。费正清更是将中西文明视作一个是充满惰性、长期处于停滞状态,一个是动态发展、充满活力,彼此水火不相容的两种文明,认为中国的近现代化道路正是对来自西方文化的冲击做出适应性反应的过程,从而形成著名的"冲击—反应模式"(impact-response model)。尽管费氏后来修订了这一模式中"西方中心论"的成分,开始强调这种适应性反应"显然是中国整体行为的一个部分"③,但认为中西文化相遇必然产生巨大冲突的核心观点并未改变。

问题在于,本书对清人在反入城及反洋教斗争中的激烈表现与中西间实际矛盾和利益冲突貌合神离的关系,进行了细致分析,并充分说明了清人话语中对西人的强烈仇恨和敌意,系由诸般社会历史条件和心理因素等造成的"过量表达",而非基于历史的事实。同样道理,清人在话语中对西方文化和基督教所表达出的强烈反感和恐惧,实际上也在很大程度上是出于误解、

《史学月刊》1991年第4期,第40-44页)。即使承认鸦片为战争直接原因的西方研究者,也强调:"虽然国际毒品贸易是故事的核心内容,然而最终它反映的还是文化的冲突——两个自认优越的国家之间的冲突。"(见黑尼斯三世、萨奈罗著,周辉荣译《鸦片战争:一个帝国的沉迷和另一个帝国的堕落》,生活·读书·新知三联书店,2005,序言第2页)因此如蓝诗玲所言:"很久以来,鸦片战争就被明确看作是一场不同文明之间的冲突,即扩张主义、自由贸易的英国与顽固排外、闭关锁国的中国之间的冲突。"(见蓝诗玲著、刘悦斌译《鸦片战争》,新星出版社,2015,中文版序第3页)习惯突出双方的文化差异并强调这种差异造成冲突的严重性。

① 柯文:《义和团、基督徒和神——从宗教战争角度看1900年的义和团斗争》,《历史研究》2001年第1期,第27页。

② 王明伦选编:《反洋教书文揭帖选》,第11、17页。

③ 费正清、邓嗣禹著,陈少卿译:《冲击与回应:从历史文献看近代中国》,民主与建设出版社,2019,1979年版前言第2页。

争夺话语权、追求政治正确和道德正当性,甚或是仅仅基于仇恨和敌意,其中又能有多少成分是基于"纯粹"的文化冲突的原因?或者说,异质文化相逢一定会发生冲突碰撞?为什么会发生冲突,文化冲突的内外条件是什么?晚清中西文化冲突内涵,到底又是什么呢?①

---

① 文化学理论中"文化冲突"(culture conflict)的含义,是指"两个或两个以上的文化体由于文化模式中存在较大差异,产生了文化认同上的障碍,继而导致文化间的交锋、紧张与对抗",并认为"文化冲突最终会走向文化的融合、同化或是分化"(参看陈华文主编《文化学概论新编》,首都经济贸易大学出版社,2009,第255、259页),即将冲突总体上作为文化交流的一种特殊形式,同时将"交锋""对抗"视作一种自然发生的现象,因而并无系统性讨论冲突何以发生的理论。《辞海》所解释的文化冲突概念是:"不同文化在传播、接触中出现的互相排斥的倾向和状态。作为文化载体的人或群体往往视自己的文化因素为合理,而把与自己相异的其他文化视为不合理。由于文化具有统一和延续群体精神的功能,因此不同文化在接触和交往中力求抵制或消除对方,从而引起文化冲突"(夏征农、陈至立主编《辞海》,第2380页),实亦将冲突目为基于"功能"的不可避免的现象。汤因比在分析文明产生和发展的原因时,提出了文明主体与自然和人为环境之间"挑战—应战"理论。对于"挑战"何以必然发生,汤氏引用了耶和华和蛇、魔鬼和浮士德的协议来作譬喻,并引用中国阴阳相生理论称,"当'阴'处在如此完善状态的时候,它也就对转化为'阳'做好了准备。然而,是什么促使转化得以发生呢?按道理来说,一种状态达到了自身的完美状态之后,便只有通过外部的刺激或推动才能开始变化"。显然这一主张是基于哲学的思辨而非历史学的实证。尤其是汤氏称:"借助神话的光亮,我们对挑战和应战的性质有了某些深入的了解。我们已看到,创造是一种遭遇的结果,或者我们把这种神话的形象表述变为科学术语的陈述,(文化的)起源则是一种交互作用的产物。我们现在从新的视角来考虑种族和环境的因素,我们将对这些现象给以不同的解释。我们不再寻求某种简单的文明起因,不再寻找在任何时间和地点都能产生同一结果的原因。如果在文明形成的过程中,具有相同的种族或环境条件,却在一地表现为硕果累累,在另一地又毫无成就可言,那我们并不感到惊异。"即其提出"挑战"一说,旨在反对种族或环境单一决定文明产生的理论,说明两种因素相互作用、共同刺激文明发生(参看汤因比著,刘北成、郭小凌译《历史研究》,第十三章《挑战和应战》,上海人民出版社,2005,第73-89页),而不是指两种文化矛盾对立,更非如近代中西文化那样所表现出的整体上的全面对立、冲突的情形。此外,亨廷顿所提出的当代最具影响力的关于国际冲突的"文明的冲突"理论中,可以被视为关于冲突发生原因的论述是,"对于那些正在寻求认同和重新创造种族性的人们来说,敌人是必不可少的","人们用祖先、宗教、语言、历史、价值观、习俗和体制来界定自己。他们认同于部落、种族集团、宗教社团、民族,以及还用它来界定自己的认同。我们只有在了解我们不是谁、并常常只有在了解我们反对谁时,才了解我们是谁",意即两种文化相遇时,必然会出现"人们总是试图把人分成我们和他们,集团中的和集团外的,我们的文明和那些野蛮人"这样一种现象。但即使亨氏所描述的现象是正确的,也并不能用之

文化体之间的相互接触使得各种异质文化得以互现，为文化交流和文化冲突提供了最为重要的基础条件。但接触之后是发生文化交流即一种文化对另一种文化产生影响，还是扞格不通，抑或是相安无事，文化学研究所观察到的现象纷杂多端，并且相近条件下不同结果的情形比比皆是，使得研究者几乎无法对文化交流或冲突何以发生，以及何以呈现出所观察到的样子提供解释。①

人类基于族群、种族或国家等文化单位进行的交流，主要有四种形式：一是官方的军政、外交活动；二是商品贸易；三是文学、艺术交流；四是宗教传播。借助这四种形式，异质文化得以互现。而文化交流能够实现，似乎主要是由于文化差异②所制造的可比性，以及接受异质文化的文化体更倾向

解释文化冲突何以"必然"发生。尤其是其由此做出的"哲学假定、基本价值、社会关系、习俗以及全面的生活观在各文明之间有重大的差异。遍及世界大部分地区的宗教复兴正在加强这些文化差异。文化可以改变，它们的性质对政治和经济的影响可能随时期的不同而不同。但是，文明之间在政治和经济发展方面的重大差异显然植根于它们不同的文化之中。东亚经济的成功有其东亚文化的根源，正如在取得稳定的民主政治制度方面东亚社会所遇到的困难有其文化根源一样"这样一个结论，显然具有强烈的"文化决定论"（cultural determinism）色彩（参看亨廷顿著、周琪等译《文明的冲突与世界秩序的重建》，新华出版社，2010，修订版，第4、5、10、7页）。

① 对于文化交流，大多数文化学理论多着重于对交流现象本身的观察和分析，而较少对交流何以能够发生缘由的细致、系统研究。少数研究者注意到关于"人类本质的一致性"即人的生物属性，以及文化传播中的"选择性"，即人们倾向于选择能够满足特定社会功能的异质文化等现象（参看陈华文主编《文化学概论新编》，第241、242页），事实上从人类需求的角度提供了文化交流的发生原因。当然，讨论"文化侵略"的研究者也从一些文化具有扩张性和"侵略性"的角度，说明了文化"强势"传播的现象。后文还将专门就此进行讨论。

② 如何评价文化差异是困扰几乎所有文化学者的一道难题，即不仅仅是进化学派能够观察到和承认各种不同文化都具有进步发展的趋势，也不仅仅是民族心理学派承认文化差异具有可比性。但自从美国人类学家弗朗兹·博厄斯（Franz Boas）提出"文化相对论"（cultural relativism）主张，即认为人类不同文化的发展并非是由种族所决定，而是主要受在特殊历史条件下形成的文化和社会环境所影响而形成。不同民族的文化都存在其内在的逻辑和合理性，都具有自身独特的价值，不同文化的价值观念不具有可比性（参看赵勇《弗朗兹·博厄斯列传》，《民族论坛》2016年第11期，第64-72页）。这一主张反种族主义的政治正确，使得文化学者们不再敢轻易对任何特定涉及价值观念的文化现象进行比较和批评。即使认为"我们所使用的这个名词（按：指'大一统'）就意

于由此所带来的利益。阻碍文化交流的原因则主要在于具有自我延续和传承功能的核心价值观念、习俗等。如国际贸易通常两利[①]，而开展贸易的双方或多方对此均有积极性和主动性；在国际关系中，拥有较强军事、政治实力的文化通常具有较强的扩张性和侵略性，反之则相对保守。在很大程度上，政权层面的军政、外交活动实际上也主要是围绕交流既得或可能带来的利益而展开；文学和艺术等文化要素因其不涉及利益冲突但又能够给交流者带来愉悦感和新鲜感，只要不触及价值观念，其交流通常较少阻碍；宗教传播则往往因存在不同价值观念的巨大冲突，在很大程度上有赖于宗教传播者的坚毅弘忍和研精覃思。

由此造成的结果是，在文化交流的过程中，不同层次文化交流的难易程

味着这种论断的正当"，亦即对"大一统"抱有期望的汤因比也声称："未来的大一统国家必须是真正世界性的，但这就意味着它不一定像过去那样是一种文明的产物。西方人往往想当然地以为，他们自身文明的价值观和目标将会永远处于支配地位。这是错误的。相反，未来的世界国家很可能出自于一个自愿的政治联合体，在这个联合体中，一系列现存文明的文化因素都将继续保持本色。……我们从大一统国家历史中所获得的最大教益之一就是，相互竞争的文化如何和平共处并相互促进、相得益彰。"（见汤因比著，刘北成、郭小凌译《历史研究》，第235、288-289页）而亨廷顿在不断强调文明的差异性带来冲突的同时，也讨论了任何不同文明的人类，也都具有"某些共同的基本价值观"、某些"文明化社会所共有的东西"等"普世文明"，提出了"多元文化主义"和"普世主义"的矛盾冲突。尽管亨廷顿对"新加坡这个小国为确认共性作出了努力"表示欣赏，并认为在正在来临的时代，文明的冲突是对世界和平最大的威胁，而建立在多文明基础上的国际秩序是防止世界大战的最可靠的保障，但亨氏并未建设性地讨论如何建成"建立在多文明基础上的国际秩序"（见亨廷顿著、周琪等译《文明的冲突与世界秩序的重建》，第35、293-297页）。在此必须强调，著者也坚持认为，不同种族精神层面的价值观念、信仰和审美等文化差异没有高低优劣之分。但在面对竞争性现实（如晚清所面临的生存危机）和未来发展的适应性（如追求实现现代化和民族复兴）等条件下，任何一个文化体都面临对差异性文化做出评价和选择的问题。

① 美国当代经济学家杰费瑞·G.威廉姆森认为，18世纪以来西方国家主导的国际贸易，导致其他地区出现"去工业化"、经济发展日渐困窘，是第三世界国家出现贫困的重要原因（参看威廉姆森著，符大海、张莹译《贸易与贫穷——第三世界何时落后》，中国人民大学出版社，2016，第3-8、27-41页）。即国际贸易并不天然两利，在特定贸易规则和国家在国际贸易中所处地位、不同产业或贸易政策等因素的作用下，国际贸易也会造成国家间的财富转移。但需要说明的是，国际贸易虽然可能对贸易国产生不利影响，但对参与贸易的当事人有利则显而易见，否则贸易就不可能发生。

度各有不同①。由于物质层面的文化具有高下立判的可比性，或者能够带来显而易见的利益，其传播和交流也最为常见和较少阻碍。比如基于技术或自然禀赋的国际贸易商品推动下的国际贸易的发生，战争中对对方武器装备、战术手段的学习模仿，以及实用性知识或科学技术的传播等。但在制度和精神层面，有些文化要素难有优劣可言②；有些文化要素即使在竞争性环境下适应性较强，但这种适应性未必能够即时体现出来并且被人们认识到③；有些异质文化要素的适应性即使已经被人所认知，但出于制度制约或利益冲突，也未必能够被认知者所主动接纳④；更勿论宗教信念、传统习俗等一旦形成，即成为"保守性"的文化要素，更倾向于进行自我传承和"排他"。⑤因此，制度和精神层面的文化交流总是相对滞后，情形也更加复杂，所谓文化冲突也经常是发生在这两个层面。

---

① 马林诺夫斯基将文化分为四个方面：物质设备、精神、语言和社会组织（参看马林诺夫斯基著、费孝通等译《文化论》，中国民间文艺出版社，1987，第4—9页），其中语言作为文化的一个重要因素，与其他三个方面不构成层级关系。诸多文化学理论也通常将文化区分为物质、制度和精神三个层面。本书也采用这种划分方法，但每个层面所包含的内容范畴与一般文化学理论略有差别（如将科学技术等实用性知识置于物质层面，将以人的行为规范为主要内容的道德和社会习俗等也置于制度层面）。

② 总体而言，著者也认为大多数的伦理、习俗和价值观念，以及与审美相关的文学艺术等，不具有可比的优劣，这些文化要素在不同民族或种族显然各自具有存在价值。但这也并不意味着其完全不能交流融通，如因人类审美具有诸多相通之处，并且审美活动较少涉及利益冲突，作为"世界语言"的音乐和美术等艺术形式，在不同文化间交流或相互欣赏的情况并不鲜见。即令雍正着洋服、戴假发令传教士绘像系出于猎奇，乾隆兴建"大水法"、西洋楼仅仅出于其浮夸的性情，但某种程度上的认同和欣赏也十分正常。

③ 如在战争中，双方的武器和战术是经常能够被学习和模仿的，但居于军事行动的"幕后"，与军事动员或组织能力相关的政治制度或社会生活组织方式、与社会成员军事能力相关的社会生产条件和生活方式等，往往就不那么容易引起重视。清人对西方政教的认可和艳羡，也是出现在大量清人西游，对西方有了较深认知之后。

④ 这一方面最突出的例子，是对于晚清初期"借取"西洋武器浪潮的迅速消退，赵春晨即认为有着"技术上的障碍""鸦片战争后清廷上下苟安思想的抬头和对海防建设的忽视"，以及"岭南乃至整个中国这一时期尚未形成向西方学习的自觉思想"等方面原因（参看赵春晨《论鸦片战争期间以岭南为中心的"借取"西洋武器浪潮》，第10—14页）。

⑤ 在这方面最为明显的例证，莫过于在现代战争条件下，锡克族士兵坚持包裹传统头巾而不佩戴头盔。

晚清的中西文化交流的现象，无疑也遵循了这样的规律，并且使中国的近现代化变革也相应呈现出从器物到制度再到精神的三个演进阶段。在物质层面，中西文化交流较为顺畅，如番薯、玉米和烟草等虽来自外番，而明人、清人广泛接纳和种植，毫无芥蒂。① 在外贸方面，明清之际虽禁海令频颁，"一口通商"时期的广东督抚也不断有封仓禁贸之举，但双方矛盾焦点显然不在贸易商品。不仅西人对中国的茶叶、丝绸和瓷器等嗜好日深，华人对西方钟表和洋酒等也无力抗拒，中西贸易规模持续扩大。鸦片战争后，尽管如郑观应等对西方在华通过商品贸易等手段掠夺财富有所警惕，意识到"彼之谋我，噬膏血匪噬皮毛，攻资财不攻兵阵"的危害，进而提出"商战"等主张②；但中西间就贸易及税率等产生的纷争，也同样更着眼于经济利益而并非贸易商品的文化属性。故如王韬也明言："自泰西诸国议和立约以来，通商、传教，二者并行。而中外交涉之事，变故多端，龃龉迭至，近且一波未平一波又起。……顾中国之民往往不仇夫通商而深嫉夫传教。"③ 中西贸易的发展虽时有挫折，也并非由于文化因素的干扰。④

中西科学技术的交流则颇有波折。康熙、雍正虽仍在使用传教士编订历法和测绘地图，但禁教令的影响十分重大，使得西方科技知识的在华传播在百余年的时间里近乎中断，不仅造成了鸦片战争前中国科技落后的局面，更使得中国知识界对西方科学文化产生心理隔阂。尽管魏源在战争甫一结束就明确提出"师夷长技"的主张，但清人对包括军事技术、军事知识在内的西方科技，有着近二十年的视若无睹。直至太平天国运动和第二次鸦片战争的沉重打击，才迫令清人面对现实。当然，随着此后数十年间对西方了解日深，清人对西方文化的吸纳已远不止于器物和科技知识，许多先进知识分子对西方政教制度，乃至关乎社会科学理论和思想的学术体系也艳羡不已⑤，

---

① 须加说明的是，由于鸦片作为毒品特殊性，清人对其"接纳"不在正常"有利"的范围之内，本书对之不加讨论。

② 参看郑观应《盛世危言》，中州古籍出版社，1998，第292-298页。

③ 王韬：《弢园文录外编》，中州古籍出版，1998，第119页。

④ 近代出于政治等原因，外贸出口常常受到非商业的人为因素干扰。如进入20世纪后，华人曾多次发起抵制日货、抵制美货等运动，但其实际效果均极为有限。

⑤ 如严复称："今之称西人者，曰彼善会计而已，又曰彼擅机巧而已。不知吾兹所见所闻，如汽机兵械之伦，皆其形下之粗迹，即所谓天算格致之最精，亦其能事之见端，而非命脉之所在。其命脉云何？苟扼要而谈，不外于学术则黜伪而崇真，于刑政则屈私以为公而已。"（见严复《论世变之亟》，《严复全集》卷七，第12页）

直至触及根本的"民权"学说也渐能遂行。大量西方思想观念的引入和试验性的变革，正在为此后的剧变进行酝酿铺陈。虽然传统儒学从未放弃抵御，但"西学"的勃兴已无法遏止。在中西文化交流中始终相互抵牾，或者说始终与中国传统文化格格不入的，似乎主要是基督教。①

● ● ● ●

基督教与中国传统文化之间的冲突，自两端都有发动。

教方对中国文化的攻击，无疑可上溯至明末清初的中国礼仪之争。② 表面上看，由利玛窦（Matteo Ricci）等开辟的耶稣会（Jesuit）传教事业颇为成功，唯其成功的原因，除了利氏自称的能说汉语、写汉字和讨论《四书》等原因外③，最重要的，是他采取了将基督教教义与儒家思想相糅合的办法，以先秦典籍中儒学意义明晰的"上帝"翻译意为造物主的"Dieu"，以儒学义理阐释基督教教义，同时通过批判释道，即徐光启所谓"易佛补儒"的方法，成功吸引了中国上层知识分子的注意。但利氏这种"天儒合一"的传教策略显然存在着将基督教异化的巨大风险④，这种表面的融通实际上导致

---

① 对此除清廷上下、官绅民众外，知识界诸多先进知识分子也多持此种看法。如严复称："西人传教一事，若不早为之所，将终为吾国之大灾。"王韬称："传教之士深入内地，足以摇动人心，簧鼓世俗，其害至于渐溃而不可治。"郑观应称："洋人之到中华，……不外通商、传教两端。通商则渐夺中国之权利，并侵中国之地；传教则侦探华人之情事，欲服华人之心。阳托修和，阴存觊觎。"（见严复《论南昌教案》，《严复全集》卷七，第199页；王韬《弢园文录外编》，第119页；夏东元编《郑观应集》上册，上海人民出版社，1982，第121页）

② "中国礼仪之争"（the Chinese rites controversy）一般来说包括三个方面，即关于华人天主教徒能否参加祭孔、祭祖和祭天（后一项争议又称"名词之争"，其内容包括将"Dieu"译为"天""上帝"，还是称"天主"或是干脆音译等）的问题。李天纲将之总结为关于祭祀礼仪的问题，即认为礼仪之争中的讨论，"基本上可以分成三种祭祀礼仪问题。所谓'祭天地''祭鬼神''祭孔'。余下的可以称为'杂祀'"（见李天纲《中国礼仪之争：历史、文献和意义》，上海古籍出版社，1998，第180页）。

③ 利氏曾归纳其在中国社会获得声誉的六个方面的原因是：能讲汉语、写汉字；能牢记《四书》；数学方面的知识；携有钟表、棱镜、西方书籍等异物；有炼丹之能；传教（参看谢和耐著、耿昇译《中国与基督教——中西文化的首次撞击》，第4页）。

④ 利玛窦明确主张通过将基督教解释成是一种近似儒教，兼以传授科学的方式来吸引中国知识分子的关注，为此他使用一种近乎索引的方式从儒家经典中寻找能够解释基督教教义的文字。利氏甚至称："我在与一些良师诠释他们的著作时，发现了许多有利

产生诸多"亦儒亦天"的华人教民，其实是在为此后的冲突"埋雷"。如龙华民（Niccolo Longobardi）很快即对归化者轻忽教理的现象表示不满，并在《论中国宗教的几个问题》一文中明确提出中国的知识分子都是无神论者的主张。随后多明我会（Dominican Order）传教士围绕入教华人能否行使儒家祭礼的问题，发起中国礼仪之争。

在儒家祭祀典礼问题上，为避免任何可能的冲突，利氏态度极为宽容，如将祭孔、祭祖解释为具有教育性、纪念性意义的仪式，不认为其具有宗教性质，这可以说也是其传教事业成功的又一重要原因。此后的耶稣会士在中国礼仪之争中，也同样坚持中国祭礼属于民俗礼节而非偶像崇拜的意见。①理论上这种解释更加符合儒学本质。儒学并非宗教，其祭祖更多是具有情感寄托意味的伦理仪式，祭孔可谓"崇敬"而非宗教意义上的"崇拜"，由天子主持的祭天仪式则除了表达为万民祈福的政治意愿外，显然更具有强调政权合法性的政治宣示意味，故儒家祭祀仪礼与宗法制度相为表里，所具"敬天法祖、慎终追远"的本义，完全不能从宗教崇拜的角度去解读。特别是因孔子"敬鬼神而远之"的态度，所谓"醇儒"对具有迷信色彩的信仰活动强烈排斥。龙华民所谓无神论者的观察，是极为精当的。

然而，由此得出儒家祭礼完全没有迷信崇拜意味的结论同样也不符合事实。尽管儒家思想中没有或者说不提倡对自然神、人格神的信仰，但不代表普通人没有这方面需求。在祭天、祭孔和祭祖之外，尊奉儒学的封建统治者将关公、城隍，以及诸多各山川河流神也纳入国家祀典，即在"三教合一"之余，还将佛道诸多神祇和崇拜仪式吸纳入"儒教"系统，为包括大量信奉儒学不那么坚定的知识分子在内的广大民众，在信仰崇拜方面开了口子。在

于我教内容的段落，如上帝的独一性、人魂的不灭性、上帝选民的荣耀等。"因此谢和耐指出："利玛窦的全部策略，实际上是建立在中国古代的伦理格言与基督教教义之间的相似性，'上帝'与天主之间的类比关系上的。"但利氏此举的风险是，他事实上既无法真正说明基督教信仰的本质，又无法使本已有精湛儒学的知识分子摆脱儒学义理，故谢和耐称，"我们往往很难区别传教士中的两种情况：有意的暂时妥协，坚信应以迂回的道路行事；无意的混淆或真心地相信中国古代观念与《圣经》观念之吻合"，事实是这一时期基督教的在华传播出现了"错误与混乱"，即大量归化的教徒仅仅是"表面是基督徒"，并且特别热衷于将基督教与儒学比附（参看谢和耐著、耿昇译《中国与基督教——中西文化的首次撞击》，第13、17—26页）。

① 如此后耶稣会士卫匡国（Matin Martini）即主张，中国人的祭祀是一种社会性的礼节，而不宗教迷信（参看李天纲《中国礼仪之争：历史、文献和意义》，第42页）。

国家祀典之外,广大民众还有对土地、灶王等与民俗杂糅难辨的崇拜活动,更勿论大量近乎巫鬼的淫祀,其原始崇拜的性质更是一目了然。这些信仰活动不仅形式上与祭祖、祭孔等典礼仪式难以区分,在那些不够"醇"的儒家心中,其内涵恐也别无二致。

但这种在"无神有鬼"的国人面前极为寻常的"国情",却令西人大感矛盾吊诡,即耶稣会士对儒家经典的阐释论证了祭礼毫无迷信色彩,而多明我会修士所进行的"田野"观察又发现祭拜活动绝对属于与教义对立的异端偶像崇拜。① 因无法接受耶稣会宽容中国礼仪的传教方式且争论无果,多明我会很快将争论呈至教廷。在几番踌躇之后,教廷最终颁布禁止奉行中国礼仪的敕令。敕令不仅使得华人教徒在信仰和习俗之间须进行痛苦的抉择②,更令本属于教会内部的争议升级为清廷与教廷之间的政治冲突,并招致康熙、雍正严令禁教。

鸦片战争后基督教返华,在1939年之前一直在强势执行教廷敕令的情况下传教。理论上别无选择的奉教华人不应再有痛苦与彷徨,但事实上相关缪辖从未平息。③ 当然,教外的冲突才是重点,围绕礼仪问题的冲突尤其是士

---

① 对此伏尔泰称:"在非难这个大帝国的政府为无神论者的同时,我们又轻率地说他们崇拜偶像。这种指责是自相矛盾的。对中国礼仪的极大误会,产生于我们以我们的习俗为标准来评判他们的习俗。"(见伏尔泰著、梁守锵等译《风俗论:论各民族的精神与风俗以及自查理曼至路易十三的历史》上册,商务印书馆,1997,第256页)伏氏所言符合表面逻辑,但不符合"主流思想"无神但"主流现实"却崇拜偶像的"中国特色"。

② 李天纲认为,中国礼仪之争分为四个层次:第一,各修会的外国传教士之间的争论;第二,罗马教皇与康熙帝之争;第三,因禁止中国教徒行祭祀之礼而引发的教友生活的不便;第四,教外儒家士大夫对祭礼的维护和对天主教的批评(参看李天纲《中国礼仪之争:历史、文献和意义》,第124页)。事实上,教廷的禁令发布后,华人教徒除了选择是儒非天或是天非儒外,文化心理上最为"冲突"的,应当是不愿去此就彼的教民。如康熙三十四年(1695)福建教民严谟之侄严默觉为求多明我会传教士为其临终告解,"自驳"其信奉中国礼仪的错误,严谟向耶稣会士写信求助,以求两全一案(参看李天纲《中国礼仪之争:历史、文献和意义》,第161-162页)。

③ 除了大量教民拒绝承担迎神赛会、修缮庙宇等费用引发的教案外(特别是教民应否承担文庙修缮费用,地方官异议颇多。如1873年山东高邑县令即出示称:"至捐修文庙,本系地方极正大有益公事,与别项迎神赛会演戏烧香等事,迥不相同。无论民教皆应一律摊派。"(见《法使热福理为高邑县摊派教民出钱修庙事致奕䜣照会》《附件:抄录高邑县摊派教民捐修文庙告示》,中国第一历史档案馆、福建师范大学历史系合编

绅的攻击更趋激烈。

以士绅为代表的中国传统文化的反击，并不待中国礼仪之争的爆发和禁教令的颁行。在罗明坚、利玛窦抵达肇庆不过三十余年后的万历四十四年（1616），即有沈㴶等发起南京教案。至崇祯十二年（1639），还有十余万言的《破邪集》成书。入清后也很快发生杨光先反教案并掀起"历狱"。如前文所述，自晚明至晚清的三百余年间，反教谣言的内容一成不变。同样的情况是，并非谣言的儒家学者对儒耶学说"理性"的分析比较，无论是出于对西方文化误解或基于儒家的经验主义思维，其反教言论三百年来也是千篇一律。

其一，对基督教神学信仰的否定。神创论和灵魂不灭、天堂地狱等观念系基督教信仰的重要基石，但从无神论者的角度来看无疑系属不经，不事鬼神的儒家对之更是鄙夷不屑。① 如明人周之夔即称："若其为教，最浅陋无味。"② 清初的张尔岐也认为："（利玛窦）所言较佛氏为平实，大指归之敬天主、修人道、寡欲勤学，不禁杀牲，专以辟佛为事。……然其言天主，殊失无声无臭之旨。且言天堂地狱，无以大异于佛，而荒唐悠谬殆过之。"③ 晚清儒家学者同样多乐将耶教目为佛道，甚至与原始的鬼神崇拜视同一流。④

《中国近代史资料丛刊续编·清末教案》第二册，第51-54页），较为特殊的，还有如光绪十五年（1889）湖北广济县蓝世叨一家入教，遵禁令不供奉祖宗，其家族新修宗谱时族长不准将蓝世叨一家续入宗谱，叩求外国神父出控一案。不行祭祖之礼当然不代表不承认宗族血胤，但清人的宗族观念与祭礼形同皮毛，故蓝氏宗族覆称："谱乃是叙祖宗，而教乃是弃祖宗，道各不同。"其语也颇为有力（参看李天纲《中国礼仪之争：历史、文献和意义》，第112页）。

① 陶飞亚即指出，在"那些源于西方文化背景的种种说教，在缺乏信仰基础的中国知识分子看来，自然是充满矛盾的"。这些矛盾主要体现在神创说即超自然的上帝与传统"天以阴阳五行化生万物"或近代科学观念；原罪和上帝救赎说与"人之初，性本善"的人性论；灵魂不灭、天堂地狱、末日审判观念与儒家的"神灭论"之间，均属格格不入（参看陶飞亚《晚清知识分子非基督教倾向的文化原因》，陶飞亚《边缘的历史——基督教与近代中国》，第38-42页）。

② 周之夔：《破邪集序》，徐昌治《圣朝破邪集》，建道神学院，1996，第100页。

③ 张尔岐：《蒿庵闲话》卷一，陈建华、曹淳亮主编《广州大典》第43册，第498页。

④ 对于晚清岭南接受西方文化的知识分子对待基督教的态度，以及将耶教与佛道或民俗信仰的比照，赵春晨等做了颇为细致的分析：如梁廷枏的冷静客观，魏源、姚莹的轻忽，洪秀全的杂糅，洪仁玕的奉为"上宝"，丁日昌的有理有据，郑观应的宽容清

如梁廷枏在将基督教与儒释等并解后，对耶教不以为然，认为"彼教必将为圣道所化"①而著《耶稣教难入中国说》。其后如蒋敦复亦称："所论教事，荒谬浅陋，……开堂讲论，刺刺不休，如梦中呓，稍有知识者，闻之无不捧腹而笑。"②洋务干将丁日昌则称："至如天主、耶稣之教，原鄙浅俚俗之谈，不过奸民俗倚以煽法，愚民欲资以谋生，自余稍有识者皆不为所惑。"③诸多对西方了解甚深的洋务思想家也持此种看法，如郭嵩焘即认为，"泰西之教，其精微处远不逮中国圣人"④。薛福成视之较封神、西游更加俗俚⑤。甚如归化入教的容闳也不认为传教系"最有益于中国者"的事业，且对教会颇有异辞，同样身为教民的王韬则"从不言及此事，甚且对基督教颇有鄙夷之词"。⑥王韬甚至称："瀚（按：王韬初名'利宾'，后改名'瀚'）观西人教中之书，其理诞妄，其说支离，其词鄙晦，直可投于溷厕，而欲以是训我华民，亦不量之甚矣！顾瀚窥其意，必欲务行其说而后止，行之则人心受其害矣。"⑦进而提出"器则取诸西国，道则备自当躬。盖万世而不变者，孔子之道也"的著名主张。当然，如果说前列儒家学者仅仅是从学理的角度反对基督教义的话，由于基督教否定中国民俗信仰中的山川、风雷、土地、灶神等一切偶像，要求将其牌位、神龛、画像烧毁，因此所激起的普通民众的反对，更是晚清无数教案的画外之音。

其二，对基督教反儒主张的抨击。关于明儒反耶的原因，早有论者指出系因其很快就敏锐意识到伪装与儒家合作的耶教，其理论主张中存在诸

醒，容闳、王韬身为信徒而对教会的异见，何启、胡礼垣的调和，康梁的利用和反对，孙中山等新式知识分子的崇信和深刻抨击等（参看赵春晨等《基督教与近代岭南文化》，第 206-288 页）。

① 梁廷枏：《海国四说》，中华书局，1993，第 4 页。
② 蒋敦复：《论传教》，王明伦选编《反洋教书文揭帖选》，第 33 页。
③ 赵春晨编《丁日昌集》下册，第 1066 页。
④ 杨坚点校：《郭嵩焘诗文集》，岳麓书社，1984，第 99 页。
⑤ 薛福成称："观教会中所刊新旧约等书，其假托附会，故神其说，虽中国之小说，若《封神演义》《西游记》等书，尚不至如此浅俚也。"（见薛福成《出使英法义比四国日记》，商务印书馆，2016，第 54 页）
⑥ 关于容闳、王韬对于基督教的态度，参看赵春晨等著《基督教与近代岭南文化》，第 239-246 页。
⑦ 中华书局编辑部编，汤志钧、陈正青校订：《王韬日记》，第 256 页。

多与儒学正道的对立。① 尤其是对"天主"为唯一真神的崇奉与儒家纲常大相径庭②，因之而起的中国礼仪之争实际上更触及儒家"敬天法祖，慎终追远"这一价值观念的核心。故此明清士绅均对基督教的"败灭伦理，颠倒纲常""绝我祖父，举我纲常"等言论进行大肆攻击。如明人施邦曜称："天主教以邪说惑人。……独有天主为至尊。亲死不事哭泣之哀，亲葬不修追远之节，此正孟子所谓无父无君人道而禽兽者也。……宁有亲死不哀，亲葬不奠，而称为仲尼之教者乎？且极诋中国亲死追荐之非，既从天主便生天堂，春秋祭祀，俱属非礼，是则借夷教以乱圣道。"③ 晚清时期，基督教教义、教规对中国宗族社会传统和宗法伦理所造成的冲击不容小觑，所制造的社会矛盾和教案更是不胜枚举。而在反洋教揭帖中，也就充斥着"夫人所持为人者，纲纪伦常与夫廉耻礼义也。彼教无君父之尊亲，惟耶苏之是奉，是无纲纪也。无骨肉之亲爱，惟主教之是崇，是无伦常也""耶稣不认其母，犬羊不如。乃奉为教主以教天下后世，是率天下后世为无父无母之人矣。……天主教妄自尊大，藐视人主。……是率天下皆为无君之人矣"④ 等抨击之词。

其三，鉴于传教士的传教热情，士人对基督教传播对封建君主专制可能造成的危害极为关切。如明人称："天主之教首先辟佛，然后得入其门；次亦辟老，亦辟后儒尚未及孔子者。彼方欲交于荐绅，使其教伸于中国，特隐而未发耳。……有识之士不可不预为之防也。"⑤ 故为防微杜渐和防止愚民被

---

① 如明人曾时即称："诚不知其何解也。抑谓其教与儒合乎，则《天学实义》一书，已议孔圣太极之说为非，子思'率性'之言未妥，孟氏'不孝有三'之语为迂，朱子郊社之注不通，程子形体主宰情性之解为妄。凡此数则，可谓其合儒乎？"（见曾时《不忍不言序》，徐昌治《圣朝破邪集》，第241页）故谢和耐称，"当他们（按：指明儒）更为清楚地了解到了天主教的内容，及当他们比较清楚地看到了传教士们追求的目的时，他们的态度也就改变了"，因而将利玛窦视作"冒牌的儒教徒"。（参看谢和耐著、耿昇译《中国与基督教——中西文化的首次撞击》，第29—41页）

② 陶飞亚称，在伦理思想方面，基督教上帝面前人人平等、男女平等的观念，与中国的宗法伦理相违背；主张人人从属于上帝的出世人生观，与儒家君子自强不息的观念也不一致（参看陶飞亚《晚清知识分子非基督教倾向的文化原因》，陶飞亚《边缘的历史——基督教与近代中国》，第42—46页）。

③ 施邦曜：《福建巡海道告示》，徐昌治《圣朝破邪集》，第86页。

④ 王明伦选编：《反洋教书文揭帖选》，第17—18、24—25页。

⑤ 王启元：《清署经谈》，上海古籍出版社，2017，第343页。

煽惑的反教士人层出不穷。① 而清统治者即使不考虑夷夏之防，对耶教可能破坏君臣父子纲常及由此对封建专制产生的危害也无法忽视。如康熙三十九年（1700）耶稣会士草拟的向教廷解释儒家祭礼的请愿书称："拜孔子敬其为人师范，并非求福、祈聪明爵禄而拜也。祭祀祖先出于爱亲之义，依儒礼亦无求佑之说，惟尽孝思之念而已。虽设立祖先之牌位，非谓祖先之魂在木牌位之上。不过抒子孙'报本追远'、'如在'之义耳。至于效天之礼典，非祭苍苍有形之天，乃祭天地万物根原主宰。"闵明我（Philppe Marie Grimaldi）等将请愿书呈至御前，康熙朱批即谓："这所写甚好，有合大道。敬天及事君、亲敬师长者，系天下通义。这就是无可改处。"② 此后纪昀等在编纂四库总目解释删选李光藻《天学初函》时也指出："（天主教）所谓自天地之大以至蠕动之细，无一非天主所手造，悠谬姑不深辨。即欲人舍其父母而以天主为至亲，后其君长而以传天主之教者执国命，悖乱纲常，莫斯为甚，岂可行于中国者哉！"③ 尤其是晚清天主教利诱华人的传教方式上，也无法不令清人将之与通过"金钱符水"传教的传统邪教相关联。客观上来说，晚清无数官员对打教持同情态度，为圣教黜异端是其心中驱之不尽的念头。

其四，中西文化传统、习俗的差别，也制造了一些误解和冲突。如基督教反对偶像崇拜，但教堂所悬受难耶稣像在教外人士看来无疑也属偶像，故清人对此多加嘲讽。另如男女教徒共处一室活动也为清人难以接受，张尔岐即称："其徒为耶稣教会者，男女猥杂，几与白莲、无为等。"④ 晚清反洋教斗争中将之诬为淫邪的揭帖对之无不津津乐道。此外，对于基督教末日审判与佛教轮回、转世等一些包括入教信徒也极易混为一谈的观念⑤，反教人士同样多执为把柄。当然，对于教外人士而言，基督教的驱邪等一些宗教仪式，

---

① 如陈懿典称，反教系因"夫天下之患，其来有端，其成有渐。惟早见远虑者，能预察其端而力防其渐，为能剪其枝蔓，拔其根株，而不遗大患于后"。黄贞则从"乱万世学脉""谤诬圣人""教人叛圣""妄诞荒谬"和"处处流毒"五个方面细数耶教"罪行"（参看陈懿典《南宫署牍序》；黄贞《请颜壮其先生辟天主教书》，徐昌治《圣朝破邪集》，第30、101-104页）。

② 李天纲：《中国礼仪之争：历史、文献和意义》，第49-50页。

③ 纪昀等纂：《四库全书总目提要》，中华书局，1965，第1136页下。

④ 张尔岐：《蒿庵闲话》卷一，第498页。

⑤ 见陈支平、李少明《基督教与福建民间社会》，厦门大学出版社，1992，第67-70页。

与传统民俗信仰的巫觋之术也实在难以区分。

总之,作为宗教的基督教与近乎哲学的儒家思想,不仅在道德、伦理和认识论方面存在诸多龃龉,在一些核心的价值观念和思想方法上也有很大差异,故晚清基督教再度入华,不仅传播步履维艰,且以教案这种极为特殊的形式,将其与中国传统文化的矛盾展示出来。

●○○○●

包括中国礼仪之争在内的中西文化冲突,是如费正清等所言那样系属难以避免的根本对立,还是如伏尔泰认为的"中国礼仪之争其实只是欧洲内部宗教争论的延伸"[1],亦即只是涉及教会的开放或保守性,如果双方持宽容态度则一切迎刃而解的小问题?[2] 在此不妨将目光投向"冲突"双方都存在的一种矛盾现象,即在异质文化接触后,双方都是同样共存着对对方文化有所排斥或相互欣赏的情况。

晚清蹑利玛窦之踪,为减少传教阻力而有意调和儒耶的传教士不乏其人。如美国传教士林乐知(Young J. Allen)著《消变明教论》,论证《圣经》也"重五伦""重五常",并将儒家君子三戒与上帝十戒进行比较。德国传教士安保罗(Paul Kranze)于1896年在《万国公报》发表《救世教成全儒教说》,提出"即以儒教而言,当以何处之?曰救世教必欲成全儒教。何以成全之?曰保守其善道,改革其差谬,弥补其缺憾而已"[3]。尤其是德国传教

---

[1] 李天纲:《中国礼仪之争:历史、文献和意义》,前言第6页。

[2] 持此意见的不乏其人,如德国文学家赫尔德(Jonann Gottfied von Herder)即称:"耶稣会士们当初以艰苦卓绝的努力开创的宏伟事业,后来却断送于一场微不足道的风波。"吕实强则认为:"实际上,儒家思想与基督教义并无太多冲突之处。所以会引起那么多的纷争,主要是由于相互的不了解与若干其他因素。"李天纲更认为:"如果跳出宗教教义争论的范围来看问题,'中国礼仪之争'其实是一场不同文化之间的相互理解、相互阐释的精神沟通。只要不抱偏见,越是争论,研究也就越深入,理解也就越透彻,也就越难以简单地把对方斥为'异端'","罗马教廷虽急需在中国扩大其势力范围,但它必须保持天主教教义的纯洁,以及它对教义的解释权威。……'中国礼仪之争'中暴露出来的也是中世纪文化的致命弱点:它的不宽容和狭隘性"(见赫尔德《中华帝国的基督化》,夏瑞春编、陈爱政等译《德国思想家论中国》,江苏人民出版社,1997,第93页;吕实强《中国官绅反教的原因:1860—1874》,绪言第6页;李天纲《中国礼仪之争:历史、文献和意义》,第46、107-108页)。

[3] 关于晚清传教士融合儒耶的努力,姚兴富以《万国公报》前身《教会新报》为对象进行了细致研究。参看姚兴富《耶儒对话与融合——〈教会新报〉(1868—1874)

士花之安（Ernest Faber）还撰写了五卷七十三章、二十余万字的专著《自西徂东》，从仁、义、礼、智、信"五常"出发，列数中国在各方面的不足，并据基督教教义提出改良方案，认为："夫儒教言理则归于天命之性，耶稣道理则归于上帝之命令，仁义皆全。虽用万物，而非逐物，是以物养吾之心性，而物之精妙莫能违，此耶稣道理实与儒教之理同条共贯者也。"① 希望系统性地调和儒耶。

但认为儒耶不可融通的西人也大有人在。除了中国礼仪之争中的龙华民、熊三拔（Sabbatino de Ursis）②等外，晚清时诸多传教士亦持此议。如宓克即指出："若用所可知而为模略之论，则吾见教士与中国原有典章文物、礼俗政教，真有冰炭相消、势不两立之意。彼（按：指传教士）盖谓吾非除旧，何由布新？将欲求吾道之兴，必先求彼教之毁。"③ 美国传教士明恩溥（Arthur Henderson Smith）在论及"中国能彻底脱胎换骨吗"这一问题时，也认为中国需要进行"彻底的变革"，即认为仅仅是拓展国际交往、发展国际贸易、参照西方国家治理进行政治改良，进行所谓"物质文明"的系统改造，并不能达成目的，这是因为"英国人的性格和道德是历经一千多年才达到目前的水准的，中国人本身不可能突然接受，也不可能立即实行，他们不像一架埃森的克虏伯大炮，一旦架起来就能立刻开火。培养盎格鲁—撒克逊民族的性格和道德的力量，如同恺撒在英国登陆、征服者威廉侵入英国这些史实一样，是确切肯定的。这些力量随基督教而来，也随基督教而发展"，因此主张中国人接受基督教精神的彻底改造。④

研究》。此外，对传教士林乐知、丁韪良（W. A. P. Martin）、花之安、李佳白（Gilbert Reid）等以《万国公报》为中心，提出的"合儒""补儒""代儒"等主张，也有诸多研究（参看王立新《英美传教士与近代中西文化会通》，《世界宗教研究》1997 年第 6 期，第 31-39 页；孙邦华《晚清寓华新教传教士的儒学观——以林乐知在上海所办〈万国公报〉为中心》，《孔子研究》2005 年第 2 期，第 33-42 页）。其他关于传教士与中国近代化为对象的研究专著、论文对此问题均有揭示，恕难一一。

① 花之安：《自西徂东》，上海书店出版社，2002，自序第 3 页。
② 熊三拔认为："根据中国人的哲学教义来看，他们丝毫不了解与物质不同的精神实质……因而，他们既不了解上帝，也不知道天使和灵魂。"（参看谢和耐著、耿昇译《中国与基督教——中西文化的首次撞击》，第 18 页）
③ 宓克撰，严复译：《支那教案论·教事篇》，《严复全集》卷五，第 522-523 页。
④ 参看明恩溥著、林欣译《中国人的素质》，第二十七章《中国的现实与需要》，京华出版社，2002，第 307、311-314 页。

与西人意见不一相呼应的，是在清人甚嚣尘上的"打教"声音之外，知识界、思想界也开始发出"容教"的言论和主张。如何启、胡礼垣即有意融通儒耶，认为基督教的教化之功是西方国家能够富强和长期保持稳定的重要内在因素，并提出"孔子、耶稣设教，一则曰忠恕而已，一则曰己之所欲必以施人，道济天下，名异实同也"，"今外国教门致知格物是其功夫，推己及人是其德行，于儒者之道，无不协洽"，主张"当此之时，中国之政不得不毅然一变者，即中国之教亦不能不酌以通融"。① 宋恕则认为，孔孟之道与源于基督教的社会主义有相通之处，"儒教及基督教最为相近，……故必须融为一治，而后此世界能放大异彩，人类之幸福能进"②。不少洋务官员出于减少教案和中西纷争起见，对基督教也开始进行切实了解，并尝试在儒耶之间寻求沟通。③ 特别是张之洞以"中外大同"为辞，称："其尊严君上不如中国，而亲爱过之。……是西国固有君臣之伦也，……固有父子之伦也，……固有夫妇之伦也。圣人为人伦之至，是以因情制礼，品节详明。西人礼制虽略，而礼意未尝尽废。诚以天秩民彝，中外大同。人君非此不能立国，人师非此不能立教。"除主张接受被其归为"用"的范畴的大部分西学，对于西教，也在声称"我孔孟相传大中至正之圣教，炳然如日月之中天"的同时，不断为其辩诬。其"非攻教"的主张，"要在修政，不在争教"，实也承认基督教容有一席之地。④ 在实践层面，华人教徒也多有采取折中方式者。如在宗族观念强烈且基督教传播活跃的福建地区，20世纪80年代的调查显示，教民为协调宗教信仰与宗族乡情之间的关系，对与信仰相抵触的祭祀仪式多所变通，如不参加祭祖仪式但委托兄弟代办且承担分摊的费用；参加扫墓，但在焚烧纸钱香火和跪拜先人时回避或站立一旁；对宗族迎神赛会，以赞助文艺活动为辞承担费用但不参加活动；等等。⑤

也就是说，晚清所谓中西文化交流或冲突，情形极为复杂且充满矛盾。总体而言，从器物到制度再到价值观念等文化层面，清人对西方文化的接收

---

① 关于何启、胡礼垣的容教主张，可参看赵春晨等著《基督教与近代岭南文化》，第247-250页。

② 宋恕：《致南条文雄书》，胡珠主编《宋恕集》上册，第615页。

③ 参看董丛林《晚清官绅"容教"论中的文化因素解析》，《河北师范大学学报：哲学社会科学版》2002年第6期，第93-98页。

④ 参看张之洞《劝学篇》，第25—26、135、136页。

⑤ 参看陈支平、李少明《基督教与福建民间社会》，第93-94、98-99页。

程度呈递减趋势，传统文化的阻力则相应递增。亦即在器物、制度层面，尽管面临重重梗阻，即相当数量的清人有所拒绝和排斥，但西方文化的"比较优势"显而易见，大多数清人对之已渐能接纳和吸收。且至清末新政时，如"民权"学说等已触及清人核心价值观念，唯清统治者在民意的巨大压力面前，似也不能不有所举措。但在信仰或价值观念层面，尽管中西双方都出现了调协融通的理论主张，实践领域围绕基督教会的"文化冲突"却持续不断。

需要说明的是，前述福建教民的变通手段只是将矛盾双方"并尊"而回避冲突，并未实现真正意义上文化要素的相互融合。而融通主张者的讨论则在很大程度上限于浅表的理论层面，即主要是进行一些名词、概念的比附①，且这些比附是建立在其未必准确把握，甚至有时是有意模糊对方文化精确内涵的基础之上②。对于儒耶的差异，大多数主张融通者其实心知肚明。如利玛窦时的耶稣会对中国礼仪的宽容明显只是出于传教策略，许多耶稣会士内心也多认为此举并不符合教义教规。③花之安则不仅在著《儒学汇纂》时于书末列出二十四条"儒学的不足与错误"④，且其讨论以耶补儒时也明言："中国人亦有明白而警悟、谨慎而有为、勤勉而学西国之学者，但学问失其要，徒得西学皮毛，而不得西学精深之理，虽学亦无甚益耳。……然则中国欲求西国之美好者，须知其从根本而出，其理于何而得乎，非从耶稣道

---

① 此项工作今人也取得了诸多成果，如对《易经》和《圣经》宇宙观等方面"暗合"的比较，以易经乾卦释马太福音的"法天"，对《道德经》和虚己基督论的比较，等等（参看钟峻父《〈易经〉与〈圣经〉相暗合》，房志荣《试以周易乾卦释马太福音中的"法天"》，贝扶理《碗的默想——〈道德经〉与东方基督教之虚己基督论》，谢扶雅《〈老子〉书中的基督教价值》等文，见刘小枫主编《道与言——华夏文化与基督文化相遇》，上海三联书店，1995，第 313-620 页）。

② 如罗志田称："不论宋恕对基督教义的理解是否准确，至少像他和章太炎这样的士人并不一定反对甚或相对赞成'真基督教'的教义或思想。"（见罗志田《社会分野与思想竞争：传教士与义和团的微妙互动关系》，第 50 页）

③ 如针对多明我会士万济各（Francisco Varo）所作《辩祭》一文对中国礼仪的批判，耶稣会士即称："此篇不无至理。但圣教尚未大行，而祀先祀孔二者行之已久。众皆知儒教不可违，且王制更不敢越。所以要从宜惕中。"（参看李天纲《中国礼仪之争：历史、文献和意义》，第 142-143 页）

④ 参看明恩溥著、林欣译《中国人的素质》，第 291-295 页。

理,何以致此乎?"① 仍将基督教视作终极的救世良方。亦即从客观上来看,中西文化中确实存在着一些难以兼容的核心价值观念。

中西文化系如有论者所认为的,"基督教与中国传统文化虽说属异质文化,但从人类某些普泛性文化理则上说也确有相通互融之处"②,还是如陈序经等所主张的,中西间非此即彼,难有汇通,中国欲实现全面的政治改良和社会进步,有赖于文化上的全面改造即所谓"全盘西化"? 这一问题自非本书所能解答。但是考察花之安与明恩溥等之所以提出迥然相别的主张,关键似只在其看待中西文化差异的态度,犹如对中西人物外貌进行比较,如强调差异则五官相貌的颜色形状无不判然有别,如强调共性则除颜色形状不同外无非都是五官相貌。中西文化特别是一些核心价值观念,存在诸多本质区别且不乏龃龉之处,但如从更高层面的范畴来看待这些矛盾龃龉,则二者又未尝不能近似相通。换句话说,异质文化"相遇"后是相安无事还是发生"冲突",似乎主要取决于文化主体对异质文化所采取的"态度"。

此类例证在中英交往中不胜枚举。如义律继律劳卑出任商务监督后,改函为禀与广东官员来往,时任粤海关监督文祥称:"今该夷既领有公书文凭,派令经管商梢事务。虽与向派大班名目不同,其为钤束则一。着准其依照从前大班来粤章程,至省照料。"③ 义律则将其取得入居商馆之权视作重大的外交突破,其随后争取到不通过行商而与广东督抚文书往来及随时来往穗澳之权,也得到英政府的称许。④ 由此反映出双方对同一交涉机制进行各自解释后,也能相容以待的情形。鸦片战争后福建开埠时,到榕英外交人员李太郭、德庇时、巴夏礼等对于领事馆馆址、领事寓所及与福州官员相处等一系列问题的态度差别,也决定了其对华交涉是相互忍让还是断断以争。如李太郭对于上述事务随遇而安,但德庇时对其居于南台的领馆,一见之下即非常不满,因其认为"那看起来和一个下等中国人的房子没什么两样"。李太郭在德庇时的要求下入居榕城后,巴夏礼言及其在乌石山的寓所时又称:"我们发现李太郭先生过分地夸大了他现在的住所的便利和宽敞的程度。房子位于山上,山景虽然秀丽,但建筑物本身又小又简陋。"特别是在领事馆升

---

① 花之安:《自西徂东》,自序第1页。
② 董丛林:《晚清教案危机与政府应对》,第107页。
③ 佐佐木正哉编:《鸦片战争前中英交涉文书》,第94页。
④ 参看萧致治《鸦片战争史》上册,第270–272页。

国旗的问题上，英人称："他（李太郭）最后还是决定在福州升起英国的国旗。不过他将旗子升至桅杆的一半那么高，因为这似乎是中国的一种挂法。后来 Hewitt 上校看到后指出，这样的挂法好像表示领事馆里有人去世了。他立刻找来李太郭，非常关切地问他究竟发生了什么事。令他吃惊的是，李太郭十分平静地告诉他'什么事也没发生，我这样挂是因为中国人希望我这样做'。"① 此外，如前文所述反入城斗争随着英国公使的调整而相应和缓或激烈，也无不与各公使对华态度的不同有着密切关系。

上述例证充分说明，文化差异的客观存在并不决定冲突必然发生，当事人如何看待这些差异才是问题的关键。即晚清中西交往中高频的激烈冲突，并非是由文化差异所"命定"，而是因"态度决定一切"。

· · · · ·

事实上究竟有没有仅仅基于文化差别而产生的纯粹意义上的"文化冲突"呢？从表面上看，多明我会为保持宗教纯洁性而发起反对耶稣会权宜之计的中国礼仪之争，似乎符合这种定义。② 但考虑到两个修会传教方式的传统差别，以及与传教荣耀相关的各修会在华传教事业成就的"内部竞争"③，多明我会修士的动机就不再像表现出来的那样"纯洁"了。就教廷而言，鉴

---

① 参看普尔、狄更斯著，金莹译《巴夏礼在中国》，第 70、89、68 页。

② 李天纲称："我们还是可以说，'中国礼仪之争'……是中西双方的第一次，也是最后一次单纯的文化冲突。把它和以后的'帝国主义侵略'混为一谈，是不恰当的。为了意识形态的分歧，不惜牺牲实际利益和友好关系，最后闹得两败俱伤的做法，在 19 世纪弱肉强食、唯利是图的中西关系中反而是不常见了。以后中西冲突的当事人再也没有这样的兴趣兴师动众地为一个字、一句话、一个动作……作如此认真的辩论，发这么多的文件。这种古风醇情在近代有利益、无原则的外交活动中很少见。"（见李天纲《中国礼仪之争：历史、文献和意义》，第 107-108 页）这一段分析十分精彩。但问题在于，19 世纪以后教会已无须为"一个字、一句话、一个动作"而"兴师动众"了。

③ 耶稣会和多明我会对判断中国礼仪性质的方法及其态度，与其传教方式的传统或特色关系密切。如谢和耐即称："在欧洲，各个修会有自己的特色。多明我会以神学坚定著名，他们控制了教廷的宗教裁判所。耶稣会擅长学术研究，出过不少学者，他们多用世俗方式传教。而古老的方济各会历来忍辱负重，鼓励会士任劳任怨。这些修会特色在'中国礼仪之争'中也表现出来。多明我会在神学上充老大，耶稣会则想方设法处理复杂的中国事务，而方济各会经常有息事宁人、折中纠纷的精神。"（见李天纲《中国礼仪之争：历史、文献和意义》，第 45-46 页）即耶稣会本来就走"精英路线"，其修士具备多明我会修士所不具有的研究讨论中国典籍的学术能力，这是双方态度差别的关键。

于在"中国礼仪之争"之外,还有"印度礼仪之争",以及 1932 年引发大讨论的、本质上属于"礼仪之争"的日本上智大学参拜靖国神社事件,则教廷对待礼仪问题的态度无疑与教义及教廷权威有关。教廷在中国礼仪之争问题上的摇摆态度,不能仅从世俗化和功利化的角度来寻求解释。但在近代以前,教廷与世俗政权的权力争斗乃是欧洲各国政治史的重要内容。中国礼仪之争前后,教会卷入世俗政治活动的情形在欧洲司空见惯①。从这一角度来看,教廷在礼仪之争中所发敕令,其与儒教争夺话语的绝对控制权,以及与清帝争夺教民的用意也昭然若揭。鸦片战争后,基督教传教士通过干涉地方政务扩大影响,也无非是教会在欧洲传统的"发扬光大"。在主要是围绕现实利益而发生的无数教案纷争面前,自认负有传播"福音"使命的传教士和号称"神爱世人"的教会,究有几分曾虑及其传教本意和信仰宗旨呢?

对于中国士绅的反教活动,也早有论者指出关于方从哲与沈㴶表里相应发动"南京教难",与明廷"尽逐东林"政局变动的关系,以及杨光先攻评西人背后对鳌拜集团政治流氓性质的阿附,都不是纯粹意义上对传统文化的坚守。②而对晚清士绅的反教活动,则不仅前文充分讨论了其与地方话语权争夺、传统政治地位的维护等因素的关联,几乎所有关于晚清民教关系的研究都会强调教案的发生与地方政治力量平衡和当事人实际利益的密切关系。③另如康雍二帝通过要求传教士祗领"永居票"和宣誓永不回西方的方式,使传教士得以"朝廷供奉"的身份即与皇权建立直接的人身依附关系才能在华居住,其原因显然也不是出于对基督教文化内涵的排斥。总之,封建君主和儒家知识分子对佛道二教的宽容,甚至有"三教合一"声音的出现,关键在于佛道虽偶能影响君主,但从未能经制化地进入官僚系统,也从未撼动儒家思想在意识形态和政治、社会伦理中的绝对主导地位,不像新来的耶教这么咄咄逼人,"真的"可能动摇封建统治基础而已。

---

① 如李天纲称:"'中国礼仪之争'高潮前后,耶稣会在路易十四的法国宫廷取得成功。……他们在伊丽莎白女王中期才打入英国。……耶稣会士还经常以宫廷教师顾问的身份卷进宫廷纠纷,参与宫廷政变,……1759 年葡萄牙国王改变态度,勒令耶稣会停止在其境内的活动,类似的事件发生在法国是 1764 年,在西班牙是 1667 年。"(见李天纲《中国礼仪之争:历史、文献和意义》,第 20 页)
② 参看李天纲《中国礼仪之争:历史、文献和意义》,朱维铮序第 10-11 页。
③ 参看吕实强《中国官绅反教的原因:1860—1874》;李天纲《中国礼仪之争:历史·文献和意义》,第 1-2 页。

有论者在分析当代全球各地的"族群"冲突问题时指出，尽管"族群性"即文化差异往往被认为是族群冲突的主要原因，但更加深入地研究会发现：一方面，"文化上的同质性远不足以保证人们和平共处"；另一方面，"对族群性的重新强调是族群冲突的结果，而不是族群冲突的原因"，"族群性并非冲突的原因，而是在冲突进程当中才得以出现，或者在冲突事件的过程中获得了新的形态和功能"。① 意即国际冲突似乎多在族群之间展开，但"族群性"通常并非冲突发生的主要原因，冲突中的族群之所以强调文化差异或文化之间的冲突，是因为文化所具有的号召力，能够通过将冲突与"民族尊严"相关联，激励参与者的斗争热情并且快速分别敌我。

换句话说，文化差异或许能够引发冲突，但文化体之间持续、大规模的冲突通常都是由现实利益的冲突所引发。双方之所以会将冲突的关注点投向文化差异，只是因为文化更加"吸睛"、可以用作斗争的"旗号"而已。即如鸦片战争前马戛尔尼和阿美士德两次访华时的"礼仪之争"，其背后所隐含的是双方诸多政治意愿的较量。另如因律劳卑致函卢坤而对清人"体制"造成威胁时，也早有论者指出："细究双方往还文牍，也不难发现，律劳卑之所图并非仅用'平等交往'的主张所可概括，而卢坤'强硬'态度的背后也有他不得不如此的诸般理由。"② 从这个角度来分析，则儒耶之间的思想方法或价值观念的差别从来都不是重点，欲调和儒耶以期消解中西冲突的花之安、宋恕等人的努力在很大程度上其实并无意义。事实上，不仅今人对诸般教案发生的端末由来能够分析得一清二楚，即令当事官员对案中关窍也无不了然于胸，且如前文所言，清统治者逐渐形成的"持平办理"方针及诸多官员提出的化解矛盾的手段措施，看起来无不对症。但晚清教案此起彼伏，几无宁日，无非是因封建专制统治如此依赖于"儒学正道"，而反教士绅民众树起"崇正黜邪"旗号，又几乎可以从心所欲地攻击异己，上上下下有谁愿轻言放弃？

在此情形之下，晚清近乎执迷的打教风潮中，又有多少人是在进行着想象中的"文明的冲突"？

---

① 李峻石著，吴秀杰译：《何故为敌：族群与宗教冲突论纲》，社会科学出版社，2017，第5、9、6、15页。

② 吴义雄：《条约口岸体制的酝酿——19世纪30年代中英关系研究》，第452页。

八、心因成疾：晚清中西交往的困境

较为保守的文化体在与异质文化发生接触后，近乎"本能"地会通过贬低对方凸显己方文化的优越性。如鸦片战争前广东地方官对待外商，总是以文化鄙视和道德羞辱的方式置外人于低等地位①。且如道光二年（1822）西关商民与英商发生诉讼纠纷，民众所请状师刘华东所撰禀帖，甚至称："皇皇天朝，八方来贡。虽任商贩之交，仍有体制之别。城门故不准入，婚嫁亦不容通。华与夷来，三盘四诘；夷与华斗，一命二抵。"②对于相对周边地区长期拥有文化优势的清人来说，"华夷之辨"确实是难以克服的心理障碍。而在没有竞争性因素参与的情况下，如信仰、习俗等文化要素确实很难实现"交流"，并且总是需要在保守主义的羽翼下才能得以传承、延续。就此而言，在晚清的中西交流中，"发现"文化差异是一件轻而易举的事情。或者说在很大程度上，发起中国礼仪之争的传教士和坚持反教的中国士绅，对中西文化扞格不入这一事实的认知并无不当。

但随着交往增加，无论多么保守的文化体都会对异质文化加深了解和发生态度上的变化。尽管哪怕是最为密切的接触也未必会带来文化上的趋同或统一，各文化体在文化交流中保持其文化特质的现象比比皆是，但更常见的，是出于可见的现实利益和优劣比较等原因，文化体对异质文化不同程度的吸收、接纳。也就是说，异质文化接触后存在各种相互接纳、并存、置之不理等各种可能，且最为常见的是基于理性的、对于异质文化的认知和了解，以及在此基础上的选择性吸纳，无论如何都并不意味着必然会发生冲突，特别是长时间的不假思索的反对和排斥。

对清人而言，近代西方的冲击确实给其学习西方文化带来"挑战"，即从情感上来说学习对象是侵略者，从器物、制度等诸般文化要素的比较来说则对方的优势显而易见。在几番犹豫之后，清人还是渐次展开了近代化进程，虽然这一进程屡遭挫衄。造成困扰的不仅是外敌屡屡干犯以及内部顽固

---

① 马士称："每年一次的侮辱性的告示：我们必须要提一下中国当局方面一种特别具有侮辱性的措施，那就是总督和粤海关部每年重颁一次的会衔告示，它晓谕行商和通事以文明教义教化夷人，并约束他们的狂妄行为。……这种每年重颁一次的告示，是张贴在公行公所，或行会会所大门外面的。"（见马士著、张汇文等译《中华帝国对外关系史：1834—1860年冲突时期》第一卷，第182页）

② 转引自章文钦《清代广州西关十三行的几次大火》，第195页。

派的阻挠掣肘，而是关键在于清人文化优越感长期膨胀带来的文化保守性的"态度"，特别是因封建专制统治与儒家思想的浑然一体而使儒学的核心价值观念具有了类似于宗教信仰般不可动摇的神圣性，在中西文化间筑起了一道难以逾越的壁垒。

如康熙帝使用传教士编订历法和测绘地图，还须采取"西学中源说"来清除清人"以夷为师"的文化心理障碍。至魏源提出"师夷长技以制夷"时，其"师夷"和"制夷"的主张更是遭到来自两端的攻击。"态度"决定了清人似乎始终无法理性面对西方科技、文化和政教制度均更为先进发达的事实。如对鸦片战争中英人的坚船利炮，金应麟称："臣以为此（指英舰）乃中国之绪余耳，昔隋之攻陈，制为拍竿，高五十尺，敌舟近之，无不应碎，夷人特稍变其法，而牛革蒙船，亦参用'艨艟'之法，无足异也。"① 梁廷枏亦称："彼之火炮，始自明初。大率因中国地雷飞炮之旧而推广之。夹板舟，亦郑和所图而予之者。……而反求胜夷之道于夷也，古今无是理也。"② 以至战后英美外交人员主动表示愿向中方提供蒸汽轮船制造和水利工程等技术，耆英等也为避"师夷"之嫌而加以拒绝。③ 此后至洋务运动时，清人尽管一边效法西人，另一边西方器物系传习中国故智，不足畏惧、抑且无足以称道和效法的声音仍不绝于耳，对西方科学技术的传播仍不断制造障碍。

至于纲常名教等核心价值观，则自晚明李光藻撰《天学初函》即有理、器之分，即以西方天文、算学等科技和科学知识为可效法之"器"，而以儒

---

① 《金应麟奏筹计水攻请旨办理折》，齐思和等整理《筹办夷务始末·道光朝》，第2270页。

② 梁廷枏：《夷氛闻记》，第172页。

③ 道光二十五年八月，耆英致德庇时照称："贵国现调派火轮船带递文书，五旬能到香港，从此两国友谊益可往来亲便，何快如之！又称机关之师可以修治黄河，疏通水势等语。贵国之士艺术素精，即如火轮船、火轮车等项，制造既神，利用又广，顷刻之间可行千里，通其意以治河，自当立见功效。贵公使不肯秘密，欲移以用之中国，以免水涨之患，具见贵公使心存大公，不分畛域，两国之事，视同一国，此等居心，本大臣实深敬佩。惟现在黄河业已合龙，安澜普庆，且中国治河历有成规，遽议更变，亦虑众议难协。所有招致艺士之说，此时未便具奏。"同年十一月广州知府闻玉章呈耆英咨曰："为咨送事。据合众国领事福士申称：西洋火船以气鼓动，跋涉为最。令该国商人禄士等，欲以此法相授中国等情前来。应从缓置议。"（见刘志伟、陈玉环主编《叶名琛档案》第四册，第176、265页）

学为不可撼动之"理"。①至晚清则如冯桂芬虽敢于声言四"不如夷",但又复称"以中国之伦常名教为原本,辅以诸国富强之术"②,即以"伦常名教"为必当信守之"道",而仅以西学为可采之"术"。晚清知识界认为器物之流系雕虫小技、非性命之学,中华文化和典章制度仍优于西方的观念长时间占据主流。张之洞所发"中体西用"之说,其来有自。

如前所述,宗教信仰、价值观念等精神层面的文化要素,通常被认为不具有可比性而无优劣可言,但在文化传播的过程中,具有政治、经济特别是军事优势,即在器物和制度层面具有优势的文化体通常都能够扩张其信仰或价值观。如张之洞即指出:"天主耶稣之教行于地球十之六,兵力为之也。……盖政教相维者,古今之常经,中西之通义。"③因此为打破清人对儒教的坚守,晚清诸多传教士不断尝试"借西来的科学证明西方文化的优越"④,这与利玛窦借"天学"及马儒翰等假船炮传教实无二致。至如明恩溥等更以耶教与西方良法善治的关系立论。需要说明的是,马克斯·韦伯(Max Weber)在《新教伦理与资本主义精神》中论证了基督教新教所塑造的新教国家社会伦理和人文精神在推动资本主义发展中的巨大作用。毫无疑问,价值观念、道德伦理等核心文化要素是一个文化体社会形态和精神面貌最为重要的塑造力量,对其社会组织、制度建构等各方面也都具有重要影响。但这并不意味着资本主义或近代化的政治、经济和社会文明只有在新教伦理的基础上才能形成和发展,更不能如传教士所主张的,因近代西方船炮、科学技术具有的先进性,以及西方政治和社会发展所取得的领先成就,即可证明基督教或西方文化具有优越性,进而拥有值得"推广"、能够替换其他各种文化的普世价值。

此言并非意在说明清人抵御西方文化、保守文化传统这一态度的正当性。恰恰相反,清人对于儒家纲常的神圣化,形成了极端的文化保守主义,造成清人文化反省的严重不足。即由于主流知识界、思想界往往将中国传统文化与西方文化对立,人为地制造出了"中学""西学"的纷歧,忽视了对

---

① 关于归化教徒对儒学的坚持,龙华民即早有发现。谢和耐称:"龙华民提供的证据说明,当时受归化的最大文士之一杨廷筠也成了传教区的名人之一,但他又仅仅表面是基督徒。"(谢和耐著,耿昇译《中国与基督教——中西文化的首次撞击》,第19页)
② 冯桂芬:《校邠庐抗议》,上海书店出版社,2002,第57页。
③ 张之洞:《劝学篇》,第12页。
④ 罗志田:《社会分野与思想竞争:传教士与义和团的微妙互动关系》,第50页。

西方文化"科学性"的认识和把握。同时，主导变革的统治阶层、思想界也无法在正常的语境下讨论价值观念等精神层面的文化变革，而是将强调保守纲常当作社会变革的重要目标，实即相当于对社会进步划出底线。换句话说，清人仅重视"器"即期望强大，而放弃了对"道"亦即文明进步的追求。但因认识不到器物、制度和精神文化之间内在的关联和整体性，以为器物之变即可用而卫道，清人无意也无法推行更加彻底的文化和社会变革，使其所谓器物之变也总是功败垂成。

● ○ ● ○

总之，晚清的中西冲突尤其是反洋教斗争中，出现了许多被今人或时人目为重要的文化因素。但本书的讨论分析认为，这些文化因素并不是引发冲突的真正起因或者说决定性因素，而主要是冲突的"标签"或者是"司令号"。问题是在冲突中，保守主义的文化态度深刻地影响了清人对中外关系的判断和处理，对晚清中西文化交流及清人学习西方的活动不断带来困扰。

在一个国家或民族进步历程中，树立文化自信无疑具有形成凝聚力和明确进步方向的重要意义。但真正的文化自信绝非文化自大，而应当是这样一种对待我族和异质文化的态度，即并非始终自信高人一等、对我族文化加以神圣化，以对立、对抗的态度看待外来文化而理所当然地对之进行排斥，而是在既能应对现实挑战又具有未来适应性的基础上，保持本族的文化特色。更重要的是能够在自我扬弃的基础上，理性认识和追求民族文化的文明进步。

（二）体制：画地为牢与回避现实

鸦片战争后中西冲突的另一焦点，是与文化关系密切的"体制"问题，即清廷仍期维护战前旧制，西人则必欲导入"条约体制"。

围绕"体制"的争议实在战前即已存在。① 如前文所言，战后清人仍汲汲于此，官民人等无不以"体制"为辞抗拒外人。即如耆英在与顾盛的交涉

---

① 如吴义雄即强调鸦片战争前中英围绕"国体"，在观念、礼仪、国家尊严等方面发生冲突（参看吴义雄《"国体"与"夷夏"：鸦片战争前中英观念冲突的历史考察》，《学术研究》2018年第6期，第100–114页）。

中也明确以"体制"立言,称:"中国自有中国之制度,各国自有各国之制度,传之数千百年不可更易。中国不能因与各国和好,即改制度而就各国,亦如各国不能因与中国和好,即改制度而就中国也。即如中国与英国搆兵连年,已成仇敌,迨经议和以后,所定通商善后章程,仍不能违背中国之制度,书册具在,可考而知。"并以"中国之官制"为由解释何以"中国京中大臣"不能与顾盛文书往来。① 洋务运动中因触及体制而造成的困扰更是不胜枚举。

但清人对体制并非真的如此僵化而完全不能变通,如面对鸦片战争中的水师不力,耆英即曾奏请"变通水师章程",道光不仅朱批:"若不变通,难收实效。"② 随即还颁谕:"耆英等奏,变通水师营章程……等语。水师弁兵,自以讲求驾驶舟楫,辨识风云沙线,熟习大炮鸟枪者为要务。近来员弁缺出,皆以弓箭兵内考拔,以致弁兵皆习弓马,而于水务枪炮均不练习,若不亟予变通,何以洗积习而收实效?……着兵部核议具奏。并着妥议简明章程,通行沿海各省,一例照办,以肃军政。"后又谕令:"嗣后水师将备各官赴部时,着无须阅看马箭,如果练习水务,精熟枪炮,遇升补时,令该督抚出具切实考语,将例应引见各员,分作四季,给咨分限二五八十一等月,按期赴部,……奏请钦派御前侍卫、乾清门侍卫一二员,会同该部堂官阅看枪炮。其演枪步数,着定为四十弓,演炮以二出为度,均于城外酌择宽阔地面演试。"③ 另如在与法使拉萼尼交涉基督教弛禁事宜时,鉴于拉萼尼出示了康熙三十一年(1692)容教谕令的"碑模",耆英还声称:"碑文所载成案,即使属实,惟事隔多年,应以现行定例为准,未便执古例今。"④ 甚如在鸦

---

① 参看《耆英致顾盛函》,朱士嘉编《十九世纪美国侵华档案史料选辑》,中华书局,1959,第30-33页。

② 耆英称:"抑臣等更有请者:水师营以讲求操驾舟楫,辨识风云沙线,熟习大炮鸟枪为首务,不重骑射。江苏水师各营,并不尽习水务,另有水兵名目,每营亦属无多,遇有员弁缺出,皆于弓箭兵内考拔,而不及水兵及大炮鸟枪等兵。因之有心向上者,皆习弓马,而不习水务枪炮。此虽由于水师人材难得,不能不节取其长而用之,然营伍之废弛,病即在是。嗣后水师营将备员弁,应请查照定例,专取水务枪炮,即骑射稍有生疏,亦准录用。"(见《耆英等奏请造同安梭船并变通水师营章程折》,齐思和等整理《筹办夷务始末·道光朝》,第2524页)

③ 齐思和等整理:《筹办夷务始末·道光朝》,第2549页。

④ 《耆英奏请将学习天主教之人稍宽禁令以示羁縻折》,齐思和等整理《筹办夷务始末·道光朝》,第2876页。

片战争爆发伊始，面对北上"诉冤"的英人出语狂悖，裕谦直斥"我朝中外臣服，天下一统，幅员广阔，为从古所未有。该夷僻处海陬，竟敢视同敌体，实属夜郎自大，语句亦多狂悖要挟"时，道光朱批更谓："所见大差！远不如琦善之遵旨晓事。原字原书，一并封奏，使朕得洞悉夷情，辨别真伪，相机办理。若似汝之顾小节而昧大体，必至偾事，殷鉴具在，不料汝竟效前明误国庸佞之所为，……试思我朝之所以兴，开国时，一切情伪，无不上达之故。前明之所以亡，事无巨细，率皆壅蔽，故国事日非，措置失宜，可不懔之又懔！"①反映出清统治者并非不能排除文化心理和体制障碍，出于务实而变革某些军政体制，甚至在话语系统中对桀骜的西人也略能宽容。

晚清所谓"体制"或"祖宗之法"的困扰，其实别有寓意。

· · · · ·

大一统后取得中原政权的历代统治者，往往都根据儒家理论构想的源自三代时的朝贡体制，构建以东亚、东南亚为主要范围的国际关系体系。即以中国为天朝上国，据有中国的皇帝自居为天下共主的"天子"，强调华夷尊卑，以自我为中心打造与周边国家、地区间层圈状的宗主与藩属间的关系结构，同时通过朝贡贸易即以一定的经济利益为代价，换取周边政权对这种不平等关系形式上的尊重和服从。由于以汉族为主体的中原王朝对周边具有显著的政治、经济和文化等各方面的优势，逐渐以其巨大的文化影响和辐射力，构建起以中国为核心的中华文化圈，朝贡体制虚拟出来的天子奄有四海、万邦来朝的幻象长期未被戳破。

诸多研究者指出，这一体系中存在着的"中国中心主义""天下观"和"大一统"观念、"汉字"和儒家思想、围绕"礼制"的等级制度等核心要素，且"德行"和"武力""贸易"等对于天子控制蛮夷具有重要意义。②清王朝建立后，同样遵循这种层圈结构，逐步构建了"以中国为核心的与亚洲全境密切联系存在的朝贡关系，以及在此基础上形成的朝贡贸易

---

① 齐思和等整理：《筹办夷务始末·道光朝》，第 475 页。
② 参看费正清《一种初步的构想》，杨联陞《从历史看中国的世界秩序》，费正清编、杜继东译《中国的世界秩序——传统中国的对外关系》，中国社会科学出版社，2010，第 1-7、18-28 页。

关系"①，并将不在传统朝贡体制范围的西方诸国，以"互市国"的形式纳入这一体系②。

中国封建王朝周边国家关系的确立，之所以在武力之外，重视充分发挥朝贡贸易的作用，系由于北方游牧民族的社会组织和生产方式赋予其强大军事动员能力，特别是在冷兵器时代马匹在战场上所具重要地位，使其在与农业化的中原地区的军事对抗中始终保有优势。中原王朝强盛时固足自保，甚至能够北上犁庭扫穴，但在大多数时候都面临着游牧民族的军事威胁。少数民族政权占据中原的情形并不罕见，更曾实现对汉民族的大征服而建立起元、清两代大帝国。因此，如何处理与经济、文化相对落后，但又具有强大军事破坏力的游牧民族的关系，始终是中原王朝即使在强盛时期也颇感棘手的严重问题：游牧民族如雨后春笋般此消彼长，武力清剿往往仅能收效一时且风险极大、代价沉重；以子女玉帛换取安宁，军事上务实且总体社会代价较小，却对华夷尊卑话语系统构成极大嘲讽，使得抚夷政策存在着道德方面的严重缺陷和极大的政治风险，并逐渐形成"主剿"即对外强硬为忠君爱国、"主抚"即退让妥协为投降卖国的传统政治舆论。而在剿抚之外，置边市"羁縻"外夷，即以一定的商贸利益为饵，诱使"贪利"的蛮夷不进行军事扰乱，不轻启边衅以保持双方和平关系，理想状态下甚至能使蛮夷在一定程度上接受朝贡制度，或在其不接受时置而不论，成为历代统治者处理与游牧民族关系最为务实的政策。如果对"蛮夷"既不能武力镇抚又无法贸易羁縻，则势将产生天子德不配位、其政权合法性值得怀疑的可能。

有清一代清朝政府对蒙古的抚驭颇为见功，且康乾二帝对北部边患的镇抚强而有力，陆疆颇为宁静，反是自明季倭患后，海防开始成为话题。但明清统治者均无意海外拓展，其时海防的实质，只是防范外敌从海上袭扰大陆，而非与东来西人海上争锋。与此同时，在1840年之前，西方列强因国力及商务利益的有限程度，虽在南亚和东南亚大肆开展殖民侵略，但在东亚则浅尝辄止，并未影响东亚大陆的政治格局，对清人并未构成真正意义上的海上威胁。

---

① 参看滨下武志著，朱荫贵、欧阳菲译《近代中国的国际契机——朝贡贸易体系与近代亚洲经济圈》，中国社会科学出版社，1999，第34页，中文版前言第5页。

② 参看金峰《清前期中国外贸口岸及商路研究：1644—1840》，暨南大学博士学位论文，2012，第56–57页。

问题是，当西方各国渐次完成工业革命后，国际贸易的内涵已发生根本性改变，即不再只是两个国家间一对一的奢侈品、嗜好品或重要生活物资的交易，而是与参与各国的社会生产和国际分工息息相关、渐具全球关联性质的重要环节。西方国家开展国际贸易的目的，也已不只是为获得外贸商品或增加国家金银货币的数量，而是更重视通过外贸推动国内优势资源的利用和产业技术的发展，进而实现在产业进步基础上的国家财富的增长。朝贡体制在这种趋势面前则不断表现出不适应性。与此同时，以英国为代表的西方国家突破了中世纪欧洲地缘政治的束缚而开始构建近代国际关系体系，并开始致力于将亚洲纳入这一体系中去。这种新型国际关系除了强调与国际贸易相呼应、以利通过拓展外贸实现国家利益外，更重要的是，因西方国家拥有社会生产技术特别是军事方面的技术优势，具备了根据其意愿打造近代国际政治秩序的能力，成为近代全球化进程的主导力量。而朝贡体制与新的国际政治秩序也同样难以兼容。

但是，对于英人派出马戛尔尼、阿美士德使团进行的两次和平试探，清人未加理会，对英方利用东印度公司解散之机对华派出商务监督，清廷也不以为意。律劳卑事件激起清方的强烈反应，虽因义律采取灵活手段而暂告平息，但英人对朝贡体制的冲击已进入实质性阶段。随之而来的鸦片战争对英人来说当然是为了鸦片，但显然也不仅仅是为了鸦片。然而，战争的挫败却并未令清统治者即刻接受英人更为文明强盛、中英关系已发生根本改变的事实，仍在话语中自居为天朝上国，试图将中英关系纳入朝贡体系。①其所欲维护的"国体"，要在回避中英国家间形式上的平等关系，淡化相互关系的政治色彩并将之局限于商贸，更以限制双方交往级别即由两广总督全权负责的方式，将中英事务限于地方性"边务"。如此一来，中英关系仍在边市羁

---

① 对于清廷战后维护朝贡体制的努力，滨下武志称："由于西方进入而缔结的各种条约，……实质上也正是按朝贡关系中的方式来处理的。"马克·曼考尔也称："贸易和朝贡也是一套机制不可分离的组成部分。二者都发挥作用以消解汉人社会与邻邦之间的对抗。贸易是比较和平的获取商品的手段，……对于游牧民族来说，贸易和战争可能都是生存的前提条件，但是贸易带来的利益更大。……事实上，19 世纪中叶中国沿海地区在英国武力压迫之下建立的条约口岸体制，是古代贸易口岸体制的近代修订版。"（见滨下武志著，朱荫贵、欧阳菲译《近代中国的国际契机——朝贡贸易体系与近代亚洲经济圈》，第 30 页；马克·曼考尔《清代朝贡制度新解》，费正清编、杜继东译《中国的世界秩序——传统中国的对外关系》，第 70–71、73 页）

縻外夷的话语系统之内，鸦片战争的失败也更容易向后世解释和交代了。

也就是说，清人对旧体制的眷恋或者说对于政治体制进行适应性变革表现出惰性，根本原因并不在于其能否理性认清现实和形势变化，而是在于其主观上不能承认和接受这种变化。亦即由于封建专制政权的合法性建立在话语所虚拟的皇权权威的基础之上，现实政治又反为话语的虚拟性所控制，必须维护能够保证皇权权威的体制，从而造成一种"画地为牢"的局面，使得清统治者长期无法面对现实，主动进行外交理念、外交体制等方面的自我调适，更使得晚清外交在相当长时间里无法适应业已发生根本改变的中西关系。

即如同治十一年（1872）英国驻华公使威妥玛（Sir Thomas F. Wade）致奕䜣照会所言："盖中华与各国先后定约，其中新议殊多，中国百官多不乐意。不断古今时势不同，中华昔无外交，然近日立约既定中外交待之制，嗣非奏准内外两国批允改易，理宜彼此属守共遵。否则其患约有二端：或以公然倡言，不肯就约，此必立召兵凶；抑或私将约文强为注解，或于外国人所雇华工藉端威吓屈抑，甚至如此案之肆为虚谎诬人为匪者，各等阳奉阴违之计，不但纰缪贻羞，且于和局有损，其危固与公然违抗者均也。"[①] 清人对于体制的坚持，表面上看系抵制英人而在"反侵略"，但事实上因对现实利益认识不清，从根本上背离了国家利益。更重要的是，这种对于"平等"等一系列新型关系、观念的抵制，从根本上来说，是对于文明进步的疏离。

（三）情绪化、理想化、各怀其私：晚清外交中的心疾

鸦片战争以来，西方列强不断在华进行侵略扩张，尤其是接连通过发动侵华战争、逼迫清统治者签订一系列丧权辱国的不平等条约，攫取了大量侵略权益。清人进行了诸多维护国家主权和民族权益的正当、合理的反侵略斗争。但由于诸多社会历史等客观原因，以及在人的决策行为中发挥重要影响的认知、情绪和动机等心理因素的影响，在鸦片战争后面临"数千年未有之大变局"的历史时期，晚清的中西交往总体上表现出了强烈的情绪化和非理性倾向。

---

① 中国第一历史档案馆、福建师范大学历史系合编：《中国近代史资料丛刊续编·清末教案》第二册，第1页。

其一，情绪化无疑是理性最大的敌人。

因鸦片战争及此后列强发动的一系列侵华战争，清人对西人产生敌对和仇恨情绪本属正常。但清人未能对这种情绪进行有效疏导、管控，以避免其影响正常的中西交往，在民众与外人间发生矛盾冲突时，反倒是出现了放纵、宣泄情绪的情况，甚至清统治者在处理国家间的政治、外交关系时，也不时表现出非理性的情绪化问题。

清人被仇恨所激怒和蒙蔽，不能认清形势和区分矛盾性质，在矛盾发生时采取不顾一切的过激手段去进行抗争，因而无法有效维护自身权益。排除感情因素客观理性地分析事实，很容易就会发现包括反入城、反洋教在内的诸多民众反对外人的活动，并未指向任何特定的侵略行为，而是多针对一般性的中外矛盾展开攻击，且其反对外人的攻击行为往往超过必要限度。甚至如义和团运动中清人反击外人时，目标、手段的选择均无正当、合理性可言，只能称之为盲目排外。而民众的盲目排外又往往使真正意义上的反侵略斗争的性质发生变化，使其正义性被非理性盲目排外的不正当性所掩盖。

对于清统治者而言，晚清外交所面临的一个极为重要的问题，是在遭受西方列强的军事侵略之后，如何理性克制和疏导自身及广大民众对外的敌对情绪，理性应对强权公理的国际政治现实，争取与列强构建平等、合作的国家关系和保持日常的友好往来，也就是如何既反对外来侵略，又保证正常中外交往的问题。在"弱国无外交"的时代，在与外敌的矛盾对抗中，清统治者确实难以用正常的外交手段维护国家和民族利益，但这并不意味着其不能通过一些有限度的合作，特别是采取一些策略性的手段，减少双方的矛盾对抗，最大限度地减少利益损失。但自清帝至清廷上下各级官员，往往是强调宣泄仇恨，更将敌意和仇恨带到外交实务乃至外交政策的制定中，使晚清外交失去了其自身所必须具备的策略和效率等要素，与真正有效实现国家和民族利益更是南辕北辙。

受极端情绪左右，在发生矛盾冲突时，清人无意选择妥协与和解的方式，总是倾向于以对抗性手段解决纷争，这不仅无法维护权益，反而经常招致损失扩大。需要强调的是，在正常的中西交往中，双方不可避免会发生利益冲突，问题在于这些冲突往往并不属于根本性对立或你死我活的性质，而是能够通过双方沟通协作实现两利。当然，由于西方强权和中国的近代化进程需要向西方学习，最常见的总是中国单方利益受损的情况。但是，学会接受一定的利益损失、避免因小失大，尤其是学会如何在利益让步中通过交流取得进步以实现更大、更长远的民族利益，是一件充满智慧和极为考验理性的事情。晚清史实中当然存在诸多先贤在这一方面付出努力的事例，但是更常见和更具普遍性的，则是民众锱铢必较，分毫必争，结果总是得不偿失；清统治者则以好强争胜为己任，尤其是重视顺应"民气"，即不仅不以民众的极端情绪为不当，反以能加鼓动和操控为得计；掌握舆论的士绅（知识界、思想界）大多务虚名而忘实利，在敌意和对抗中难以放低身段虚心求教，仍复夜郎自大排斥一切关乎西方的事物，极端保守主义的阴影挥之不去。由此造成的结果是，不仅主张学习西方的洋务派受到同侪的掣肘和大力倾轧，更使得与国家和民族命运息息相关的以学习西方为主要内容的近代化进程，不断遭遇重重阻碍和挫折。

其二，理想化，或者说空泛的道德正当性控制了话语，使清人话语和认知中的理性大打折扣。

儒家思想不仅为中国封建君主专制提供了理论基础，也使精英政治成为集权专制政体的重要辅佐，即所谓"学而优则仕"不仅为"君"提供了"臣"，也使儒家知识精英成为专制政体中一个重要的组成部分。当然，君权和专制制度与儒家的民本主义思想颇有凿枘不通之处，对此儒家学说通过强调封建统治者的"德行"对此做出解释，在封建政治中着力打造道德正当性的重要地位，通过"虚拟"封建政权的道德地位，营造出"君""臣"代表"天"和"民"的合法性。传统政治对于"德治"的强调，一方面有助于对专制集权尤其是君权进行道德约束，另一方面道德维护社会传统的功能即其保守性显而易见。

更重要的是，封建"德治"因在道德实践中重视强调其神圣性和崇高性，对于人的道德诉求往往走向极致，出现道德纯粹化的现象，导致对个体行为的道德标准被不切实际地无限拔高，也使道德正当性掌握了至高无上的话语权。当然，这种本属虚拟又被无限拔高的道德规范，事实上根本无人能够践行，封建统治者只能是以假装有人做到的话语来虚构事实，故而在封建政治话语中充斥着虚诈伪饰之词也就不足为怪了。

如前文所述，受敌意和仇恨情绪的影响，清人构建了一套表述中外关系的话语体系，除讳言战败外，更营造出居高临下、极度自尊和极度贬抑外人，强调敌意和对抗的语境。在讨论中西关系时，话语中的道德纯粹性要求是民众绝对的"忠君爱国"和官员绝对的"尽忠报国",对与西人对立、对抗的要求也越来越绝对和"纯粹"。尽管清官僚行政系统并非全然罔顾事实、完全不能根据现实状况筹划务实的政策措施或应对手段,但清人的理论主张和舆论话语的调门却越唱越高。特别是当其理论主张面对压力或遭遇挫折如"朝贡体制"面临西人挑战时,清人通常不是对现实的社会历史条件进行客观理性的分析进而调整诉求,而是对当事人提出越来越高的道德要求,认为其理论主张无法实现的主要原因在于当事人道德不纯,只要达到纯粹的道德要求即可达成天经地义的理论状态。

如清人对于民众的"忠君爱国",除前文所指出的外贸商人或与外人发生任何实际接触的人群,都被认为具有"通夷"的可能性外,林扬祖在奏报神光寺案情形时也称:"夷人若止为通商起见,安用许多华人?查阅该抚信内,有夷人役使华人,不便拒逐之语。势必置汉奸于不问。"[1] 盖其心目中为英人所雇即系汉奸无疑! 亦即在纯粹的道德要求之下,"义民"根本就不应该与外人发生任何瓜葛,如此一来"夷难"就无由发作,自然就天下太平了。当然,更加纯粹的道德要求,则无疑是前文所指出的、清统治者在"民气"的言辞下期望民众与外敌间进行不计身家性命的消耗。

对于官员,在"尽忠报国"的道德压力下,鸦片战争中就出现了前敌官员无不依靠谎报军情逃避罪责的情形,即事实上根本无法战胜英军的清军将领或地方官员,既不能稍挫英夷,无疑即属未能竭其血诚。尤其是有守土之责的各级官员,除了大量身当锋镝或自尽殉国者,余外个个都难逃觍颜偷生的嫌疑。因此战争中还出现了大量相关官员在形势不支时受伤落水或主动投水、被属下救护而活的传奇故事。即对当事官员而言,除死节而外,只要稍有私心或求生之念,在道德上即系未能"尽忠"! 前敌官员忠奸之分也极为鲜明:殉节者"忠贞",偷生者不仅苟且,尚须出以"欺君"的谎言掩饰。故如抱有"与汝偕亡"心态、大肆残杀良民的京口副都统海龄,亦以"大节无亏"[2] 得享赐恤。而如颇负民望、极有才能但未能尽节的宁绍台道鹿泽长、石浦同知舒恭受,善后时刘韵珂以"暂留帮办"为名一再为其争取机会,然

---

[1]《林扬祖奏英人租住福州神光寺绅民反对而官方不为办理折》,中华书局编辑部整理《筹办夷务始末·咸丰朝》,第54页。

[2] 齐思和等整理:《筹办夷务始末·道光朝》,第2350页。

道光虽无法明言期以必死,但显然认为二人臣节有亏故严词拒绝。① 反入城及晚清的中外交涉中,各当事官员虽无必死之期,但其所面临的道德压力丝毫不减。甚如至庚子之乱八国联军占据京师后,清人还称:"某侍御史以未出(京)城者皆汉奸。"② 道德纯粹化的直接后果是,清官场上只要是"活下来"的官员,就必须靠假话谋生存!

最重要的是,绝对化的道德要求造成以与西人为敌为道德正当和政治正确的语境。即与英人为敌的观点因占据道德制高点,一切过激、暴戾的主张都理直气壮,调门越唱越高,话语也越来越虚幻,不仅民众不时发出"灭此幺魔"的叫嚣,清廷上下也刻刻以"灭洋"为念。这种虚妄的言语不仅自欺欺人,更使清人难以理性、务实地探讨与西人的妥协合作,在表达相关意见

---

① 刘韵珂奏称:"该道为守兼优,体用具备,浙省中官绅士民无不交口推誉,实为监司中不可多得之员。上年该道随同钦差大臣裕谦在镇海防剿,及该县失守之后,据禀伊当日见金鸡、招宝等山及县城先后失陷,知事不可为,即跳入城河殉节,当时昏迷,被水勇捞起,用小船送至慈谿(溪),始行苏甦,腿已跌损。等情。……扬威将军抵浙后,复令承办一切事宜,该道均悉心经理。嗣夷船闯入大江,耆英等向该夷抚谕,因该道熟悉夷情,办事稳练,且官声茂著,舆情爱戴,与舒恭受同为夷人所敬服,专札调往剿办。今抚夷有成,虽大局均系耆英等主持,而该道随同措置,与夷人折冲于口舌之间,亦属著有微劳。……该道职任监司,当所属城池被陷,未能城亡与亡,责以人臣见危授命之义,实属咎无辞。然彼时逆焰甚张,大兵悉溃,该道一懦弱文员,除死之外,无可展施。而其应得之咎,亦只在不能死。嗣后该道在本省防堵,又赴江省,俱属奋勉出力,若援镇海县知县叶坤(堃)焚烧夷船、奉旨准免治罪之案,似可奏请准其功过相抵。且现在宁波应行赶办事宜,该道实属得力之员。臣竟不能不于臣节宜励之中,转设一人才宜惜之想。……现在镇海甫复,夷船尚紧泊定海,一切弹压抚绥,均关紧要。且闻夷酋欲在宁波相度地势,安设夷馆,又须控制得宜。舒恭受一人本难兼顾,而才识究逊于该道。此固臣与僚属士民所共知,亦为奕经、耆英等所深悉。该道现虽在彼,并未接印任事,实属呼应不灵。应饬暂行回任,委以一面之寄。仍恭候谕旨,再行分别去留,免致旷误。"道光上谕称:"刘韵珂奏,恳恩将鹿泽长、舒恭受暂留宁波,责令帮办接任之员办理事务,俟夷务完竣后,再照刑部拟定罪名,分别科断。等语。国家设官分职,责有攸归。失地之员罪名轻重自有一定。即令其人官声素著,办事亦有微劳,而功不掩罪,断难因人地相需,辄准留备差遣。且恐此端一开,流弊滋甚,又何以持刑法之平?现在鹿泽长业经革职,舒恭受已降旨照部议斩监候,秋后处决。该抚所请暂留宁波帮办之处,着不准行。"(见《浙江巡抚刘奏请将鹿泽长舒恭受暂留帮办》,无碍老人辑《烟海庚辛录》,第371-372页)

② 高枬:《高枬日记》,中国社会科学院近代史研究所主编《近代史资料专刊·庚子记事》,第182页。

时嗫嗫嚅嚅，甚至往往因害怕遭受道德攻击钳口不言，因此在很大程度上失去了实事求是讨论中西关系，理性面对现实国力对比和顺应国际形势变化，讨论和制定可行的、建设性的外交政策的能力。更因话语干扰认知，一些无战略、无谋略、情绪化，甚至大量如杨光先"宁可使中夏无好历法，不可使中夏有西洋人"这样反智的、强调仇恨和对抗的主张或政策，反而大行其道。

其三，因权责不清及清统治者不能有效平衡社会各阶层的利益，造成清人在对外时不能形成利益整体，反而各怀其私，是清人在处理对外关系时歧见百出、内讧不已的根本原因。

清统治者在面对复杂的国际国内形势变化及各种社会关系剧烈变动、社会利益急剧调整的局面时，亟须顺应历史潮流进行社会变革，合理协调各阶级、各社会阶层之间的利益关系，并着眼于国家、民族的长远利益调整内外政策，在保证各社会阶层和各当事人合法正当利益的基础上，使全民族形成一个对外的利益共同体。但封建专制统治却使得统治者能够以牺牲亿万黎庶维护一己之私，清统治者也始终将个人或统治集团的利益置于国家和民族利益之上，在对外交往中以操控民意鼓动中外对立，并以之作为维护自身利益的终极手段。由此造成的恶劣后果是，不仅清廷上下各私其私，虚假的"民心"也一次又一次地让清统治者大失所望。

· · · · ·

美国心理学家瑟斯顿（L. L. Thurstone）认为，由"认知、情感和行为倾向性三种成分"组成的个体应对事件的"态度"，主导了人们的行为方式。[①] 所谓"态度决定一切"，并不是说人的主观意志可以左右客观结果，而是在很大程度上，主观态度会影响人们追求客观结果的进程。本书讨论了清人在处理中西关系问题时的认知、情绪和动机等心理因素的状态及其影响，并充分揭示了这些心理因素与晚清强烈的排外和保守主义之间的关联，旨在得出这样一个结论，即"病态"的"态度"使得清人在追求近代化的进程中，额外付出了诸多难以言说的"成本"！

---

① 参看吴江霖、戴健林等《社会心理学》，第359页。

九、结语

　　1840年前的中国历史，一个非常显著的特征是王朝的迭代更替和兴衰轮回。与之相对应的，是专制集权的日益自我强化和思想文化日趋保守。这种制度和文化的保守倾向，造成了中国社会历史在宋以后出现了令后世为之愕然的发展停滞现象。尽管明清时期在社会发展中最具有革命性的社会经济因素似乎仍遵循着自身的特定规律在不断向前推进，出现了商品经济尤其是海外贸易的急剧膨胀、爆炸性的人口增长和大规模的海外移民、生产技术相当程度的发展与提高，以及与近代资本主义生产极为相似的股份制、专业经理人制、有限责任制等社会生产组织方式的经营形态①，整个社会经济也出现过不亚于前代和同期西方的高度繁荣，并且在社会生产的诸多领域已经出现了新制度"萌芽"。一些新思想则如闪电般划出极为绚丽的光彩，显然具有了启蒙的性质和意义。但是，相对于上古文明的辉煌灿烂和持续曜变，被以"内卷化"等种种理论加以解释的明清社会经济，最终未能推动中国的社会发展、社会生活面貌、思想文化、科学和知识体系等，出现如西方那样巨大的革命性的进步和变革。

　　而到了1840年之后，中国历史最为显著的特征，与古代封建王朝的兴衰更替形成了鲜明映衬，主要表现为在追求近现代化的道路上屡起屡踬。即在两次鸦片战争后，清人从天朝上国的迷梦中苏醒过来，慢慢认识到中西社会发展的巨大差距，开始放下身段，渐能从器物、制度和文化等各个层面效法西人推行变革。但其追求社会进步的改造活动却屡屡功亏一篑，实现近现代化的目标似乎始终触不可及。究其缘由，固有社会变革路径、手段选择的歧误，以及帝国主义列强持续的对华侵略，特别是几次侵略战争造成了严重

---

① 参看拙文《清船不过马六甲缘由考析》，《海交史研究》2018年第2期，第12页。

的民族危机等因素的存在，但最为重要的，则是清人始终未能找到正确的前进方向，以及由此造成的社会变革的不彻底性。

● ○ ● ○ ●

由于近代西方列强奉行丛林法则，不断以军事侵略为手段扩大在华政治、经济的权益，由此构建了近代中西间本质上的侵略和被侵略、压迫和被压迫的不平等关系。与此同时，西方先进的科学技术和政教文化又陆续成为清人艳羡步趋的对象，使得呈现在清人面前的中西关系，是一种佶屈聱牙、难以应付的复杂态势，即如何既抵御西方侵略、维护民族生存，又要积极向西方学习，推进与国家和民族命运息息相关的近现代化进程。面对此千年未有之变局，清人昏招迭出。

显然是基于承自前代的文化优越感和文化保守主义，清人在面对西方的步步紧逼时，不断发出维护纲常名教的卫道之言，大量此类言辞不仅使时人和后人都有意无意将注意力集中到中西间的文化冲突上来，从而模糊了近代中西矛盾冲突的本来面貌和根本性质。诸多过甚之词更是渲染着所谓"中学"和"西学"的分歧，或者说人为地制造出了中西学的冲突对立，使保守文化传统成为追求文明进步不可逾越的障碍，更使目乱心迷的清人迷失了前进方向。在生存危机的压力之下，挽救统治危机和民族危亡、实现国家富强，被清人当作最迫在眉睫的任务，具有实用性价值的"长技"、能够维护利权的"商战"等，因与维系生存、实现强大关系更为密切而被目为当务之急，而隐藏在长技和昌明政教背后、代表当时人类先进水平的思想和政治文明，却因其与封建专制相抵牾、与传统文化相唐突而被弃之不顾。关于道术体用的歧路徘徊更令清人的反帝反侵略斗争始终无法摆脱反西方（文化）的意蕴，清人也始终囿于追求强大而非进步的近代化。

与此同时，外来侵略所造成的民族屈辱，使清人普遍产生了仇恨和敌视外人的极端情绪，这种情绪严重地干扰了清人对反侵略斗争目标和策略的选择。需要指出的是，一方面，在中外交往中产生矛盾不仅司空见惯，而且不可避免，但这些纷争大多系事务性的矛盾冲突，与列强侵华战争、不平等条约、割地赔款等侵犯主权和领土完整、损害中华民族重大利益的根本矛盾相比，其性质判若霄壤。对于清人而言，如何将中外根本矛盾从大量日常的事务性矛盾中剥离出来，清醒分辨对抗性和非对抗性矛盾，找准反侵略斗争的目标方向，是维护国家利权的重要前提。另一方面，在中外国力对比差距悬殊的基本形势下，在勇于采用军事手段奋起抗争的同时，如何有效运用外交手段维护国家和民族的现实和长远利益，也是时代赋予清人的重要任务。特别是除了外事交涉中的纵横捭阖和折冲樽俎，在外交理念中，必须能够正视和接受忍辱负重的策略性让步，以及为避免损失扩大或追求长远利益等特殊情势下的必要妥协。进而言之，主动谋求与西方建立正常的国家关系，积极开展正常经济、文化往来，争取融入西人所主导的国际社会以利减少摩擦和实现合作，更是清人近代化之路最具效率的务实选择。但在仇恨情绪的作用下，与西人抗争被赋予道德正义和政治正确，进而形成了与西人为仇为敌的话语基调，即清人在看待中西关系时，总体持对立和矛盾斗争的态度，除易于将一般性矛盾夸张为根本对立外，更乐于采用对抗性手段解决一切矛盾冲突，从而使中西关系出现了诸多不必要的紧张和对峙。不仅汹汹民意求为"灭夷"，即令清统治者的政治、外交，以及寻求救亡正道的知识界、思想界，也无不时时以"制夷"为念。换句话说，所谓"救亡压倒启蒙"，并非是"五四"所导引的潮流转变，而是自鸦片战争甫一开始即已病因深种的隐疾。清人正当的反侵略斗争中，盲目排外的阴影驱之不尽。

斯大林定义民族为"人们在历史上形成的一个有共同语言、共同地域、共同经济生活以及表现于共同文化上的共同心理素质的稳定的共同体"[①]。这一定义中的四个"共同"，为一个民族在面对外族时成为一个利益共同体提供了必要条件。亦即近代民族国家能够维系的一个重要先决条件，是其能够作为一个利益整体对外发生关系，在与外部的矛盾冲突中，能够有效平衡内部各阶级、阶层的利益，并能追求实现国家民族的整体利益。但是，由于封建专制政体的保守自利，在近代的中外交往中，清统治者总是将维护封建统治和统治阶级利益置于国家民族整体利益之上，集权体制下的封建官员也多能最大限度实现个人利益，并且轻于利用甚至放大民众反帝爱国斗争的时代局限以牟取私利，进而造成民心的离散。因此，在晚清的中外交往中，在"敬天保民"和"忠君爱国"的大话背后，世人最常见的，往往是清廷上下的各私其私，以及民众的"一盘散沙"！

---

① 中共中央马克思恩格斯列宁斯大林著作编译局：《斯大林全集》第2卷，人民出版社，1953，第294页。

心因成疾：广州反入城斗争折射出的晚清中西交往困境

· ○ ● ○ ·

在相同的客观历史条件下，人们往往会做出不同的主观趋避，这正是社会历史进程千姿百态的原因所在，而人们在进行主观的决策判断时，总是将理性作为追求实现的基本目标。在清人对外交往总体上的非理性表现之外，我们同样可以发现诸如在 1842 年末广州明伦堂喧嚣的反入城声浪中客观为英人辩护的《粤省智士公启》[1]，洪兵起义领袖陈显良等对英人冒犯的克制忍让，以及广东官员、绅民在许多时候均能正确认知和判断中外形势，并做出对自身有利政策抉择的理性行为。尤其是如魏源、林则徐等人关于"师夷长技"的自觉主张与实践，以及此后诸多先进知识分子对传统文化的反思和对西方文明的接纳，说明清人同样具备自省自察、理性应对时局的能力，只是相对而言理性表现过于微弱罢了。

现代心理学以有限理性的理论解释了人类行为中这种理性与非理性共生的现象，即人们在行为过程中追求理性，但其能够实现的理性是有限的，人们对理性的追求往往止步于其自以为满意的结果。[2] 这种止步往往造成当事人自以为是而实则为非的困难局面。[3] 就此而论，民族的自省和民众的自觉，

---

[1] 公启称："兹者义士义民共倡防夷之举，先事预防。……但欠穷源反本，觉乎失于静而徒取不安。夫华夷共戴履此地厚天高，不外循于一理，岂天朝黎庶尽敦德性，英夷人物尽悖情理乎？诸义士义民曾未闻孟氏所云耶？东周时楚尚属夷狄之国，而陈良楚产，北学于中国，乃北方学者，竟不能或之先。诸先生试细思之，兹英夷既有此武略，未必无此文韬。……今观英夷历历所行之事，未尝尽谬乎理而不近诸情。"公启后记："是日议事诸义士义民，观此帖多有望而骤散者，……有说此帖甚为公论者，……有谨护而不与人撕毁者。……集明伦堂者不下数千人，始皆怒目切齿于英夷，及观此帖，面面相觑而去者，不下一半。"（见齐思和等编《中国近代史资料丛刊·鸦片战争》第四册，第 3-4 页）

[2] 赫伯特·西蒙（Herbert Simon）的有限理性假说（boundary rationality hypothesis）认为：人类是进化着的信息加工者，具有有限注意力、有限知识和有限计算能力，人类总是需要在充满不确定性和有限时间的情况下设置目标和进行决策，人类最终能够做到的只是决策者"满意"的决策，而绝非"最佳"的决策（参看郑全全《社会认知心理学》，第 20 页）。

[3] 如徐广缙就会晤美使德威仕（John Wesley Davis）一事称："窃于[道光二十八年（1848）]七月二十六日接准新到米酋德威仕照会，约期求见，当经照复，定于八月二十四日在省河白鹅潭仁信栈房接见。是日该酋因在大洋阻风未到，二十五日到省，求于二十六日相见。当即驳斥，晓以定期会晤，俱用公文相约，何以早不来见？直至本日始行阻风为词，实属有心违约，现值公务殷繁，无暇出会。稍挫其骄纵之气。该酋复备

亦即一个民族在对外交往中保持对自身文化和行为的反躬自省，始终认识到自身的思考、判断及决策行为中的理性是有限的，从而主动修正其对外认知的偏差，自主调适情绪，对其在对外交往中实现理性，以及理性自觉地追求和实现国家和民族利益、实现国家民族的进步与发展，都具有十分重要的意义。①

文谢过，缕陈洋面风色无定，实因为天所阻，并非有心违约，再四恳求。窃思驭夷之道不外羁縻，今既谢过自悔，不值与之较量。遂约定九月初十日仍在原处接见。"(《两广总督徐广缙等奏报接见美使德威仕情形折》，中国第一历史档案馆编《鸦片战争档案史料》第七册，第885页)徐广缙所不自知的是，其所谓美使这"骄纵"，实不足称其本人之"骄纵"！

① 严复针对宓克著《支那教案论》一事曾指出："作者盖深忧夫民教不和，终必祸延两国，而又悯西人之来华传教者，胶执成见，罕知变通，徒是己而非人，绝不为解嫌释怨之计，故著是书以讽之。……孔子曰：'躬自厚而薄责于人，则远怨矣。'吾不谓教士之先知此意也。"(见宓克撰、严复译《支那教案论》提要，《严复全集》卷五，第509页)所谓"是己而非人"，不正是清人反省不足的世间常态！

参考文献

1. 史料文献

潘尚楫，邓士宪，等. 道光南海县志［M］. 刻本，1869（同治八年）.

梁廷枏. 夷氛闻记［M］. 北京：中华书局，1959.

梁廷枏. 粤海关志［M］. 广州：广东人民出版社，2014.

昆冈，等.（光绪）钦定大清会典事例［M］. 刊本，1899（光绪二十五年）.

佚名. 卫藏通志［M］. 浙西村舍刊本.

金光祖，莫庆元，等. 广东通志［M］. 刻本，1697（康熙三十六年）.

陈大科，戴耀，郭棐，等. 广东通志［M］. 刻本，1602（万历三十年）.

夏燮. 中西纪事［M］. 台北：文海出版社，1967.

周凯，凌翰，等. 厦门志［M］. 台北：成文出版社，1967.

张集馨. 道咸宦海见闻录［M］. 北京：中华书局，1981.

徐景熹，鲁曾煜，等. 福州府志［M］. 台北：成文出版社，1967.

谢清高. 海录校释［M］. 杨炳南，笔录. 安京，校释. 北京：商务印书馆，2002.

魏源. 圣武记［M］. 北京：中华书局，1984.

徐继畬. 瀛环志略［M］. 上海：上海书店出版社，2001.

黄恩彤. 知止堂集［M］. 上海：上海古籍出版社，2010.

张之洞. 劝学篇［M］. 桂林：广西师范大学出版社，2008.

郑观应. 盛世危言［M］. 郑州：中州古籍出版社，1998.

王韬. 弢园文录外编［M］. 郑州：中州古籍出版社，1998.

王韬. 王韬日记［M］. 增订本. 北京：中华书局，2015.

冯桂芬. 校邠庐抗议［M］. 上海：上海书店出版社，2002.

薛福成. 出使英法义比四国日记［M］. 北京：商务印书馆，2016.

王启元. 清署经谈［M］. 上海：上海古籍出版社，2017.

亨特. 旧中国杂记［M］. 沈正邦，译. 广州：广东人民出版社，1992.

施美夫. 五口通商城市游记［M］. 温时幸，译. 北京：北京图书馆出版社，2007.

普尔，狄更斯. 巴夏礼在中国［M］. 金莹，译. 上海：中西书局，2011.

爱汉者，等. 东西洋考每月统记传［M］. 北京：中华书局，1997.

伊凡. 广州城内：法国公使随员1840年代广州闻见录［M］. 张小贵，杨向艳，译. 广州：广东人民出版社，2008.

威尔. 庚子使馆被围记［M］. 张启耀，译. 北京：电子工业出版社，2012.

花之安. 自西徂东［M］. 上海：上海书店出版社，2002.

明恩溥. 中国人的素质［M］. 林欣，译. 北京：京华出版社，2002.

齐思和，等. 中国近代史资料丛刊·鸦片战争［M］. 上海：上海人民出版社，1962.

齐思和，等. 中国近代史资料丛刊·第二次鸦片战争［M］. 上海：上海人民出版社，1978.

齐思和，等. 筹办夷务始末（道光朝）［M］. 北京：中华书局，1964.

中华书局编辑部. 筹办夷务始末（咸丰朝）［M］. 北京：中华书局，1979.

蒋廷黻. 近代中国外交史资料辑要［M］. 上海：东方出版社，2014.

广东省文史研究馆. 鸦片战争史料选译［M］. 北京：中华书局，1983.

广东省文史研究馆. 鸦片战争与林则徐史料选译［M］. 广州：广东人民出版社，1986.

广东省文史研究馆. 三元里人民抗英斗争史料［M］. 修订本. 北京：中华书局，1978.

广东省文史研究馆，中山大学历史系，等. 广东洪兵起义史料［M］. 广州：广东人民出版社，1992.

王铁崖. 中外旧约章汇编［M］. 上海：上海财经大学出版社，2019.

刘志伟，陈玉环，等. 叶名琛档案［M］. 广州：广东人民出版社，2012.

赵春晨. 丁日昌集［M］. 上海：上海古籍出版社，2010.

中国第一历史档案馆. 鸦片战争档案史料[M]. 天津：天津古籍出版社, 1992.

中国第一历史档案馆, 福建师范大学历史系. 中国近代史资料丛刊续编·清末教案[M]. 北京：中华书局, 1996.

宁波市社会科学界联合会, 中国第一历史档案馆. 浙江鸦片战争史料[M]. 宁波：宁波出版社, 1997.

姚贤镐. 中国近代对外贸易史资料：1840—1895[M]. 北京：中华书局, 1962.

福建师范大学历史系, 福建地方史研究室. 鸦片战争在闽、台史料选编[M]. 福州：福建人民出版社, 1982.

胡滨. 英国档案有关鸦片战争资料选译[M]. 北京：中华书局, 1993.

阎宗临. 传教士与法国早期汉学[M]. 郑州：大象出版社, 2003.

林则徐全集编辑委员会. 林则徐全集[M]. 福州：海峡文艺出版社, 2002.

来新夏. 林则徐年谱长编[M]. 上海：上海交通大学出版社, 2011.

陈锡祺, 等. 林则徐集[M]. 广州：中山大学出版社, 1965.

中国社会科学院近代史研究所,《近代史资料》编译室. 近代史资料专刊·义和团史料[M]. 北京：知识产权出版社, 2013.

严复. 严复全集[M]. 福州：福建教育出版社, 2014.

章太炎. 章太炎全集[M]. 上海：上海人民出版社, 1985.

戚其章. 李秉衡集[M]. 济南：齐鲁书社, 1993.

苑书义. 张之洞全集[M]. 石家庄：河北人民出版社, 1998.

王明伦. 反洋教书文揭帖选[M]. 济南：齐鲁书社, 1984.

夏东元. 郑观应集[M]. 上海：上海人民出版社, 1982.

翦伯赞, 等. 中国近代史资料丛刊·义和团[M]. 上海：上海人民出版社, 2000.

杨坚. 郭嵩焘诗文集[M]. 长沙：岳麓书社, 1984.

胡珠. 宋恕集[M]. 北京：中华书局, 1993.

朱士嘉. 十九世纪美国侵华档案史料选辑[M]. 北京：中华书局, 1959.

佐佐木正哉. 鸦片战争前中英交涉文书[M]. 台北：文海出版社, 1977.

佐佐木正哉. 鸦片战争之研究·资料篇［M］. 台北：文海出版社，1984.

佐佐木正哉. 鸦片战争后の中英抗争·资料篇稿［M］. 东京：东洋文库，1964.

陈建华，曹淳亮，等. 广州大典［M］. 广州：广州出版社，2015.

张西平. Chinese Repository［M］. 桂林：广西师范大学出版社，2009.

2. 专著

魏斐德. 大门口的陌生人：1839—1861年间华南的社会动乱［M］. 王小荷，译. 北京：中国社会科学出版社，1988.

马士. 中华帝国对外关系史：1834—1860年冲突时期［M］. 张汇文，等译. 北京：商务印书馆，1963.

马士. 东印度公司对华贸易编年史：一六三五——一八三四年［M］. 区宗华，译. 广州：广东人民出版社，2016.

马士，宓亨利，等. 远东国际关系史［M］. 姚曾廙，等译. 北京：商务印书馆，1975.

章文钦. 广东十三行与早期中西关系［M］. 广州：广东经济出版社，2009.

郭小东. 打开"自由通商"之路：19世纪30年代在华西人对中国社会经济的探研［M］. 广州：广东人民出版社，1999.

汤志钧. 近代上海大事记［M］. 上海：上海辞书出版社，1989.

蒋祖缘，方志钦，等. 简明广东史［M］. 广州：广东人民出版社，2008.

夏笠. 第二次鸦片战争史［M］. 上海：上海书店出版社，2007.

茅海建. 近代的尺度：两次鸦片战争军事与外交［M］. 增订本. 北京：生活·读书·新知三联书店，2011.

茅海建. 天朝的崩溃：鸦片战争再研究［M］. 北京：生活·读书·新知三联书店，1995.

黄宇和. 两广总督叶名琛［M］. 区鉷，译. 北京：中华书局，1984.

萧致治. 鸦片战争史［M］. 福州：福建人民出版社，1996.

蒋孟引. 第二次鸦片战争［M］. 北京：生活·读书·新知三联书店，2009.

魏野畴. 中国近世史［M］. 上海：开明书店，1932.

蒋廷黻. 中国近代史[M]. 北京: 中华书局, 2016.

费正清. 剑桥中国晚清史: 1800—1911[M]. 中国社会科学院历史研究所编译室, 译. 北京: 中国社会科学出版社, 1993.

殷海光. 中国文化的展望[M]. 上海: 上海三联书店, 2002.

吴义雄. 条约口岸体制的酝酿: 19世纪30年代中英关系研究[M]. 北京: 中华书局, 2009.

熊月之, 袁燮铭, 等. 上海通史[M]. 上海: 上海人民出版社, 1999.

裴昔司. 晚清上海史[M]. 孙川华, 译. 上海: 上海社会科学院出版社, 2012.

费成康. 中国租界史[M]. 上海: 上海社会科学院出版社, 1991.

梁元生. 上海道台研究: 转变社会中之联系人物, 1843—1890[M]. 陈同, 译. 上海: 上海古籍出版社, 2003.

乐承耀. 宁波近代史纲[M]. 宁波: 宁波出版社, 1999.

周子峰. 近代厦门城市发展史研究: 1900—1937[M]. 厦门: 厦门大学出版社, 2005.

赵春晨. 晚清洋务巨擘: 丁日昌[M]. 广州: 广东人民出版社, 2001.

冯契. 哲学大辞典[M]. 修订本. 上海: 上海辞书出版社, 2001.

方诗铭. 第二次鸦片战争史话[M]. 上海: 新知识出版社, 1956.

张鸣. 开国之惑[M]. 重庆: 重庆出版社, 2016.

ATKINSON R L, 等. 心理学导论[M]. 车文博, 审订. 孙名之, 等译. 台北: 晓园出版社, 1994.

杰维斯. 国际政治中的知觉与错误知觉[M]. 秦亚青, 译. 上海: 上海人民出版社, 2015.

波特, 韦斯雷尔. 话语和社会心理学: 超越态度与行为[M]. 肖文明, 等译. 北京: 中国人民大学出版社, 2006.

张馨保. 林钦差与鸦片战争[M]. 福州: 福建人民出版社, 1989.

韦纳. 人类动机: 比喻、理论和研究[M]. 孙煜明, 译. 杭州: 浙江教育出版社, 1999.

吴江霖, 戴健林, 等. 社会心理学[M]. 广州: 广东高等教育出版社, 2000.

勒庞. 革命心理学[M]. 佟德志, 译. 长春: 吉林人民出版社, 2004.

多拉德, 等. 挫折与攻击[M]. 邢雷雷, 译. 北京: 中国人民大学出版社，2018.

赫伯特. 日本维新史［M］. 姚曾廙，译. 长春：吉林出版集团有限责任公司，2008.

姚薇元. 鸦片战争史实考［M］. 北京：人民出版社，1984.

梁嘉彬. 广东十三行考［M］. 广州：广东人民出版社，2009.

陈胜粦. 林则徐与鸦片战争论稿［M］. 增订本. 广州：中山大学出版社，1990.

郑全全. 社会认知心理学［M］. 杭州：浙江教育出版社，2008.

李世众. 晚清士绅与地方政治：以温州为中心的考察［M］. 上海：上海人民出版社，2006.

罗尔纲. 湘军兵志［M］. 北京：中华书局，1984.

朱维铮. 基督教与近代文化［M］. 上海：上海人民出版社，1994.

顾长声. 传教士与近代中国［M］. 上海：上海人民出版社，2013.

吕实强. 中国官绅反教的原因：1860—1874［M］. 台北："中央研究院近代史研究所"，1973.

赵春晨，雷雨田，何大进. 基督教与近代岭南文化［M］. 上海：上海人民出版社，2002.

董丛林. 晚清教案危机与政府应对［M］. 北京：中华书局，2018.

谢和耐. 中国与基督教：中西文化的首次撞击［M］. 增补本. 耿昇，译. 上海：上海古籍出版社，2003.

张仲礼. 中国绅士研究［M］. 李荣昌，译. 上海：上海人民出版社，2008.

张力，刘鉴唐. 中国教案史［M］. 成都：四川省社会科学院出版社，1987.

陶飞亚. 边缘的历史：基督教与近代中国［M］. 上海：上海古籍出版社，2005.

赵树好. 教案与晚清社会［M］. 北京：中国文联出版社，2001.

陈银昆. 清季民教冲突的量化分析：1860—1899［M］. 台北：台湾商务印书馆，1991.

苏萍. 谣言与近代教案［M］. 上海：上海远东出版社，2001.

夏征农，陈至立，等. 辞海［M］. 上海：上海辞书出版社，2009.

黑尼斯三世，萨奈罗. 鸦片战争：一个帝国的沉迷和另一个帝国的堕落

［M］．周辉荣，译．北京：生活·读书·新知三联书店，2005．

李天纲．中国礼仪之争：历史、文献和意义［M］．上海：上海古籍出版社，1998．

蓝诗玲．鸦片战争［M］．刘悦斌，译．北京：新星出版社，2015．

费正清，邓嗣禹．冲击与回应：从历史文献看近代中国［M］．陈少卿，译．北京：民主与建设出版社，2019．

陈华文．文化学概论新编［M］．北京：首都经济贸易大学出版社，2009．

汤因比．历史研究：开放人文［M］．刘北成，郭小凌，译．上海：上海人民出版社，2005．

亨廷顿．文明的冲突与世界秩序的重建［M］．修订版．周琪，等译．北京：新华出版社，2010．

威廉姆森．贸易与贫穷：第三世界何时落后［M］．符大海，张莹，译．北京：中国人民大学出版社，2016．

马林诺夫斯基．文化论［M］．费孝通，译．北京：中国民间文艺出版社，1987．

伏尔泰．风俗论：论各民族的精神与风俗以及自查理曼至路易十三的历史（下）［M］．谢戊申，等译．北京：商务印书馆，1997．

陈支平，李少明．基督教与福建民间社会［M］．厦门：厦门大学出版社，1992．

李峻石．何故为敌：族群与宗教冲突论纲［M］．吴秀杰，译．北京：社会科学出版社，2017．

费正清．中国的世界秩序：传统中国的对外关系［M］．杜继东，译．北京：中国社会科学出版社，2010．

滨下武志．近代中国的国际契机：朝贡贸易体系与近代亚洲经济圈［M］．朱荫贵，欧阳菲，译．北京：中国社会科学出版社，1999．

JOHN J N. The "Canton City Question", 1842-1849: apreliminary investigation into Chinese anti-foreignism and its effect upon China's diplomatic relationswith the West［D］. Cornell University, 1950.

Davids, Jules.American diplomatic and public papers: the United States and China.Ser. 1: The treaty system and the Taiping Rebellion, 1842-1860. Wilmington, Del., Scholarly Resources.1973.

WILLIAMS S W.The Chinese commercial guide：containing treaties，tariffs，regulations，tables，etc.，useful in the trade to China and Eastern Asia［M］.Biblio- Bazaar，2010.

3. 论文

张本照．论清代"就地正法"之制的产生时间［J］．历史档案，2016（1）：98-104.

李少军．再论耆英外交［J］．史学月刊，2010（12）：32-40，116.

铃木秀光．恭请王命考：清代死刑判决的"权宜"与"定例"［J］．吕文利，袁野，译．内蒙古师范大学学报（哲学社会科学版），2009（4）.

汪敬虞．是住冬还是住夏：关于鸦片战争前广州外国商人的"住冬"问题［J］．近代史研究，1980（4）：259-261.

廖伟章．广东人民在第一次鸦片战争后反对英国租地斗争新议［J］．学术研究，1979（2）：102-104.

黄宇和．包令爵士与广州入城问题［M］//中国社会科学院近代史研究所《国外中国近代史研究》编辑部．国外中国近代史研究：第十辑．北京：中国社会科学出版社，1988.

夏笠．徐广缙与1849年广州反入城斗争［J］．上海师范大学学报（哲学社会科学版），1983（2）：103-111.

张海林．重评近代广州绅民的"反入城斗争"：兼论近代中国应付西方挑战的合理方式［J］．安徽师范大学学报（人文社会科学版），1989（1）：97-102.

屈文生．《望厦条约》订立前后中美关于徐亚满案照会交涉研究［J］．法学，2016（8）：133-144.

周育民：鸦片战争以后的五口开埠问题［J］．清史研究，2014（3）：115-120.

郭豫明．上海"泥城之战"［J］．史林，1987（3）：55-56.

李苏豫．厦门城市与建筑的现代化进程（1840年—1949年）［D］．杭州：浙江大学，2013.

李苏豫．近代厦门早期教会建筑（1843年—1900年）［J］．华中建筑，2016（5）：23-26.

卫京生．福州开辟为通商口岸早期的情况［M］//福建政协文史资料编辑室．福建文史资料选辑：第1辑．福州：福建人民出版社，1962.

姜修宪. "死港"的复活:一个国家的视角[J]. 福州大学学报(哲学社会科学版), 2008(3):5-9.

何若钧. 1860—1866年潮州人民反英国侵略者入城的斗争[J]. 华南师范学院学报(社会科学版), 1957(1):67-74.

方尔庄. 第二次鸦片战争后潮州人民反对英领事坚佐治入城的斗争[J]. 汕头大学学报(人文社会科学版), 1987(2):46-51.

罗玉明. 长沙开埠与湖南绅民和阻止贝纳赐入城[J]. 怀化学院学报, 2004(6):88-91.

彭定一,向定洋. 从长沙开埠过程中的华洋杂处交涉看绅商权利诉求[J]. 文史博览(理论), 2009(1):4-8.

张建斌. 光绪朝长沙开埠与英商入城交涉始末[J]. 历史档案, 2017(1):105-111.

罗震雷,张厚粲,黎岳庭. 从刻板印象到类属性思维[J]. 心理科学, 2005(3):636-638.

陈顺意,马萧. 从面子理论看近代中国不平等条约的翻译策略[J]. 贵州师范大学学报(社会科学版), 2017(2):127-136.

赵春晨. 论鸦片战争期间以岭南为中心的"借取"西洋武器浪潮[J]. 历史教学, 2003(3):18-23.

吴义雄. 西方人眼里的徐继畬及其著作[J]. 清史研究, 2009, 73(1):21-35.

孙绍邦,孟昭兰. "面部反馈假设"的检验研究[J]. 心理学报, 1993(3):277-283.

关汉华,胡波. 梁发及岭南基督教的传播[J]. 学术研究, 1993(1):120-124.

陈锡祺. 鸦片战争时期广东人民的反侵略斗争[M]//宁靖. 鸦片战争史论文专集续编. 北京:人民出版社, 1984.

周绍华. 黄恩彤生平思想研究[D]. 上海:上海师范大学, 2017.

赵增越. 道光三十年英人租住福州神光寺事件档案[J]. 历史档案, 2016(3):31-65.

徐加根. 经济学中的理性概念及其演变[J]. 学术月刊, 2005(9):35-42.

王中茂. 晚清天主教会在内地的置产权述论[J]. 清史研究, 2007

（3）：87-94.

李鹏．陈昂奏疏中的西方形象及传教士的自我辩护［J］．关东学刊，2017（6）：5-11.

程啸，张鸣．晚清教案中的习俗冲突［J］．历史档案，1996（4）：99-106.

赵树好．论晚清教案对官员权益的冲击［J］．广东社会科学，2017（6）：123-134.

河北省博物馆．法国传教士关于威县地区义和拳运动的信札［J］．文物春秋，1989（3）：67-74.

罗志田．社会分野与思想竞争：传教士与义和团的微妙互动关系［J］．清史研究，2002（1）：48-61.

樊孝东．晚清直隶教案诱因分析：以1860年11月—1898年10月为中心［J］．史学月刊，2005（6）：39-43.

王宏超．巫术、技术与污名：晚清教案中"挖眼用于照相"谣言的形成与传播［J］．学术月刊，2017，49（12）：162-171.

王致中．封建蒙昧主义与义和团运动［J］．历史研究，1980（1）：41-54.

张鸣．华北农村的巫觋风习与义和团运动［J］．清史研究，1998（4）：82-90.

张九洲．试谈义和团与宗教迷信［J］．史学月刊，1981（1）．

刘宏．义和团迷信的行为动机分析［J］．河北师范大学学报（哲学社会科学版），2010，33（1）：112-116.

杨天宏．义和团"神术"论略［J］．近代史研究，1993（5）：189-204.

赵泉民．试析晚清新知识分子对义和团运动的心理［J］．华东师范大学学报（哲学社会科学版），2000（3）：50-55，125.

王中茂．清政府保教问责政策述论［J］．史学月刊，2012（12）：64-68.

杨雄威．舆论与外交：晚清政府媚外形象的形成［J］．近代史研究，2016（6）：84-103，161.

宋桂英．十九世纪末鲁西南地方权力结构与民教冲突［J］．史学月刊，2004（3）：101-107.

谢必震．古田教案起因新探［J］．近代史研究，1998（1）：163-172.

李书源．评西方学者的鸦片战争"文化冲突"论［J］．史学月刊，1991

(4): 41-45.

柯文. 义和团、基督徒和神: 从宗教战争角度看1900年的义和团斗争[J]. 历史研究, 2001 (1): 17-28, 189.

赵勇. 弗朗兹·博厄斯列传[J]. 民族论坛, 2016 (11): 64-72.

赫尔德. 中华帝国的基督化[M]//夏瑞春. 德国思想家论中国. 陈爱政, 等译. 南京: 江苏人民出版社, 1997.

王立新. 英美传教士与近代中西文化会通[J]. 世界宗教研究, 1997 (2): 35-43.

孙邦华. 晚清寓华新教传教士的儒学观: 以林乐知在上海所办《万国公报》为中心[J]. 孔子研究, 2005 (2): 33-42, 127.

董丛林. 晚清官绅"容教"论中的文化因素解析[J]. 河北师范大学学报(哲学社会科学版), 2002 (6): 93-98.

吴义雄. "国体"与"夷夏": 鸦片战争前中英观念冲突的历史考察[J]. 学术研究, 2018 (6): 100-114, 178.

金峰. 鸦片战争前清代外贸口岸体系研究[J]. 中国边疆史地研究, 2016, 26 (1): 47-56, 179-180.

金峰. 鸦片战争时期清政府处理汉奸问题措施研究[J]. 广州大学学报(社会科学版), 2011, 10 (12): 82-88.

金峰. 鸦片战争时期"汉奸"人员构成问题研究[J]. 广州大学学报(社会科学版), 2006 (6): 85-89.

金峰. 清前期中国外贸口岸及商路研究: 1644—1840[D]. 广州: 暨南大学, 2012.

金峰. 清船不过马六甲缘由考析[J]. 海交史研究, 2018 (2): 1-16.